职业院校汽车专业任务驱动教学法创新示范教材

U0743023

汽车发动机构造与维修

主　编　覃有森　王万维

副主编　林　英

参　编　韦东亮　张家佩　甘光武

主　审　许　平

电子工业出版社

Publishing House of Electronics Industry

北京·BEIJING

内 容 简 介

本书的目的是培养汽车运用与维修专业学生对汽车发动机进行维护、小修和大修作业的能力。本书由 5 个项目共 23 个任务组成，主要内容包括汽车发动机基础知识、发动机曲柄连杆机构的构造与维护、发动机配气机构的构造与维护、发动机润滑系统的构造与维护、发动机冷却系统的构造与维护。本书按照汽车维修作业项目的实际工艺过程，结合目前职业院校流行的模块化教学的实际需要而编写，理论联系实际，重视理论，突出实操，图文并茂，方便易懂。

本书既可作为职业院校汽车运用与维修专业学生的教学用书，也可作为职业技能培训和其他相关专业人员的参考书。

图书在版编目（CIP）数据

汽车发动机构造与维修 / 覃有森，王万维主编. —北京：电子工业出版社，2017.9

ISBN 978-7-121-32118-4

Ⅰ. ①汽… Ⅱ. ①覃… ②王… Ⅲ. ①汽车—发动机—构造—职业教育—教材②汽车—发动机—车辆修理—职业教育—教材 Ⅳ. ①U472.43

中国版本图书馆 CIP 数据核字（2017）第 159583 号

策划编辑：郑　华
责任编辑：郑　华　　特约编辑：王　纲
印　　刷：北京虎彩文化传播有限公司
装　　订：北京虎彩文化传播有限公司
出版发行：电子工业出版社
　　　　　北京市海淀区万寿路 173 信箱　邮编　100036
开　　本：787×1 092　1/16　印张：17.25　字数：448 千字
版　　次：2017 年 9 月第 1 版
印　　次：2024 年 1 月第12次印刷
定　　价：39.80 元

前 言
PREFACE

现代汽车维修技术的不断更新和汽车企业组织的不断调整，对汽车维修从业人员的技术技能和职业素养提出了更高的要求，也对先理论、后实践的传统教学模式提出了巨大的挑战。当前汽车维修专业的职业教育中，"以任务为主线、教师为主导、学生为主体"的任务驱动教学法，将教学方式由传授式变为启发式，由再现式变为探究式，由单向传导式变为多维互动式，更加贴合产业形式和教育形式的发展，更有利于教育教学质量和人才培养质量的提高，因而日益受到学生、学校和企业的的欢迎和重视。

自 2004 年以来，柳州市第一职业技术学校的汽车运用与维修专业教师团队，秉承"以就业为向导、以技术为基础、以能力为本位"的原则，在课程设置、教学管理和人才培养等方面进行了多方探索和不懈创新，通过校企合作组建"五菱班"、"丰田班"、"通用班"等方式，建立起一套从明确任务、制定计划、实施计划、检查控制到评价反馈的工作过程系统化的课程模式。本套"职业院校任务驱动教学法创新示范教材"正是在此优秀实践经验和教学成果基础上，全面调研、精确分析、谨慎论证、科学编撰而成，是学校汽修专业教学团队教学成果和集体智慧的展示和结晶。

本套教材大部分采用"主教材+工作页"的形式，主教材侧重典型工作任务的知识讲解，工作页强调技能掌握。本套教材在编写过程中，始终力求做到三个兼顾和三个突出。

1．在教材的编写指导思想方面，既注重体现职业教育的最新理论与前沿技术、行业能力的最新水平与发展要求，又同时兼顾职业院校学生的实际特点和实际水平；既注重汽修专业基础知识、基本理论和必备技能的掌握，又兼顾企业的典型工作任务和典型工作流程，让学生的学习和工作结合为一体；既强调教师作为学习过程的策划组织者、资源提供者、指导咨询者、过程监督者以及绩效评估和改善者的重要作用，又兼顾对学生综合职业能力的培养，强调学生在真实工作情境中整体化地解决综合性专业问题的能力和技术思维方式。

2．在教材的知识体系构建上，力求突出工作过程的系统化、学生学习的自主化和评价反馈的及时化，本套教材通过有一定实际价值的行动产品来引导教学组织过程，学生学习方式多以强调合作和交流的小组形式进行，从而使学生能够进一步理解技术知识并提高解决问题的能力。在本书的工作页板块，始终贯穿有"质量控制与评价"环节，过程化的学习评价可帮助学生获得初步总结、反思及自我反馈的能力，为提高其综合职业能力提供必要的基础。

《汽车发动机构造与维修》作为系列教材中的一本，获得了广西中等职业学校教学改革重点立项"基于生产线的汽车发动机装配实训课程改革实践与研究"项目资助，立项文件为桂教职成〔2016〕26（GXZZJG2016A063）。本书由覃有森老师负责编写项目一、项目二，王万维老师负责编写项目四、项目五，林英老师负责编写项目三中的任务 1、任务 2，韦东亮老师负责编写项目三中的任务 3、任务 4，张家佩老师负责编写项目三中的任务 5、任务 6，甘光武老师负责编写项目三中的任务 7、任务 8，全书由许平老师担任主审。本书在编写过程中还得到了上汽通用五菱汽车公司、柳州五亿雪佛兰 4S 店等企业的大力支持，在此一并表示感谢。

由于编者经历和水平有限，教材内容难以覆盖全国各地的实际情况，书中难免有不妥之处，欢迎使用本书的教师和学生批评指正。

目 录
CONTENTS

汽车发动机基础知识

任务 1 发动机整体构造

学习目标

◎ 了解汽车发动机的基本组成
◎ 了解汽车发动机的分类
◎ 区分各类发动机的结构形式

任务引导文 查阅相关资料和维修手册，根据相关图文，小组讨论完成以下引导问题。

1. 什么是发动机？

2. 你在日常生活中见过哪些发动机？

3. 在日常生活中发动机应用在哪些领域？

4. 汽车上应用了哪些类型的发动机？

5. 按不同的分类方法有哪些类型的发动机？
（1）按照所用燃料分类：

（2）按照行程分类：

（3）按照冷却方式分类：

（4）按照活塞运动方式分类：

（5）按照汽缸数目分类：

（6）按照汽缸排列形式分类：

（7）按照发动机布局分类：

（8）按照进气系统分类：

6. 汽油发动机的两大机构和五大系统指什么？

知识要点

发动机是将其他形式的能量转换为机械能的机器，其作用是将液体或气体的化学能通过燃烧转化为热能，再把热能通过膨胀转化为机械能并对外输出动力。发动机是由许多机构和系统组成的复杂机器，其结构形式多种多样，但由于基本工作原理相同，所以其基本结构大同小异。

一、发动机的分类

发动机的分类方法很多，按照不同的分类方法可以把发动机分成不同的类型（这里主要介绍内燃机）。

1. 按照所用燃料分类

发动机按照所用燃料的不同可以分为汽油发动机（图 1-1-1）和柴油发动机（图 1-1-2）。使用汽油作为燃料的称为汽油发动机，使用柴油作为燃料的称为柴油发动机。汽油发动机转速高，质量小，噪声小，起动容易，制造成本低；柴油发动机压缩比大，热效率高，经济性能和排放性能都比汽油发动机好。

图 1-1-1　汽油发动机　　　　　　图 1-1-2　柴油发动机

2. 按照行程分类

内燃机按照完成一个工作循环所需的行程数可分为四行程内燃机（图 1-1-3）和二行程

内燃机（图 1-1-4）。把曲轴转两圈（720°），活塞在汽缸内上下往复运动四个行程，完成一个工作循环的内燃机称为四行程内燃机；而把曲轴转一圈（360°），活塞在汽缸内上下往复运动两个行程，完成一个工作循环的内燃机称为二行程内燃机。汽车发动机广泛使用四行程内燃机。

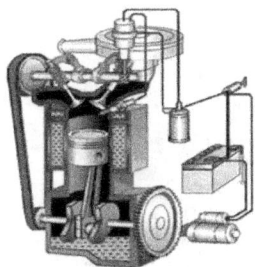

图 1-1-3　四行程内燃机　　　　　图 1-1-4　二行程内燃机

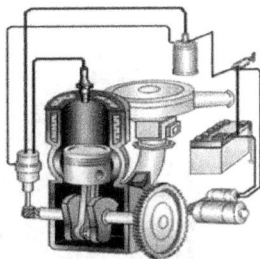

3．按照冷却方式分类

发动机按照冷却方式不同可以分为水冷发动机（图 1-1-5）和风冷发动机（图 1-1-6）。水冷发动机是利用在汽缸体和汽缸盖冷却水套中进行循环的冷却液作为冷却介质进行冷却的；而风冷发动机是利用流动于汽缸体与汽缸盖外表面散热片之间的空气作为冷却介质进行冷却的。水冷发动机冷却均匀，工作可靠，冷却效果好，被广泛应用于现在的汽车中。

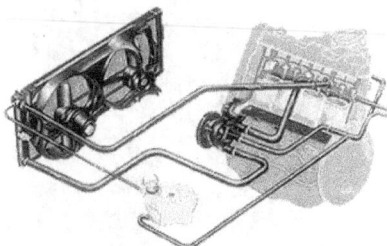

图 1-1-5　水冷发动机　　　　　　图 1-1-6　风冷发动机

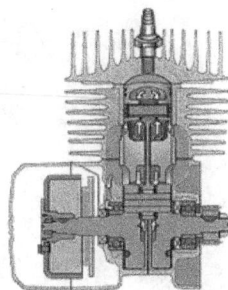

4．按照活塞运动方式分类

按照活塞运动方式的不同，活塞式发动机可分为往复活塞式（图 1-1-7）和旋转活塞式（图 1-1-8）两种。

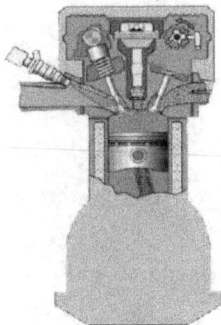

图 1-1-7　往复活塞式发动机　　　　图 1-1-8　旋转活塞式发动机

5．按照汽缸数目分类

发动机按照汽缸数目不同可以分为多缸发动机（图1-1-9）和单缸发动机（图1-1-10）。仅有一个汽缸的发动机称为单缸发动机；有两个及以上汽缸的发动机称为多缸发动机，如双缸、三缸、四缸、五缸、六缸、八缸、十二缸等。目前，车用发动机多采用四缸、六缸、八缸发动机。

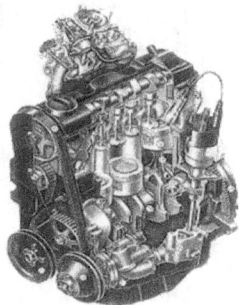

图1-1-9　多缸发动机

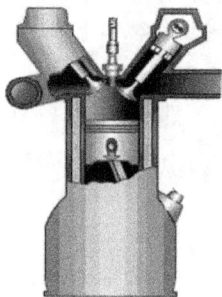

图1-1-10　单缸发动机

6．按照汽缸排列形式分类

汽缸排列形式指多缸发动机上汽缸排布的形式。

目前主流发动机的汽缸排列形式有L型直列（图1-1-11）和V型排列（图1-1-12）两种。

图1-1-11　L型直列

图1-1-12　V型排列

其他非主流的汽缸排列方式有W型排列（图1-1-13）、VR小夹角排列（图1-1-14）和H型水平对置（图1-1-15）。此外，还有R型转子发动机。

图1-1-13　W型排列

图1-1-14　VR小夹角排列

7. 按照发动机布局分类

发动机可以说是汽车上最重要的部分，它的布置形式对于汽车的性能具有重大影响。对于轿车来说，发动机的布置形式可以简单地分为前置、中置和后置三种。目前市面上大多数车型都采用前置发动机，中置和后置发动机只在少数跑车上使用。根据发动机布置形式，也可将其分为横置发动机与纵置发动机。

（1）前置发动机（图 1-1-16）

前置发动机，即发动机位于前轮轴之前。前置发动机的优点是简化了车子变速器与驱动桥的

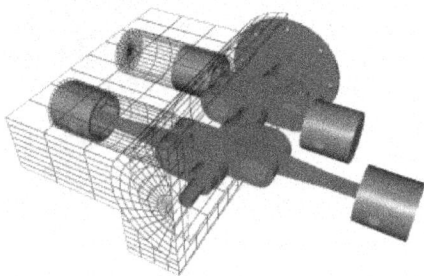

图 1-1-15　H 型水平对置

结构，特别是对于目前占绝对主流地位的前轮驱动车型而言，发动机将动力直接输送到前轮上，省略了长长的传动轴，不但减少了功率传递损耗，也大大降低了动力传动机构的复杂性和故障率。

另外，将发动机置于驾驶员的前方，在正面撞车时，发动机可以保护驾驶员免受冲击，从而提高驾车的安全性。

（2）中置发动机（图 1-1-17）

中置发动机，即发动机位于车辆的前后轴之间，一般驾驶舱位于发动机之前或之后。采用中置发动机的汽车肯定是后轮驱动或者四轮驱动。

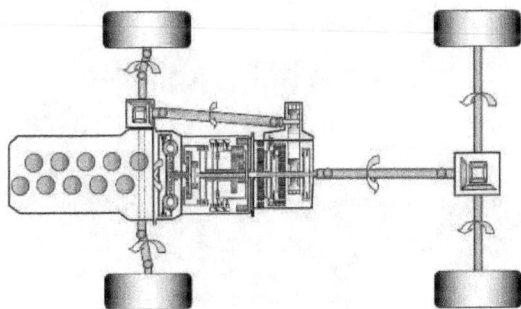

图 1-1-16　前置发动机

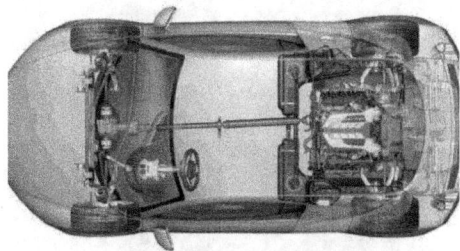

图 1-1-17　中置发动机

汽车在转弯时，其各个部分因为惯性都会向弯外移动，引擎是质量最大的部分，所以引擎因惯性而对车体的作用力对汽车在弯中的转向有至关重要的影响。发动机中置的特点就是将车辆中惯性最大的发动机置于车体的中央，这样可以使车身重量分布接近理想平衡状态。一般来说，只有那些超级跑车或者追求驾驶乐趣的跑车才采用中置发动机。

当然中置发动机也有缺点，由于发动机中置，导致车厢狭窄，不能布置较多座位。另外，由于驾乘人员离发动机太近，因此噪声较大。

（3）后置发动机（图 1-1-18）

一般来说，最纯正的后置发动机就是将发动机布置在后轴之后，最有代表性的就是大客车，而采用后置发动机的乘用车屈指可数，最有代表性的就是保时捷 911。

图 1-1-18　后置发动机

（4）横置发动机（图 1-1-19）

横置发动机是指发动机和汽车前桥平行。简单地讲，就是站在车头前面向发动机，如果发动机横着放在眼前，就是横置发动机。

（5）纵置发动机（图 1-1-20）

纵置发动机是指发动机与汽车的前桥垂直。简单地讲，就是站在车头前面向发动机，如果发动机竖着放在眼前，那就是纵置发动机。

图 1-1-19　横置发动机

图 1-1-20　纵置发动机

（6）反置发动机（图 1-1-21）

"反置"是横置发动机的一种特殊布置方式，通常的横置发动机采用排气歧管在前、进气歧管在后的布置方式，简单地说就是"前出后进"；如果将进、排气的位置调换，将进气歧管置于前端，排气歧管置于后部，变成"前进后出"，就是所谓的"反置"了（图 1-1-22和图 1-1-23）。只有横置发动机才有"正反置"之说，纵置发动机进、排气歧管在左右两端，互换并没有什么差别，所以是没有这样的说法的。福特福克斯、蒙迪欧致胜、马自达睿翼、蓝瑟翼神及新君威 2.4 等车型上使用的都是反置发动机。

图 1-1-21　反置发动机

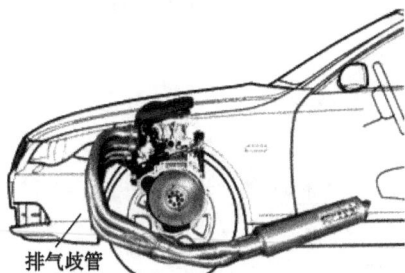

图 1-1-22　"正置"发动机的排气歧管在前端　　　图 1-1-23　"反置"发动机的排气歧管在后部

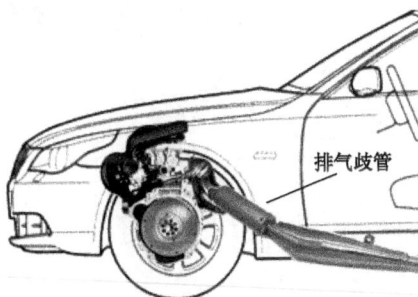

8. 按照进气系统是否采用增压方式分类

按照进气系统是否采用增压方式可以分为自然吸气（非增压）式发动机和强制进气（增压）式发动机。汽油机常采用自然吸气式，柴油机为了提高功率有采用增压式的。

二、发动机的组成

发动机是一种由许多机构和系统组成的复杂机器。无论是汽油机还是柴油机，无论是四行程发动机还是二行程发动机，无论是单缸发动机还是多缸发动机，要完成能量转换，实现工作循环，保证长时间连续正常工作，都必须具备以下一些机构和系统。

汽油机由两大机构和五大系统组成，即由曲柄连杆、配气两大机构和燃料供给、润滑、冷却、点火、起动五大系统组成。柴油机由两大机构和四大系统组成，即由曲柄连杆、配气两大机构和燃料供给、润滑、冷却和起动四大系统组成。柴油机是压燃的，不需要点火系统。

发动机的结构与零部件如图 1-1-24 和图 1-1-25 所示。

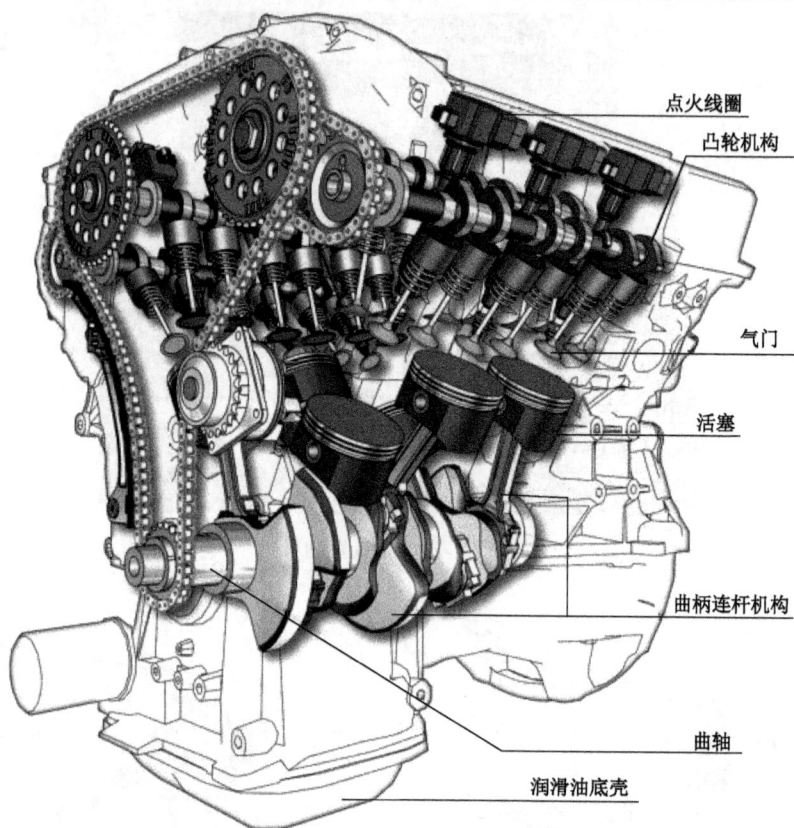

点火线圈

凸轮机构

气门

活塞

曲柄连杆机构

曲轴

润滑油底壳

图 1-1-24　发动机的结构

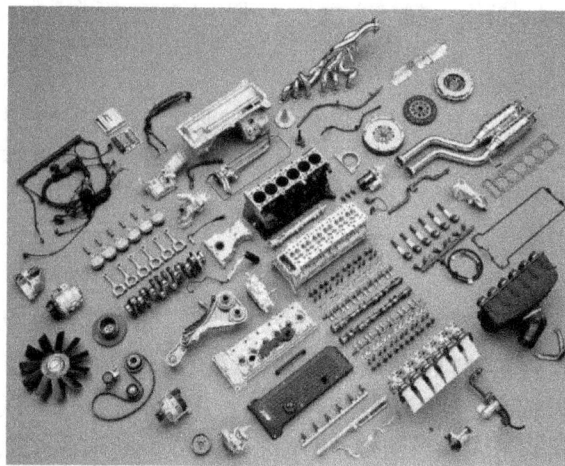

图 1-1-25　发动机的零部件

1. 曲柄连杆机构

　　曲柄连杆机构（图 1-1-26）是发动机实现工作循环、完成能量转换的主要运动部件。它由机体组、活塞连杆组和曲轴飞轮组等组成。在做功行程中，活塞承受燃汽压力在汽缸内做直线运动，通过连杆转换成曲轴的旋转运动，并由曲轴对外输出动力。而在进气、压缩和排气行程中，飞轮释放能量，又把曲轴的旋转运动转化成活塞的直线运动。

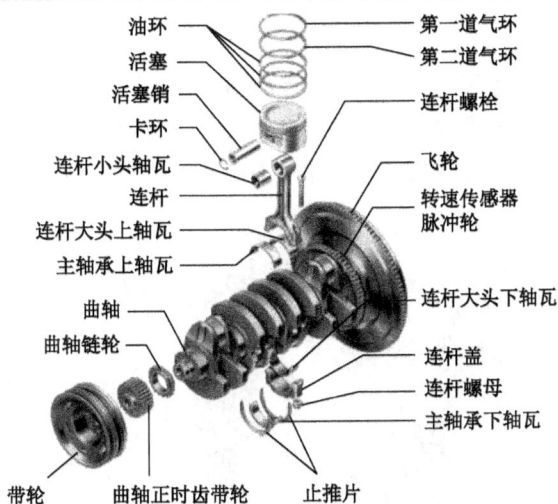

图 1-1-26　曲柄连杆机构

2. 配气机构

配气机构的功用是根据发动机的工作顺序和工作过程，定时开启和关闭进气门和排气门，使可燃混合气或空气进入汽缸，并使废气从汽缸内排出，实现换气过程。目前大多采用气门顶置式配气机构，一般由气门组和气门传动组组成（图 1-1-27）。

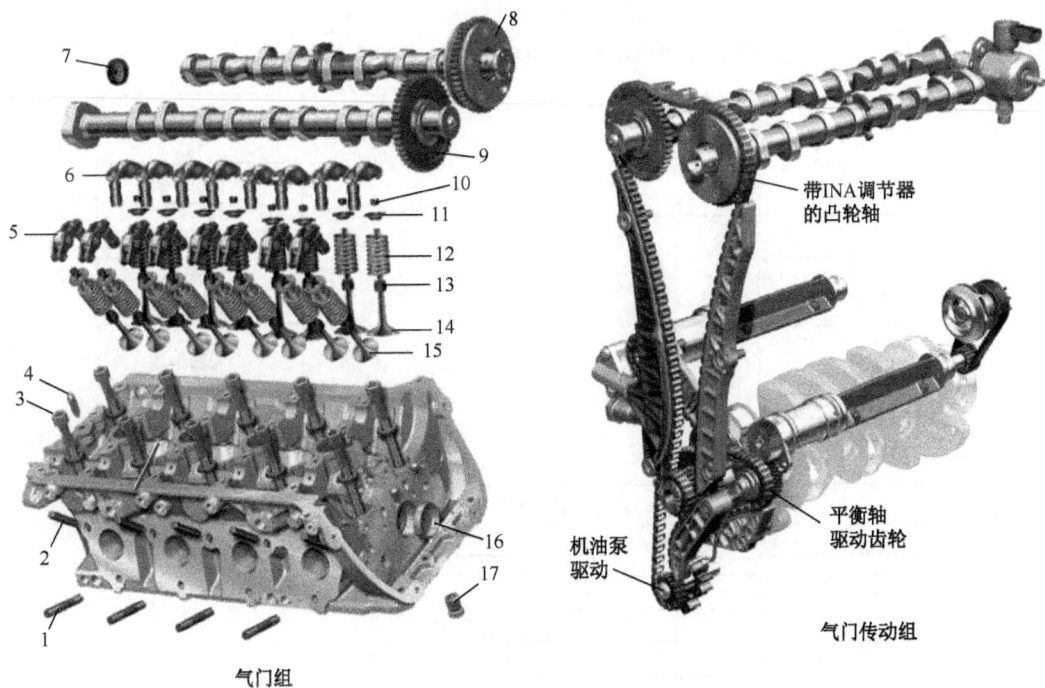

1—排气歧管柱头螺栓；2—排气歧管定位销；3—带垫圈的缸盖螺栓；4—销子；5—滚子摇臂；6—液压挺柱；7—碗形塞；
8—带 INA 调节器的进气凸轮；9—排气凸轮；10—气门锁夹；11—气门弹簧保持器；12—气门弹簧；13—气门杆密封；
14—进气门；15—排气门；16—碗形塞；17—单向阀

图 1-1-27　配气机构

3. 润滑系统

润滑系统的功用是向做相对运动的零件表面输送定量的清洁润滑油，以实现液体摩擦，减小摩擦阻力，减轻机件的磨损，并对零件表面进行清洗和冷却。润滑系统通常由润滑油道、机油泵、机油滤清器和一些阀门等组成。相关示例如图 1-1-28 和图 1-1-29 所示。

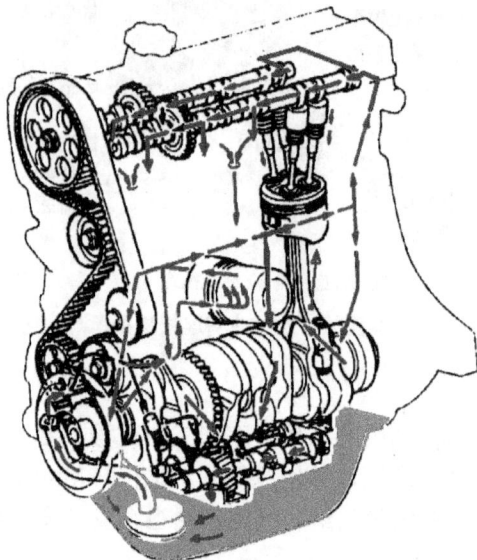

图 1-1-28　丰田佳美 2.2 发动机 5A-FE 润滑系统油路

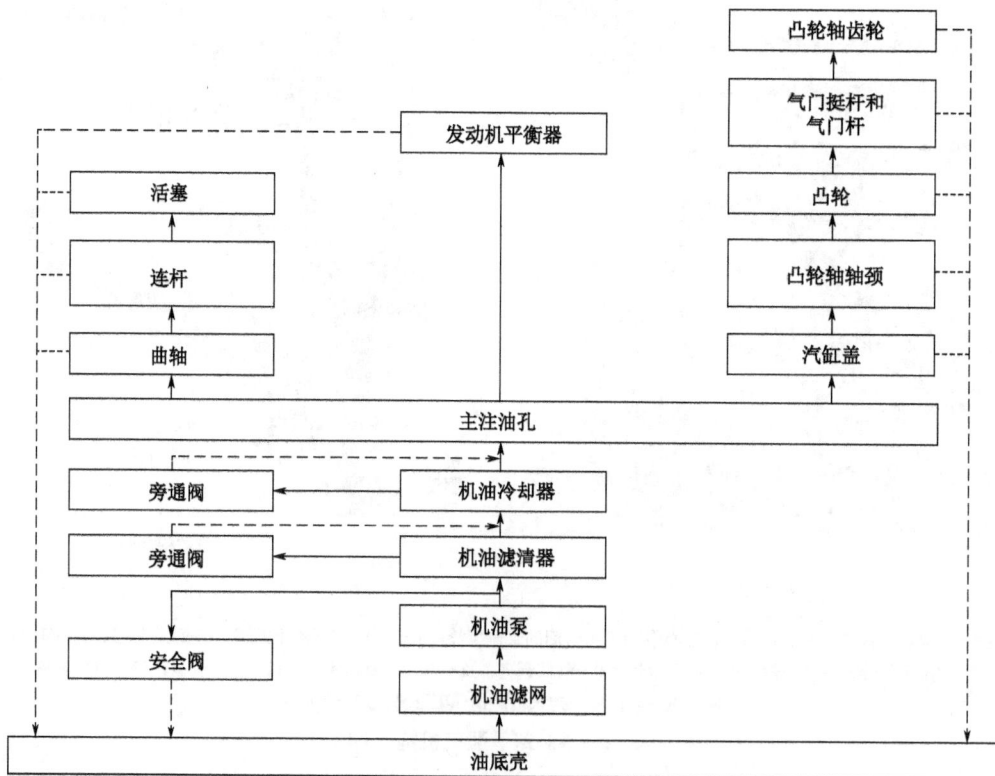

图 1-1-29　丰田佳美 2.2 发动机 5A-FE 润滑系统框架图

4. 冷却系统

冷却系统的主要功用是把受热零件吸收的部分热量及时散发出去，保证发动机在最适宜的温度状态下工作。冷却系统按照冷却介质不同可以分为风冷系和水冷系，通过把发动机中高温零件的热量直接散入大气而进行冷却的装置称为风冷系。而把这些热量先传给冷却水，然后再散入大气而进行冷却的装置称为水冷系。由于水冷系冷却均匀，效果好，而且发动机运转噪声小，所以目前汽车发动机上广泛采用的是水冷系。相关示例如图 1-1-30 和图 1-1-31 所示。

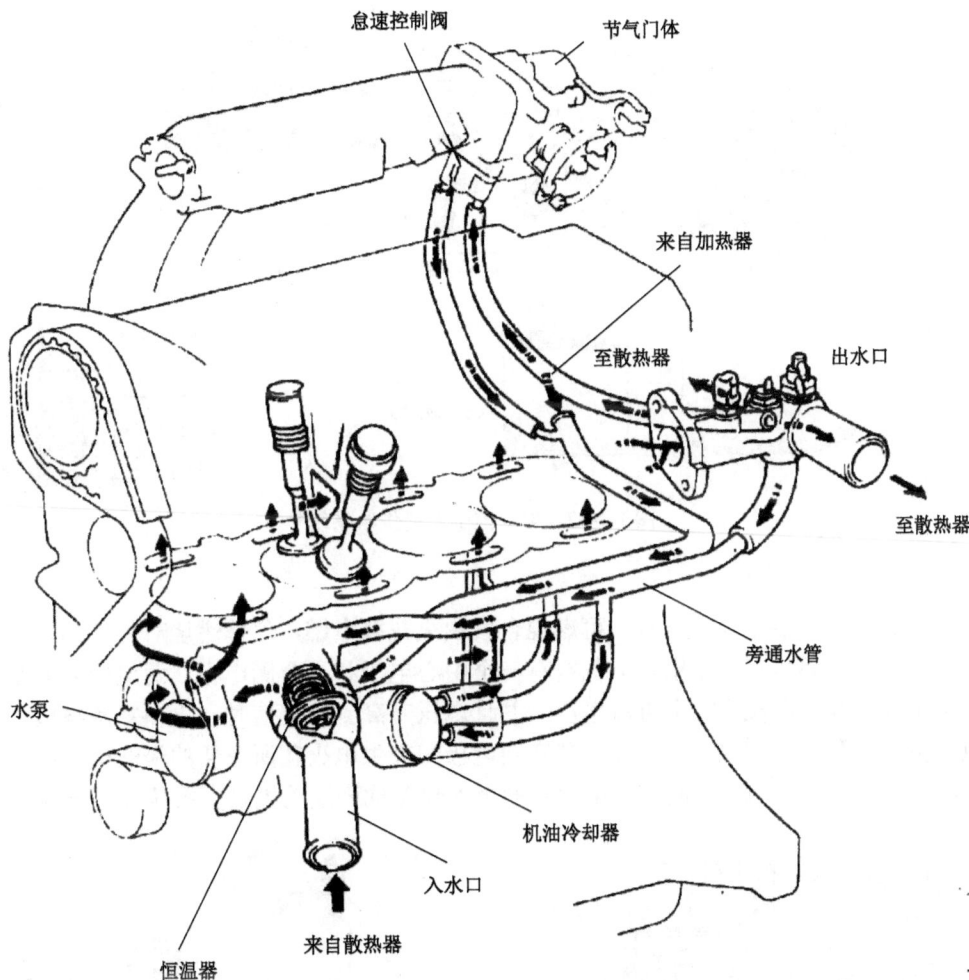

图 1-1-30　丰田佳美 2.2 发动机 5A-FE 冷却系统与冷却液循环方向

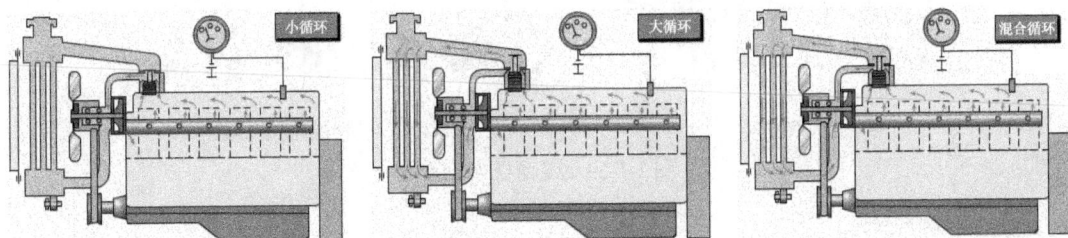

图 1-1-31　发动机冷却液循环方向

5. 燃料供给系统

汽油机所用的燃料是汽油，在进入汽缸之前，汽油和空气已形成可燃混合气。可燃混合气进入汽缸内被压缩，在接近压缩终了时点火燃烧而膨胀做功。可见汽油机中进入汽缸的是可燃混合气，压缩的也是可燃混合气，燃烧做功后将废气排出。因此，汽油机燃料供给系统的任务是根据发动机不同情况的要求，配制出一定数量和浓度的可燃混合气，供入汽缸，最后还要把燃烧后的废气排出汽缸。电子控制燃料供给系统如图1-1-32所示。

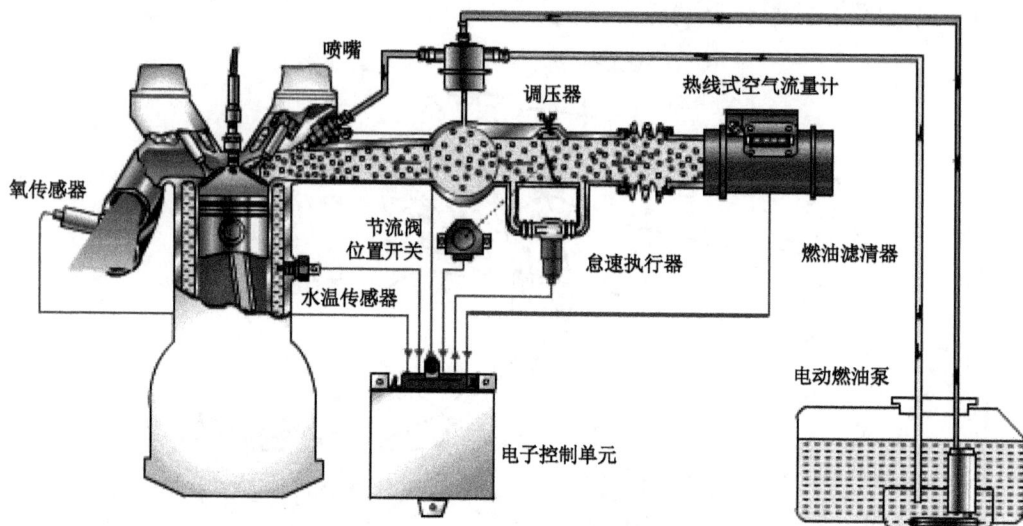

图 1-1-32　电子控制燃料供给系统

6. 发动机点火系统

汽油机在压缩接近上止点时，可燃混合气由火花塞点燃，气体燃烧对外做功，为此汽油机的燃烧室中都装有火花塞。火花塞有一个中心电极和一个侧电极，两电极之间是绝缘的。当在火花塞两电极间加上直流电压，并且电压升高到一定值时，火花塞两电极之间的间隙就会被击穿而产生电火花。在火花塞两电极间产生电火花所需要的最低电压称为击穿电压，能够在火花塞两电极间产生电火花的全部设备称为发动机点火系统（图1-1-33）。

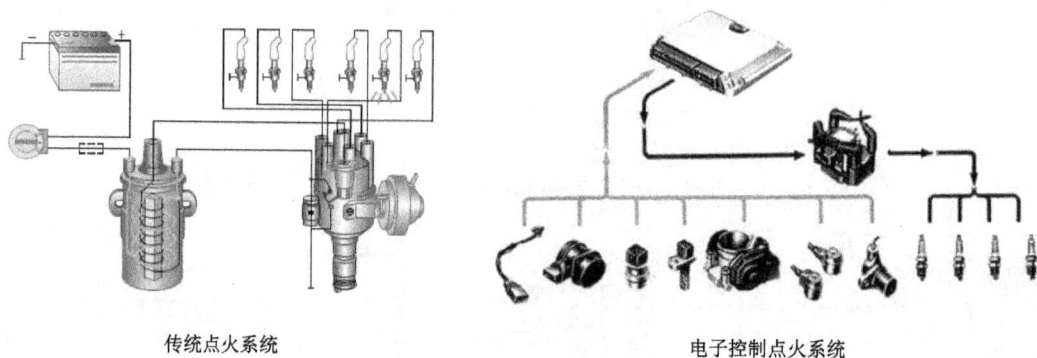

传统点火系统　　　　　　　　　　　　　　　电子控制点火系统

图 1-1-33　发动机点火系统

7. 起动系统

为了使静止的发动机进入工作状态，必须先用外力转动发动机曲轴，使活塞开始上下运动，汽缸内吸入可燃混合气，并将其压缩、点燃，气体体积迅速膨胀产生强大的动力，推动活塞运动并带动曲轴旋转，发动机才能自动进入工作循环。发动机的曲轴在外力作用下开始转动到发动机自动怠速运转的全过程，称为发动机的起动过程。完成起动所需要的装置称为起动系统（图 1-1-34）。

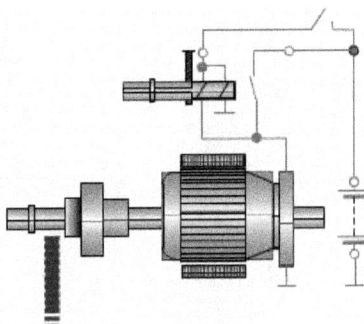

起动机　　　　　　　　　　　　　　起动机工作原理图

图 1-1-34　发动机起动系统

任务2　发动机的工作原理

学习目标

◎ 了解汽车发动机的相关术语
◎ 了解汽车发动机的工作原理

查阅相关资料和维修手册，根据相关图文，小组讨论完成以下引导问题。

1．你听说过四行程内燃机与二行程内燃机吗？它们之间有什么区别？

2．CA488 型四行程汽油机有 4 个汽缸，汽缸直径为 87.5mm，活塞行程为 92mm，压缩比为 8∶1，试计算其汽缸工作容积、燃烧室容积和发动机排量。

3．学习发动机的基本术语，填写图 1-2-1 中的方框。

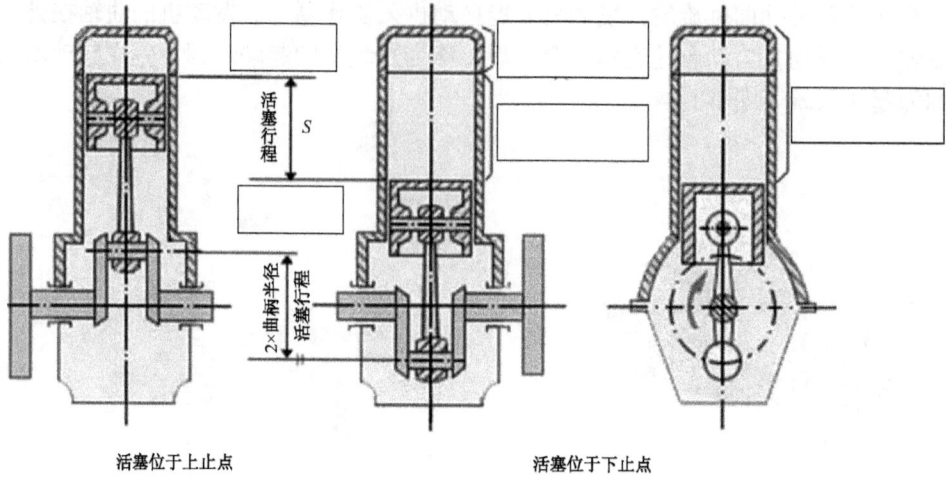

活塞位于上止点　　　　　　　　　　　　活塞位于下止点

图 1-2-1　发动机的基本术语

4．发动机实际循环的 5 个过程是什么？

5．什么是发动机的工作循环？分别有哪些循环？

知识要点

一、发动机的基本术语

发动机的基本术语如图 1-2-2 所示。

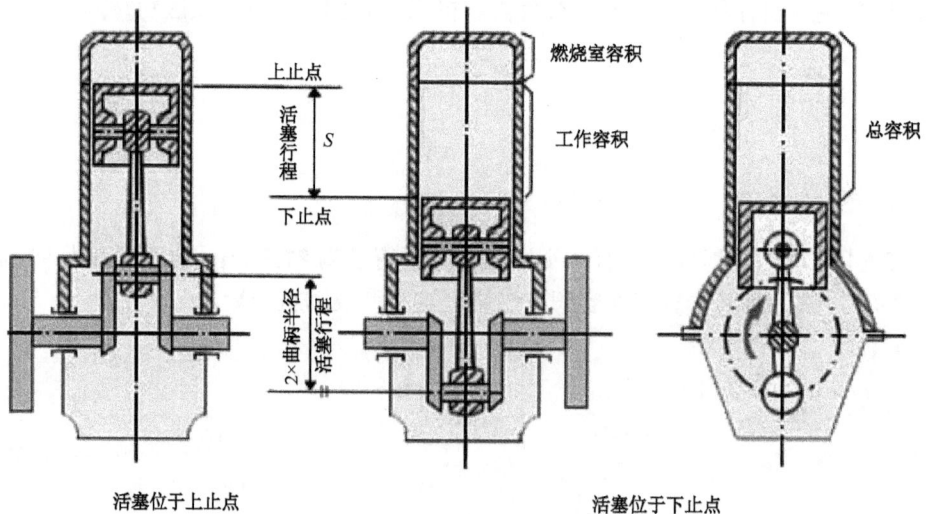

活塞位于上止点　　　　　　　　　　　　活塞位于下止点

图 1-2-2　发动机的基本术语

1. 工作循环

活塞式内燃机的工作循环是由进气、压缩、做功和排气 4 个工作过程组成的封闭过程。周而复始地进行这些过程，内燃机才能持续地做功。发动机工作循环原理图如图 1-2-3 所示。

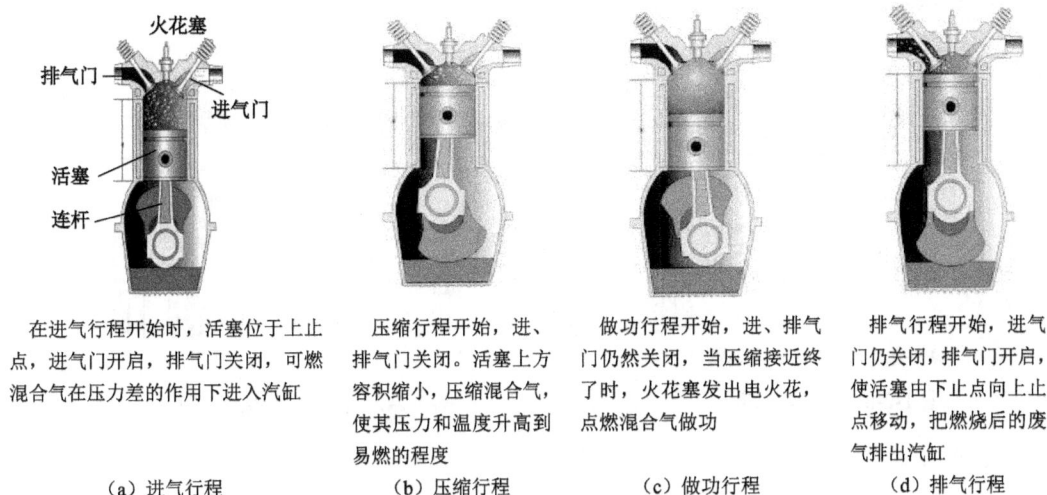

在进气行程开始时，活塞位于上止点，进气门开启，排气门关闭，可燃混合气在压力差的作用下进入汽缸	压缩行程开始，进、排气门关闭。活塞上方容积缩小，压缩混合气，使其压力和温度升高到易燃的程度	做功行程开始，进、排气门仍然关闭，当压缩接近终了时，火花塞发出电火花，点燃混合气做功	排气行程开始，进气门仍关闭，排气门开启，使活塞由下止点向上止点移动，把燃烧后的废气排出汽缸
（a）进气行程	（b）压缩行程	（c）做功行程	（d）排气行程

图 1-2-3　发动机工作循环原理图

2. 上、下止点

活塞顶离曲轴回转中心最远处为上止点，活塞顶离曲轴回转中心最近处为下止点。在上、下止点处，活塞的运动速度为零（图 1-2-4）。

3. 活塞行程

上、下止点间的距离 S 称为活塞行程（图 1-2-5）。曲轴的回转半径（R）称为曲柄半径。显然，曲轴每回转一周，活塞移动两个活塞行程。对于汽缸中心线通过曲轴回转中心的内燃机，有 $S=2R$。

4. 汽缸工作容积

上、下止点间所包容的汽缸容积称为汽缸工作容积（图 1-2-5）。

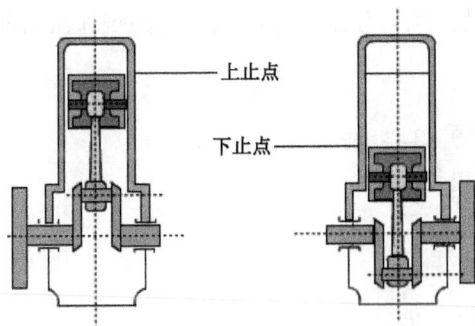

图 1-2-4　发动机上、下止点　　　　图 1-2-5　发动机汽缸工作容积

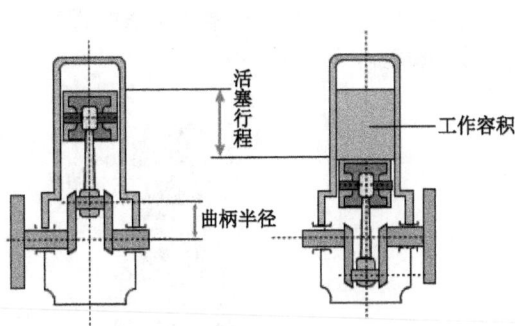

5. 内燃机排量

内燃机所有汽缸工作容积的总和称为内燃机排量（图 1-2-6）。

6. 燃烧室容积

活塞位于上止点时，活塞顶面以上、汽缸盖底面以下所形成的空间称为燃烧室，其容积称为燃烧室容积，也叫压缩容积（图1-2-7）。

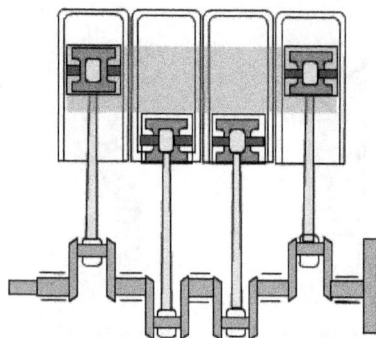

●排量=汽缸工作容积×汽缸数

图1-2-6　内燃机排量

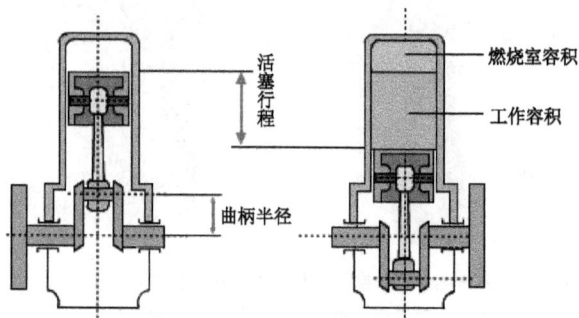

图1-2-7　发动机燃烧室容积

7. 汽缸总容积

汽缸工作容积与燃烧室容积之和为汽缸总容积（图1-2-8）。

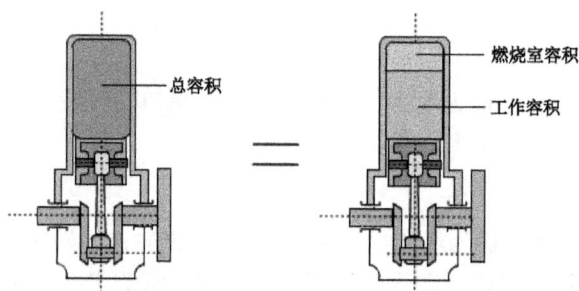

图1-2-8　发动机汽缸总容积

8. 压缩比

汽缸总容积与燃烧室容积之比称为压缩比（图1-2-9）。压缩比表示活塞由下止点运动到上止点时，汽缸内的气体被压缩的程度。压缩比越大，压缩终了时汽缸内的气体压力和温度就越高。

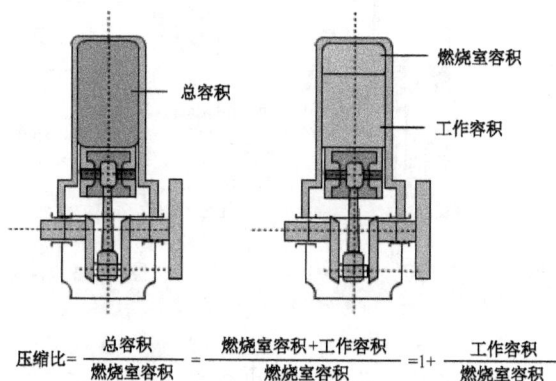

$$压缩比 = \frac{总容积}{燃烧室容积} = \frac{燃烧室容积 + 工作容积}{燃烧室容积} = 1 + \frac{工作容积}{燃烧室容积}$$

图1-2-9　发动机压缩比

9. 工况

内燃机在某一时刻的运行状况简称工况，以该时刻内燃机输出的有效功率和曲轴转速表示。曲轴转速即为内燃机转速。

10. 负荷率

内燃机在某一转速下发出的有效功率与相同转速下所能发出的最大有效功率的比值称为负荷率，以百分数表示。负荷率通常简称为负荷。

二、往复活塞式内燃机的工作原理

1. 四行程汽油机的工作原理

四行程汽油机在四个活塞行程内完成进气、压缩、做功和排气四个过程，即在一个活塞行程内只进行一个过程。因此，活塞行程可分别用四个过程命名。

（1）进气行程（图 1-2-10）

活塞在曲轴的带动下由上止点移至下止点。此时排气门关闭，进气门开启。在活塞移动过程中，汽缸容积逐渐增大，汽缸内形成一定的真空度，空气和汽油的混合物通过进气门被吸入汽缸，直至活塞到达下止点、进气门关闭时结束，并在汽缸内进一步混合形成可燃混合气。

由于进气系统存在进气阻力，进气终了时汽缸内气体的压力低于大气压力，为 0.075～0.09MPa。由于汽缸壁、活塞等高温件及上一循环留下的高温残余废气的加热，气体温度升高到 370～440K。

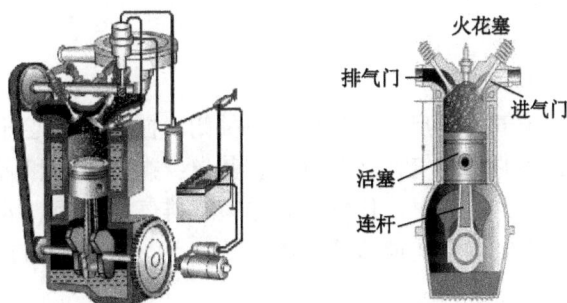

图 1-2-10　进气行程

（2）压缩行程（图 1-2-11）

进气行程结束后，曲轴继续带动活塞由下止点移至上止点。这时，进、排气门均关闭。随着活塞的移动，汽缸容积不断减小，汽缸内的混合气被压缩，其压力和温度同时升高，并使混合气进一步均匀混合，压缩终了时，汽缸内的气体压力为 0.6～1.2MPa，温度为 600～800K。

（3）作功行程（图 1-2-12）

压缩行程结束时，安装在汽缸盖上的火花塞产生电火花，将汽缸内的可燃混合气点燃，火焰迅速传遍整个燃烧室，同时放出大量的热能。燃烧气体的体积急剧膨胀，压力和温度迅速升高。在气体压力的作用下，活塞由上止点移至下止点，并通过连杆推动曲轴旋转做功。这时，进、排气门仍旧关闭。

做功行程开始时汽缸内气体压力、温度急剧上升，瞬时压力可达 3～5MPa，瞬时温度可达 2200～2800K。

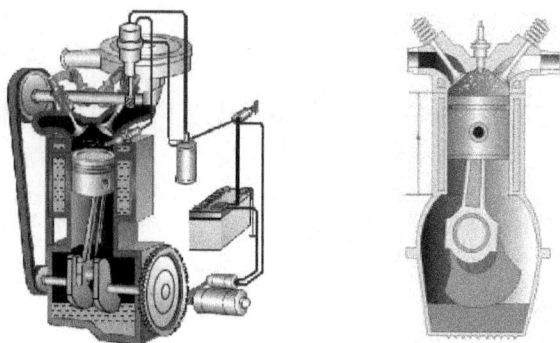

图 1-2-11　压缩行程

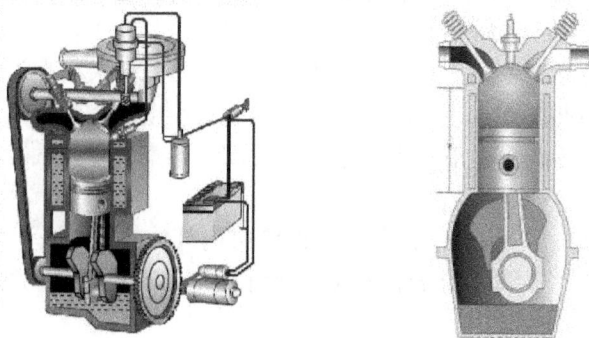

图 1-2-12　做功行程

（4）排气行程（图 1-2-13）

排气行程开始时，排气门开启，进气门仍然关闭，曲轴通过连杆带动活塞由下止点移至上止点，此时膨胀过后的燃烧气体（废气）在其自身剩余压力和活塞的推动下，经排气门排出汽缸。当活塞到达上止点时，排气行程结束，排气门关闭。因排气系统存在排气阻力，排气行程终了时，汽缸内压力略高于大气压力，为 0.105～0.115MPa，温度为 900～1200K。

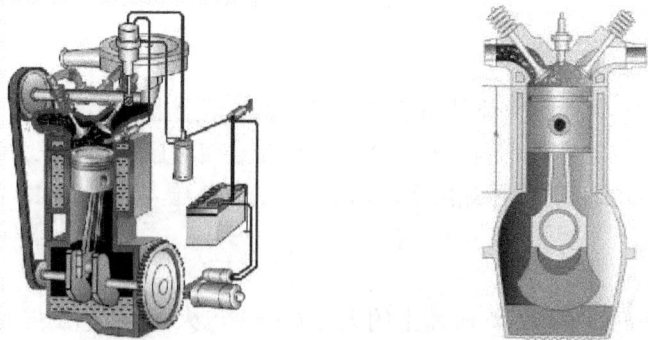

图 1-2-13　排气行程

2. 发动机的实际循环（图 1-2-14）

四行程汽油机在经过进气、压缩、做功和排气四个行程后完成一个工作循环。在此期间，活塞在上、下止点间往复运动四个行程，曲轴旋转两周，即每一个行程有 180° 曲轴转角。

但在实际进气过程中，进气门早于上止点开启，迟于下止点关闭。在排气过程中，排气门早于下止点开启，迟于上止点关闭，即进、排气行程所占的曲轴转角均超过 180°。进气门早开晚关的目的是增加进入汽缸内的混合气量和减少进气过程所消耗的功。排气门早开晚关的目的是减少汽缸内的残余废气量和减少排气过程所消耗的功，减少残余废气量，会相应地增加进气量。

3. 发动机的理想循环（图 1-2-15）

对实际循环做以下假设可得理想循环：

工质是理想气体，比热容视为定值；工质与外界无热量交换，不计进、排气过程及其流动损失；工质的压缩过程和膨胀过程均为绝热过程；燃烧过程为外界等容、等压加热过程，而排气过程为等容放热过程；不考虑机械损失。

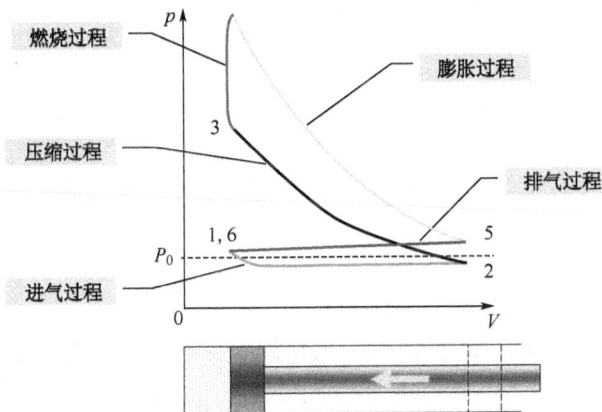

图 1-2-14　四行程发动机的实际循环

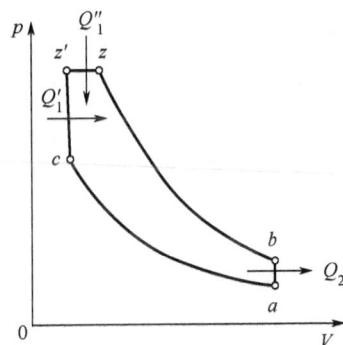

图 1-2-15　发动机的理想循环

模型的四点假设：

忽略进、排气过程，排气放热过程简化为定容放热过程（$b{\sim}a$）；压缩（$a{\sim}c$）、膨胀（$z{\sim}b$）过程简化为绝热（定熵）过程；燃烧过程简化为定容加热过程（$c{\sim}z'$）和定压加热过程（$z'{\sim}z$）；假定工质为定比热容的理想气体。

4. 衡量循环的特征参数

（1）压缩比 ε

压缩比是活塞在下止点的汽缸容积与在上止点的汽缸容积之比，表征发动机工作容积的大小。

$$\varepsilon = \frac{V_a}{V_c}$$

（2）压力升高比（压升比）λ

压力升高比，也称压升比，是加热终点的压力与压缩终点的压力之比，表示定容燃烧情况。

$$\lambda = \frac{P_z}{P_c}$$

（3）预胀比（初始膨胀比）ρ

预胀比，也称初始膨胀比，是加热终点的容积与压缩终点的容积之比，表示定压燃烧情况。对于定容加热，$\rho=1$。

$$\rho = \frac{V_z}{V_{z'}}$$

（4）绝热指数（比热比或等熵指数）k

绝热指数也称比热比或等熵指数，其数值随气体的种类和温度而变。当 C_p、C_V 为常数时，k 为定值。

$$k = \frac{C_p}{C_V}$$

（5）循环平均压力 p_t

循环平均压力越高，说明循环的做功能力越强。对于既定的汽缸容积，可以将更多的燃料转换为循环功输出，它是评定循环动力性的重要指标之一（单位为 kPa）。

$$p_t = \frac{W}{V_s}$$

式中，W 为循环所做的功（J）；V_s 为汽缸工作容积（L）。

（6）循环热效率 η_t

循环热效率越高，说明加入的热量有更多的部分转换为功，循环的经济性越好，它是评定循环经济性的重要指标之一。

$$\eta_t = \frac{W}{Q_1} = \frac{Q_1 - Q_2}{Q_1} = 1 - \frac{Q_2}{Q_1}$$

式中，W 为工质所做循环功（J）；Q_1 为循环加热量（J）；Q_2 为工质在循环中散失的热量（J）。

5. 四行程柴油机的工作原理

四行程柴油机的工作循环同样包括进气、压缩、做功和排气四个行程，在各个活塞行程中，进、排气门的开闭和曲柄连杆机构的运动与汽油机完全相同（图 1-2-16）。只是由于柴油和汽油的使用性能不同，柴油机和汽油机在混合气形成方法及着火方式上有着根本的差别。

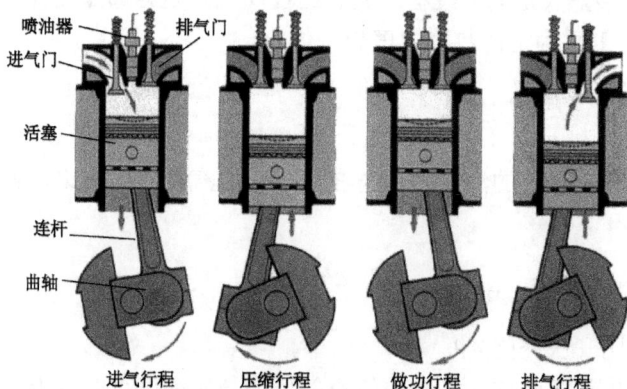

图 1-2-16　四行程柴油机的工作过程

（1）进气行程

在柴油机进气行程中，被吸入汽缸的是纯净的空气。

（2）压缩行程

压缩行程中将进入汽缸的空气压缩，由于柴油的压缩比大，为 15～22，压缩终了的温度和压力都比汽油机高，压力可达 3～5MPa，温度可达 800～1000K。

（3）做功行程

在压缩行程结束时，喷油泵将柴油泵入喷油器，并通过喷油器喷入燃烧室。因为喷油压力很高，喷孔直径很小，所以喷出的柴油呈细雾状。细微的油滴在炽热的空气中迅速蒸发汽化，并借助空气的运动，迅速与空气混合形成可燃混合气。由于汽缸内的温度远高于柴油的自燃点（500K 左右），因此柴油随即自行着火燃烧。燃烧气体的压力、温度迅速升高，体积急剧膨胀。在气体压力的作用下，活塞推动连杆，连杆推动曲轴旋转做功。做功行程中，瞬时压力可达 5～10MPa，瞬时温度可达 1800～2200K。

（4）排气行程

排气行程开始时，排气门开启，进气门仍然关闭，燃烧后的废气被排出汽缸。

6. 二行程汽油机的工作原理

二行程内燃机的工作循环是在两个活塞行程即曲轴旋转一周的时间内完成的。在四行程内燃机中，常把排气过程和进气过程合称为换气过程，在二行程内燃机中，换气过程是指废气从汽缸内被新气扫除并取代的过程。这两种内燃机工作循环的不同之处主要在于换气过程。二行程汽油机的工作过程如图 1-2-17 和图 1-2-18 所示。

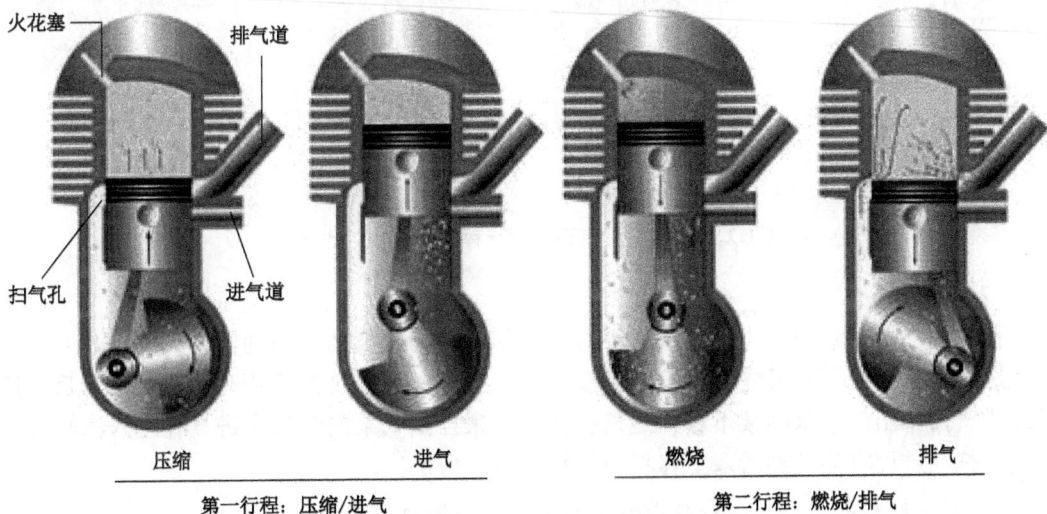

| 图 1-2-17　汽油机的第一行程 | 图 1-2-18　汽油机的第二行程 |

（1）第一行程

活塞在曲轴带动下由下止点移至上止点。当活塞还处于下止点时，进气孔被活塞关闭，排气孔和扫气孔开启。这时曲轴箱内的可燃混合气经扫气孔进入汽缸，扫除其中的废气。随着活塞向上止点运动，活塞头部首先将扫气孔关闭，扫气终止。但此时排气孔尚未关闭，仍有部分废气和可燃混合气经排气孔继续排出，称其为额外排气。当活塞将排气孔也关闭之后，汽缸内的可燃混合气开始被压缩。直至活塞到达上止点，压缩过程结束。

（2）第二行程

活塞由上止点移至下止点。在压缩过程终了时，火花塞产生电火花，将汽缸内的可燃混合气点燃。燃烧气体膨胀做功。此时排气孔和扫气孔均被活塞关闭，唯有进气孔仍然开启。空气和汽油经进气孔继续流入曲轴箱，直至活塞裙部将进气孔关闭为止。随着活塞继续向下止点运动，曲轴箱容积不断缩小，其中的混合气被预压缩。此后，活塞头部先将排气孔开启，膨胀后的燃烧气体已成废气，经排气孔排出。至此做功过程结束，开始先期排气。随后活塞又将扫气孔开启，经过预压缩的可燃混合气从曲轴箱经扫气孔进入汽缸，扫除其中的废气，开始扫气过程。这一过程将持续到下一个活塞行程中扫气孔被关闭时为止。

7. 二行程柴油机的工作原理（图 1-2-19）

（1）第一行程

活塞由下止点移至上止点。当活塞还处于下止点时，进气孔和排气门均已开启。扫气泵将纯净的空气增压到 0.12～0.14MPa 后，经空气室和进气孔送入汽缸，扫除其中的废气。废气经汽缸顶部的排气门排出。当活塞上移将进气孔关闭时，排气门也关闭，进入汽缸内的空气开始被压缩。活塞运动至上止点，压缩过程结束。

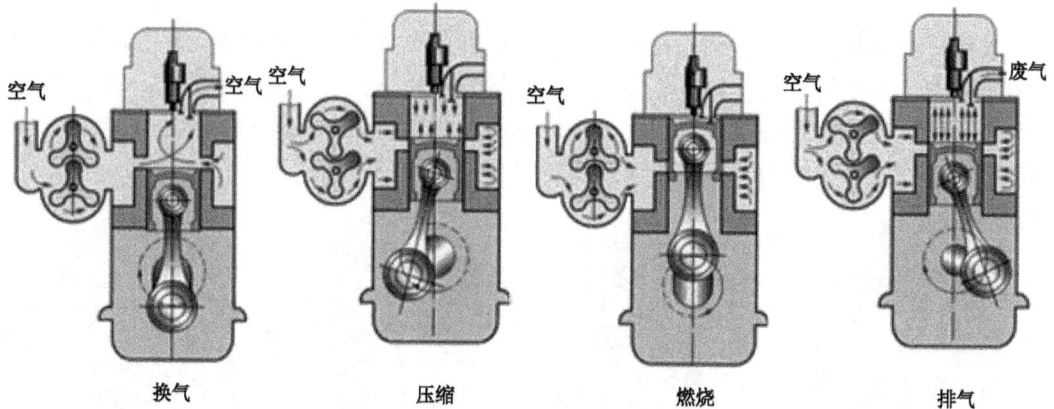

空气　　　　空气　空气　　　　　　　空气　　　　废气

换气　　　　　　　压缩　　　　　　　燃烧　　　　　　排气

图 1-2-19　带有扫气泵的二行程柴油机的工作原理

（2）第二行程

活塞由上止点移至下止点。当压缩过程终了时，高压柴油经喷油器喷入汽缸，并自行着火燃烧。高温高压的燃烧气体推动活塞做功。当活塞下移 2/3 行程时，排气门开启，废气经排气门排出。活塞继续下移，进气孔开启，来自扫气泵的空气经进气孔进入汽缸进行扫气。扫气过程将持续到活塞上移将进气孔关闭时为止。

8. 汽油机与柴油机、四行程内燃机与二行程内燃机的比较

以上叙述了各类往复活塞式内燃机的简单工作原理，从中可以看出汽油机与柴油机、四行程内燃机与二行程内燃机的若干异同之处。

（1）四行程汽油机与四行程柴油机的共同点

① 每个工作循环都包含进气、压缩、做功和排气四个活塞行程，每个行程各占 180° 曲轴转角，即曲轴每旋转两周完成一个工作循环。

② 四个活塞行程中，只有一个做功行程，其余三个是耗功行程。显然，在做功行程中曲轴旋转的角速度要比其他三个行程大得多，即在一个工作循环内曲轴的角速度是不均匀

的。为了改善曲轴旋转的不均匀性，可在曲轴上安装转动惯量较大的飞轮或采用多缸内燃机并使其按一定的工作顺序依次工作。

（2）汽油机与柴油机的不同之处

① 汽油机的可燃混合气在汽缸外部开始形成并延续到进气和压缩行程终了，时间较长。柴油机的可燃混合气在汽缸内部形成，从压缩行程接近终了时开始，并占小部分做功行程，时间很短。

② 汽油机的可燃混合气用电火花点燃，柴油机则是自燃，所以汽油机又称点燃式内燃机，柴油机又称压燃式内燃机。

（3）二行程内燃机与四行程内燃机的对比

① 二行程内燃机曲轴每转一周完成一个工作循环，做功一次。当曲轴转速相同时，二行程内燃机单位时间的做功次数是四行程内燃机的两倍。由于曲轴每转一周做功一次，因此曲轴旋转的角速度比较均匀。

② 二行程内燃机的换气过程时间短，仅为四行程内燃机的 1/3 左右。另外，进、排气过程几乎同时进行，利用新气扫除废气，新气可能流失，废气也不易清除干净。因此，二行程内燃机的换气质量较差。

③ 曲轴箱换气式二行程内燃机没有进、排气门，所以结构大为简化。

发动机曲柄连杆机构的构造与维护

任务 1 认识曲柄连杆机构

学习目标

◎ 了解曲柄连杆机构各零件的安装位置及零件的检测项目
◎ 按技术要求检测曲轴、活塞、连杆和活塞环
◎ 查阅维修手册制定曲柄连杆机构零件的修复计划
◎ 按技术要求装配曲柄连杆机构
◎ 正确诊断发动机曲柄连杆机构的故障

任务引导文 查阅相关资料和维修手册，根据相关图文，小组讨论完成以下引导问题。

1. 全支承曲轴主轴颈的数目比连杆轴颈的数目要多。　　　　　　　　　　(　　)
2. 非全支承曲轴主轴颈的数目比连杆轴颈的数目少。　　　　　　　　　　(　　)
3. 曲柄连杆机构是由哪些零部件组成的？其作用是什么？

4. 活塞连杆组的作用是什么？由哪些部分组成？

知识要点

一、曲柄连杆机构的作用

① 把燃烧作用在活塞顶上的力转变为曲轴的转矩，对外输出机械能。
② 将活塞的往复运动变为曲轴的旋转运动。

二、曲柄连杆机构的组成

曲柄连杆机构由发动机机体组、活塞连杆组、曲轴飞轮组三部分组成。

① 发动机机体组：汽缸体、汽缸垫、汽缸盖、曲轴箱、汽缸套及油底壳。

② 活塞连杆组：活塞、活塞环、活塞销、连杆。

③ 曲轴飞轮组：曲轴、飞轮。

1. 发动机机体组

发动机机体组包括汽缸体、汽缸套、汽缸盖、汽缸盖罩、油底壳等零件，其主要结构如图 2-1-1 所示。

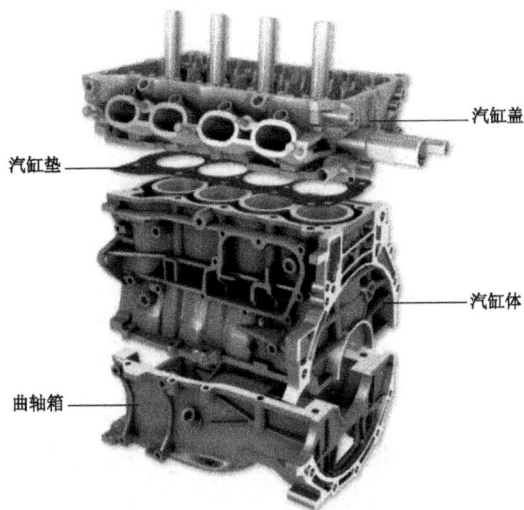

图 2-1-1　发动机机体组的主要结构

发动机机体组的作用：发动机机体是发动机的装配基体，它支承发动机的运动件，安装各种附件，承受发动机工作时产生的内、外作用力。

（1）汽缸体

发动机的汽缸体和上曲轴箱常铸成一体，称为汽缸体—曲轴箱。卡罗拉 1ZR 发动机采用铝合金的汽缸体，汽缸体上部的圆柱形空腔称为汽缸，下半部为支撑曲轴的曲轴箱，其内腔为曲轴运动的空间，如图 2-1-2 所示。

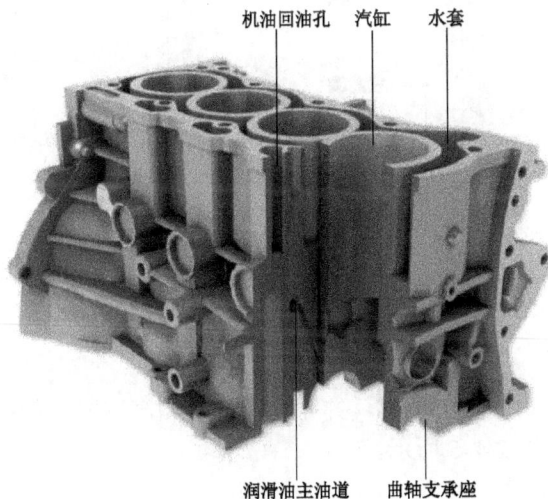

图 2-1-2　汽缸体

① 汽缸体的形式。根据汽缸体曲轴轴承孔轴线与油底壳安装平面的位置不同，通常把汽缸体分为以下三种形式：平底式（也称一般式）汽缸体、龙门式汽缸体和隧道式汽缸体（图 2-1-3）。卡罗拉 1ZR 发动机汽缸体是平底式的。

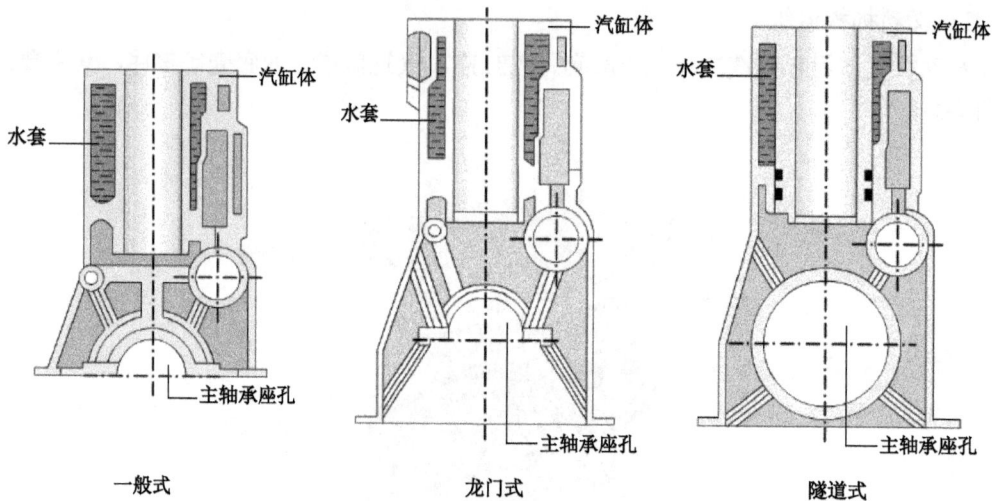

图 2-1-3　汽缸体的形式

② 汽缸体的冷却方式。在冷却方面，卡罗拉 1ZR 发动机以水冷为主，但也装有风扇辅助降温。

发动机用水冷却时，汽缸周围和汽缸盖中均有用以充水的空腔，称为水套，汽缸体和汽缸盖上的水套是相互连通的。水套中的冷却水流过高温零件的周围从而将热量带走。汽缸水套可分为湿式与干式两种，如图 2-1-4 所示。

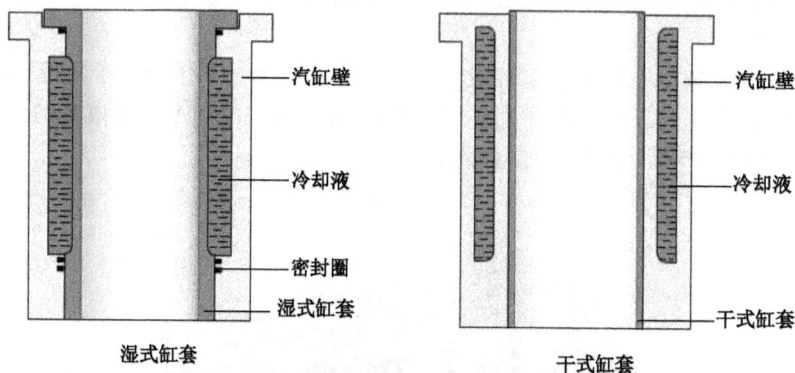

图 2-1-4　缸套

③ 汽缸的排列方式。汽缸的排列方式有：L 型直列式、V 型、对置式、W 型和星型等，如图 2-1-5 所示。

（2）缸盖

缸盖的主要功用是封闭汽缸上部，并与活塞顶部和汽缸壁一起构成燃烧室。汽缸盖安装在汽缸体的上面，如图 2-1-6 所示。

L 型直列式

V 型排列

W 型排列

VR 小夹角排列

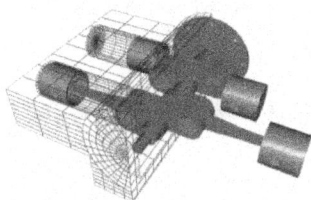
对置式排列

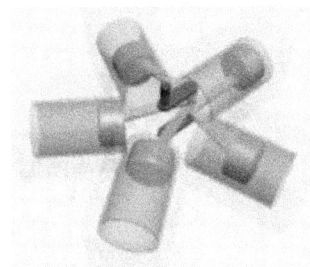
星型排列

图 2-1-5　汽缸的排列方式

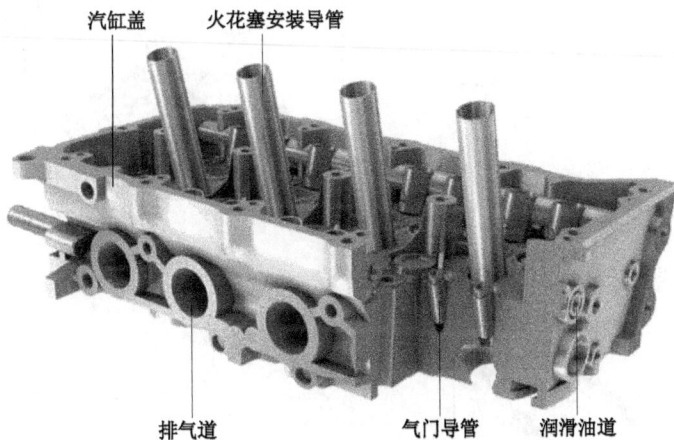
图 2-1-6　汽缸盖

（3）汽缸垫

汽缸垫位于汽缸盖与汽缸体之间，以保证燃烧室的密封，如图 2-1-7 所示。

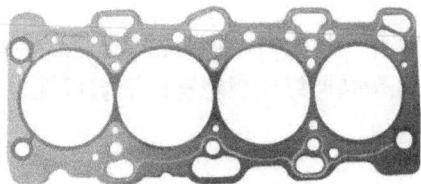
图 2-1-7　汽缸垫

（4）油底壳

油底壳的主要功用是存储机油并密封曲轴箱。油底壳受力很小，一般采用薄钢板冲压而成，如图 2-1-8 所示。

图 2-1-8　油底壳

2. 活塞连杆组

活塞连杆组主要由活塞、活塞环、活塞销及连杆等组成，如图 2-1-9 所示。

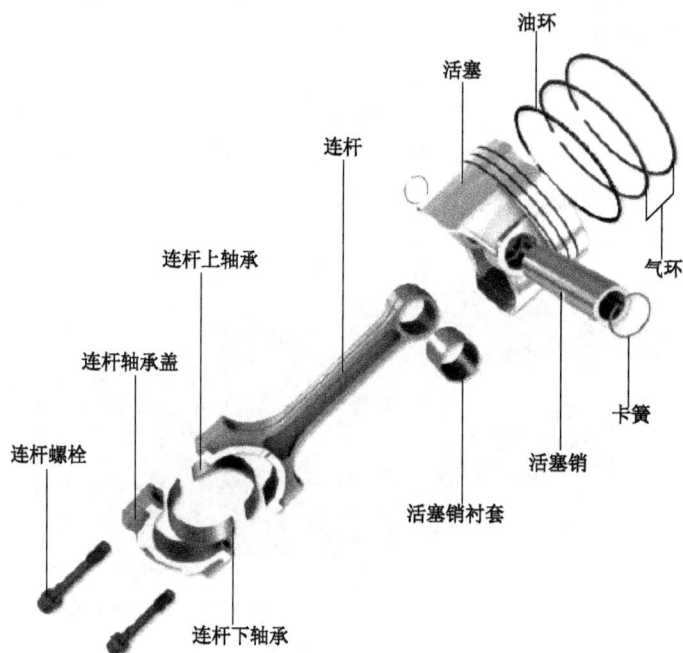

图 2-1-9　活塞连杆组的结构

活塞连杆组承受汽缸中的气体压力，并将此力通过活塞销传给连杆，以推动曲轴旋转。

（1）活塞

活塞的主要功用是承受燃烧气体压力，并将此力通过活塞销传给连杆以推动曲轴旋转。此外活塞顶部与汽缸盖、汽缸壁共同组成燃烧室；活塞可视为由顶部、头部和裙部三部分构成，如图 2-1-10 所示。

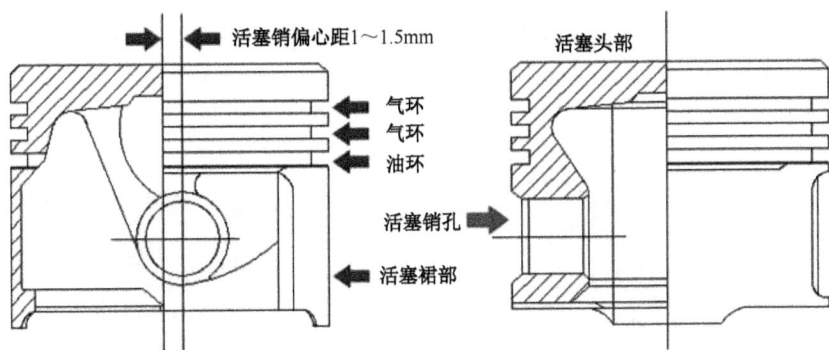

活塞销偏心距1～1.5mm

活塞头部

气环
气环
油环

活塞销孔

活塞裙部

图 2-1-10　活塞的结构

① 活塞顶部：活塞顶部形状如图 2-1-11 所示。

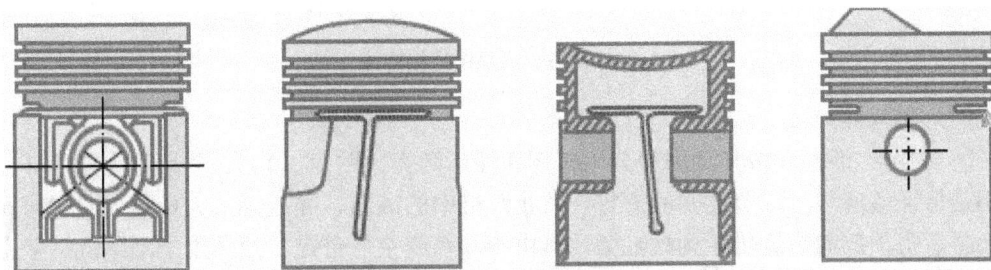

图 2-1-11　活塞顶部形状

活塞顶部承受气体压力，它是燃烧室的组成部分，其形状、位置、大小都和燃烧室的具体形式有关，都是为满足可燃混合气形成和燃烧的要求，其顶部形状可分为四大类，平顶活塞、凸顶活塞、凹顶活塞和成形顶活塞。

平顶活塞顶部是一个平面，结构简单，制造容易，受热面积小，顶部应力分布较为均匀，一般用在汽油机上，柴油机很少采用。

凸顶活塞顶部凸起呈球顶形，其顶部强度高，起导向作用，有利于改善换气过程，二行程汽油机常采用凸顶活塞。

凹顶活塞顶部呈凹陷形，凹坑的形状和位置必须有利于可燃混合气的燃烧，有双涡流凹坑、球形凹坑、U 形凹坑等。

有的活塞顶部打有"←"标记，这是装配方向的记号，装配时箭头应指向发动机前方，如图 2-1-12 所示。

② 活塞头部：活塞头部是指活塞下环槽以上的部分。活塞头部切有若干道用以安装活塞环的环槽。汽油机一般有 2、3 道环槽，上面第 1、2 道用以安装气环，下面一道用以安装油环。

③ 活塞裙部：活塞裙部是指油环槽下端面起至活塞最下端的部分。

（2）活塞销

① 功用：连接活塞与连杆小头，将活塞承受的气体作用力传给连杆。

图 2-1-12　活塞顶部的安装标记

② 连接方式：活塞销与活塞销座孔和连杆小头的连接方式，一般有全浮式和半浮式两种，如图 2-1-13 所示。

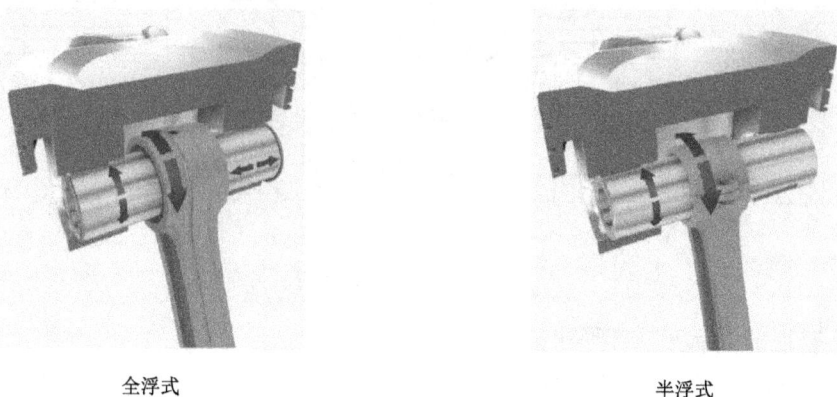

全浮式　　　　　　　　　　半浮式

图 2-1-13　活塞销连接方式

（3）活塞环

① 功用：活塞环按其功用可分为气环和油环两类（图 2-1-14）。气环称为压缩环，其作用是保证活塞与汽缸壁之间的密封，防止汽缸中的高温、高压燃气大量漏入曲轴箱，同时还将活塞顶部的热量传导到汽缸壁，再由冷却水或空气带走。油环用来刮除汽缸壁上多余的机油，并在汽缸壁上布上一层均匀的油膜，这样既可以防止机油窜入汽缸燃烧，又可以减小活塞、活塞环与汽缸的磨损和摩擦阻力。此外，油环也起到密封气体的辅助作用，通常发动机有 1、2 道油环。

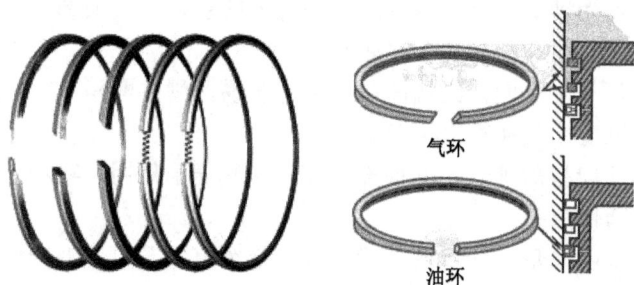

气环

油环

图 2-1-14　活塞环

② 活塞环的间隙：发动机工作时，活塞和活塞环等机件都会发生热膨胀。为保证汽缸的密封性，防止环卡死在汽缸内或胀死在环槽中，安装时，活塞环应留有端隙、侧隙和背隙。

端隙又称开口间隙，是活塞环装入汽缸后开口处的间隙，一般为 0.25～0.50mm，如图 2-1-15 所示。

侧隙又称边隙，是环高方向上环槽之间的间隙。第一道气环因温度高，侧隙一般为 0.04～0.10mm，其他气环一般为 0.03～0.07mm。油环侧隙较小，一般为 0.025～0.07mm，如图 2-1-16 所示。

背隙是指活塞环装入汽缸后，活塞环背面与环槽底部之间的间隙，一般为 0.5～1mm，如图 2-1-17 所示。

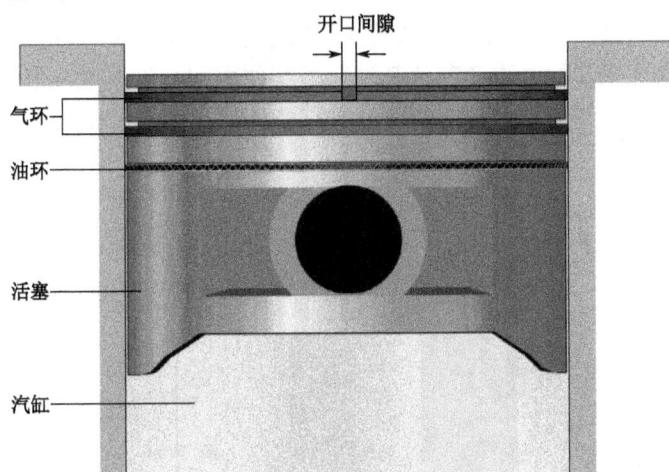

图 2-1-15　活塞环开口间隙

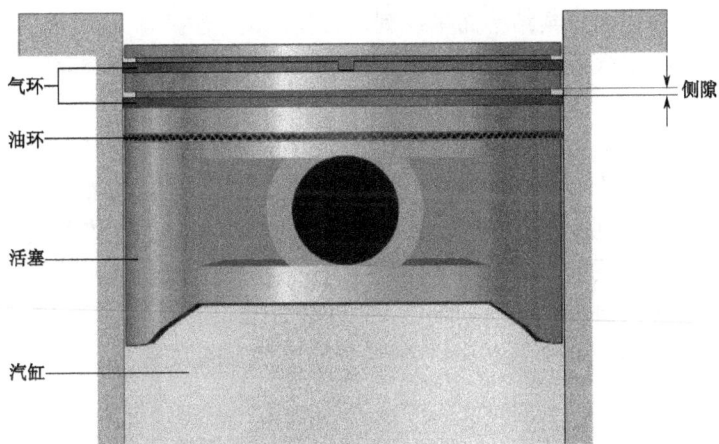

图 2-1-16　活塞环侧隙

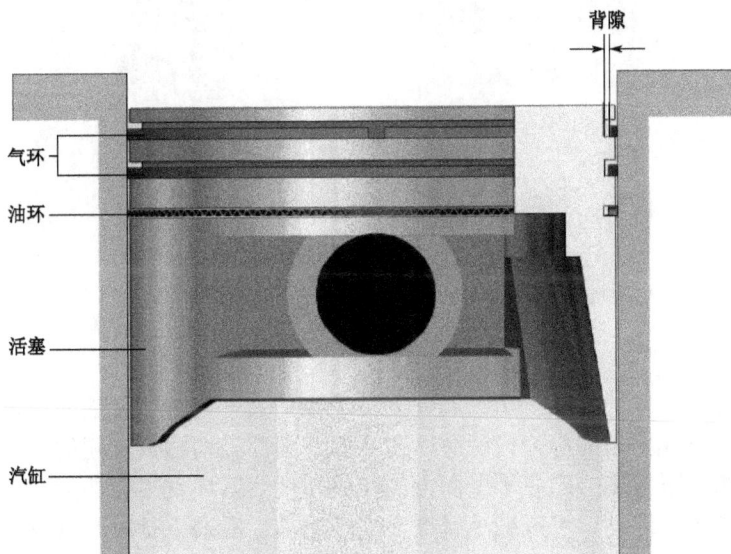

图 2-1-17　活塞环背隙

③ 气环：一般发动机上每个活塞装有 2、3 道气环。第一道气环承受的温度最高，润滑条件也最差，为了保证它具有和其他几道环相同或更高的耐用性，常常将第一道气环的工作表面进行多孔镀铬处理。气环的断面形状有多种，如图 2-1-18 所示。

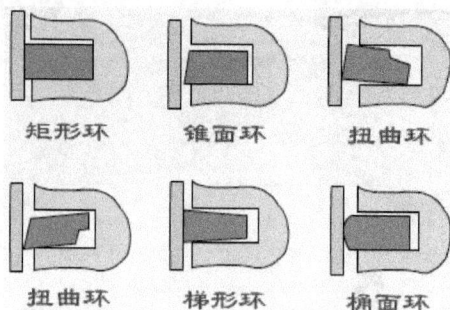

图 2-1-18 气环的断面形状

矩形环：断面为矩形，其结构简单，制造方便，易于生产，应用最广。但是矩形环随活塞往复运动时，会把汽缸壁面上的机油不断送入汽缸中。这种现象称为气环的泵油作用（图 2-1-19）。

活塞下行时，由于环与汽缸壁的摩擦阻力及环的惯性，环被压靠在环槽的上端面上，汽缸壁面上的油被刮入下边隙和内边隙；活塞上行时，环又被压靠在环槽的下端面。结果第一道环背隙里的机油就进入燃烧室，窜入燃烧室的机油会在燃烧室内形成积炭，造成机油的消耗量增加，另外上窜的机油也可能在环槽内形成积炭，使环在环槽内卡死而失去密封作用，划伤汽缸壁，甚至使环折断，可见泵油作用是很有害的，必须设法消除。为了消除或减少有害的泵油作用，除了在气环的下面装有油环外，广泛采用了非矩形断面的扭曲环。

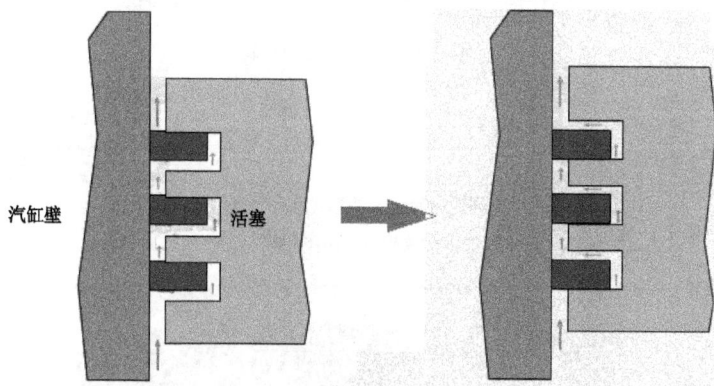

图 2-1-19 气环的泵油作用

扭曲环：在矩形环的内圆上边缘或外圆下边缘切去一部分，使断面呈不对称形状，在环的内圆部分切槽或倒角的称为内切环，在环的外圆部分切槽或倒角的称为外切环。装入汽缸后，由于断面不对称，产生不平衡力的作用，使活塞环发生扭曲变形。活塞上行时，扭曲环在残余油膜上浮动，可以减小摩擦，减小磨损。活塞下行时，则有刮油效果，避免机油烧掉。同时，由于扭曲环在环槽中上、下跳动的行程缩短，可以减轻泵油的副作用。目前它被广泛地应用于第 2 道活塞环槽上，安装时必须注意断面形状和方向，内切口朝上，外切口朝下，不能装反。

锥面环：断面呈锥形，外圆工作面上加工一个很小的锥面（0.5°～1.5°），减小了环与汽缸壁的接触面，提高了表面接触压力，有利于磨合和密封。活塞下行时，便于刮油；活塞上行时，由于锥面的"油楔"作用，能在油膜上"飘浮"过去，减小磨损，安装时不能装反，否则会引起机油上窜。

梯形环：断面呈梯形，工作时，梯形环在压缩行程和做功行程随着活塞受侧压力的方向不同而不断地改变位置，这样会把沉积在环槽中的积炭挤出去，避免了环被粘在环槽中而折断，可以延长环的使用寿命。但是主要缺点是加工困难，精度要求高。

桶面环：桶面环的外圆为凸圆弧形，是近年来兴起的一种新型结构。桶面环上下运动时，均能与汽缸壁形成楔形空间，使机油容易进入摩擦面，减小磨损。由于它与汽缸呈圆弧接触，故对汽缸表面的适应性和对活塞偏摆的适应性均较好，有利于密封，但凸圆弧表面加工较困难。

④ 油环：分为普通油环和组合油环两种，如图2-1-20所示。

普通油环　　　　　　　　　　　　　　组合油环

图2-1-20　油环分类

普通油环：普通油环又叫整体式油环。环的外圆柱面中间加工有凹槽，槽中钻有小孔或开有切槽，当活塞向下运动时，将缸壁上多余的机油刮下，通过小孔或切槽流回曲轴箱；当活塞上行时，刮下的机油仍通过回油孔流回曲轴箱。有些普通环还在其外侧上边制有倒角，使环在随活塞上行时形成油楔，可起均布润滑油的作用，下行刮油能力强，减少了润滑油的上窜。

组合油环：组合油环由上下两片侧轨环与中间的扩胀器组成，侧轨环用镀铬钢片制成，扩胀器的周边比汽缸内圆周略大一些，可使侧轨环紧紧压向汽缸壁。这种油环的接触压力高，对汽缸壁面适应性好，而且回油通路大，重量小，刮油效果明显。组合环由三个刮油钢片和两个弹性衬环组成。近年来汽车发动机上越来越多地采用了组合式油环，它的缺点主要是制造成本高。

（4）连杆

① 功用：连接活塞与曲轴，连杆小头通过活塞销与活塞相连，连杆大头与曲轴的连杆轴颈相连。连杆将活塞承受的力传给曲轴，推动曲轴转动，从而将活塞的往复运动变为曲轴的旋转运动。

连杆工作时承受活塞顶部气体压力和惯性力的作用，而这些力的大小和方向都是周期性变化的。因此，连杆受到的是压缩、拉伸和弯曲等交变载荷。这就要求连杆强度高，刚度大，重量轻。连杆一般都采用中碳钢或合金钢经模锻或辊锻而成，然后经机加工和热处理。

② 结构：连杆由小头、杆身和大头（包括连杆盖、连杆轴瓦和连杆螺栓）三部分组成，如图2-1-21所示。

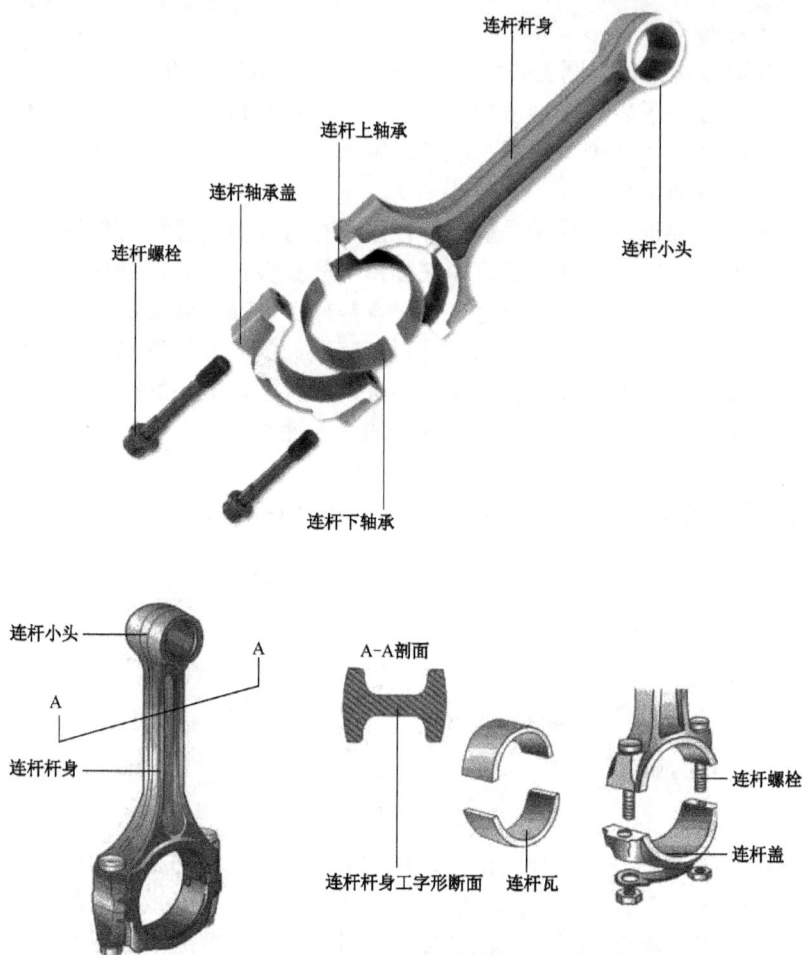

图 2-1-21　连杆的结构

连杆小头用来安装活塞销，以连接活塞。活塞销为全浮式的，连杆小头孔内一般过盈安装一个青铜衬套或铁基粉末冶金衬套，工作时，活塞销和衬套之间有相对转动。

全浮式活塞销由于工作时小头孔与活塞销之间有相对运动，所以常常在连杆小头孔中压入减摩的青铜衬套。为了润滑活塞销与衬套，在小头和衬套上铣有油槽或钻有油孔以收集发动机运转时飞溅上来的润滑油并用以润滑。有的发动机连杆小头采用压力润滑，在连杆杆身内钻有纵向的压力油通道。半浮式活塞销是与连杆小头紧配合的，所以小头孔内不需要衬套，也不需要润滑。

连杆杆身通常做成"I"字形断面，抗弯强度好，重量轻，采用大圆弧过渡，且上小下大。采用压力法润滑的连杆，杆身中部都制有连通大、小头的油道。

连杆大头与曲轴的连杆轴颈相连，大头有整体式和分开式两种。一般都采用分开式，分开式又分为平分和斜分两种。

平分：分面与连杆杆身轴线垂直（图 2-1-22），汽油机多采用这种连杆。因为，一般汽油机连杆大头的横向尺

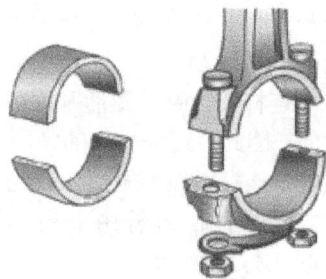

图 2-1-22　平分式

寸都小于汽缸直径，可以方便地通过汽缸进行拆装，故常采用平切口连杆。

斜分：分面与连杆杆身轴线成 30°～60°夹角。柴油机多采用这种连杆。因为，柴油机压缩比大，受力较大，曲轴的连杆轴颈较粗，相应的连杆大头尺寸往往超过了汽缸直径，为了使连杆大头能通过汽缸，便于拆装，一般都采用斜切口，最常见的是 45°。

把连杆大头分开可取下的部分叫连杆盖，连杆与连杆盖配对加工，加工后，在它们同一侧打上配对记号，安装时不得互相调换或变更方向。为此，在结构上采取了定位措施。平切口连杆盖与连杆多采用连杆螺栓定位，利用连杆螺栓中部精加工的圆柱凸台或光圆柱部分与经过精加工的螺栓孔来保证定位精度。斜切口连杆常用的定位方法有锯齿定位、圆销定位、套筒定位和止口定位。

连杆盖和连杆大头用连杆螺栓连在一起，连杆螺栓在工作中承受很大的冲击力，若折断或松脱，将造成严重事故。为此，连杆螺栓都采用优质合金钢，经精加工和热处理特制而成。安装连杆盖拧紧连杆螺栓螺母时，要用扭力板手分 2、3 次交替均匀地拧紧到规定的扭矩，拧紧后还应可靠地锁紧。连杆螺栓损坏后绝不能用其他螺栓来代替。

连杆轴瓦：为了减小摩擦阻力和曲轴连杆轴颈的磨损，连杆大头孔内装有瓦片式滑动轴承，简称连杆轴瓦。轴瓦分上、下两个半片，目前多采用薄壁钢背轴瓦，在其内表面浇铸有耐磨合金层。耐磨合金层具有质软，容易保持油膜，磨合性好，摩擦阻力小，不易磨损等特点。耐磨合金常采用的有巴氏合金、铜铝合金、高锡铝合金。连杆轴瓦的背面有很高的光洁度。半个轴瓦在自由状态下不是半圆形，当它们装入连杆大头孔内时，又有过盈，故能均匀地紧贴在大头孔壁上，具有很好的承受载荷和导热的能力，并可以提高工作可靠性和延长使用寿命。

连杆轴瓦上制有定位凸键，供安装时嵌入连杆大头和连杆盖的定位槽中，以防轴瓦前后移动或转动，有的轴瓦上还制有油孔，安装时应与连杆上相应的油孔对齐。

V 型发动机左右两侧对应两个汽缸的连杆是装在曲轴的一个连杆轴颈上的，称为叉形连杆（图 2-1-23）。

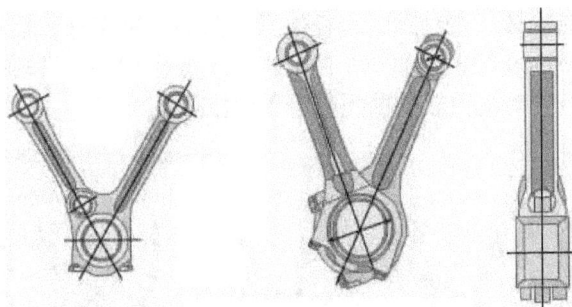

图 2-1-23　叉形连杆

3. 曲轴飞轮组

曲轴飞轮组主要由曲轴、飞轮以及其他不同作用的零件和附件组成，如图 2-1-24 所示。其零件和附件的种类和数量取决于发动机的结构和性能要求。

曲轴飞轮组的作用是把活塞的往复运动转变为曲轴的旋转运动，为汽车的行驶和其他需要动力的机构输出扭矩，同时还存储能量，用以克服非做功行程的阻力，使发动机运转平稳。

曲轴皮带轮　橡胶环　曲轴位置传感器信号转子　曲轴　止推垫片　主轴承上轴瓦　飞轮　螺栓　摩擦盘

曲轴正时齿轮　机油泵驱动链轮　主轴承盖　主轴承盖螺栓　主轴承下轴瓦　齿圈　飞轮挡圈

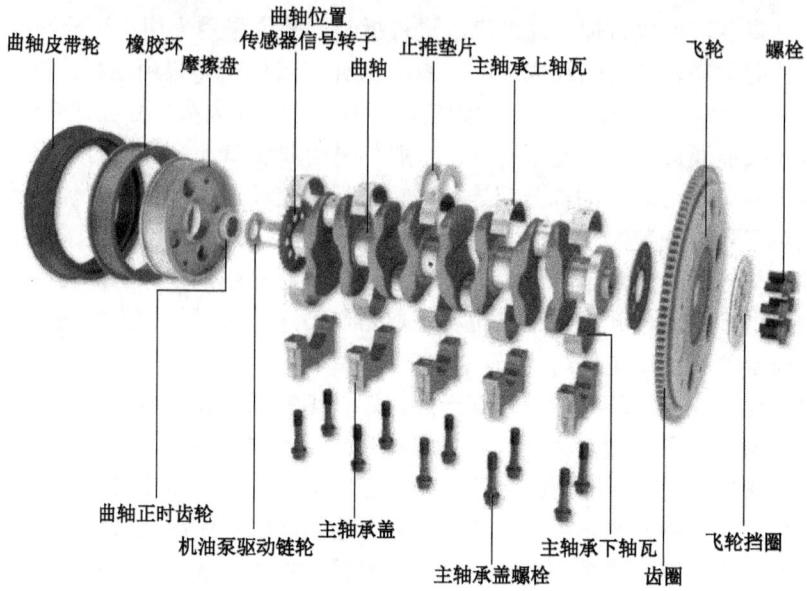

图 2-1-24　曲轴飞轮组

（1）曲轴

曲轴是发动机最重要的机件之一。

它与连杆配合将作用在活塞上的气体压力变为旋转的动力，传给底盘的传动机构。同时，驱动配气机构和其他辅助装置，如风扇、水泵、发电机等。

工作时，曲轴承受气体压力、惯性力及惯性力矩的作用，受力大而且受力复杂，并且承受交变负荷的冲击作用。同时，曲轴又是高速旋转件，因此，要求曲轴具有足够的刚度和强度，具有良好的承受冲击载荷的能力，耐磨损且润滑良好。

曲轴一般用中碳钢或中碳合金钢模锻而成。为提高耐磨性和耐疲劳强度，轴颈表面经高频淬火或氮化处理，并经精磨加工，以达到较高的表面硬度和表面粗糙度的要求。

曲轴的组成包括前端轴、主轴颈、连杆轴颈、曲柄、平衡重、后端轴等，如图 2-1-25 所示。一个主轴颈、一个连杆轴颈和一个曲柄组成了一个曲拐，曲轴的曲拐数目等于汽缸数直列式发动机，V 型发动机曲轴的曲拐数等于汽缸数的一半。

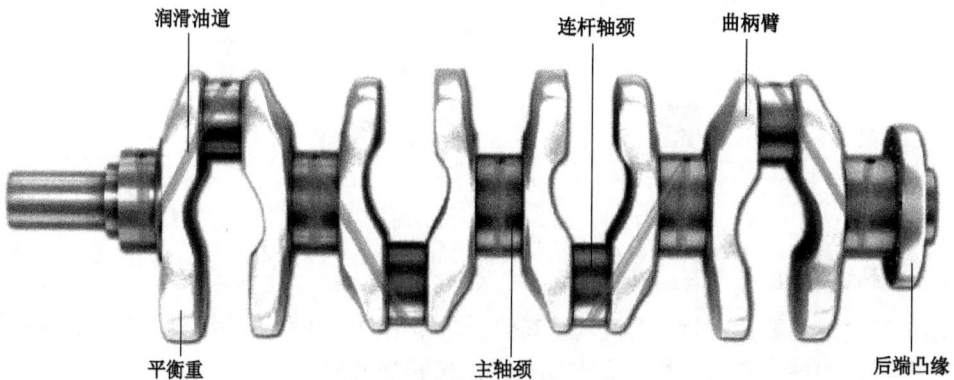

润滑油道　连杆轴颈　曲柄臂

平衡重　主轴颈　后端凸缘

图 2-1-25　曲轴

主轴颈是曲轴的支承部分，通过主轴承支承在曲轴箱的主轴承座中。主轴承的数目不仅与发动机汽缸数目有关，还取决于曲轴的支承方式。曲轴的支承方式一般有两种，一种是全支承，另一种是非全支承（图2-1-26）。

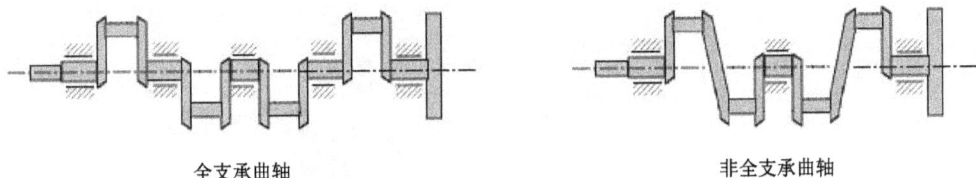

全支承曲轴　　　　　　　　　　　　　非全支承曲轴

图 2-1-26　曲轴支承方式

全支承曲轴：曲轴的主轴颈数比汽缸数目多一个，即每一个连杆轴颈两边都有一个主轴颈。如六缸发动机全支承曲轴有七个主轴颈。四缸发动机全支承曲轴有五个主轴颈。这种支承，曲轴的强度和刚度都比较好，并且减轻了主轴承载荷，减小了磨损。柴油机和大部分汽油机多采用这种形式。

非全支承曲轴：曲轴的主轴颈数比汽缸数目少或与汽缸数目相等。这种支承方式叫非全支承曲轴，虽然这种支承的主轴承载荷较大，但缩短了曲轴的总长度，使发动机的总体长度有所减小。有些汽油机承受载荷较小，可以采用这种形式。

曲轴的连杆轴颈是曲轴与连杆的连接部分，通过曲柄与主轴颈相连，在连接处用圆弧过渡，以减少集中应力。直列发动机的连杆轴颈数目和汽缸数相等。V 型发动机的连杆轴颈数等于汽缸数的一半。

曲柄是主轴颈和连杆轴颈的连接部分，断面为椭圆形，为了平衡惯性力，曲柄处铸有（或紧固有）平衡重块。平衡重块用来平衡发动机不平衡的离心力矩，有时还用来平衡一部分往复惯性力，从而使曲轴旋转平稳。

曲轴前端装有正时齿轮，驱动风扇和水泵的皮带轮及起动爪等。为了防止机油沿曲轴轴颈外漏，在曲轴前端装有一个甩油盘，并在正时机构盖上装有油封。曲轴的后端用来安装飞轮，在后轴颈与飞轮凸缘之间制成挡油凸缘与回油螺纹，以阻止机油向后窜漏。

曲轴的形状和曲拐相对位置（即曲拐的布置）取决于汽缸数、汽缸排列和发动机的发火顺序。安排多缸发动机的发火顺序应注意使连续做功的两缸相距尽可能远，以减轻主轴承的载荷，同时避免可能发生的进气重叠现象。做功间隔应力求均匀，也就是说发动机在完成一个工作循环的曲轴转角内，每个汽缸都应发火做功一次，而且各缸发火的间隔时间以曲轴转角表示，称为发火间隔角。四行程发动机完成一个工作循环曲轴转两圈，其转角为720°，在曲轴720°转角内发动机的每个汽缸应该点火做功一次，且点火间隔角是均匀的，因此四行程发动机的点火间隔角为720°/i，（i 为汽缸数目），即曲轴每转 720°/i，就应有一个汽缸做功，以保证发动机运转平稳。

（2）四缸四行程发动机的发火顺序和曲拐布置（图2-1-27）

四缸四行程发动机的发火间隔角为 720°/4＝180°，曲轴每转半圈（180°）做功一次，四个缸的做功行程是交替进行的，并在 720°内完成，因此，可使曲轴获得均匀的转速，工作平稳柔和。对于每一个汽缸来说，其工作过程和单缸机的工作过程完全相同，只不过要求它按照一定的顺序工作，即为发动机的工作顺序，也称发动机的点火顺序。可见，多缸发动机的工作顺序（点火顺序）就是各缸完成同名行程的次序。四缸发动机四个曲拐布置在同一平面内。1，4 缸在上，2，3 缸在下，互相错开180°，其点火顺序的排列只有两种可能，即 1-3-4-2 或 1-2-4-3，两种工作顺序的发动机工作循环表分别见表 2-1-1 和表 2-1-2。

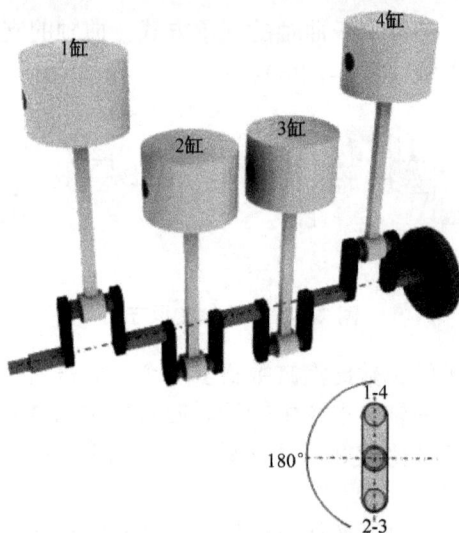

图 2-1-27 直列四缸发动机曲拐布置

表 2-1-1 点火顺序为 1-3-4-2 的工作循环表

曲轴转角（°）	第一缸	第二缸	第三缸	第四缸
0～180	做功	排气	压缩	进气
180～360	排气	进气	做功	压缩
360～540	进气	压缩	排气	做功
540～720	压缩	做功	进气	排气

表 2-1-2 点火顺序为 1-2-4-3 的工作循环表

曲轴转角（°）	第一缸	第二缸	第三缸	第四缸
0～180	做功	压缩	排气	进气
180～360	排气	做功	进气	压缩
360～540	进气	排气	压缩	做功
540～720	压缩	进气	做功	排气

（3）四行程直列六缸发动机的点火顺序和曲拐布置（图 2-1-28）

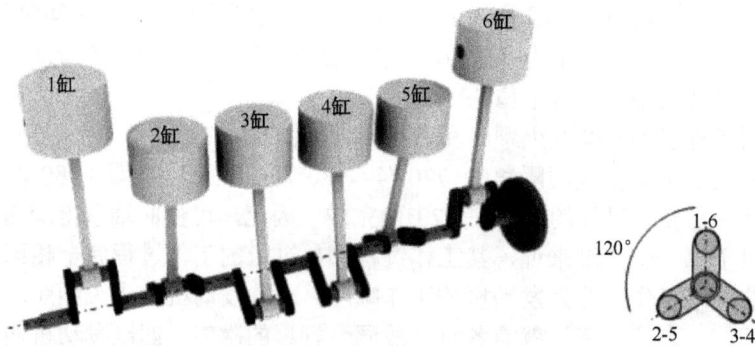

图 2-1-28 直列六缸发动机曲拐布置

四行程直列六缸发动机发火间隔角为 $720°/6=120°$，六个曲拐分别布置在三个平面内，一种点火顺序是1-5-3-6-2-4，国产汽车的六缸直列发动机都用这种，其工作循环表见表2-1-3。另一种点火顺序是1-4-2-6-3-5。

表 2-1-3　点火顺序为 1-5-3-6-2-4 的发动机工作循环表

曲轴转角（°）		第一缸	第二缸	第三缸	第四缸	第五缸	第六缸
0～180	60	做功	排气	进气	做功	压缩	进气
	120						
	180			压缩	排气		
180～360	240	排气	进气			做功	压缩
	300						
	360			做功	进气		
360～540	420	进气	压缩			排气	做功
	480						
	540			排气	压缩		
540～720	600	压缩	做功			进气	排气
	660			进气	做功		
	720		排气			压缩	

（4）四行程V型八缸发动机的点火顺序

四行程V型八缸发动机的发火间隔角为720°/8=90°，V型发动机左右两列中对应的一对连杆共用一个曲拐，所以V型八缸发动机只有四个曲拐。曲拐布置可以与四缸发动机相同，四个曲拐布置在同一平面内，也可以布置在两个互相错开90°的平面内，使发动机得到更好的平衡（图2-1-29）。点火顺序为1-8-4-3-6-5-7-2。其工作循环表见表2-1-4。

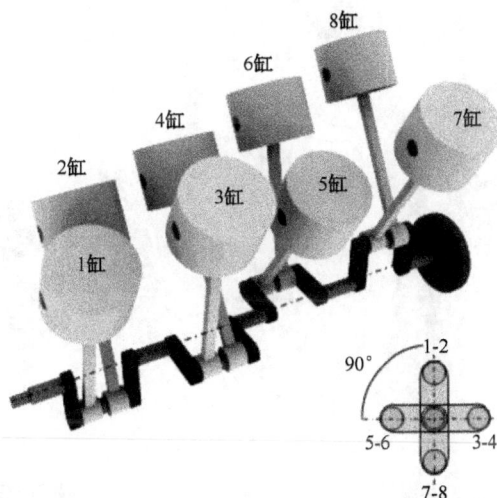

图 2-1-29　V 型八缸发动机曲拐布置

表 2-1-4 点火顺序为 1-8-4-3-6-5-7-2 的工作循环表

曲轴转角（°）		第一缸	第二缸	第三缸	第四缸	第五缸	第六缸	第七缸	第八缸
0~180	90	做功	做功	进气	压缩	排气	进气	排气	压缩
	180	做功	排气	压缩	压缩	进气	进气	排气	做功
180~360	270	排气	排气	压缩	做功	进气	压缩	进气	做功
	360	排气	进气	做功	做功	压缩	压缩	进气	排气
360~540	450	进气	进气	做功	排气	压缩	做功	压缩	排气
	540	进气	压缩	排气	排气	做功	做功	压缩	进气
540~720	630	压缩	压缩	排气	进气	做功	排气	做功	进气
	720	压缩	做功	进气	进气	排气	排气	做功	压缩

（5）飞轮

飞轮的主要功用是存储做功行程的能量，用于克服进气、压缩和排气行程的阻力和其他阻力，使曲轴能均匀地旋转。飞轮外缘压有的齿圈与起动机的驱动齿轮啮合，供起动发动机用；汽车离合器也装在飞轮上，利用飞轮后端面作为驱动件的摩擦面，用来对外传递动力，如图 2-1-30 所示。

飞轮是高速旋转件，因此，要精确地平衡校准，平衡性能要好，达到静平衡和动平衡。飞轮是一个很重的铸铁圆盘，用螺栓固定在曲轴后端的接盘上，具有很大的转动惯量。飞轮轮缘上镶有齿圈，齿圈与飞轮紧配合，有一定的过盈量。

在飞轮轮缘上做有记号（刻线或销孔）供查找压缩上止点用（四缸发动机为 1 缸或 4 缸压缩上止点，六缸发动机为 1 缸或 6 缸压缩上止点）。当飞轮上的记号与外壳上的记号对正时，正好是压缩上止点。

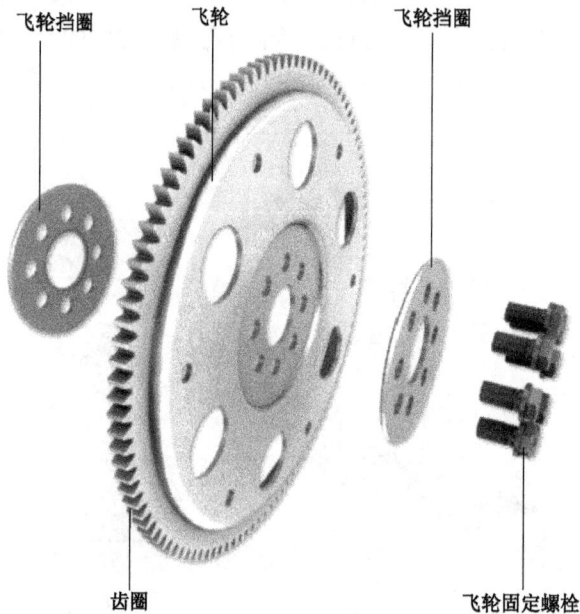

飞轮挡圈　　　　飞轮　　　　飞轮挡圈

齿圈　　　　　　　　飞轮固定螺栓

图 2-1-30 飞轮的结构

飞轮与曲轴在制造时一起进行动平衡实验，在拆装时为了不破坏它们之间的平衡关系，飞轮与曲轴之间应有严格不变的相对位置。通常用定位销和不对称布置的螺栓来定位。

（6）曲轴扭转减振器

曲轴是一种扭转弹性系统，其本身具有一定的自振频率。在发动机工作过程中，经连杆传给连杆轴颈的作用力的大小和方向都是周期性变化的，所以曲轴各个曲拐的旋转速度也是忽快忽慢呈周期性变化的。安装在曲轴后端的飞轮转动惯量最大，可以认为是匀速旋转，由此造成曲轴各曲拐的转动比飞轮时快时慢，这种现象称之为曲轴的扭转振动。当振动强烈时甚至会扭断曲轴。扭转减振器的功用就是吸收曲轴扭转振动的能量，消减扭转振动，避免发生强烈的共振及严重后果。一般低速发动机不易达到临界转速。但曲轴刚度小、旋转质量大、缸数多及转速高的发动机，由于自振频率低，强迫振动频率高，容易达到临界转速而发生强烈的共振。因而加装扭转减振器就很有必要了（图 2-1-31）。

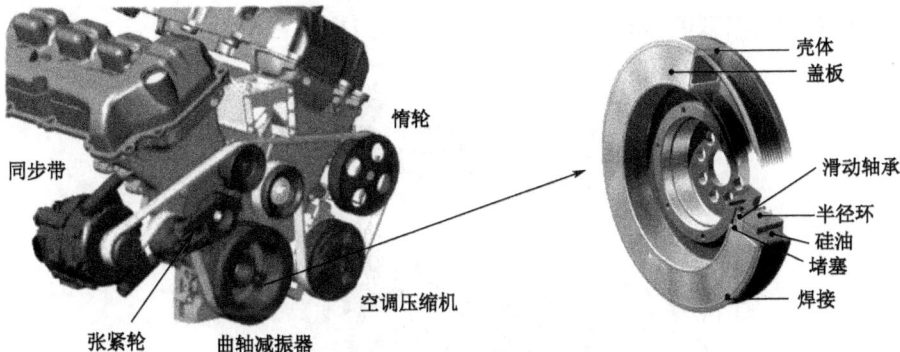

图 2-1-31　曲轴扭转减振器

任务2　汽缸盖衬垫的更换及汽缸盖的检查

学习目标

◎ 了解曲柄连杆机构的组成及工作原理
◎ 识别发动机曲柄连杆机构的主要零部件
◎ 制定曲柄连杆机构的拆装计划
◎ 规范拆装曲柄连杆机构
◎ 对曲柄连杆机构的安装质量进行自检和互检

学习任务描述

一位客户反映其汽车的动力性很差，燃油及机油消耗较大。该车使用年限较长，发动机无大修记录，通过汽缸压缩压力的检测，测试值低于技术要求，从火花塞孔向汽缸注入少量机油进行湿汽缸压缩压力测试，测试值明显提高，初步判断为活塞环或汽缸磨损，因此需要对发动机进行解体检测。

发动机汽缸体是发动机的装配基体，并由它来保持发动机各运动件相互之间的准确位置关系。汽缸盖安装在汽缸体上面，为了使汽缸体与汽缸盖之间的接合处保持良好的密封，在接合处用汽缸垫来减少机加工引起的误差。发动机在使用过程中，汽缸体和汽缸盖的技术状况会发生变化，有可能产生变形、裂纹和汽缸磨损等损伤。

任务引导文　查阅相关资料和维修手册，根据相关的图文，小组讨论完成以下引导问题。

1. 你在日常生活中拆过机器或家用电器吗？你在拆装这些机器时遇到过什么问题？是怎么解决的呢？

2. 认识发动机汽缸盖总成，填写图 2-2-1 中的方框。

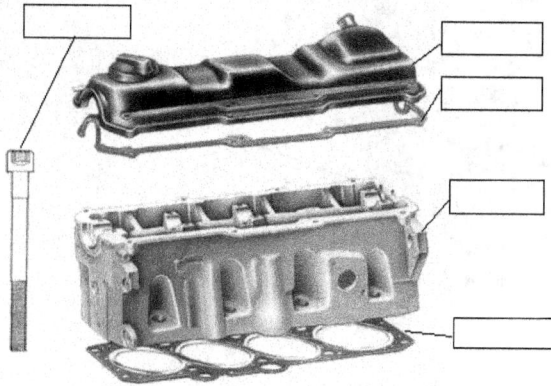

图 2-2-1　汽缸盖总成

3. 汽缸体和汽缸盖产生裂纹的常见部位和裂纹产生的原因是什么？

4. 汽缸体和汽缸盖的变形位置和产生变形的原因是什么？

5. 发动机汽缸盖的作用是什么？

6. 发动机汽缸垫的作用是什么？

7. 请用直线绘制出测量汽缸盖平面度的 6 个位置（图 2-2-2）。

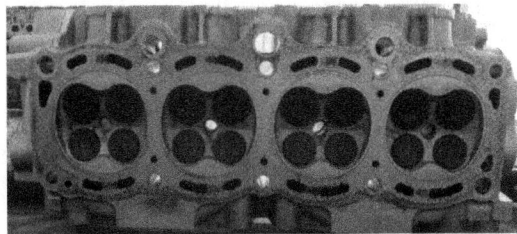

图 2-2-2　汽缸盖总成

8. 请在图 2-2-3（a）中用数字标出拆卸汽缸盖螺栓的顺序，在图 2-2-3（b）中用数字标出安装汽缸盖螺栓的顺序。

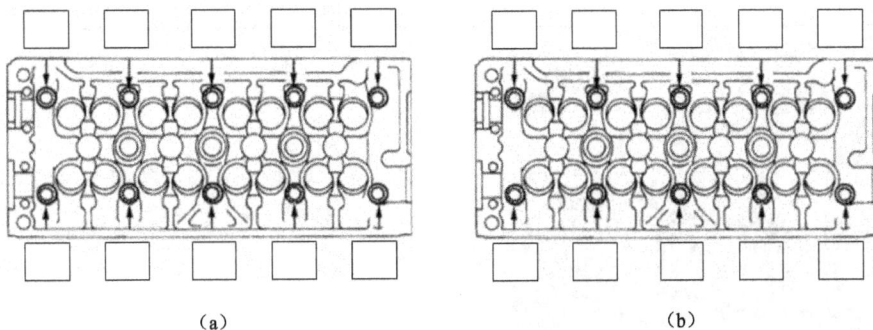

（a）　　　　　　　　　　　　　　　　　　　　　　　　（b）

图 2-2-3　汽缸盖总成

知识要点

图示	说明
一、拆下汽缸盖分总成	
	1. 准备工具。
	2. 目视检查汽缸盖的安装方向。

图示	说明
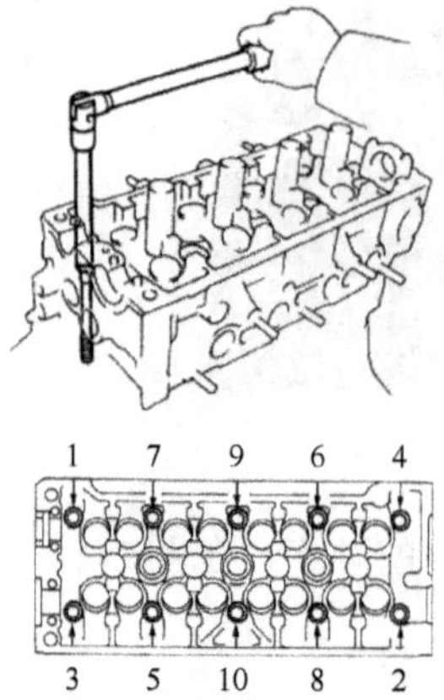	3.按标出的顺序分几次均匀地旋松10个汽缸盖螺栓，并拆下10个平垫圈。 注意：如果螺栓不按正确顺序拆除，有可能损坏汽缸盖。
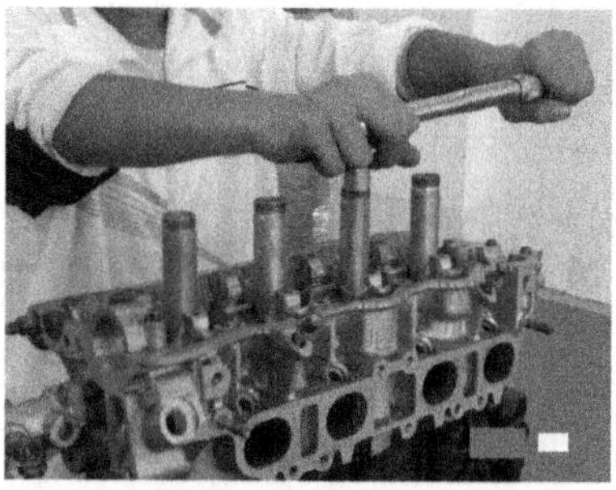	4.如左图所示，选用合适的工具和扳手，按顺序松开螺栓。
	5.如左图所示，松开螺栓时，每次旋动角度约45°。并按正确顺序分几次均匀地旋松10个汽缸盖螺栓，直至螺栓完全松开。 方法：分多遍松开。 ① 第一遍松开所有螺栓时，旋动角度约45°，按正确顺序松开。 ② 第二遍松开螺栓时，旋动角度也是45°左右。 ③ 第三遍松开螺栓时，旋动角度也是45°左右。
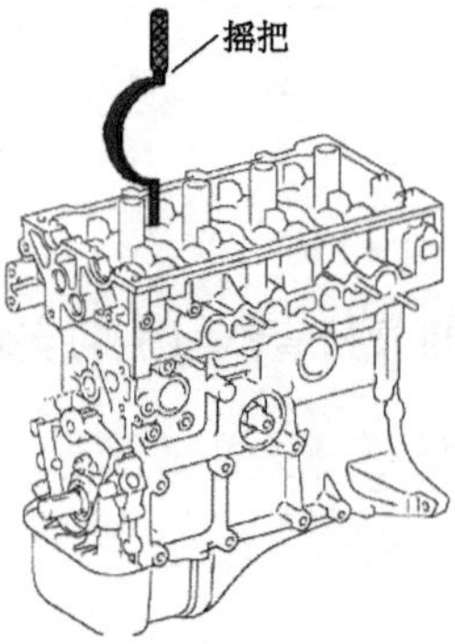	6.按正确顺序使用摇把快速摇下汽缸盖10个汽缸盖螺栓。

图示	说明
	7．取下汽缸盖螺栓和平垫圈。 汽缸盖螺栓 平垫圈 
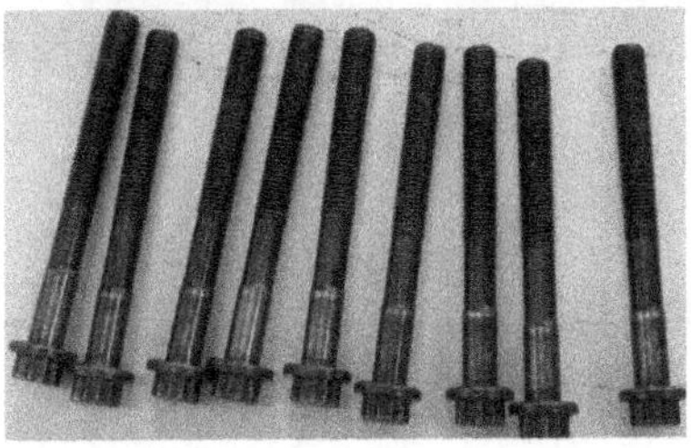	8．取下汽缸盖螺栓，清洁螺栓并检查螺纹是否损坏。
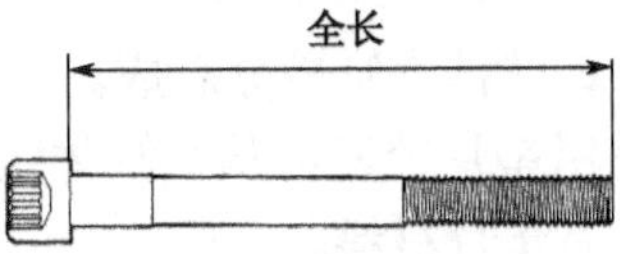 全长 	9．检查汽缸盖定位螺栓。 使用游标卡尺测量螺栓的标准长度，标准长度为 108 mm。
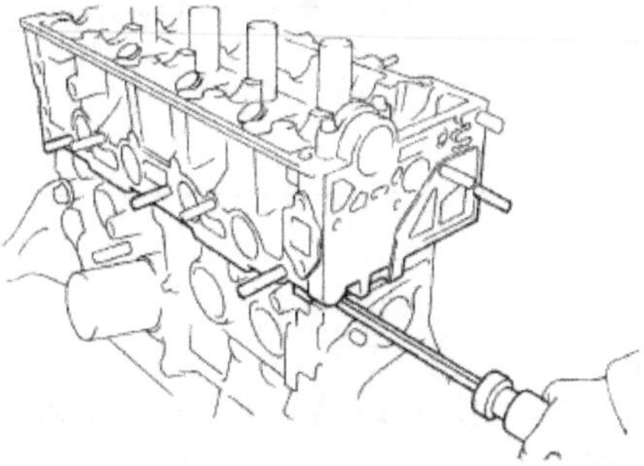	10．从汽缸体上的定位销处撬起汽缸盖。 为了便于拆下汽缸盖，在汽缸体和汽缸盖之间的间隙插入起子撬起汽缸盖。 注意：小心不要损坏汽缸体和汽缸盖接触表面。
	11．取下汽缸盖，将汽缸体放置在长形木块上或者在汽缸盖下放置毛巾。
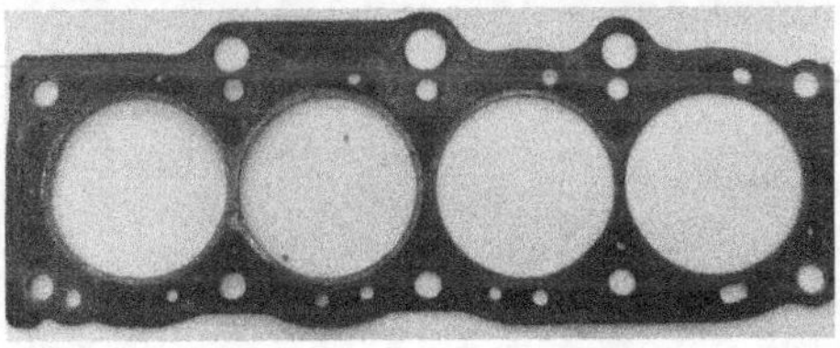	12．取下汽缸垫，并检查汽缸垫的安装方向，查看有哪些部位损坏。

图示	说明
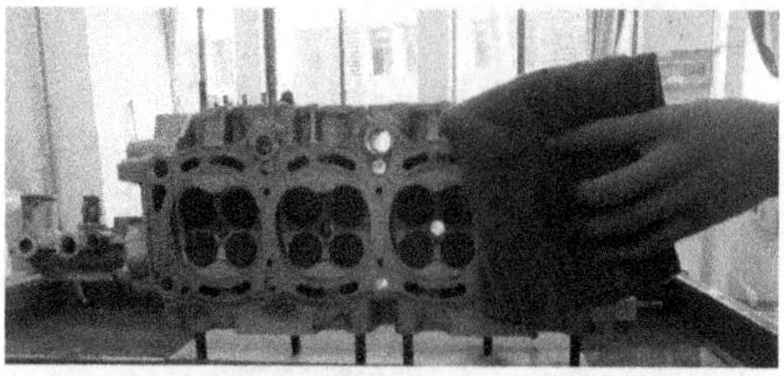	13．用毛巾清洁汽缸盖。
	14．目视检查汽缸盖是否有深度刮痕，是否有烧蚀等。
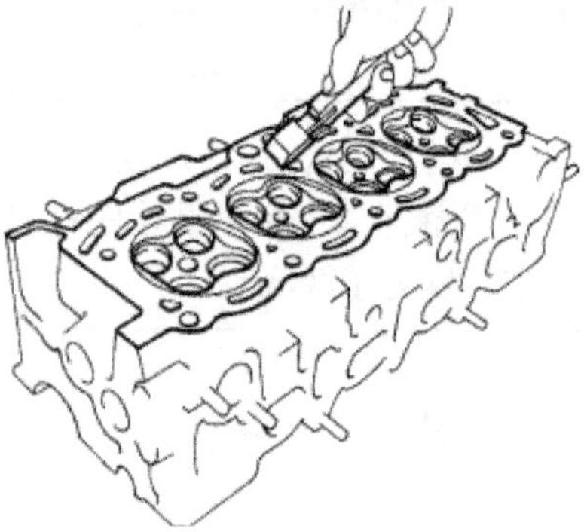	15．清洁汽缸盖分总成。 使用垫片铲刀，从汽缸体结合表面清除所有垫片材料。 注意：小心不要刮伤汽缸体接触表面。
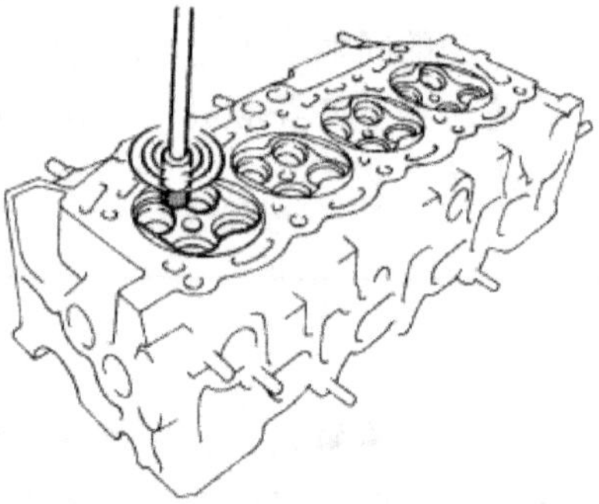	16．使用钢丝刷，清除燃烧室所有积炭。 注意：小心不要刮伤汽缸体接触表面。
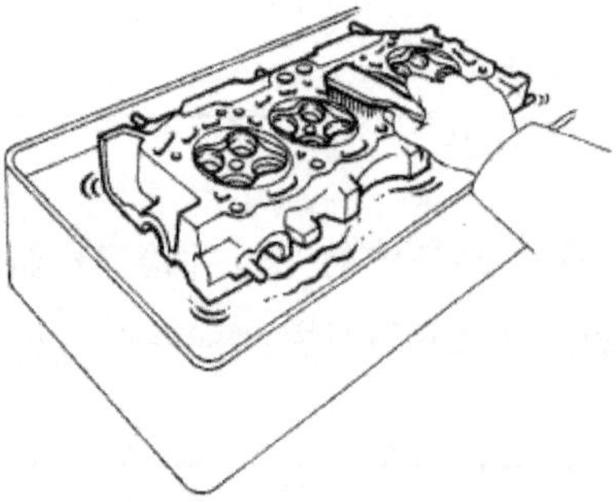	17．使用软毛刷和溶剂，彻底清洁汽缸盖。

图示	说明
二、汽缸盖的检查	
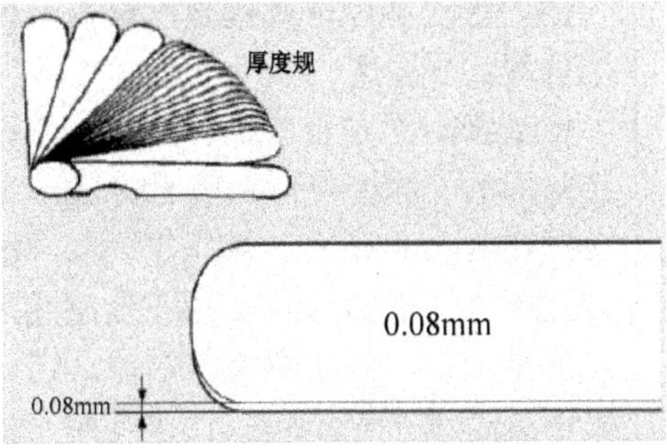 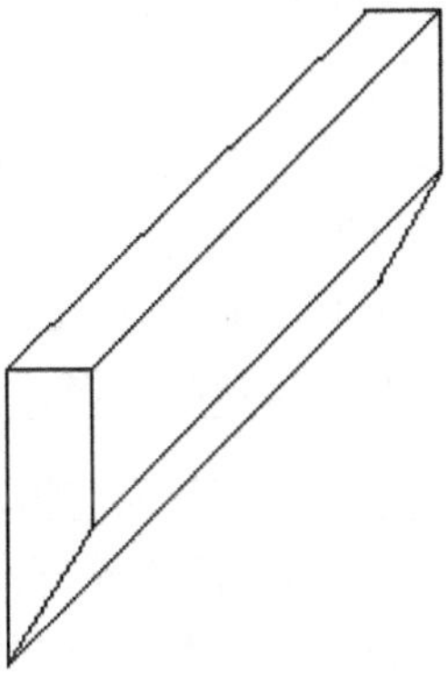 厚度规 0.08mm 0.08mm 	1. 认识厚薄规和刀形尺。
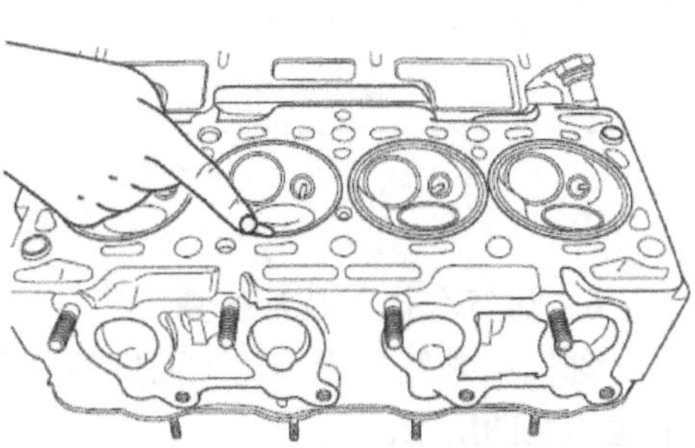	2. 检查汽缸盖。 　　清除汽缸盖燃烧室和气门座的积炭。除去积炭时，不可擦破或划伤金属的表面。 　　清洗密封面。 　　检查汽缸盖各密封面是否有油水气的泄漏痕迹。 　　检查汽缸盖各密封面是否有刮伤，是否有烧蚀等。 　　检查汽缸盖衬垫和配合面是否泄漏、腐蚀和窜气，检查汽缸盖是否开裂。
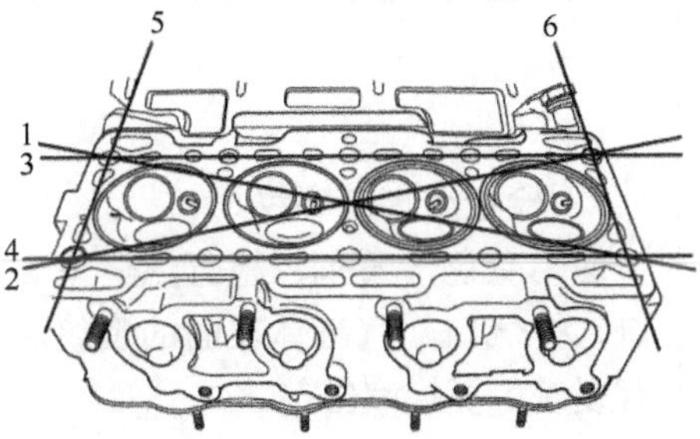	3. 汽缸盖平面度检测位置。 　　使用刀形尺和厚薄规检查汽缸盖表面6个位置的平面度（即交叉1、2，纵向3、4和横向5、6）。 　　注意：燃烧气体从汽缸盖接合面的泄漏，往往是汽缸盖与曲轴箱的结合表面不平所造成的；这种泄漏会减少输出功率，提高每公里的燃油消耗量。

图示	说明
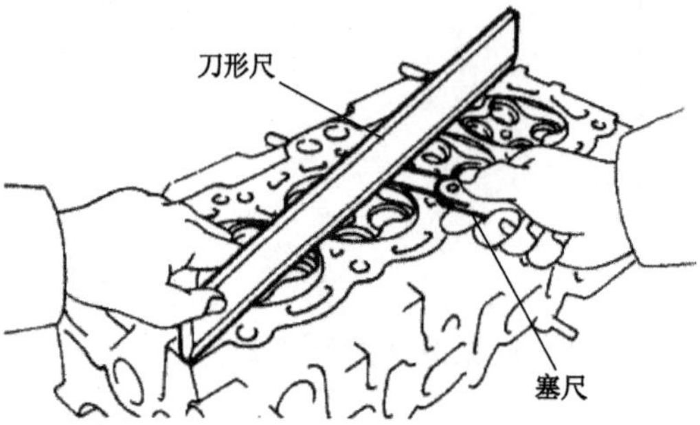	4．汽缸盖平面度检测。 用刀形尺和厚薄规检查汽缸盖表面 6 个位置的平面度。 检查密封面是否变形和翘曲。汽缸盖密封面的平面度误差，每 50.00mm 范围必须在 0.050mm 内。整个平面的平面度误差不大于 0.20mm。如果平面度超过允许的最大值，则应更换汽缸盖。因此当平面度超过 0.05mm 时，必须使用平板和约 400#的砂纸修磨平面。 修磨方法： ① 砂纸放在平板上，用缸盖表面磨砂纸，把高的地方磨掉。 ② 如果修磨后平面度还达不到 0.05 mm，就必须更换汽缸盖。
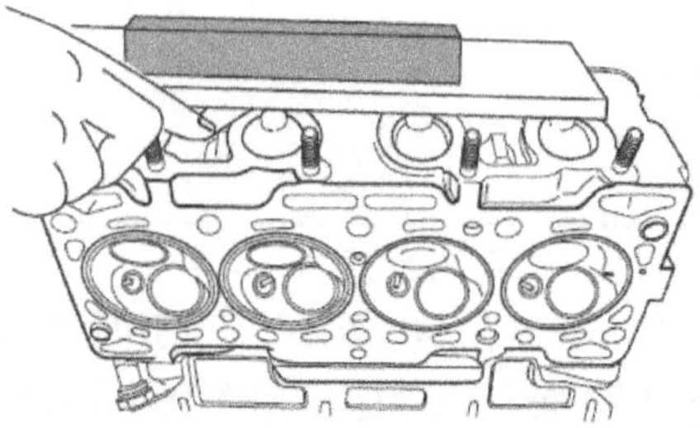	5．汽缸盖侧面平面度检测。 用刀形尺和厚薄规检查汽缸盖侧面平面度，使用刀口尺和厚薄规检查汽缸盖同进、排气歧管接合表面的平面度。如果平面度达不到 0.10mm，就必须修磨这些表面或更换汽缸盖。
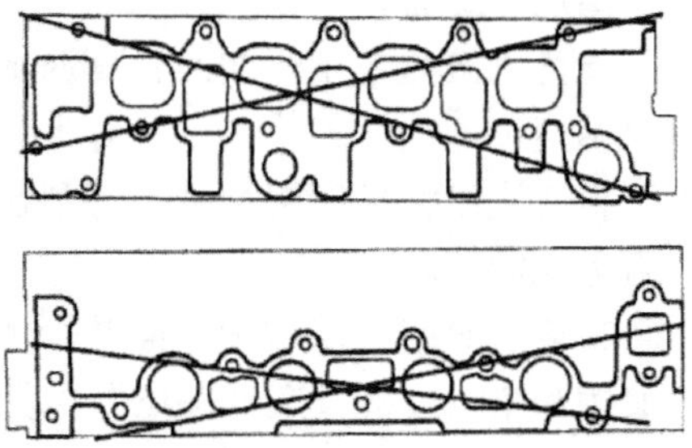	6．进气和排气歧管一侧。 进气和排气歧管一侧平面度的检测位置如左图所示。
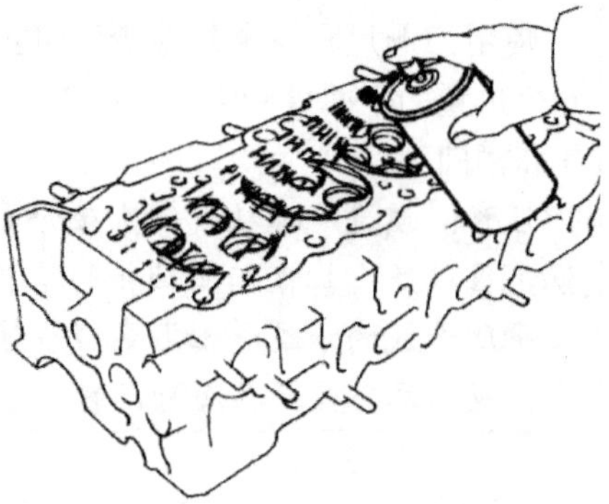	7．检查汽缸盖裂纹。 使用着色渗透剂，检查燃烧室、进气口、排气口、汽缸体表面的裂纹。如果有裂纹，更换汽缸盖。

图示	说明
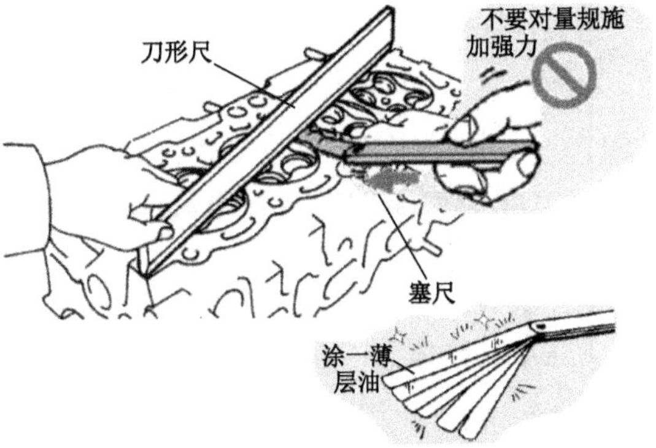 刀形尺　不要对量规施加强力 🚫 塞尺 涂一薄层油	厚薄规的使用规范： ① 为了避免厚薄规顶部弯曲或损坏，切勿强行将其推入待测部位； ② 在把叶片放起来前，要清洁其表面并涂油，防止它们生锈。

三、安装汽缸盖总成

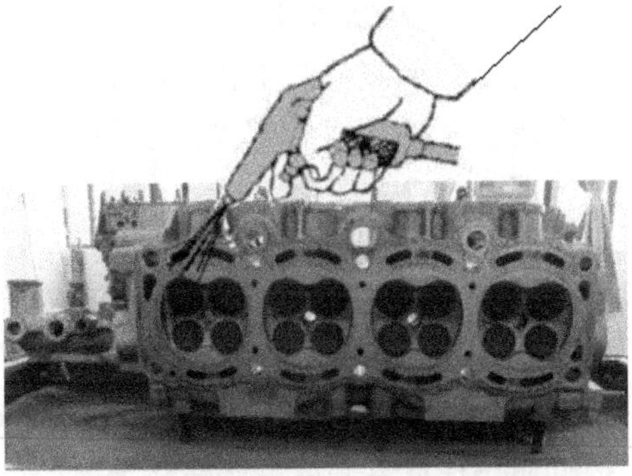	1．清洁汽缸盖。 用风枪对汽缸盖的每个部位进行吹拭。吹拭气门总成、螺栓孔、水道、机油道、火花塞座孔等。
	2．清洁汽缸体。 用清洁的毛巾对汽缸壁进行清洁。
	3．吹拭汽缸体。 使用风枪对汽缸体进行吹拭，吹拭部位包括活塞顶部、汽缸体、水套、机油道、螺栓孔。 注意：特别注意吹干螺栓孔，防止螺栓孔内有杂物、水和油等。

图示	说明
	4. 安装汽缸垫和汽缸盖。 ① 汽缸垫的安装方向是汽缸垫的卷边朝向上方； ② 对准三个机油孔和定位销，将汽缸盖放到缸体上，并检查安装是否到位。
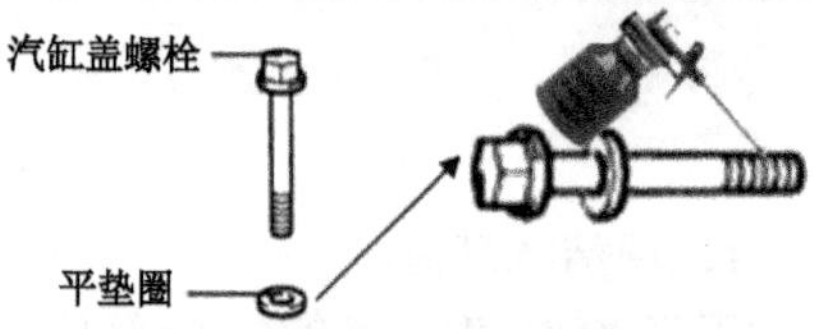 汽缸盖螺栓　平垫圈	5. 清洁润滑螺栓。 将平垫圈装到汽缸盖螺栓上，并在汽缸盖螺栓的螺纹和螺栓头下部涂一薄层机油。
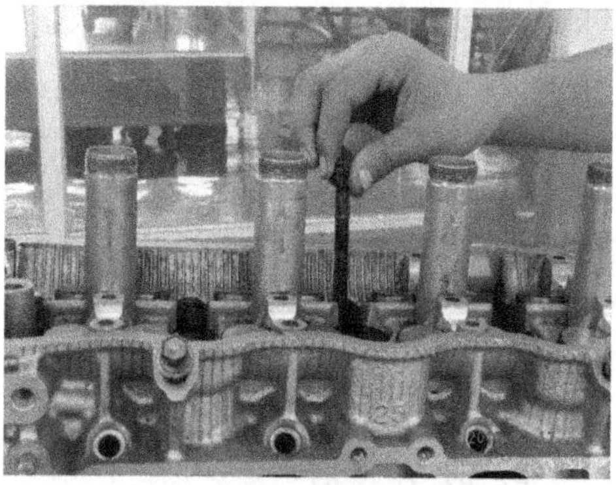	6. 安装汽缸盖螺栓。 将平垫圈装到汽缸盖螺栓上，并将汽缸盖螺栓放置到汽缸螺栓孔中。 注意：放置平垫圈和螺栓时，注意观察 3 个机油回油孔，以免将平垫圈和螺栓误放到该孔中。
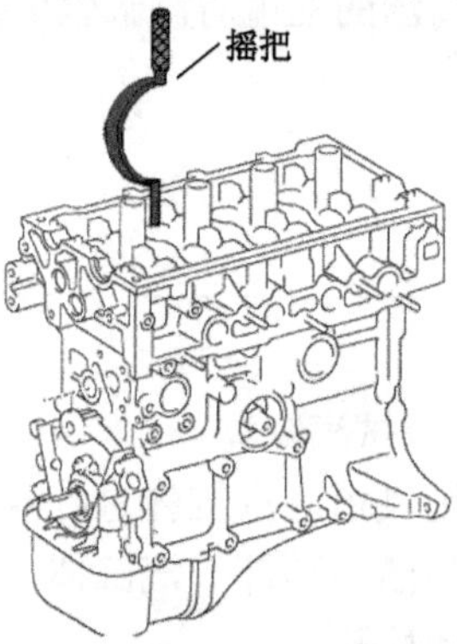 摇把	7. 预紧汽缸盖。 使用摇把快速预紧汽缸盖螺栓，并按照正确顺序预紧汽缸盖。

图示	说明
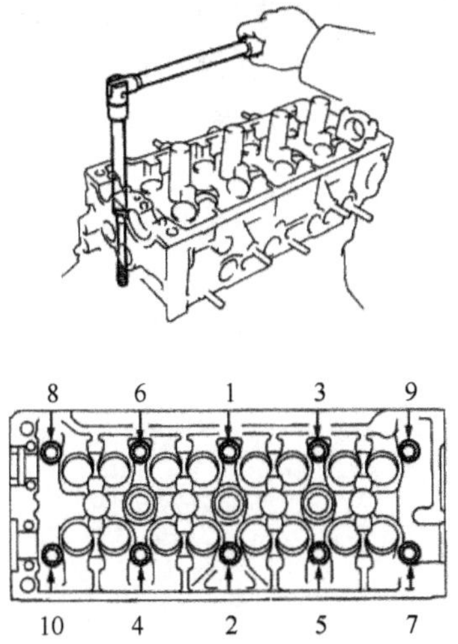	8. 安装汽缸盖分总成。 汽缸盖螺栓应分两步拧紧 第一步：紧固汽缸盖。按正确顺序分 3 次或几次均匀拧紧 10 个汽缸盖螺栓，标准扭矩为 29 N·m。 方法：（以分 3 次为例） 第 1 遍：10 N·m； 第 2 遍：20 N·m； 第 3 遍：29 N·m。
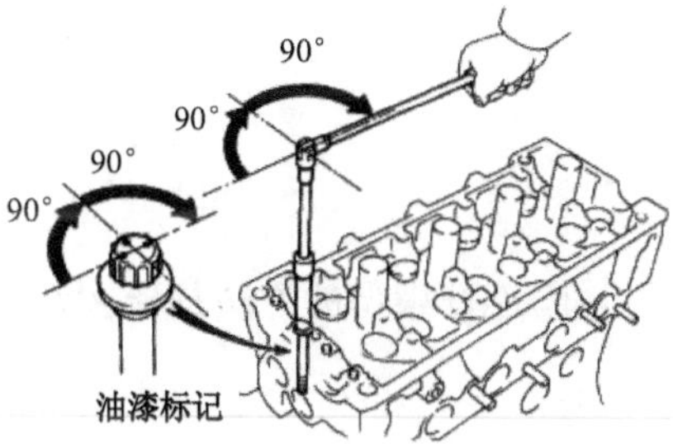	第二步：紧固汽缸盖。用油漆在汽缸盖螺栓的前面做标记。按顺序分两次将汽缸盖螺栓拧紧 180°，再将检查标记转过 90°。
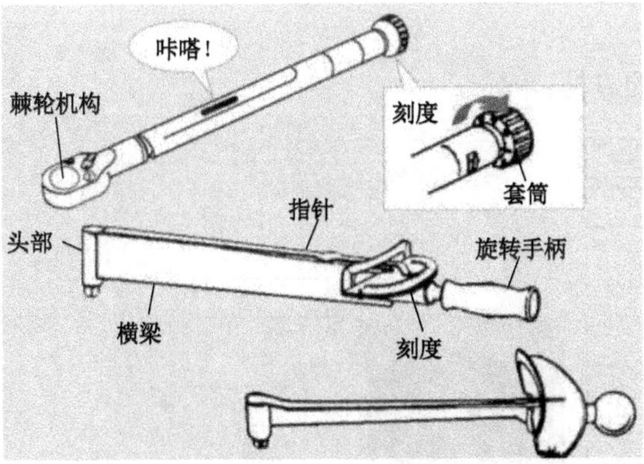	9. 扭力扳手的标注。 扭力扳手上一般标注有 "FOOT POUNDS"、"(M·KPS) M·KGS" 或 "NEWTON METERS" 的字样。 其中： "FOOT POUNDS" 为磅尺； "(m·kgf) m·kgf" 为千克力； "NEWTON METERS" 为牛·米。 单位换算： 1 千克力≈9.806N·m（牛·米） 1 磅尺≈1.3556 N·m（牛·米）

任务 3　活塞连杆组总成的拆装

学习任务描述

某车辆出现了异常情况，经诊断，确定曲轴、活塞连杆组已经损坏，需要更换。请你按照技术规范，正确地进行曲轴、活塞连杆组的更换，安装后能使其正常工作。

活塞连杆组的更换是发动机大修时进行的维修项目，曲柄连杆机构装配质量的高低将影响一台发动机的性能和使用寿命。通过曲柄连杆机构的学习，了解曲柄连杆机构的组成、作用和安装位置，请你按更换曲轴、活塞连杆组的操作规程制定拆装计划，更换后对安装质量进行自检。

查阅相关资料和维修手册，根据相关的图文，小组讨论完成以下引导问题。

1．活塞连杆组上有哪些标记？

2．活塞和连杆装配有什么注意事项？

3．该发动机的活塞连杆螺栓的扭力值是多少？紧固连杆螺母的方法是什么？

4．认识活塞连杆组，填写图 2-3-1 中的方框。

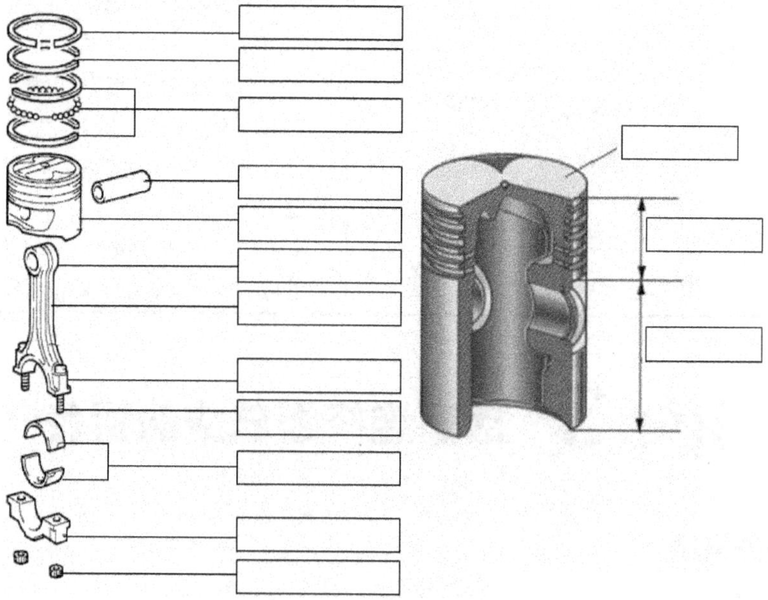

图 2-3-1　活塞连杆组

5. 请在图 2-3-2 的 4 个方框中，标出各个活塞环的安装开口方向。

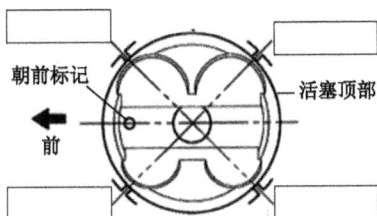

图 2-3-2　活塞环开口方向布置

知识要点

图示	说明
一、找出活塞连杆组上的标记	
1. 活塞连杆组的朝前标记	
	（1）活塞顶部朝前标记。
	（2）连杆朝前标记。
	（3）连杆大头轴承盖朝前标记。
2. 活塞连杆组的选配标记	
	（1）识别连杆大头轴承和杆身配套标记。 注意：也可用如下符号标记。 --2--　--△--　--△--　--⊙--

图示	说明
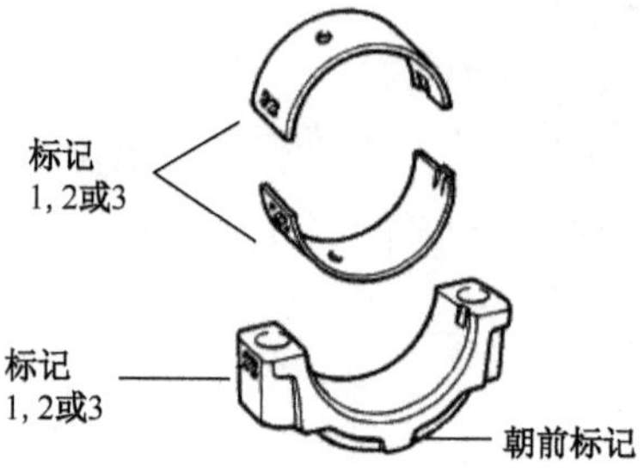	（2）连杆轴承与连杆盖的选配。 如果使用标准轴承，用连杆盖上标有相同号码的连杆替换。有 3 种尺寸的标准轴承，分别标为"1"、"2"和"3"。 | 标记	壁厚 | |---|---| | 1 | 1.486～1.190mm | | 2 | 1.490～1494mm | | 3 | 1494～1498mm |
	（3）新汽缸体和活塞的选配。 使用新汽缸体和与汽缸体上标记相同的活塞。如：新汽缸体标记"1"，对应活塞标记"1"；新汽缸体标记"2"，对应活塞标记"2"；新汽缸体标记"3"，对应活塞标记"3"。
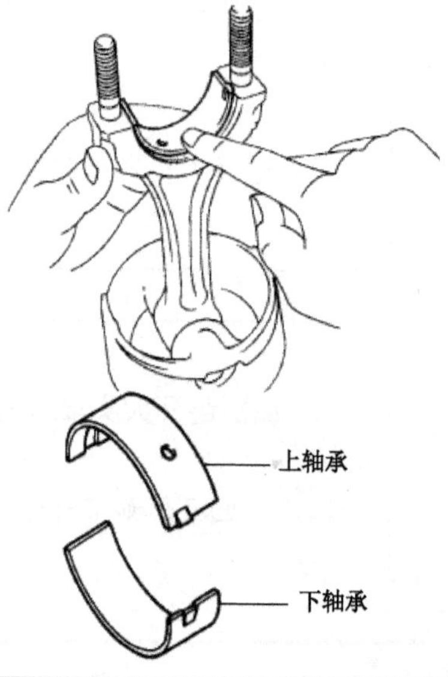	（4）安装连杆轴承。 ① 对准轴承凸起和连杆或连杆盖的凹槽。 ② 将轴承安装到连杆和连杆盖中。 （5）安装曲轴轴承：上轴承有一个油槽和油孔。

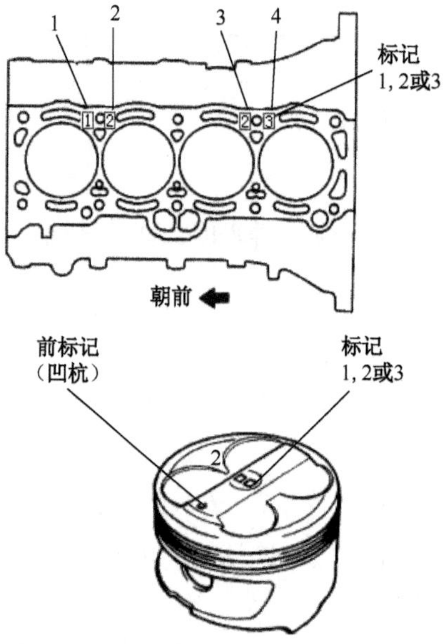

图示	说明
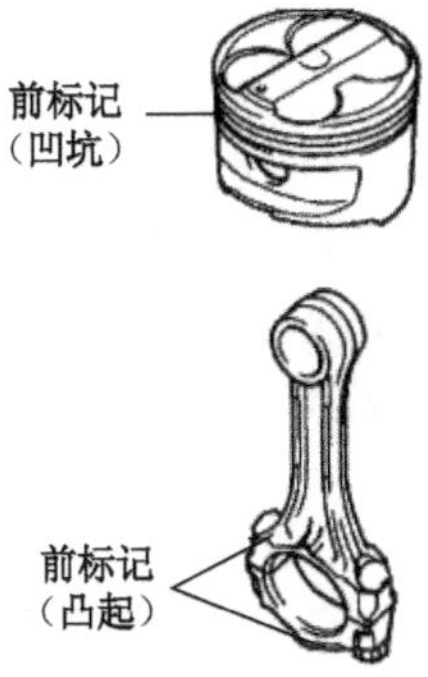 前标记 （凹坑） 前标记 （凸起）	（6）活塞和连杆装配。 　要求活塞顶部朝前标记、连杆朝前标记、连杆大头轴承盖朝前标记一致朝向发动机的前端。
二、活塞连杆组的拆卸与安装	
	1．转动曲轴。 　转动曲轴使活塞至下止点位置。
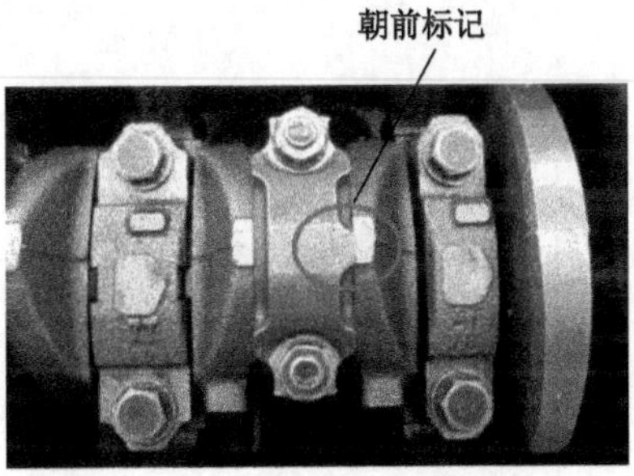 朝前标记 	2．检查连杆标记。 　连杆大头轴承盖朝前标记的位置应朝向发动机的前端。
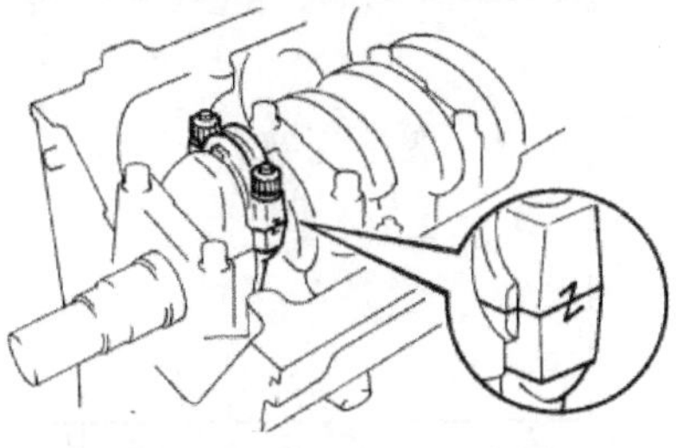	3．检查连杆和连杆盖的配合标记。 　① 检查连杆和连杆盖的配合标记，确保组装正确。 　② 拆下连杆盖螺母。
 约45°	4．松开连杆螺栓。 　将连杆两个螺母分几次均匀循环交替松开，每次约 45°。

图示	说明
	5. 取下连杆盖。 使用塑料头锤子或锤柄，轻轻敲击连杆螺栓，取下连杆盖。 提示：将下轴承装入连杆盖内。
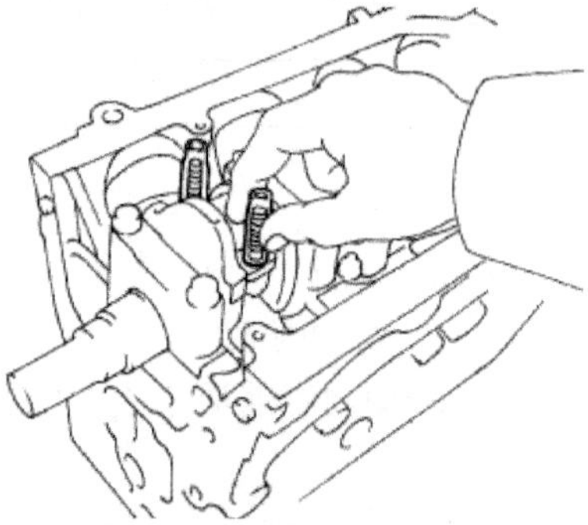	6. 用一段短软管套在连杆螺栓上，防止损伤曲轴。
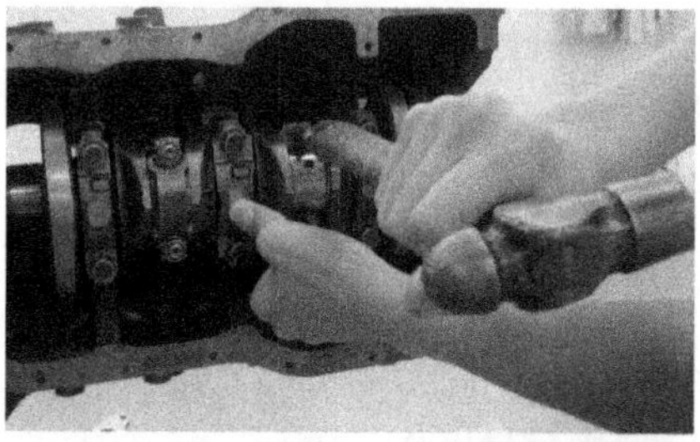	7. 用锤柄轻轻敲击连杆螺栓，将活塞推出。
	8. 取下活塞。
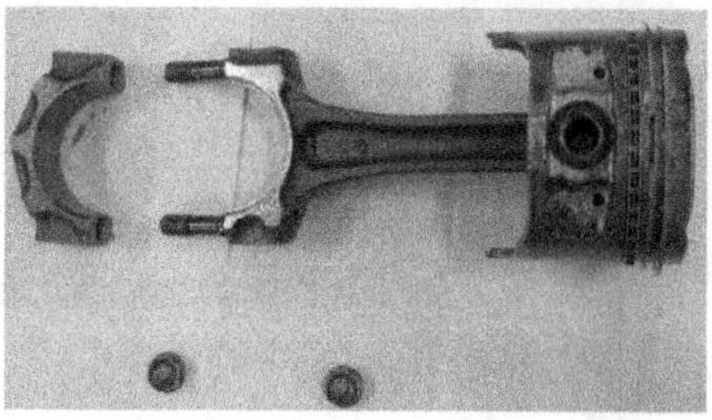	9. 取下活塞组件。

图示	说明
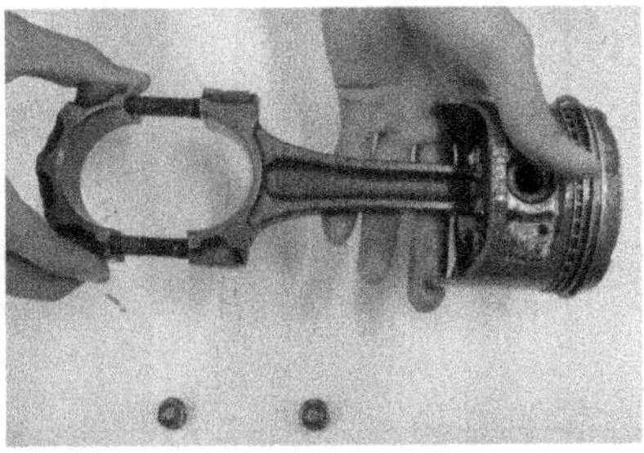	10．组装活塞组件。将轴承装入连杆盖内，再将轴承盖装到连杆上。 注意：一个活塞组件不能与另一个活塞组件互换零部件，确保组装正确。
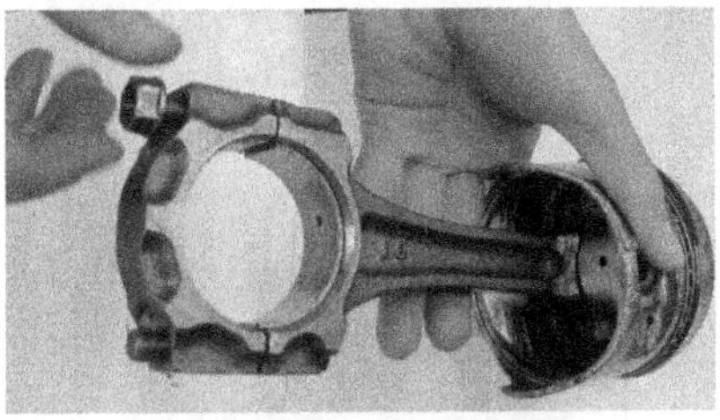	11．组装活塞组件，装上连杆螺母。
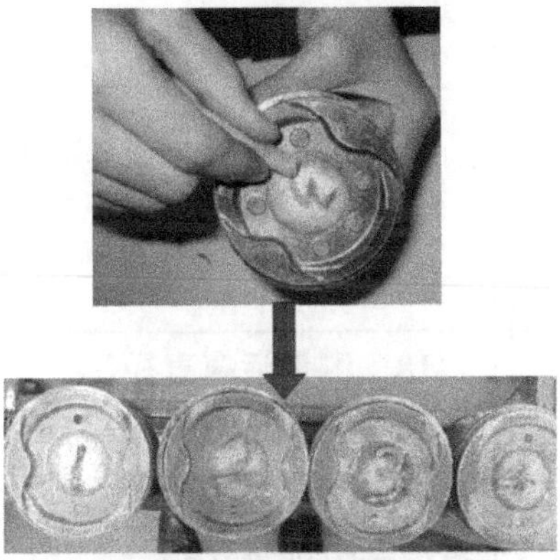	12．活塞标注。在各个活塞顶部标出汽缸顺序号，确保重新安装正确。
	13．清洁活塞，检查是否有刮伤、烧蚀等。
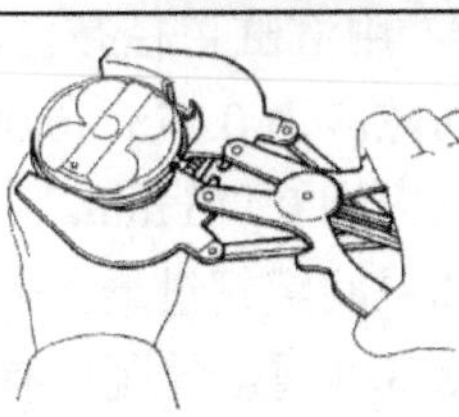	14．拆下活塞环组。 ① 使用活塞环扩张器，拆下两个压缩环。 ② 用手拆下两边的刮环和油环。 注意：须按正确的顺序摆放活塞环。

图示	说明
	15. 清洁带活塞销的活塞分总成。 使用垫片铲刀，从活塞顶面清除所有积炭，除去积炭时，不可擦破或划伤金属的表面。
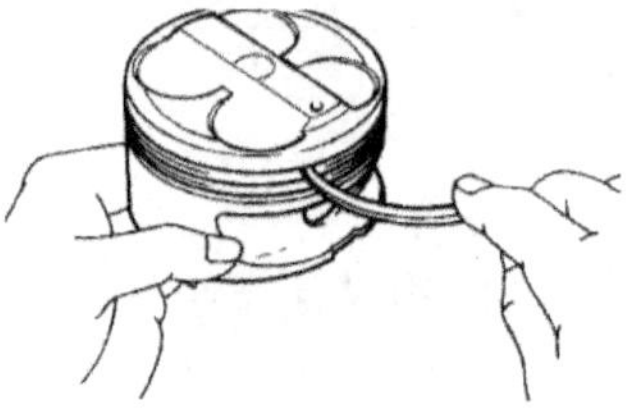	16. 清洁环槽。 使用环槽清洁工具或旧活塞环清洁活塞环槽。
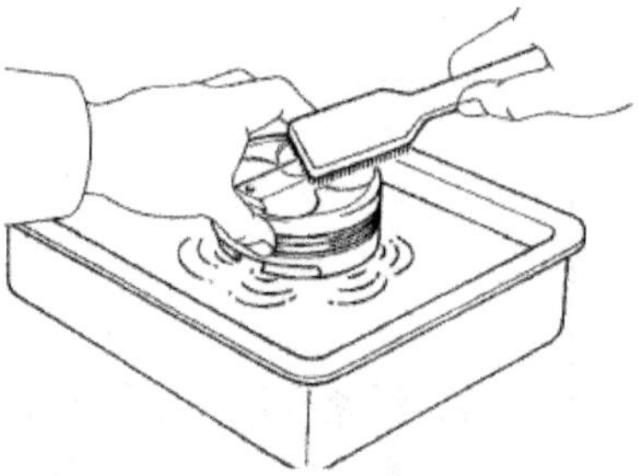	17. 清洁活塞。 使用溶剂和刷子彻底清洁活塞。
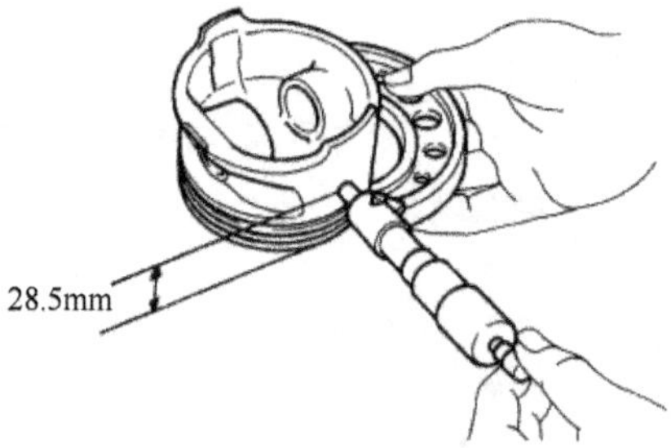 28.5mm	18. 测量活塞直径。 ① 使用千分尺，在与销孔轴线垂直的方向距离活塞顶 28.5 mm 处测量活塞头部直径。 活塞直径标准： <table><tr><td>标记</td><td>单位（mm）</td></tr><tr><td>1</td><td>78.615～78.625</td></tr><tr><td>2</td><td>78.625～78.635</td></tr><tr><td>3</td><td>78.635～78.645</td></tr></table> ② 加大活塞直径尺寸 0.50mm，至 79.115～79.145 mm。 ③ 横向测量汽缸筒直径。 ④ 用汽缸直径减去活塞直径，标准间隙应为 0.075～0.095 mm，最大间隙应为 0.115 mm。 如果间隙超过最大值，更换所有 4 个活塞并重新镗削所有 4 个汽缸。如果必要，更换汽缸体。

图示	说明

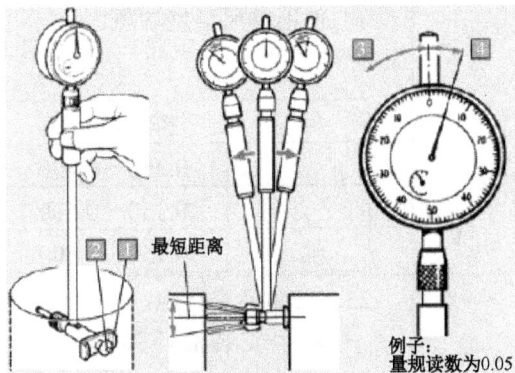

（a）　　　（b）　　　（c）

例子：
量规读数为0.05

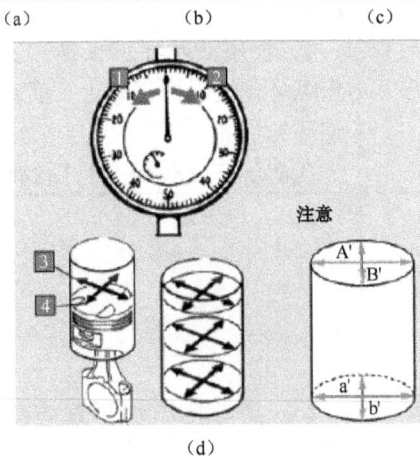

注意

（d）

19. 测量汽缸的直径，获取汽缸的直径数值。

注意：各类发动机的活塞不相同，请查阅相关维修手册的技术标准要求。

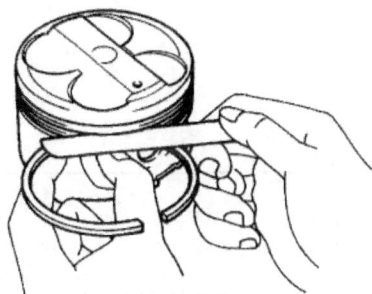

20. 检查活塞环与活塞环槽侧壁的间隙。

使用塞尺测量活塞环与活塞环槽侧壁的间隙。如果间隙超过最大值，更换活塞。

标准活塞环槽间隙：

标记	间隙值（mm）
1	0.040～0.080
2	0.030～0.070

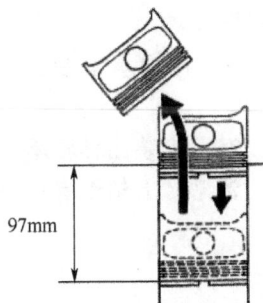

97mm

21. 检查活塞环端隙。
① 把活塞环插入汽缸筒。
② 使用活塞推入活塞环到距汽缸体顶面 97 mm 处。

图示	说明
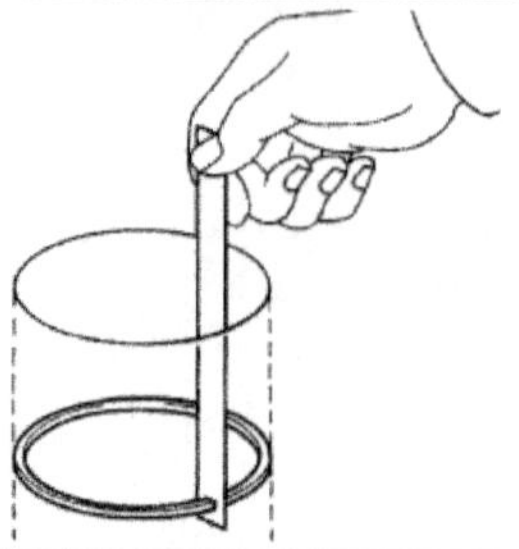	③ 使用塞尺测量端隙。 标准端隙： | 标记	端隙（mm） | |---|---| | 1 | 0.250～0.450 | | 2 | 0.350～0.600 | | 油环 | 0.150～0.500 |
	22．安装活塞环组。 ① 用手安装油环弹簧和两个刮油环。 ② 使用活塞环扩张器，安装两个压缩环，代码标记朝上（仅对 2 号压缩环）。 代码标记（仅对 2 号压缩环）：T。
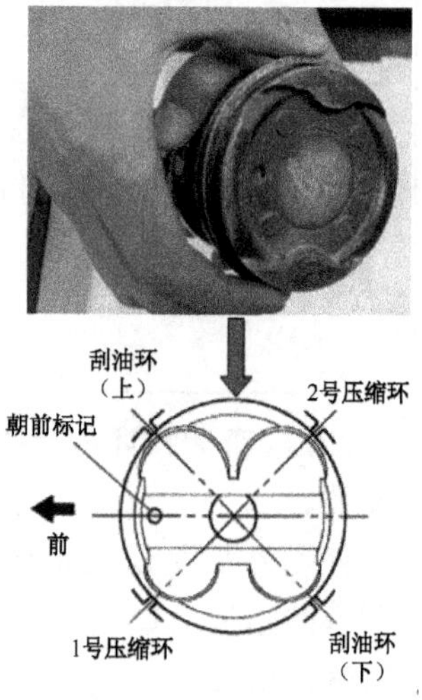	23．按左图所示布置活塞环端口方向。 注意：不要对齐活塞环端口。
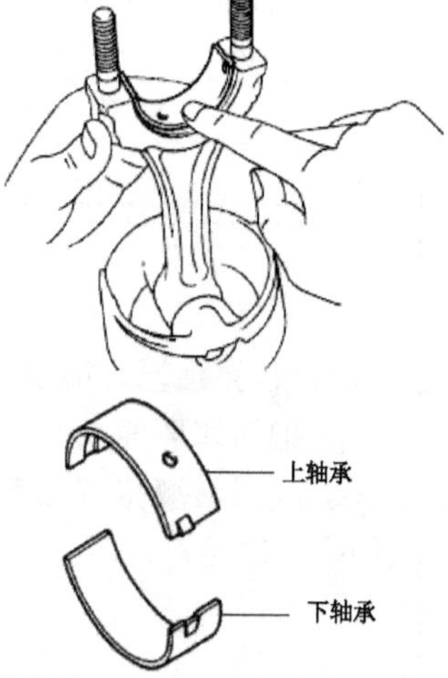	24．安装连杆轴承。 ① 对准轴承凸起和连杆或连杆盖的凹槽。 ② 将轴承安装到连杆和连杆盖中。 25．安装曲轴轴承。 注意：上轴承有一个油槽和油孔。

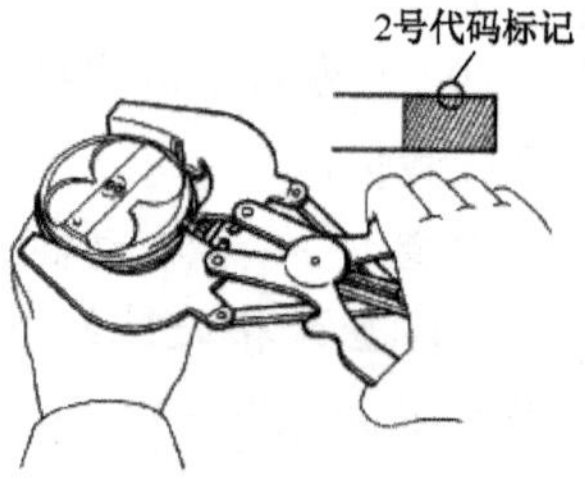

图示	说明
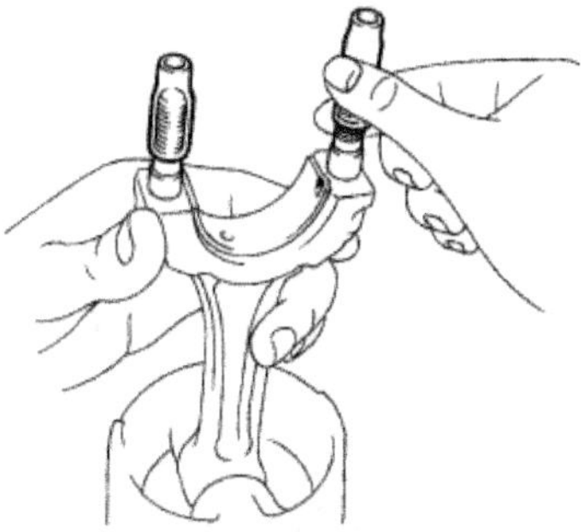	25．安装连杆分总成。 用一段软管套在连杆螺栓上，防止损伤曲轴。
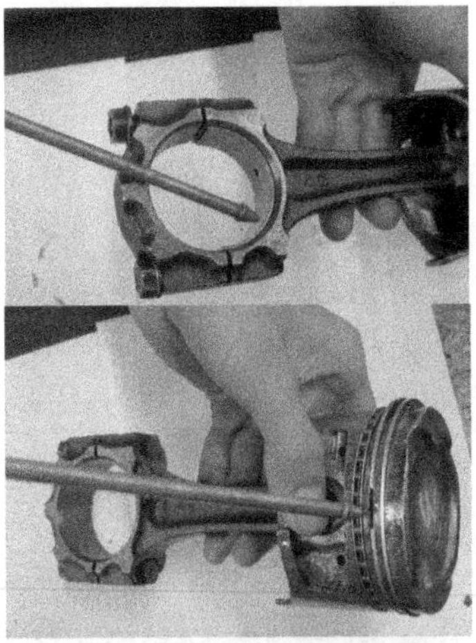	26．在活塞和连杆轴承处均匀地涂上一层机油。
	27．清洁汽缸体。 用清洁的毛巾对汽缸壁进行擦拭。
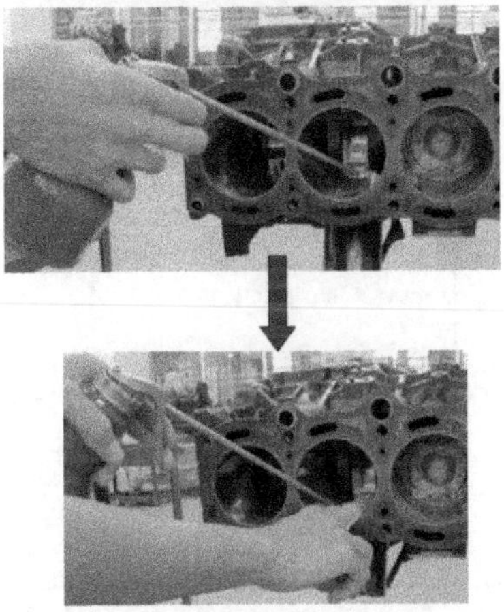	28．在汽缸内涂上一层机油，并将机油均匀地涂到汽缸壁上。

汽车发动机构造与维修

图示	说明
  	**29.** 将活塞按标出的顺序号装回到相应的汽缸内。 ① 按正确的位置把活塞和连杆总成推入各自的汽缸，活塞的前标记朝前。再使用活塞环收紧器收紧活塞环。 ② 用铁锤轻轻敲击活塞环收紧器外圈，使之与汽缸体完全接触。 ③ 用锤柄轻轻敲击活塞顶部，并将活塞推入汽缸内。在将活塞推入汽缸内时，用手将活塞连杆大头微微抬平，使之与曲轴平齐。

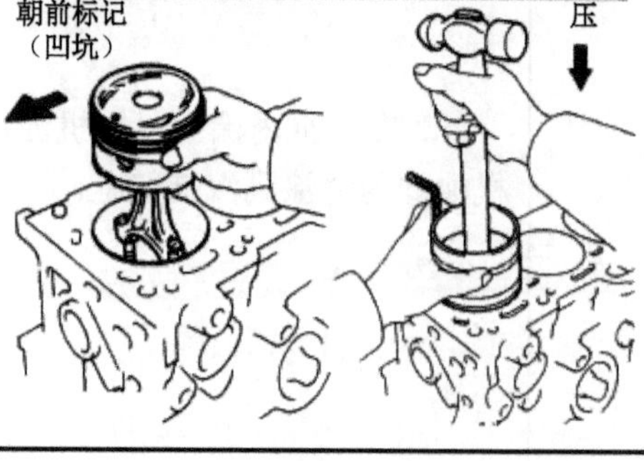

朝前标记（凹坑）　　　压

图示	说明
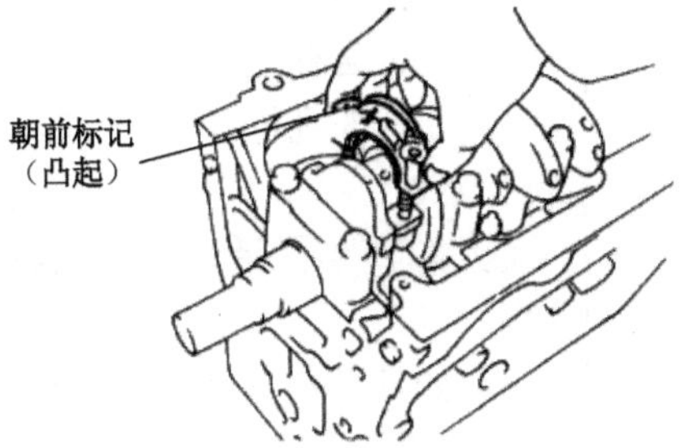 朝前标记 （凸起）	31．把连杆盖装在连杆上。 ① 匹配连杆盖和连杆的号码。 ② 安装连杆盖时前标记朝前。
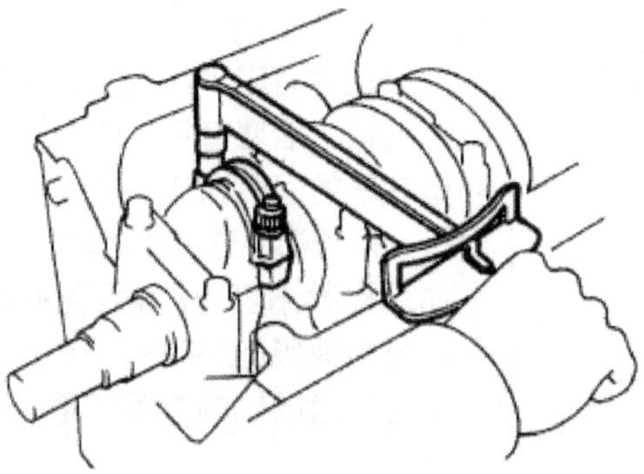	32．紧固连杆螺母。 ① 在连杆盖螺母下方涂一薄层机油。 ② 分几次交替拧紧螺母，标准扭矩为 29 N·m。 方法：（以分 3 次为例） 第 1 遍：10 N·m； 第 2 遍：20 N·m； 第 3 遍：29 N·m。 如果任何螺母不符合扭矩标准，更换连杆螺栓或螺母，不必成套更换。
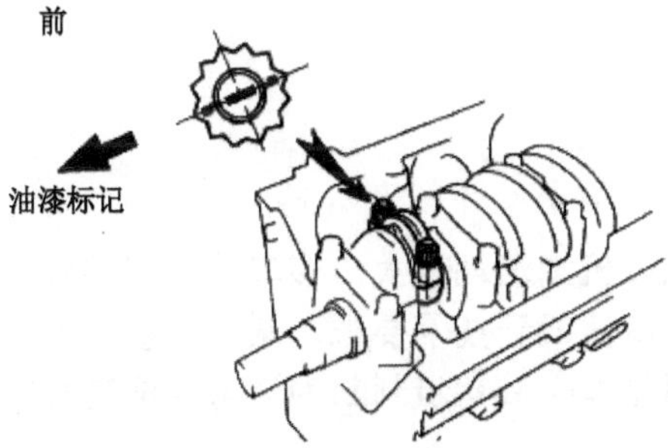 前 油漆标记	33．在分几次交替拧紧连杆螺母后，再用油漆在螺帽和连杆螺栓上做标记。
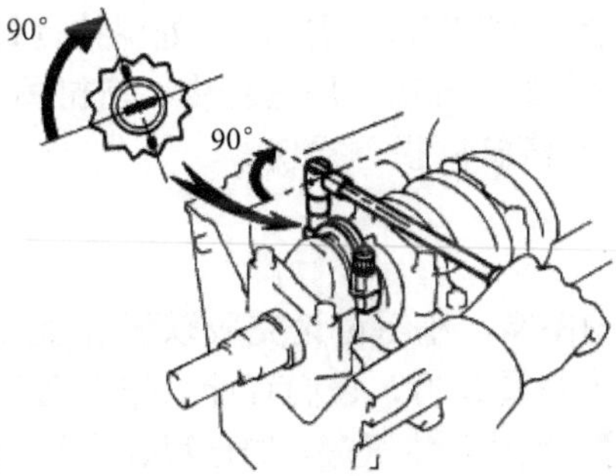 90° 90°	34．将螺母拧紧 90°。

图示	说明
	35．检查曲轴转动灵活性。 将活塞连杆组安装紧固后，用扳手转动曲轴几圈，检查曲轴转动是否灵活。 ① 如转动灵活，活塞连杆组安装合适。 ② 如转动不够灵活，在汽缸体上涂上一层机油后，再次转动曲轴检查。 ③ 如转动不灵活，则需要拆下活塞连杆组，将单个活塞连杆组放置到汽缸内来回推动。 如果推时有阻力，则需要重新检查汽缸直径、活塞直径、活塞环与活塞环槽侧壁的间隙和活塞环端隙等是否合格，检查活塞连杆组的清洁程度。 如果推时无阻力，则需要检查活塞连杆组的油膜间隙值是否合格，检查活塞连杆组的轴向间隙值是否合格。

任务 **4** 汽缸磨损的检查

学习任务描述

一位客户反映其汽车的动力性很差，燃油及机油消耗较大。该车使用年限较长，发动机无大修记录，通过汽缸压缩压力的检测，测试值低于技术要求，从火花塞孔向汽缸注入少量机油进行湿汽缸压缩压力测试，测试值明显提高，初步判断为活塞环或汽缸磨损，因此需要对发动机进行解体检测。

发动机汽缸体是发动机的装配基体，并由它来保持发动机各运动件相互之间的准确位置关系。汽缸盖安装在汽缸体上面，为了使汽缸体与汽缸盖之间的接合处保持良好的密封，在接合处用汽缸垫来减少由于机加工引起的误差。发动机在使用过程中，汽缸体和汽缸盖的技术状况会发生变化，有可能产生变形、裂纹和汽缸磨损等损伤。

任务引导文 查阅相关资料和维修手册，根据相关的图文，小组讨论完成以下引导问题。

1．你在日常生活中见过哪些量具？你用过这些量具吗？它们有什么作用呢？

（说明：量具的种类很多，可以用来测量长度、重量、体积等，如直尺、卷尺、量杯等。）

2．认识内（外）径千分尺，填写图 2-4-1 中的方框。

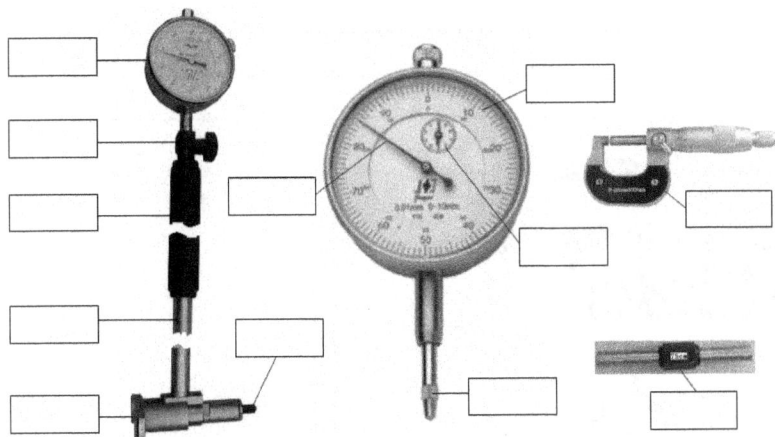

图 2-4-1　认识内（外）径千分尺

3．发动机汽缸的检验，主要通过测量汽缸磨损程度来确定发动机的技术状况，通过_____、_____等来确定发动机是否需要进行大修，以及确定修理尺寸。

4．如何对汽缸磨损进行检测？

5．看图 2-4-2 完成内径千分尺读数。

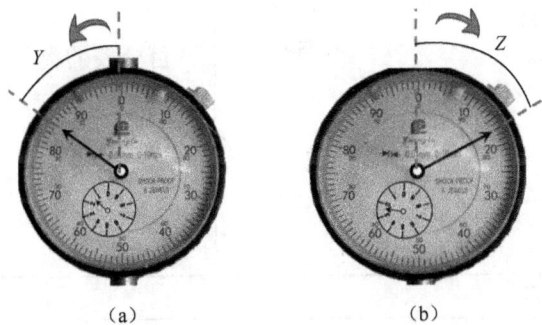

（a）　　　　　　　　　　（b）

图 2-4-2　内径千分尺读数

若汽缸直径标准值 $X=92.00$ mm，内径千分尺实际压缩量为 2mm，请根据图 2-4-2（a）和（b）的显示，列式计算实际缸径 D 值？

（1）图 2-4-2（a）中，列式计算实际缸径值。

$D_1=$

（2）图 2-4-2（b）中，列式计算实际缸径值。

$D_2=$

知识要点

图示	说明
一、认识内径千分尺	
	内径千分尺应用于测量缸径，测量精度为0.01mm。
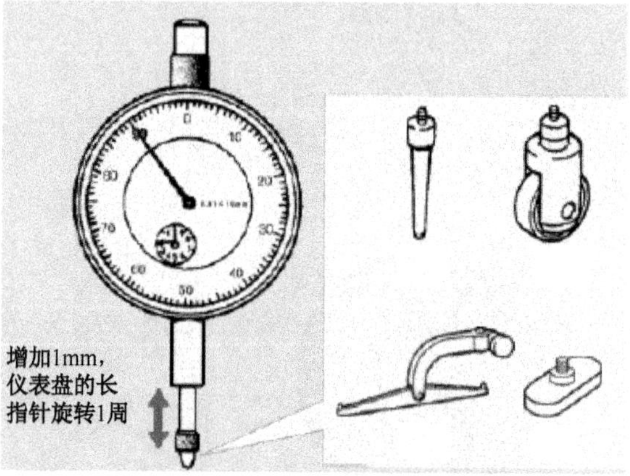	百分表的类型。
二、组装和检验量具	
	1. 工量具的准备：支架、游标卡尺、外径千分尺、内径千分尺。

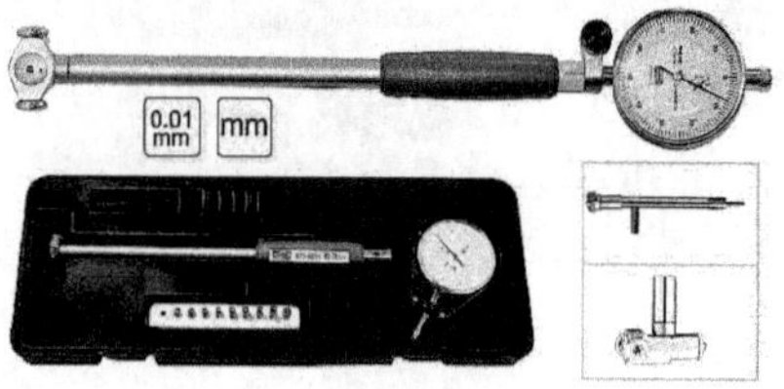

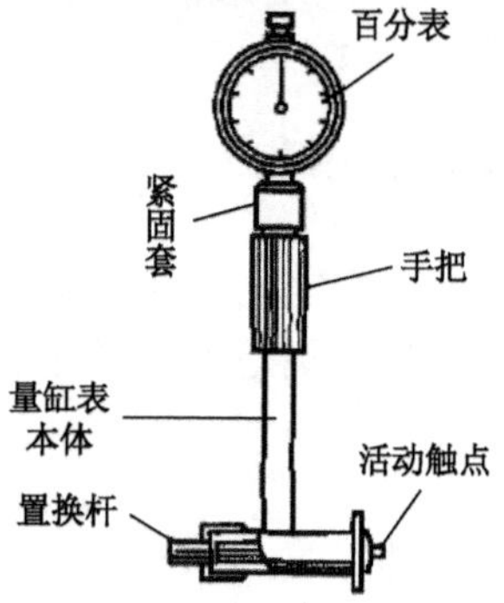

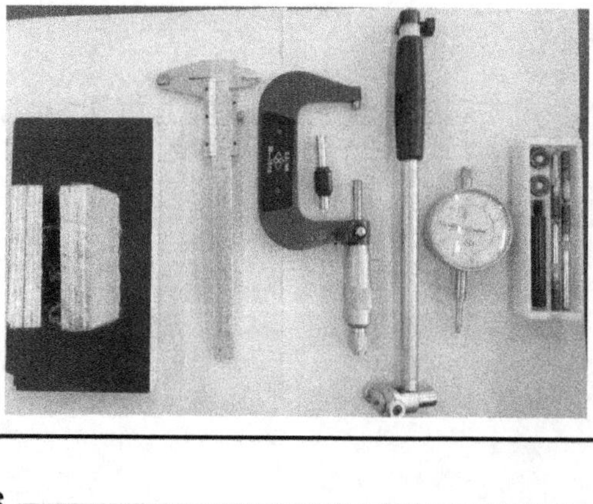

图示	说明
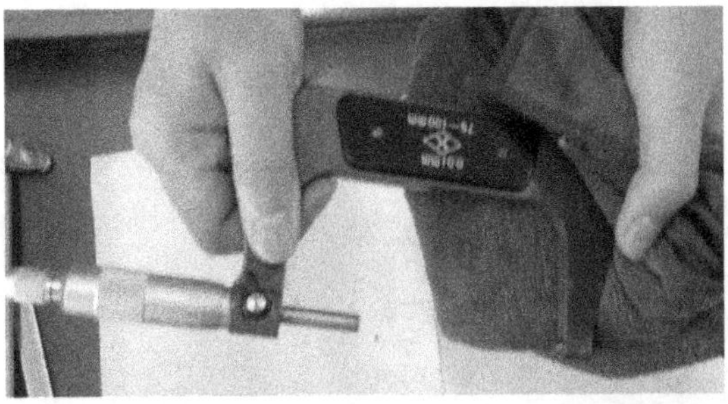	2．清洁工具和量具。
	3．查找或测量汽缸的直径。 方法 1：查找发动机维修手册，确定汽缸的标准尺寸。 方法 2：使用游标卡尺测量汽缸直径，以确定汽缸的大概尺寸。
	4．将千分尺固定到支架上。
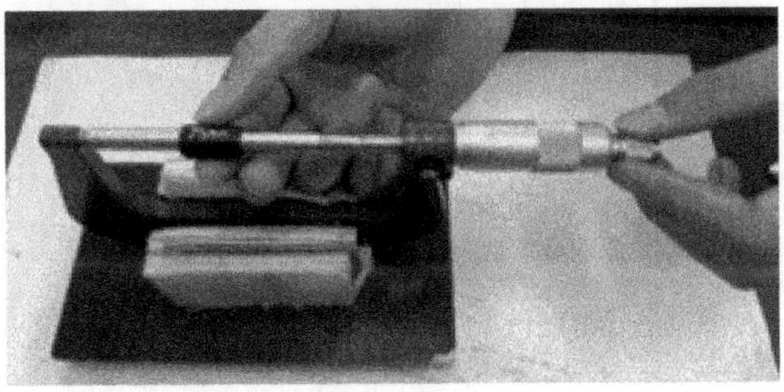 	5．校对外径千分尺。 先清洁标准杆，将标准杆放置到千分尺内调校，如果校对的结果与标准杆一致，则正常测量。如果有误差，若显示尺寸比实际尺寸大，则测量数据加上误差值，若显示尺寸比实际尺寸小则测量数据减去误差值。

图示	说明
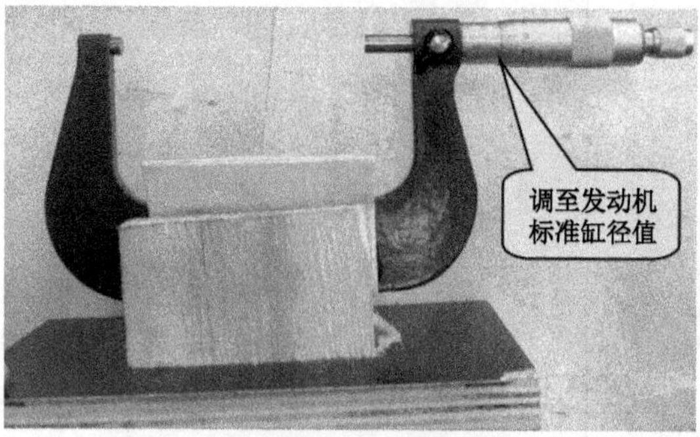 调至发动机标准缸径值	6．将外径千分尺调整至标准缸径值，向左拨动锁紧杆，将外径千分尺锁紧。
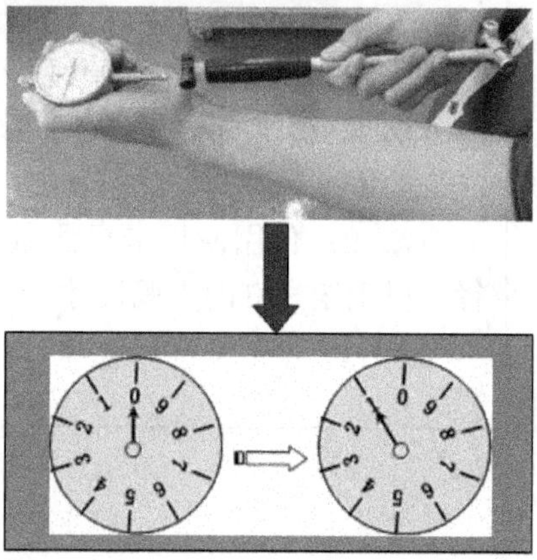	7．安装百分表。 先清洁百分表，将百分表装到内径千分尺杆身上，直到百分表大指针转动时，再将百分表压的小指针从"0"刻度指向"1"刻度值，即让百分表有 1mm 的预压量，锁紧内径千分尺表头。
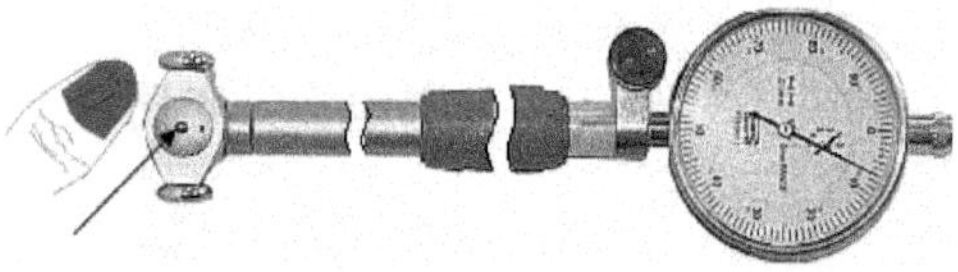	8．检验内径千分尺，用手推动内径千分尺的活动触点,观察百分表转动是否灵敏。
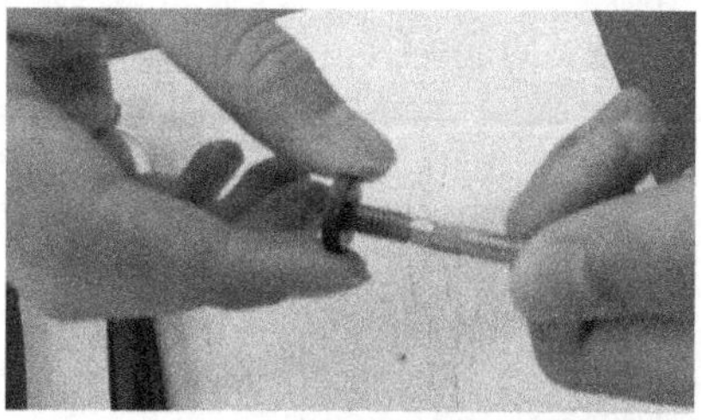	9．选择合适的测量推杆，先拧上锁紧螺母，拧到螺纹尽头。
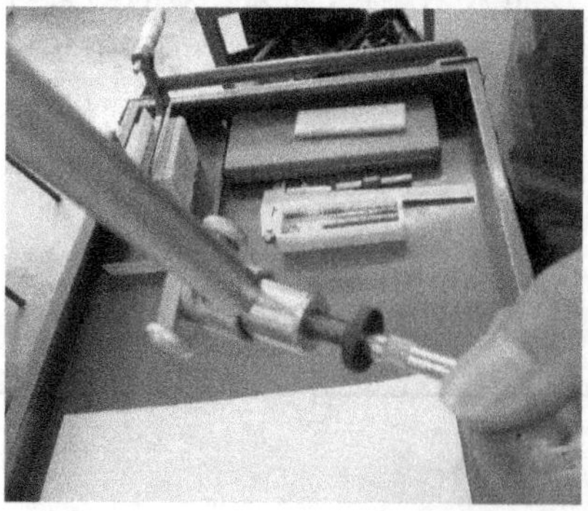	10．将测量推杆装到杆身上，先不用锁紧螺母。

图示	说明
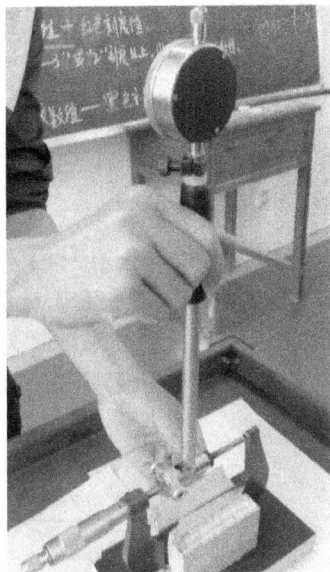 	11．调整测量推杆深度。 　将内径千分尺放置到外径千分尺内调校，转动测量推杆，使测量推杆有1mm 左右的压缩量，使百分表压的小指针从"1"刻度指向"2"刻度值，即让百分表有 2mm 的压缩量。 　旋紧测量推杆锁紧螺母。
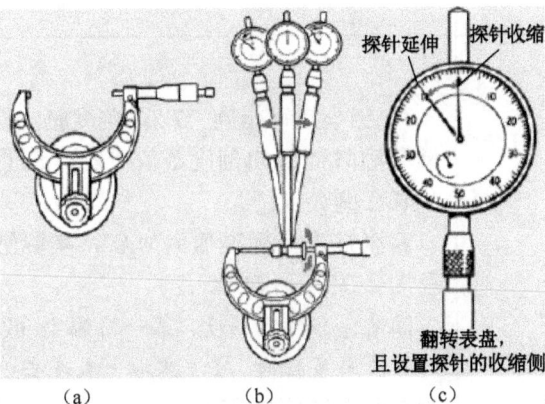	12．汽缸内径千分尺的零校准。 　将千分尺设置到汽缸的标准尺寸（或游标卡尺测量取得的标准尺寸） 　将汽缸内径千分尺左右微量偏摆，如图（b）所示，当大指针顺时针方向转动到最大值时，同时转动表盘，如图（c）所示使内径千分尺大指针指向"0"刻度值。

图示	说明
三、内径千分尺测量方法和读数	
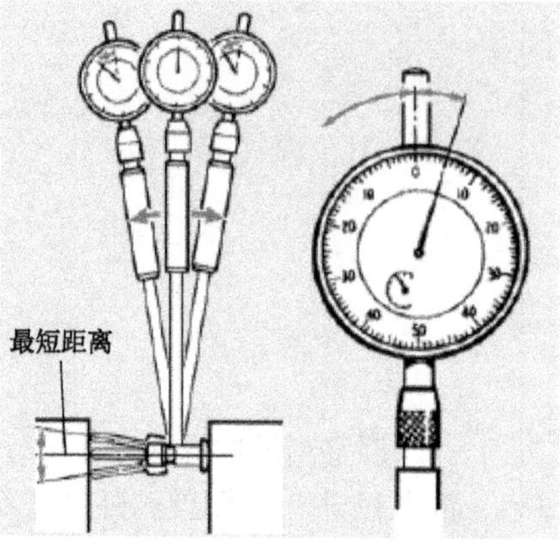 最短距离 (a)　　　　　(b)	1. 内径千分尺的测量方法和读数，下面以 2mm 压缩量为例。 寻找垂直位置的方法：将测杆放入汽缸内，一手握住杆身沿测杆长度方向，使内径千分尺左右微量偏摆，如图（a）所示，当大指针顺时针方向转动到最大值时，即表示测杆与汽缸轴线相垂直。
	2. 内径千分尺读数，以 2mm 压缩量为例。 先看小指针的指向位置，再看大指针的位置，当小指针指向"1-2"刻度时，则读取逆时针方向刻度数值"Y"，即百分表左侧数值。 若汽缸直径标准值为"X"，实际缸径为"D"，则 $D=X+Y$。 注意：小指针刻度，第一格为 1mm，计算汽缸直径时，应注意加上或减去小指针所走过的刻度值。
	3. 当小指针指向"2-3"刻度时，则读取顺时针方向刻度数值"Z"，即百分表左侧数值。 若汽缸直径标准值为"X"，实际缸径为"D"，则 $D=X-Z$。 注意：小指针刻度，第一格为 1mm，计算汽缸直径时，应注意加上或减去小指针所走过的刻度值。

图示	说明

四、测量部位

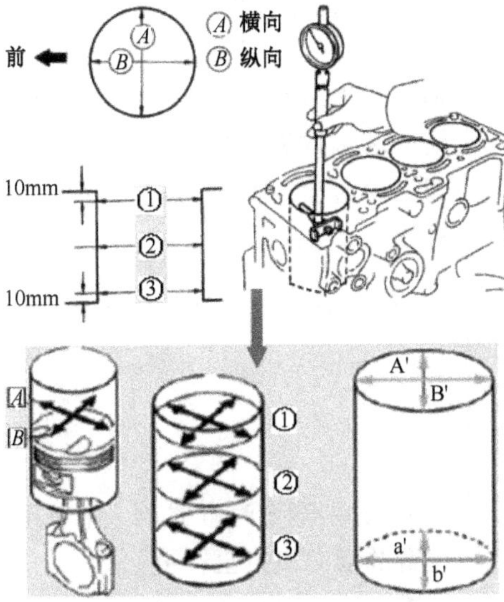

测量部位要选在活塞环工作区域内，按上、中、下三个平面测量尺寸，位置如图中①、②、③所示。使用量缸表，在①、②和③位置按横向 A 和纵向 B 测量汽缸直径。

注意：三个位置、两个方向共 6 个汽缸直径值。

五、量缸的方法

1. 清洁汽缸体。

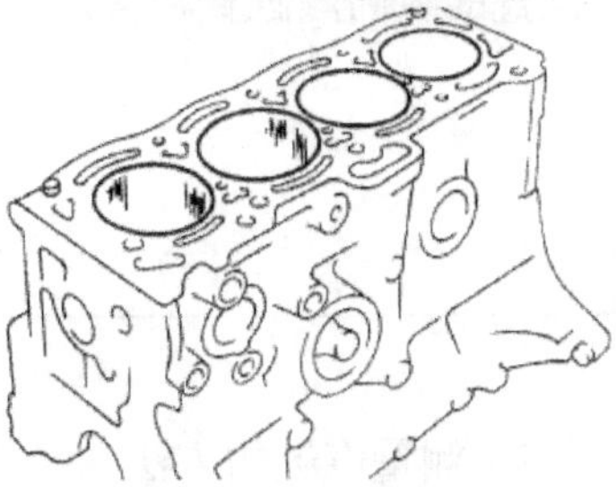

2. 直观地检查汽缸垂直划痕。如果存在深度划痕，重新镗削所有汽缸。如果必要，更换汽缸体。

3. 将内径千分尺倾斜放入缸体。

图示	说明
	4．汽缸体的测量位置。 　　将内径千分尺倾斜放入缸体后，分别测量汽缸体上、中、下、三个位置，横向和纵向两个方向的汽缸直径值，即三个位置、两个方向共6个汽缸直径值。
	5．分别测量汽缸体上、中、下三个位置的横向汽缸直径值。
	6．分别测量汽缸体上、中、下三个位置的纵向汽缸直径值。
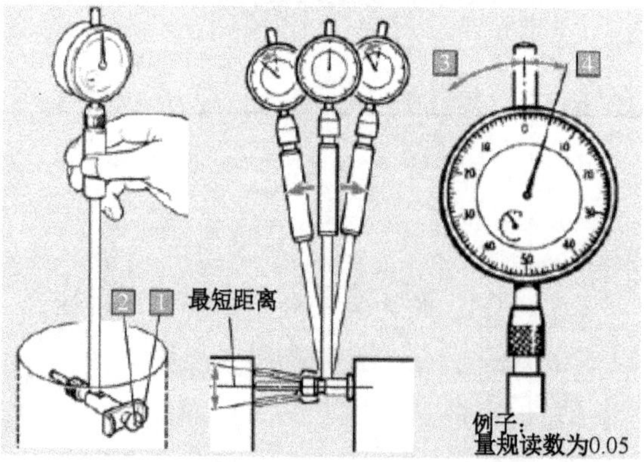	7．测量汽缸的方法。 　　如图（a）所示，将测杆放入汽缸内后，一手握住杆身，沿测杆长度方向使内径千分尺左右微量偏摆，如图（b）所示，当大指针顺时针方向转动到最大值时，如图（c）所示，即表示测杆与汽缸轴线相垂直。此时读出数值，并做好相关数据的记录。

图示	说明
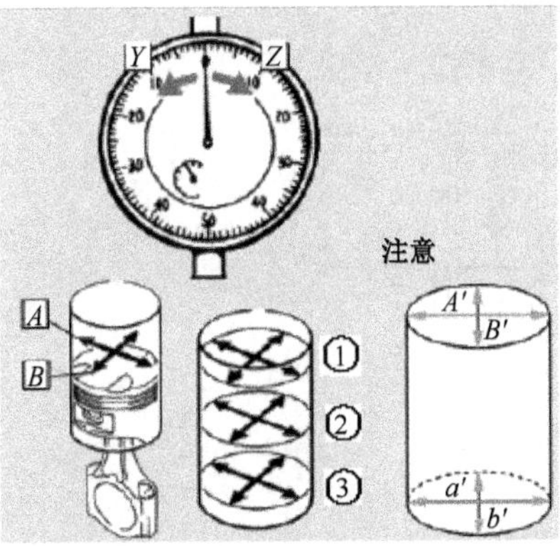 （a）  （b） 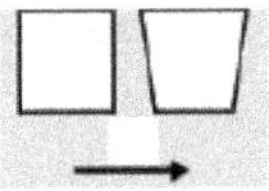　（c） 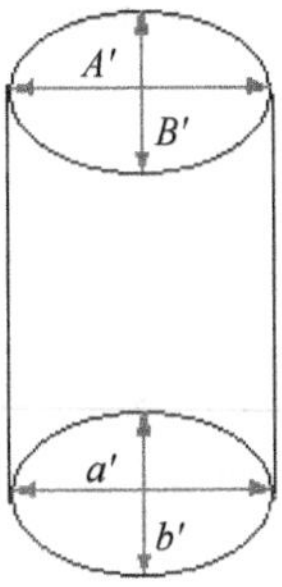 （d）	8．数值读取与磨损误差值计算。 　　缸径是一个精确的圆，但是因为活塞止推面受到来自汽缸顶面的压力，而且活塞均暴露在高压下，所以汽缸形状的变化如图（b）、（c）所示。汽缸磨损是不均匀的，会磨损成不规则的椭圆形，与上大、下小的锥形等。 　　根据缸径计算圆度○和圆柱度∥误差。 　　圆度：$(A'-B')/2$，说明 $A'>B'$；$(a'-b')/2$，说明 $a'>b'$。 　　圆柱度：$(A'-a')/2$，说明 $A'>a'$；$(B'-b')/2$，说明 $B'>b'$。 　　汽缸圆度误差：在同一断面横向和纵向上测量到最大值与最小值之差的一半，即为圆度误差。 　　圆柱度误差在上①、中②、下③三个断面内测得的所有数据中最大值与最小值之差的一半，即为圆柱度误差。
	9．记录测量的数据并计算圆度和圆柱度误差，整理收拾工量具。

小词典

　　汽缸磨损规律、产生原因和对发动机性能的影响：

　　汽缸的磨损程度是衡量发动机是否需要大修的重要依据之一。如果将汽缸分为上、中、下 3 个截面，则上截面由于温度高和润滑条件差的原因容易造成严重的腐蚀磨损，汽缸磨损的最大部位是活塞上止点位置时第一道活塞环相对应的汽缸壁。中截面处的磨损是由于侧向力的作用（图 2-4-3），使活塞裙部与汽缸壁接触而造成的，属于摩擦磨损。如果润滑油质量不好，在飞溅润滑中由于润滑油中的杂质黏附在汽缸壁的下部，从而造成汽缸下部的磨料磨损。

　　侧向力是发动机在压缩与做功行程时，活塞作用到汽缸壁上的推力，如图 2-4-3 所示。由于侧向力的作用，使活塞与汽缸壁接触而造成汽缸中部的磨损。

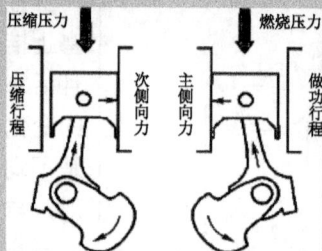

图 2-4-3　侧向力

任务5　曲轴飞轮组总成拆装

学习任务描述

　　一位顾客反映他的汽车发动机油耗增大，并有明显的振动与噪声，发动机机油压力报警灯闪烁。经检测，汽缸压缩压力低于技术要求，从火花塞孔注入少量机油进行湿汽缸压缩压力测试，压缩压力有较大增加，初步判断汽缸与活塞之间间隙过大。另外异常的振动与噪声来自曲轴箱，必须解体发动机进行检测。

　　发动机解体后对曲柄连杆机构的活塞、连杆、曲轴等进行检测，根据检测结果进行修理或更换，以恢复发动机曲柄连杆机构良好的技术状况。

任务引导文　查阅相关资料和维修手册，根据相关的图文，小组讨论完成以下引导问题。

　1. 认识发动机曲轴总成，填写图 2-5-1 中的方框。

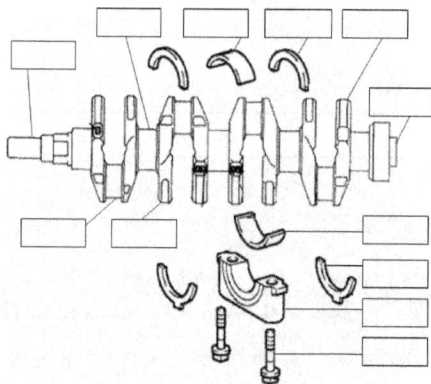

图 2-5-1　曲轴总成

2．为什么不能在轴承背面涂发动机机油？

3．观察曲轴螺栓是什么类型？（普通型或塑性）如果主轴承盖螺栓是塑性螺栓，如何检查其技术状况是否良好？

4．查阅该发动机曲轴螺栓的扭力值：_____N·m。

5．发动机曲轴的作用是什么？

6．在拆卸、检测和安装曲轴时，如何确保轴承和轴承盖与汽缸的对应关系？安装轴承和轴承盖时，如何确保其正确的安装方向？

7．请在图 2-5-2（a）中用数字标出拆卸曲轴轴承螺栓的顺序，在图 2-5-2（b）中用数字标出安装曲轴轴承螺栓的顺序。

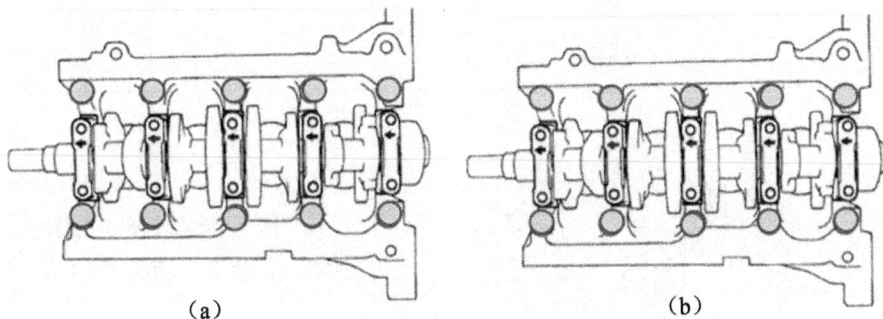

(a)　　　　　　　　　　　　　　(b)

图 2-5-2　螺栓拆装顺序

知识要点

图示	说明
一、曲轴飞轮组拆卸方法	
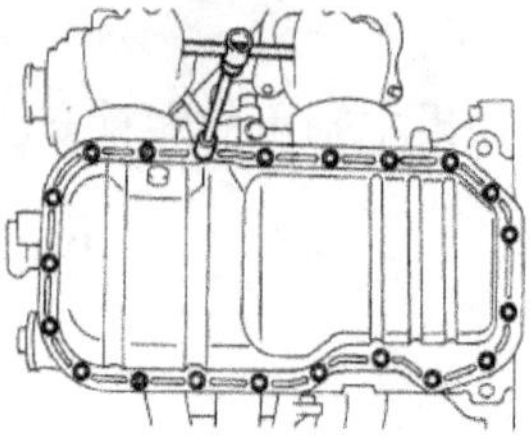	1．拆下油底壳分总成。 拆下 19 个螺栓和两个螺母。
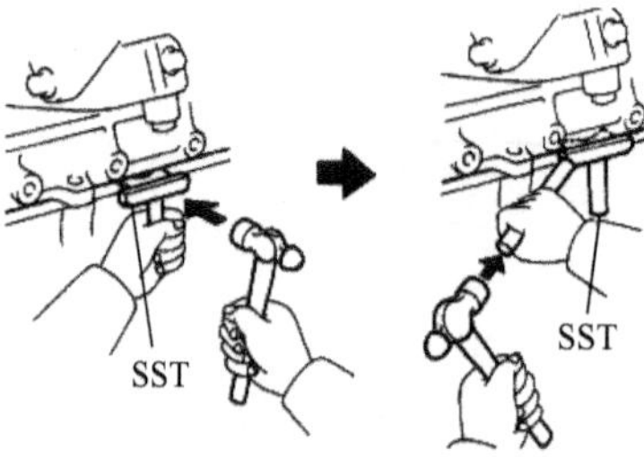 SST　　　SST	2．取下油底壳。 在汽缸体和油底壳之间插入铲刀，铲掉密封垫并拆下油底壳。 取下油底壳。 注意：不要在机油泵体和后油封座上使用铲刀，不要损坏油底壳突缘。
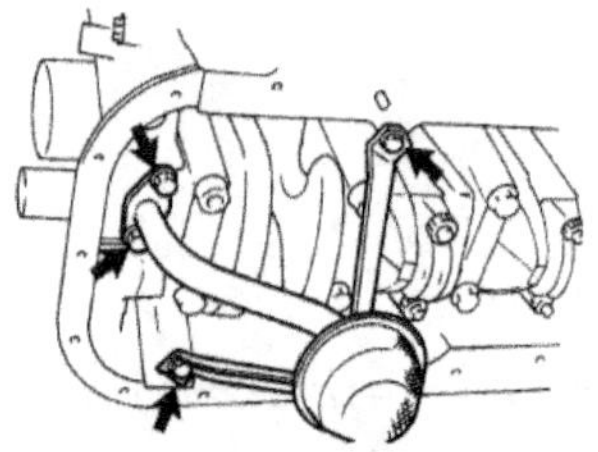	3．拆下机油滤清器分总成。 拆下两个螺栓、两个螺母、机油滤清器和垫片。
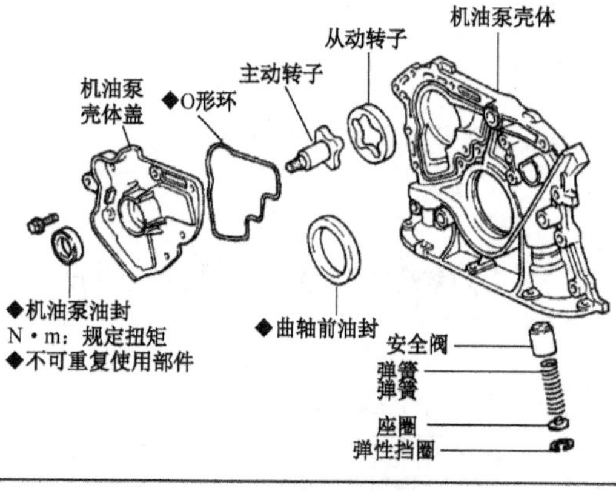 机油泵壳体　从动转子　主动转子　机油泵壳体盖　O形环　◆机油泵油封　N·m：规定扭矩　◆不可重复使用部件　◆曲轴前油封　安全阀　弹簧　座圈　弹性挡圈	4．拆下机油泵总成。 拆下 7 个螺栓。
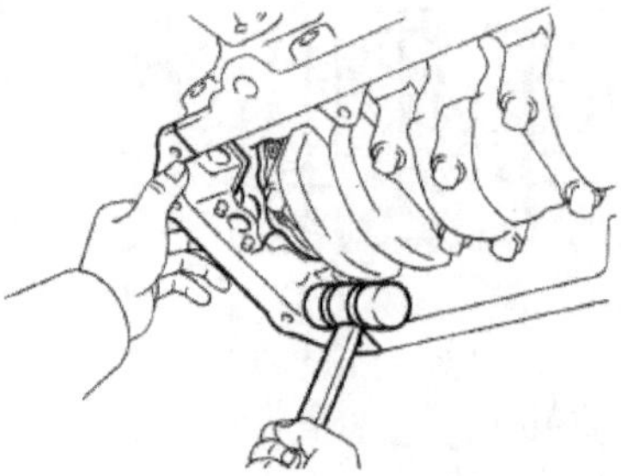	5．用一个塑料锤子轻轻敲击机油泵体，拆下机油泵，拆下垫片。

图示	说明
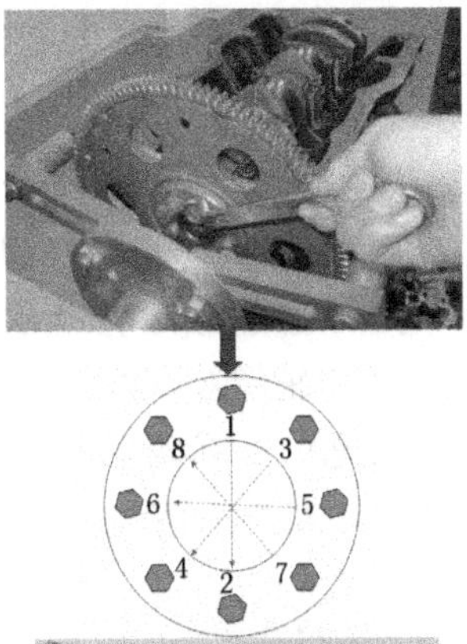 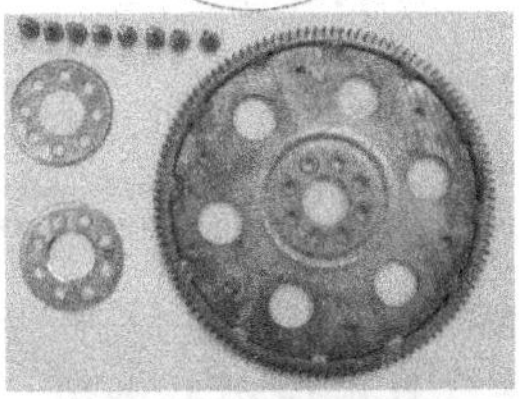	6. 拆下飞轮总成。 　　拆下飞轮总成，并取下飞轮的内外两个垫片。 　　注意：不要弄错垫片的安装方向，以及拆卸螺栓的顺序和方法。
 	7. 拆下发动机后油封座。 　　拆下 6 个螺栓、座圈和垫片。
 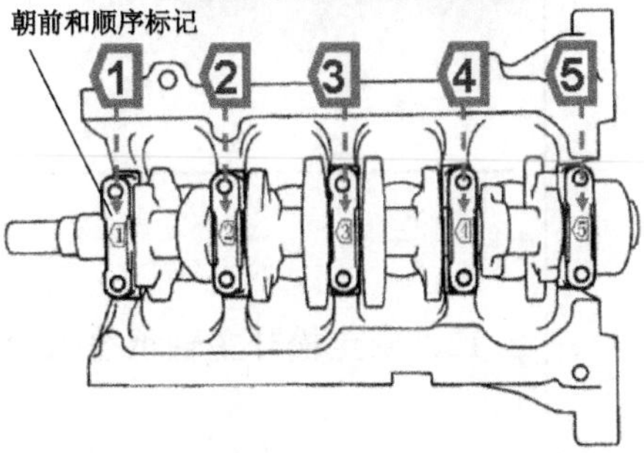	8. 检查主轴盖的安装方向和位置，并做好相关数据的记录，以便安装时查阅。

图示	说明
 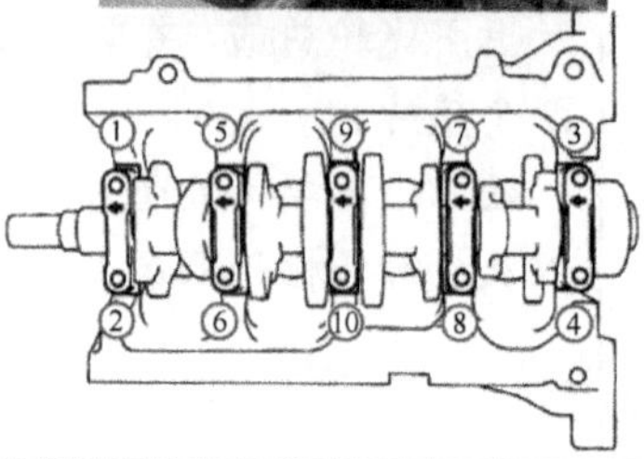	9. 拆卸螺栓的顺序和方法。 按标出的顺序分几次均匀地旋松 10 个主轴承盖螺栓。 注意：如果螺栓不按正确顺序拆除，有可能损坏曲轴和轴承组件。
	10. 拆卸螺栓的顺序和方法。 如左图所示，选用合适的工具和扳手，按顺序松开螺栓。 松开螺栓时，每次旋动角度约 45°。并按第 9 步图中所标出的顺序分几次均匀地旋松 10 个主轴承盖螺栓，直至螺栓完全松开。 方法：分多遍松开。 ① 第一遍松开所有螺栓时，旋动角度约 45°，按正确顺序松开。 ② 第二遍松开螺栓时，旋动角度也是约 45°。 ③ 第三遍松开螺栓时，旋动角度也是约 45°。
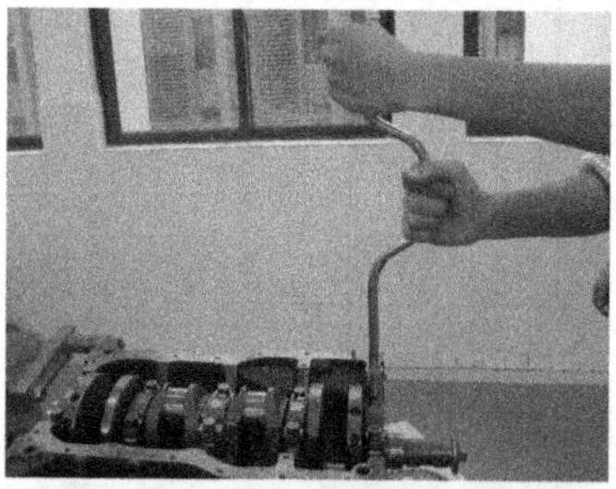	11. 按正确顺序使用摇把快速摇下汽缸盖 10 个主轴承盖螺栓。
	12. 安全松开主轴承盖螺栓。

图示	说明
	13．拆下主轴承盖螺栓的方法。 方法 1：在汽缸体上垫上一条毛巾，再用一字螺丝刀撬动主轴承盖的台阶，用力一撬即可取下。
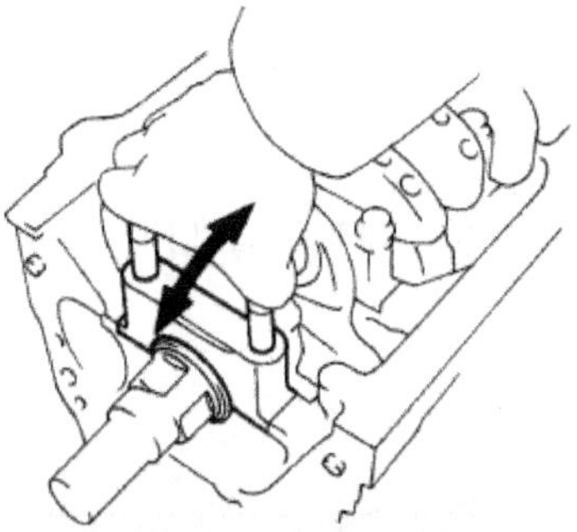	方法 2：使用拆下的主轴承盖的螺栓，前后撬动并拆下主轴承盖和下止推垫片（只在 3 号主轴承盖处）。
	14．取下曲轴主轴承盖。 提示：把取下的轴承和主轴承盖放在一起。按正确的顺序摆放主轴承盖和下止推垫片。
	15．取出曲轴。 取出曲轴、上轴承和上止推垫片。 提示：把上轴承和上止推垫片与汽缸体放在一起。

二、曲轴飞轮组安装方法

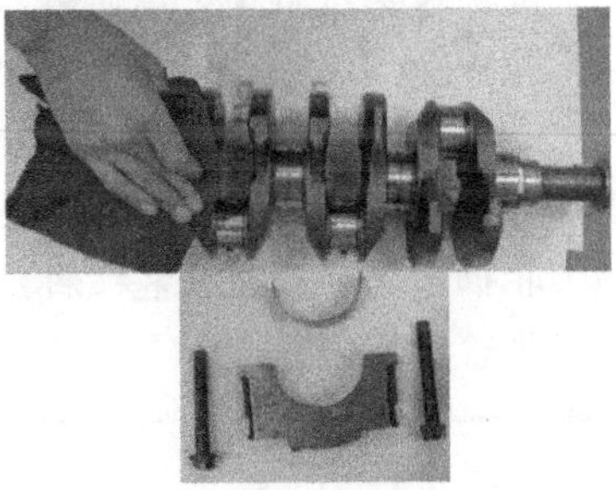	1．清洁曲轴、轴承、轴承盖和螺栓。

图示	说明
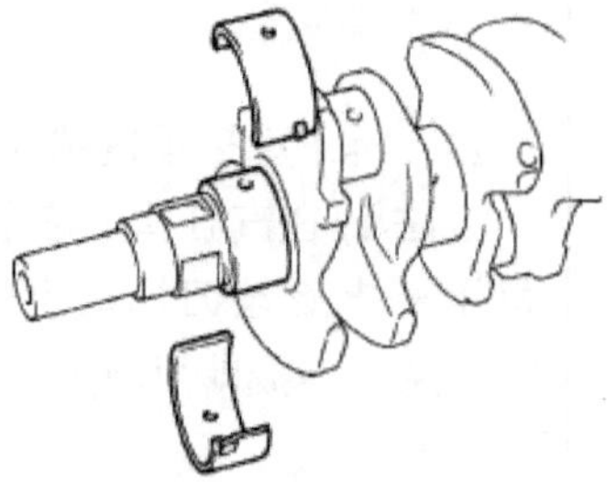	2．检查每个曲轴轴颈和轴承。 检查每个主轴颈、连杆轴颈和轴承是否有烧蚀、腐蚀和划痕。 如果主轴颈、连杆轴颈和轴承损坏则更换轴承。如果必要，刮削或更换曲轴。
	3．用毛巾清洁汽缸体和轴承座。
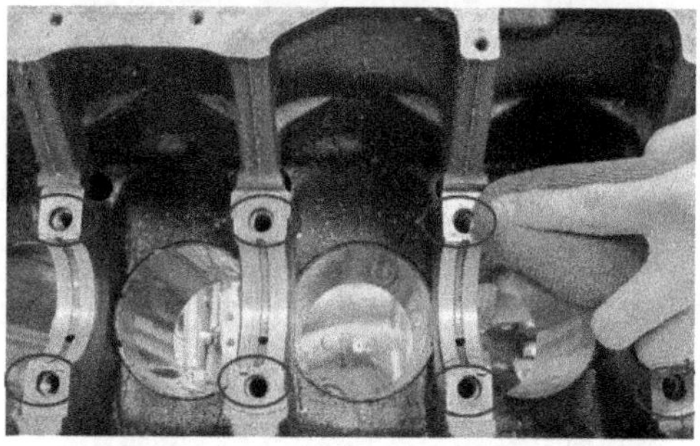	4．注意清洁轴承座的接合面。
	5．检查轴承、轴承盖、轴承座和螺栓。 轴承盖和轴承座应无锈蚀，接合面处应无凸起，螺栓应符合使用要求。
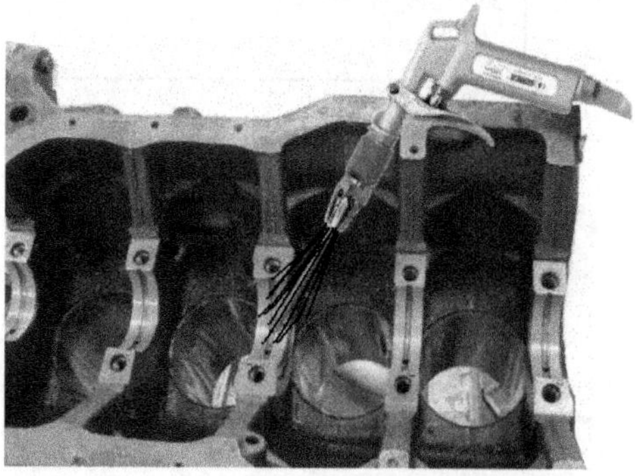	6．吹拭汽缸体。 使用风枪对汽缸体进行吹拭，吹拭部件包括汽缸体、汽缸壁、机油道、螺栓孔。 注意：特别注意吹干螺栓孔，防止螺栓孔内有杂物、水和油等。将机油孔彻底吹干净，以免机油孔内有杂物导致阻塞。

图示	说明
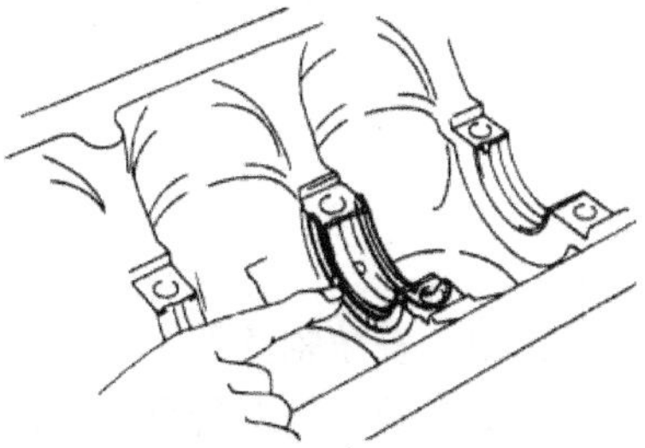	7．安装曲轴止推垫片。 在缸体 3 号轴颈位置安装两个上止推垫片，带油槽的一面朝外。
	8．在轴承座处均匀地涂上一层机油。 注意：轴承背面、汽缸体和轴承座清洗干净、吹干净即可，不需要涂机油。
	9．把曲轴放在缸体上。 用双手轻轻地把曲轴放在缸体上，安装时不要撞击到汽缸体和轴承，不能发出撞击的响声，需要轻拿轻放。
	10．在轴颈处涂机油。 在轴颈处均匀地涂上一层机油。 注意：不能让机油流到轴承接合面处或螺栓孔内，如有需要，重新清洁。
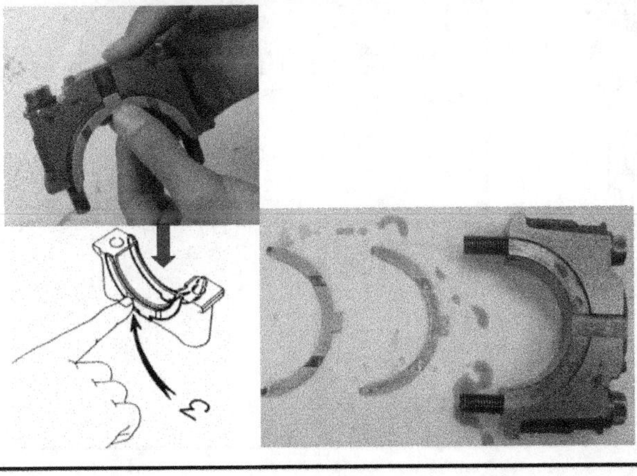	11．安装曲轴轴承盖止推垫片。 在 3 号轴承盖上安装两个下止推垫片，带油槽的一面朝外。

图示	说明
 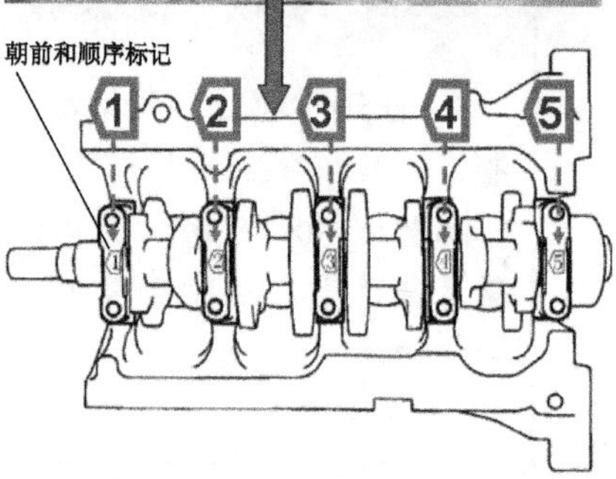 朝前和顺序标记 ① ② ③ ④ ⑤	12．安装轴承盖。 　每个轴承盖有代号和向前标记，在正确位置上安装5个曲轴轴承盖。 　提示：先安装3号轴承盖，再安装其他轴承盖，并在主轴承盖螺栓的螺纹和螺栓头下面涂一薄层机油。
	13．将轴承盖压到位。 　方法1：用手压动轴承盖，使之到达合适的位置。 　方法2：用锤柄轻轻敲击轴承盖，使之到达合适的位置。
 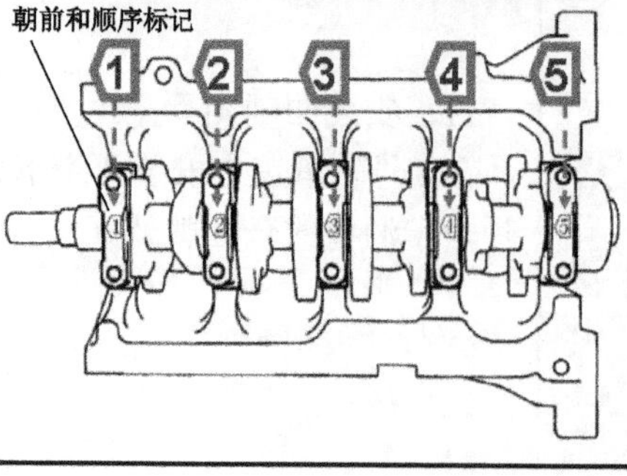 朝前和顺序标记 ① ② ③ ④ ⑤	14．检查主轴盖的安装方向和位置是否正确。

图示	说明
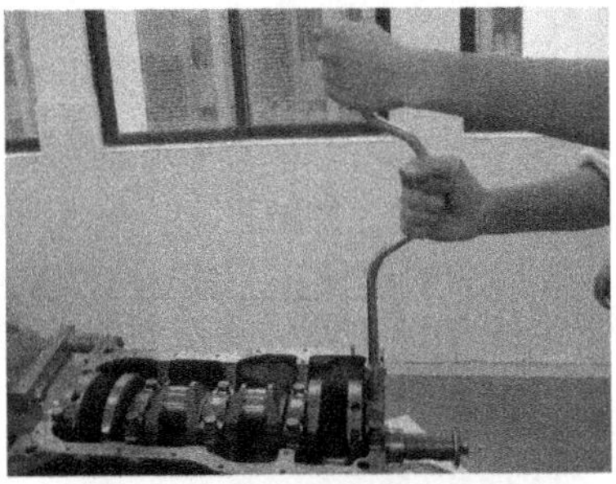	**15．预紧主轴盖。** 使用摇把快速预紧曲轴主轴盖螺栓，并按照第 16 步图中所标的顺序预紧主轴盖。
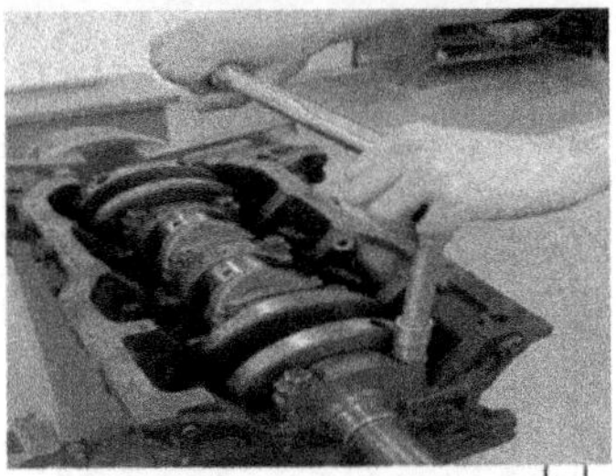 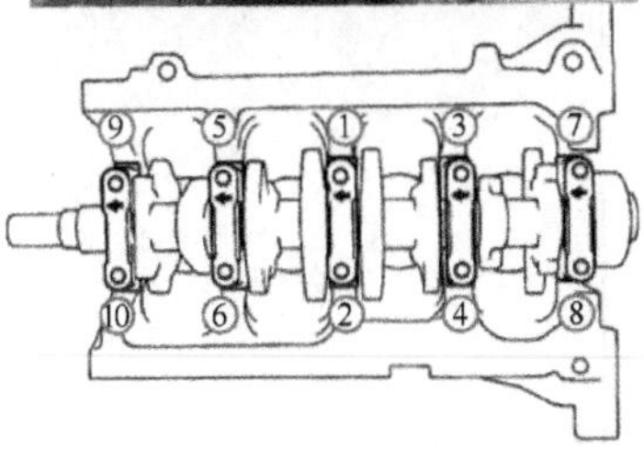	**16．紧固曲轴主轴盖螺栓。** 按图示顺序分 3 次或几次均匀拧紧 10 个主轴承盖螺栓，标准扭矩：60N·m。 方法：（以分 3 次为例）。 第 1 遍：20 N·m； 第 2 遍：40 N·m； 第 3 遍：60 N·m。
	**17．检查曲轴转动灵活性。** 将曲轴安装紧固后，用扳手转动曲轴几圈，检查曲轴转动是否灵活。 ① 如转动灵活，曲轴安装合适。 ② 如转动不够灵活，需要检查曲轴轴向间隙值是否合格。 ③ 拆下曲轴检查各个轴承盖选配是否合格。 ④ 检查各个轴承处的油膜间隙值是否合格。
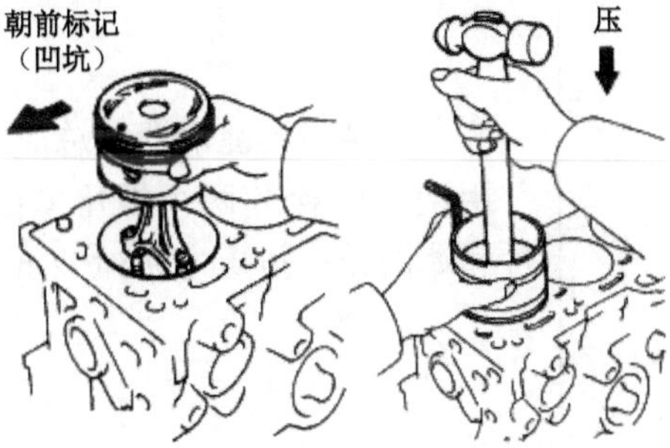	**18．安装活塞总成。**

图示	说明
	19．安装发动机后油封座圈。 安装一个新垫片，用 6 个螺栓安装后油封座圈，扭矩为 9.3 N·m。
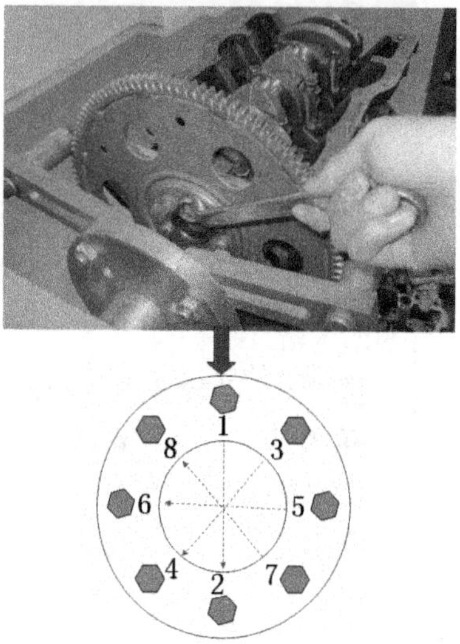	20．安装飞轮。 按照标出的顺序号紧固飞轮。
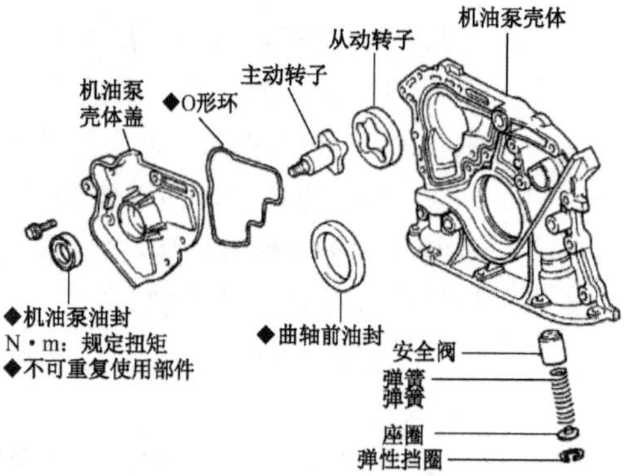	21．安装机油泵总成。 在汽缸体上安装一个新垫片。 如有必要，更换机油泵前端油封。
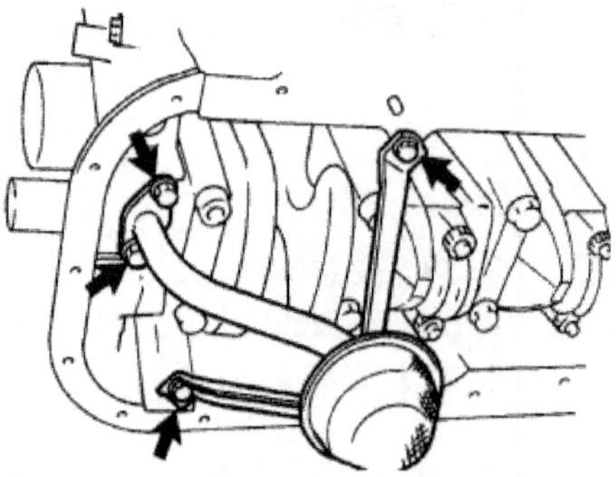	22．安装机油滤清器分总成。 用两个螺栓和两个螺母安装新垫片和滤清器，扭矩为 9.3 N·m。

图示	说明
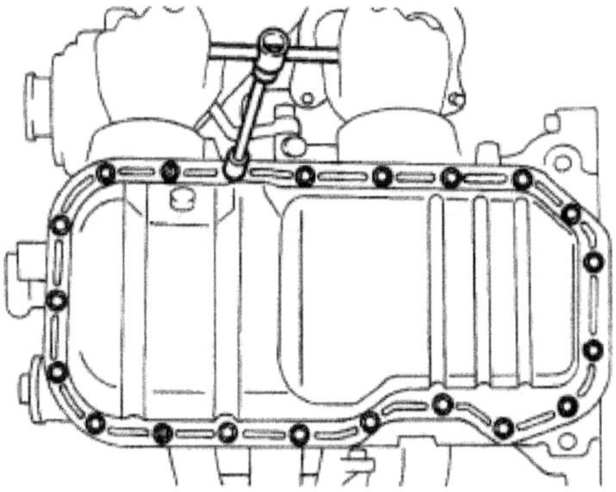	23．安装油底壳分总成。 　　清除旧密封材料（FIPG），小心不要使油底壳和汽缸体接触表面沾油。 　　① 使用铲刀或垫片刮刀清除垫片面和密封槽中所有旧密封材料FIPG。 　　② 彻底清洁所有组件，清除所有松脱的材料。 　　③ 使用无残留的溶剂清洁所有密封表面。 　　注意：不要使用影响表面油漆的溶剂。
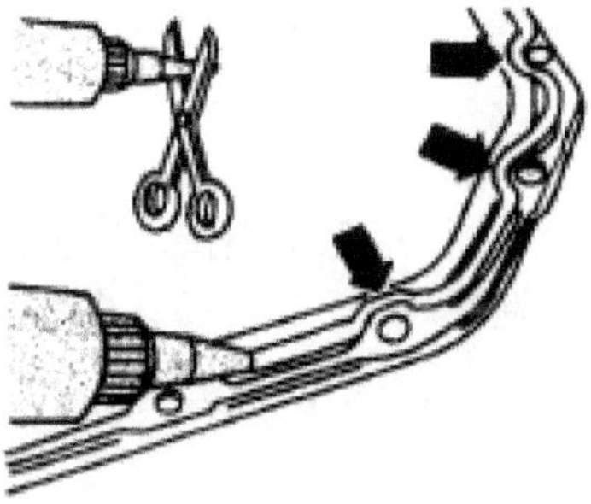	24．密封填料。密封填料零件号为08826－00080。 　　注意：安装一个切成 $\varphi 3 \sim 5\,mm$ 开口的喷管。
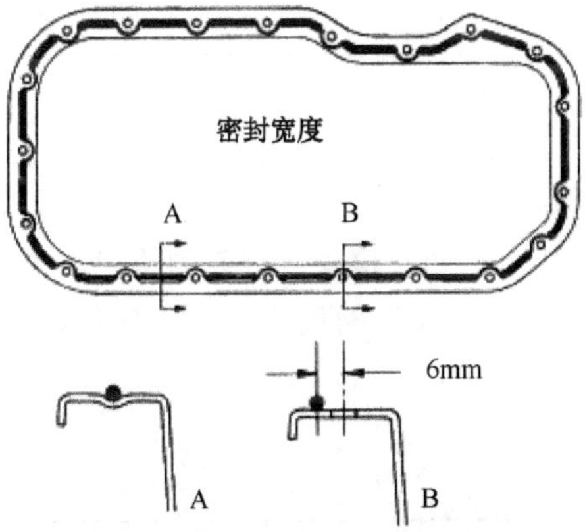	25．按图所示将密封填料涂在油底壳上。 　　喷涂填料后必须在5分钟内组装，否则要清除填料重新喷涂。 　　从喷管上立即拆下喷嘴并盖好。 　　用19个螺栓和两个螺母安装油底壳，扭矩为4.9 N·m。
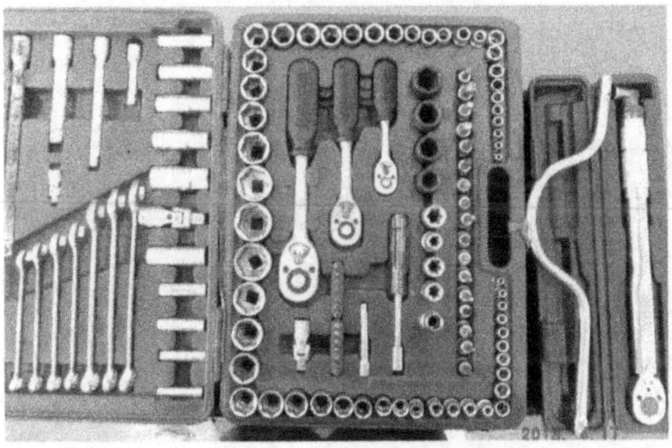	26．整理收拾工量具。

图示	说明
三、曲轴的弯曲的检测	
	1．V 形块置于检测台上，架好曲轴。
	2．用毛巾擦拭，以免油污等影响测量精度。
	3．检查百分表的状况，推动表头看指针的灵活度，应能迅速归零。
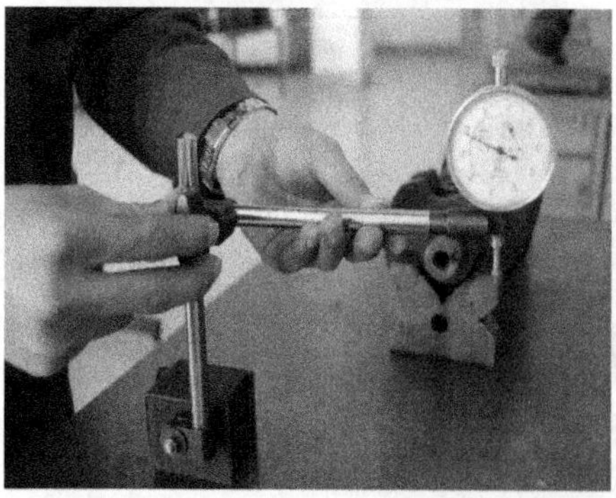	4．各连接螺栓的旋紧力要适中。

图示	说明
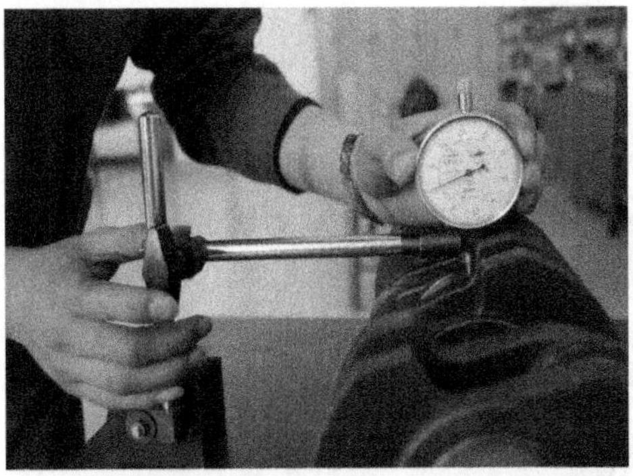	5．使百分表的测量触点垂直抵压到中间主轴颈上。调整表头使大指针指在 0 刻度。
	6．用百分表触头抵住中间主轴颈，慢慢转动曲轴一周，百分表所示最大摆量除以 2 即为弯曲度，其值不得大于 0.15mm。
	7．将使用过的工具进行清洁并放回工具箱。
四、曲轴扭曲度的测量	
	1．V 形块置于检测台上，架好曲轴。

图示	说明
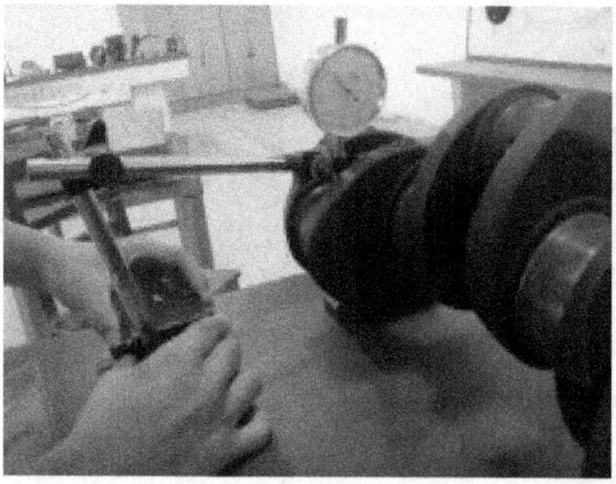	2．使百分表的测量触点垂直抵压到 1 缸连杆轴颈上，调整表头使大指针指在 0 刻度。
	3．松开磁性表座开关，慢慢将百分表平移到 6 缸连杆轴颈上，得到两连杆轴颈的高度差，通过公式（ $\theta = \dfrac{360\Delta H}{2\pi R} = \dfrac{360(H_1 - H_2)}{2\pi R}$ ）， ΔH 为高度差，得出扭转的角度，应符合标准。
	4．将使用过的工具进行清洁并放回工具箱。

发动机配气机构的构造与维护

任务 1 认识配气机构

学习目标

◎ 了解汽车发动机配气机构的基本组成
◎ 理解汽车发动机配气机构的作用和工作原理
◎ 了解配气相位的原理

任务引导文 查阅相关资料和维修手册，根据相关图文，小组讨论完成以下引导问题。

1. 发动机曲轴通过哪些传动方式驱动配气机构的凸轮轴？为什么要确保发动机凸轮轴与曲轴的位置关系？

2. 配气机构由哪些零部件所组成？其作用是什么？

3. 凸轮轴是配气机构的重要元件，其功用及驱动方式有哪些？

4. 气门油封有什么作用？

知识要点

一、配气机构基础知识

1. 功用

配气机构的功用是按照汽缸的工作顺序和工作过程的要求，准时地开闭进、排气门，向汽缸供应可燃混合气（汽油机）或新鲜空气（柴油机）并及时排出废气；当进、排气门关闭时，保证汽缸密封。

2. 充气效率

新鲜空气或可燃混合气被吸入汽缸越多，则发动机可能发出的功率越大。新鲜空气或可燃混合气充满汽缸的程度，用充气效率 η_v 表示。η_v 越大，表明进入汽缸的新气越多，可燃混合气燃烧时可能放出的热量也就越大，发动机的功率越大。

3. 分类

（1）按凸轮轴的位置分类

按这种方法可将配气机构分为凸轮轴上置式、凸轮轴中置式和凸轮轴下置式，如图 3-1-1 所示。

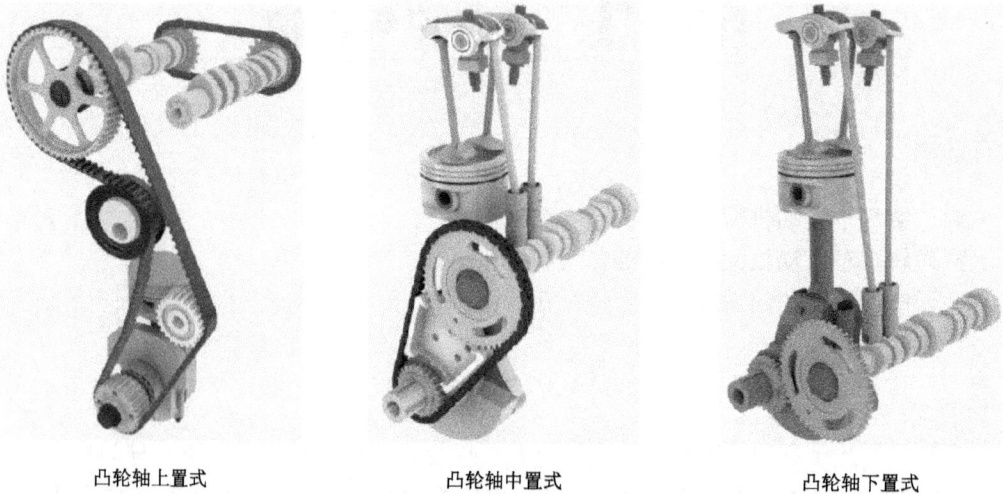

凸轮轴上置式　　　　　　凸轮轴中置式　　　　　　凸轮轴下置式

图 3-1-1　按凸轮轴位置分类的配气机构

凸轮轴上置式：凸轮轴布置在汽缸盖上。凸轮轴上置式又分两种结构，一种是凸轮轴直接通过摇臂来驱动气门，这样既无挺柱，又无推杆，往复运动质量大大减小，此结构适于高速发动机；另一种是凸轮轴直接驱动气门或带液力挺柱的气门，此种配气机构的往复运动质量更小，特别适于高速发动机。

凸轮轴中置式：凸轮轴位于汽缸体的中部，由凸轮轴经过挺柱直接驱动摇臂，省去推杆。

凸轮轴下置式：主要缺点是气门和凸轮轴相距较远，因而气门传动部件较多，结构较复杂，发动机高度也有所增加。

（2）按凸轮轴的传动方式分类

按这种方法可将配气机构分为齿形带传动式、链条传动式和齿轮传动式，如图 3-1-2 所示。

齿形带传动结构简单，噪声小，工作可靠，成本低。

链条与链轮传动适用于凸轮轴上置式的配气机构，但其工作可靠性和耐久性不如齿轮传动。

凸轮轴下置、中置的配气机构大多采用圆柱形正时齿轮传动，一般从曲轴到凸轮轴只需一对正时齿轮传动，若齿轮直径过大，可增加一个中间齿轮。为了啮合平稳，减小噪声，正时齿轮多用斜齿。

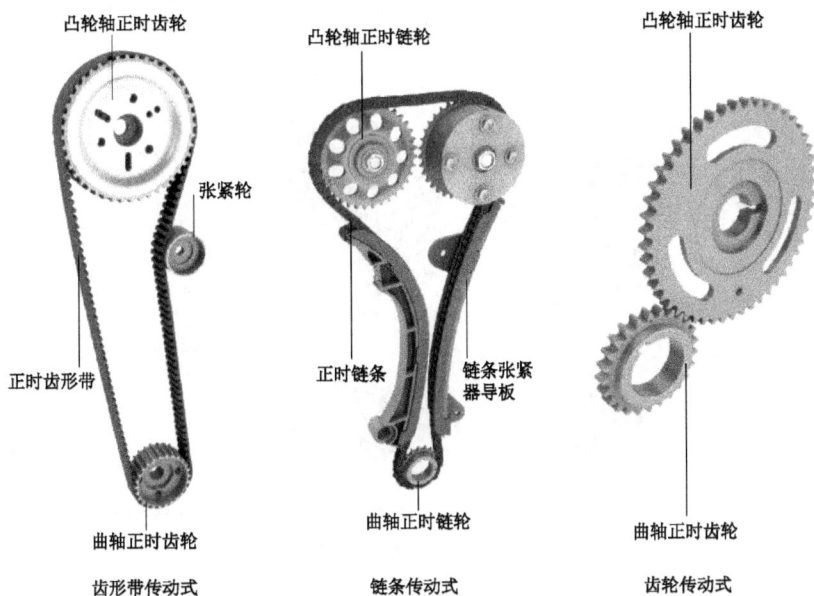

图 3-1-2　按凸轮轴的传动方式分类的配气机构

（3）按气门位置分类

按这种方法可将配气机构分为气门侧置式和气门顶置式，如图 3-1-3 所示。

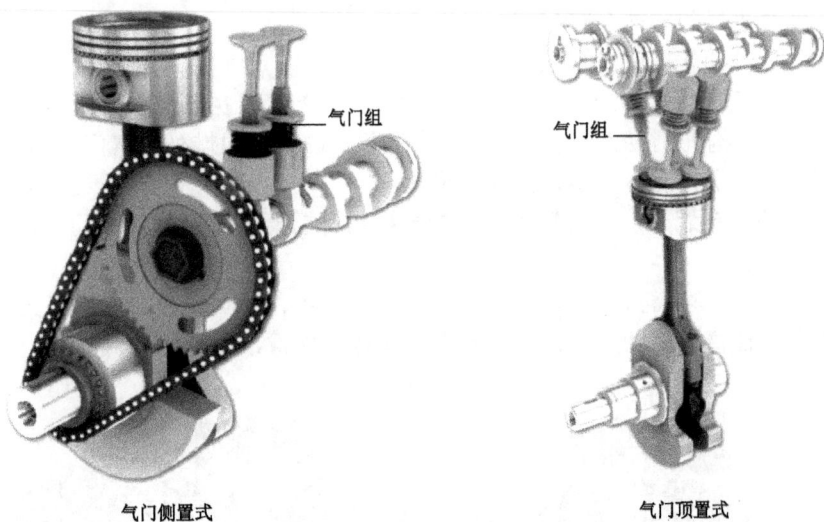

图 3-1-3　按气门位置分类的配气机构

气门位于汽缸盖上称为气门顶置式配气机构，由凸轮、挺柱、推杆、摇臂、气门和气门弹簧等组成。其特点是进气阻力小，燃烧室结构紧凑，气流搅动大，能达到较高的压缩比，目前国产汽车发动机都采用气门顶置式配气机构。

气门位于汽缸体侧面称为气门侧置式配气机构，由凸轮、挺柱、气门和气门弹簧等组成，省去了推杆、摇臂等零件，简化了结构。因为它的进、排气门在汽缸的一侧，压缩比受到限制，进、排气门阻力较大，发动机的动力性和高速性均较差，已逐渐被淘汰。

（4）按气门个数分类

按这种方法可将配气机构分为双气门式和多气门式。气门布置如图 3-1-4 所示。

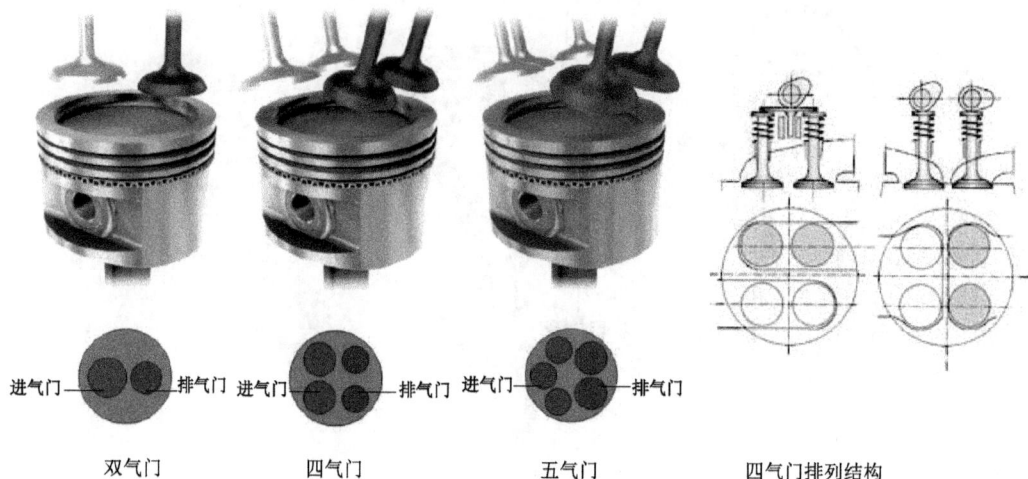

图 3-1-4　气门布置

一般发动机都采用每缸两个气门，即一个进气门和一个排气门的结构。为了改善换气，应尽量加大气门的直径，特别是进气门的直径。但是由于燃烧室尺寸的限制，气门直径最大一般不能超过汽缸直径的一半。当汽缸直径较大，活塞平均速度较高时，每缸一进一排的气门结构就不能保证良好的换气质量。因此，在新型汽车发动机上多采用每缸四个气门的结构，即两个进气门和两个排气门。

（5）按凸轮轴和气门驱动形式分类

凸轮轴置于汽缸盖上的配气机构为凸轮轴上置式配气机构，其主要优点是运动件少，传动链短，整个机构的刚度大，适合于高速发动机。由于气门排列和气门驱动形式的不同，凸轮轴上置式配气机构有多种多样的结构形式。

按气门驱动形式划分，凸轮轴上置式配气机构有摇臂驱动、摆臂驱动和直接驱动三种类型。

① 摇臂驱动、单凸轮轴上置式配气机构如图 3-1-5 所示。凸轮轴推动液力挺柱，液力挺柱推动摇臂，摇臂再驱动气门；或凸轮轴直接驱动摇臂，摇臂驱动气门。

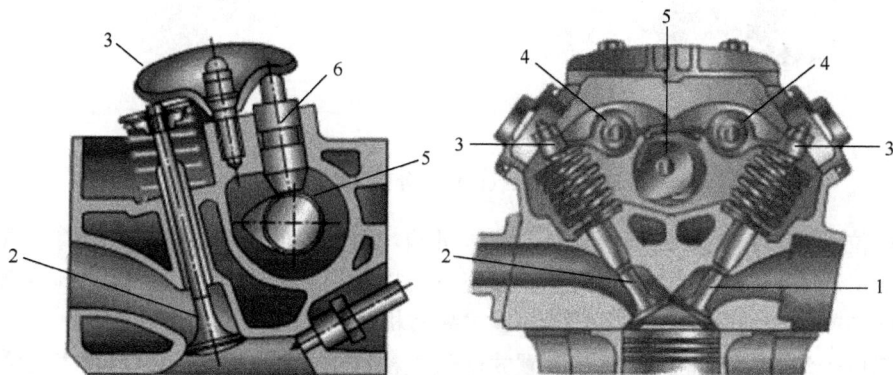

1—进气门；2—排气门；3—摇臂；4—摇臂轴；5—凸轮轴；6—液力挺柱

图 3-1-5　摇臂驱动、单凸轮轴上置式配气机构

② 摆臂驱动、凸轮轴上置式配气机构如图 3-1-6 所示。由于摆臂驱动气门的配气机构比摇臂驱动式的刚度更好，更有利于高速发动机，因此在轿车发动机上的应用比较广泛。

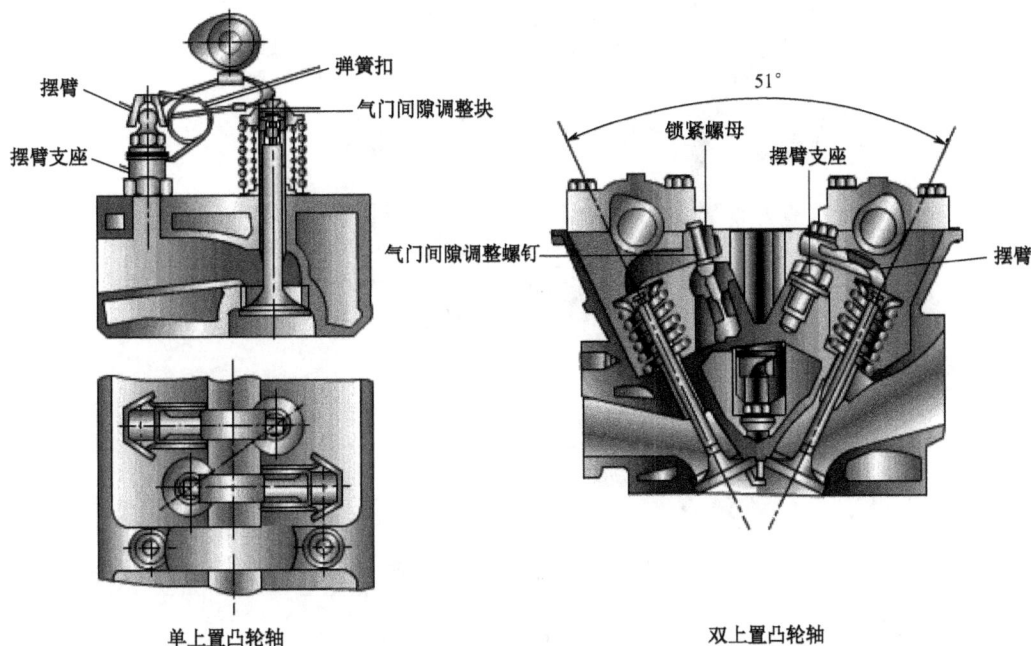

图 3-1-6　摆臂驱动、凸轮轴上置式配气机构

③ 直接驱动、凸轮轴上置式配气机构如图 3-1-7 所示。在这种形式的配气机构中，凸轮通过吊杯形机械挺柱或吊杯形液力挺柱驱动气门。与上述各种形式的配气机构相比，直接驱动式配气机构的刚度最大，驱动气门的能量损失最小，因此在高度强化的轿车发动机上得到了广泛的应用。

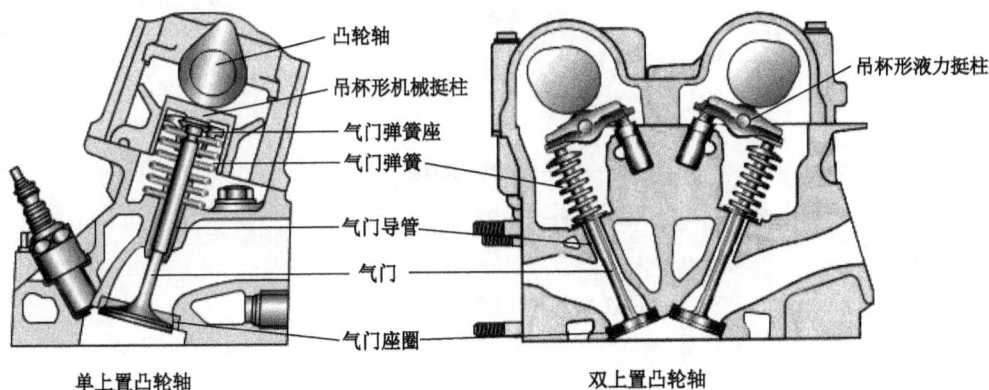

图 3-1-7　直接驱动、凸轮轴上置式配气机构

二、配气机构的组成

配气机构主要由气门组和气门传动组两部分构成（图 3-1-8），由于凸轮轴位置和驱动方式不同，所以其结构形状也略有差异。

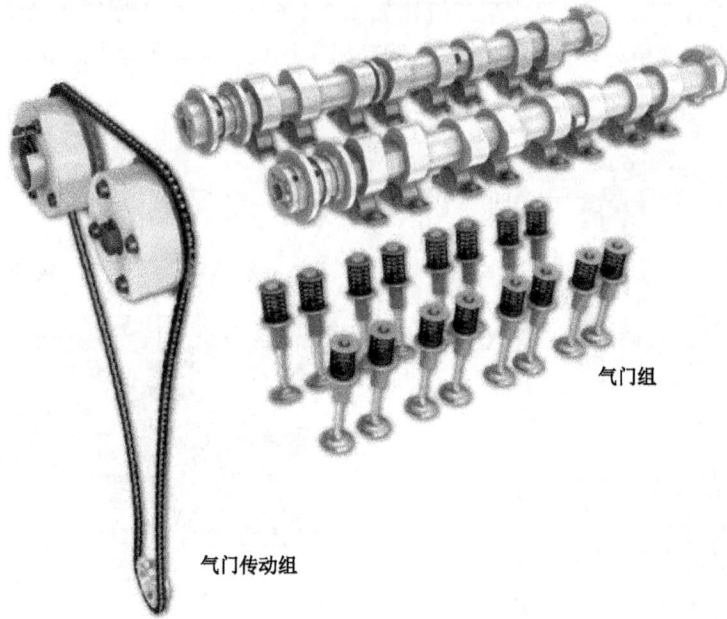

气门组

气门传动组

图 3-1-8   配气机构的组成

1. 气门组

气门组包括气门、气门座、气门导管、气门弹簧、气门锁夹和气门油封等，其中主要部件如图 3-1-9 所示。

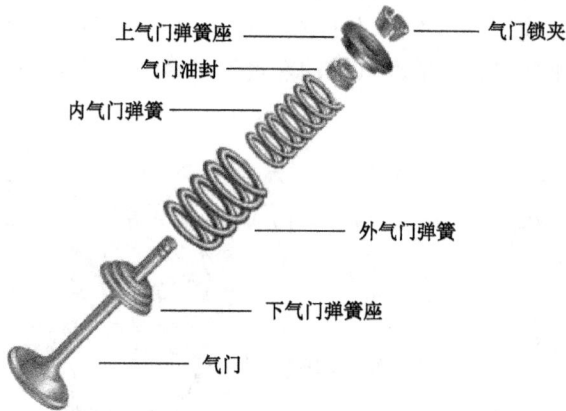

上气门弹簧座 ———————————— 气门锁夹

气门油封 ————

内气门弹簧 ————

外气门弹簧

下气门弹簧座

气门

图 3-1-9   气门组的主要部件

（1）气门

气门用来控制进、排气通道的开闭，可分为进气门和排气门，由气门头部和气门杆组成，如图 3-1-10 所示。

气门的工作条件非常恶劣。首先，气门直接与高温燃气接触，受热严重，而散热困难，因此气门温度很高。其次，气门承受气体力和气门弹簧力的作用，而且配气机构运动件的惯性力使气门落座时受到冲击。再次，气门在润滑条件很差的情况下以极高的速度启闭并在气门导管内做高速往复运动。最后，气门由于与高温燃气中有腐蚀性的气体接触而极易受到腐蚀。

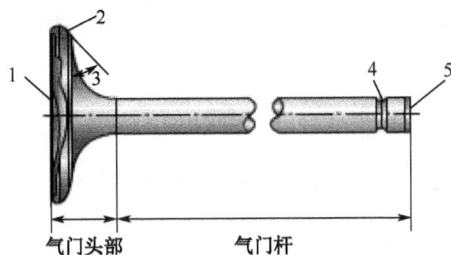

1—气门顶面；2—气门锥面；3—气门锥角；4—气门锁夹槽；5—气门端面
图 3-1-10　气门的结构

恶劣的工作条件要求气门必须有足够的强度和刚度，耐磨，耐高温，耐腐蚀，耐冲击。

进气门一般用中碳合金钢制造，如铬钢、铬钼钢和镍铬钢等。排气门则采用耐热合金钢制造，如硅铬钢、硅铬钼钢、硅铬锰钢等。

汽车发动机的进、排气门均为菌形气门，由气门头部和气门杆两部分构成。气门头部有平顶、凹顶和凸顶（球面型）等形状（图 3-1-11），目前应用最多的是平顶气门。

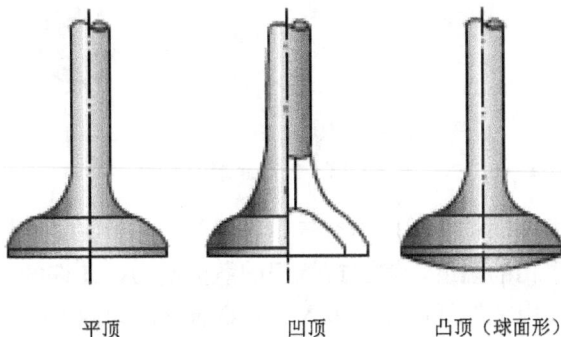

平顶　　　　　凹顶　　　　凸顶（球面形）
图 3-1-11　气门头部

平顶气门结构简单，制造方便，受热面积小，质量小，进、排气门均可采用。凹顶气门适用于排气门，强度高，排气阻力小，废气的清除效果好，但受热面积大，质量和惯性力大，加工较复杂。凸顶（球面型）气门适用于进气门，进气阻力小，但受热面积大。

部分发动机进气门头部直径比排气门大，两气门一样大时，排气门有记号。

气门杆与头部制成一体，装在气门导管内起导向作用，杆身与头部采用圆滑过渡连接。气门尾部制有凹槽（锥形槽或环形槽），用来安装锁紧件。

气门与气门座或气门座圈之间靠锥面密封，气门锥面与气门顶面之间的夹角称为气门锥角。进、排气门的气门锥角一般均为45°，只有少数发动机的进气门锥角为30°。气门头部边缘应保持一定厚度，一般为 1～3 mm，以防工作中冲击损坏和被高温烧蚀。气门头部吸收的热量一部分经气门座圈传给汽缸盖，另一部分则通过气门杆和气门导管也传给汽缸盖，最终都被汽缸盖水套中的冷却液带走。为了增强传热，气门与气门座圈的密封锥面必须严密贴合。为此，二者要配对研磨，研磨之后不能互换（图 3-1-12）。

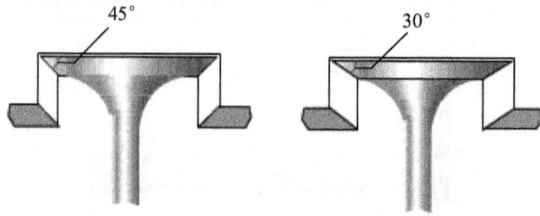

图 3-1-12　气门锥面

气门杆有较高的加工精度和较低的粗糙度，与气门导管保持较小的配合间隙，以减小磨损，并起到良好的导向和散热作用。气门尾端的形状取决于上气门弹簧座的固定方式。采用剖开分成两个半圆状、且外表面为锥面的气门锁夹来固定上气门弹簧座，其结构简单，工作可靠，拆装方便，因此得到了广泛的应用。气门锁夹内表面有多种形状，气门尾端也相应有各种不同形状的气门锁夹槽（图 3-1-13）。

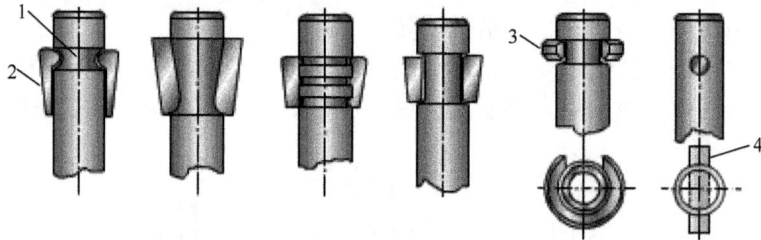

1—气门尾端；2—气门锁夹；3—卡块；4—圆柱销

图 3-1-13　气门尾端的形状

在某些高度强化的发动机上采用中空气门杆式气门，旨在减小气门质量和气门运动的惯性力。为了降低排气门的温度，增强排气门的散热能力，在许多汽车发动机上采用钠冷却气门。这种气门是在中空的气门杆中填入一半金属钠。因为钠的熔点是 97.8℃，沸点为 880℃，所以在气门工作时，钠变成液体，在气门杆内部上下激烈晃动，不断地从气门头部吸收热量并传给气门杆，再经气门导管传给汽缸盖，使气门头部得到冷却（图 3-1-14）。

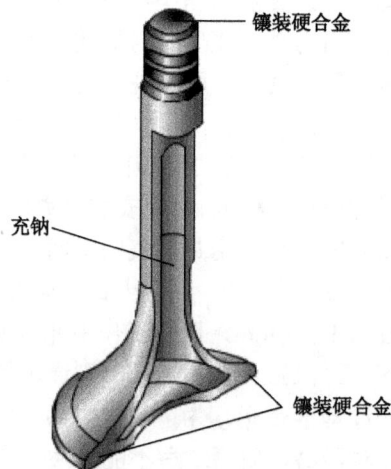

图 3-1-14　充钠排气门

（2）气门导管

气门导管为气门运动起导向作用，以保证气门做直线往复运动，在做上下运动时不发生径向摆动而准确落座，同时起导热作用，将气门头部传给杆身的热量，通过汽缸盖传出去。其结构如图 3-1-15 所示。

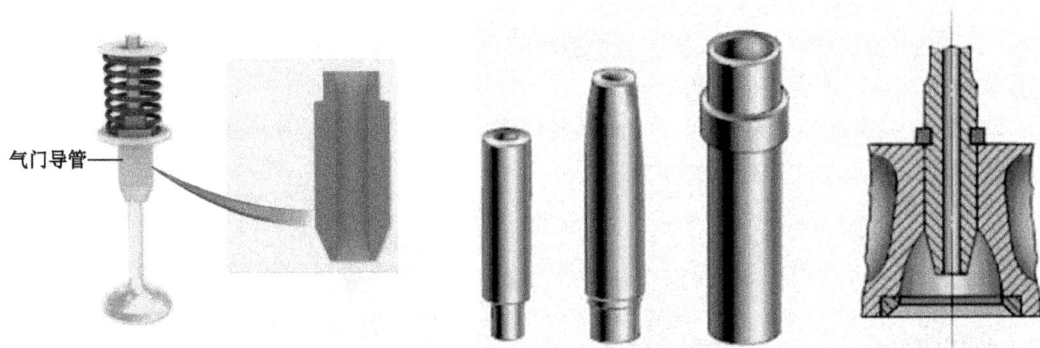

气门导管

图 3-1-15　气门导管的结构

为了保证导向，导管应有一定的长度，气门导管的工作温度也较高，约为 500K。气门导管和气门是靠配气机构飞溅出来的机油进行润滑的，因此易磨损。为了改善润滑性能，气门导管常用灰铸铁、球墨铸铁或铁基粉末冶金制造。导管内、外圆面加工后压入汽缸盖的气门导管孔内，然后精铰内孔，以保证气门导管与气门杆的正确配合间隙。为了防止气门导管在使用过程中松脱，有的发动机对气门导管用卡环定位。

（3）气门弹簧

气门弹簧的功用是保证气门关闭时能紧密地与气门座或气门座圈贴合，并克服气门开启时配气机构产生的惯性力的干扰，避免各零件脱离凸轮而破坏配气机构的正常工作，保证气门正确回位。其结构与分类如图 3-1-16 和图 3-1-17 所示。

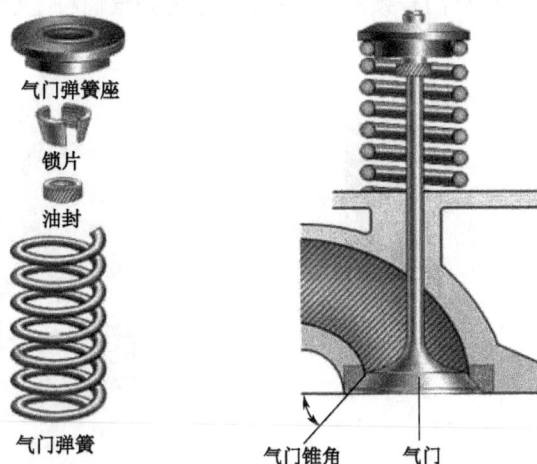

气门弹簧座
锁片
油封
气门弹簧
气门锥角　气门

图 3-1-16　气门弹簧的结构

气门弹簧一般为等螺距圆柱形螺旋弹簧。当气门弹簧的工作频率与其固有的振动频率相等或振动频率为工作频率数倍时，气门弹簧就会发生共振。共振时将使配气定时遭到破坏，使气门发生反跳和冲击，甚至使弹簧折断。为防止共振的发生，可采取下列结构措施。

① 采用双气门弹簧。这种弹簧在柴油机和高性能汽油机上广泛采用，每个气门安装两个直径不同、旋向相反的内、外弹簧。由于两个弹簧的固有频率不同，当一个弹簧发生共振时，另一个弹簧能起到阻尼减振作用。采用双气门弹簧可以减小气门弹簧的高度，而且当一个弹簧折断时，另一个弹簧仍可维持气门工作。弹簧旋向相反，可以防止折断的弹簧圈卡入另一个弹簧圈内使其不能工作或损坏。

② 采用变螺距气门弹簧。某些高性能汽油机采用变螺距单气门弹簧。变螺距弹簧的固有频率不是定值，从而可以避开共振。

③ 采用锥形气门弹簧。锥形气门弹簧的刚度和固有振动频率沿弹簧轴线方向是变化的，因此可以消除发生共振的可能性。

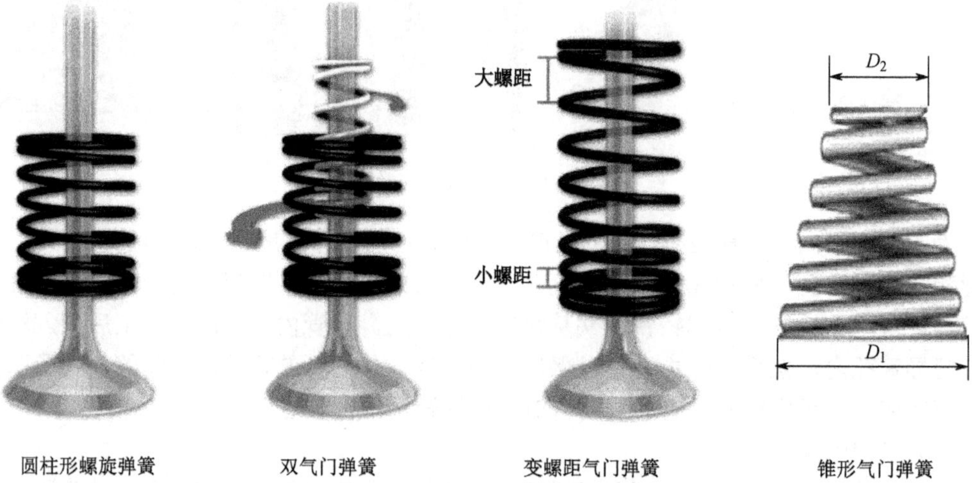

| 圆柱形螺旋弹簧 | 双气门弹簧 | 变螺距气门弹簧 | 锥形气门弹簧 |

图 3-1-17　气门弹簧的分类

气门弹簧座的固定方式可分为锁片式和锁销式。锁片式应用广泛，锁片、卡簧在气门弹簧力的作用下把弹簧座和气门杆锁住，使弹簧力作用到气门杆上（图 3-1-18 和图 3-1-19）。

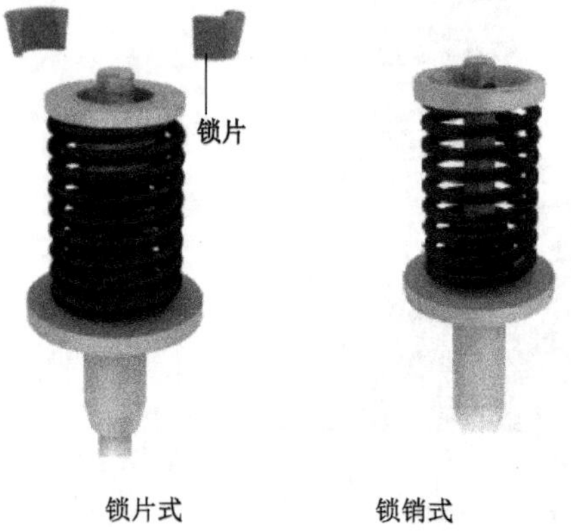

| 锁片式 | 锁销式 |

图 3-1-18　气门弹簧座的固定方式

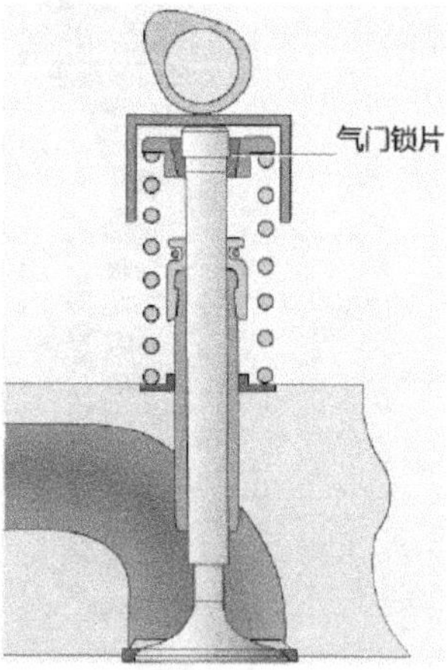

图 3-1-19　气门锁片锁止结构

（4）气门油封

气门油封装在气门导管上端，防止缸盖上飞溅的机油由气门和导管的间隙进入气门头部。气门油封在高温下与汽油和机油相接触，因此需要采用耐热性和耐油性优良的材料，一般采用氟橡胶制作（图3-1-20）。

气门油封的主要作用：防止机油进入进（排）气管，避免造成机油流失；防止汽油与空气的混合气体及废气泄漏；防止发动机机油进入燃烧室。

气门导管和气门杆磨损后，气门杆和导管的配合间隙增大，气门落座不同心，使气门和气门座的工作锥面出现偏磨，即气门座工作锥面各处的宽度不相同。这将导致气门的密封性能下降，发动机工作不良，同时加速气门油封的损坏。

气门油封在气门的磨损和高温作用下，密封性能下降，缸盖的机油由气门与导管的间隙进入气门头部，这一点在进气门最为严重，因为发动机工作时，进气道的气压低于大气压，缸盖的机油在压力差下被吸入进气道，在气门头部形成积炭，阻碍发动机进气，使发动机的动力性能下降（图3-1-21和图3-1-22）。

图 3-1-20　各类气门油封

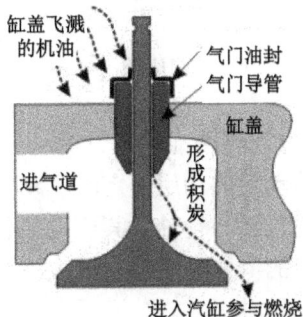

图 3-1-21　气门油封和气门导管作用原理图

部分车型的进、排气门油封是不同的，排气门的温度高些，材质和受力方向也不一样。进气门受到的是负压，是由外向内的压力；排气门受到的是正压，是由内向外的压力。一般使用不同的颜色来区分进、排气门油封（图3-1-23）。

图 3-1-22　气门头部形成积炭

红色　　　　蓝色

图 3-1-23　用不同颜色区分进、排气门油封

（5）气门座与气门座圈

汽缸盖上与气门锥面相贴合的部位称为气门座。气门座与气门头部一起对汽缸起密封作用，同时吸收气门头部传来的热量，起到为气门散热的作用，因此气门座的温度很高，又承受频率极高的冲击载荷，极易磨损。铝汽缸盖和大多数铸铁汽缸盖均镶嵌由合金铸铁、粉末冶金或奥氏体钢制成的气门座圈（图3-1-24），在汽缸盖上镶嵌气门座圈可以延长汽缸盖的使用寿命。也有一些铸铁汽缸盖不镶气门座圈，直接在汽缸盖上加工出气门座。

气门座锥角由三部分组成，45°锥面与气门密封锥面贴合，结合面的宽度为1～3mm。

15°和75°锥角用来修正工作锥面的宽度和上下位置（图 3-1-25）。

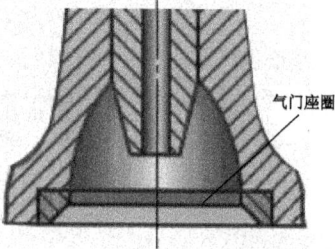

图 3-1-24　气门座圈

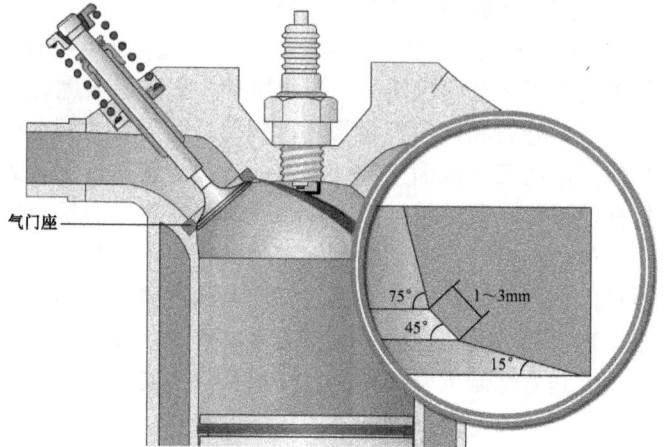

图 3-1-25　气门座与气门座锥角

2. 气门传动组

气门传动组的功用是定时驱动气门开闭，并保证气门有足够的开度和适当的气门间隙。其主要结构包括凸轮轴及其驱动装置、挺柱等。由于气门驱动形式和凸轮轴位置的不同，气门传动组的零件组成差别很大。

（1）凸轮轴

凸轮轴用于控制气门的开启和关闭。由于凸轮轴承受着周期性冲击载荷，且凸轮与挺柱之间的接触应力很大，相对滑动速度也很高，因此凸轮工作表面的磨损比较严重。

凸轮轴分为进气凸轮轴和排气凸轮轴，主要由凸轮、轴颈、凸轮轴位置传感器信号盘等组成，如图 3-1-26 所示。

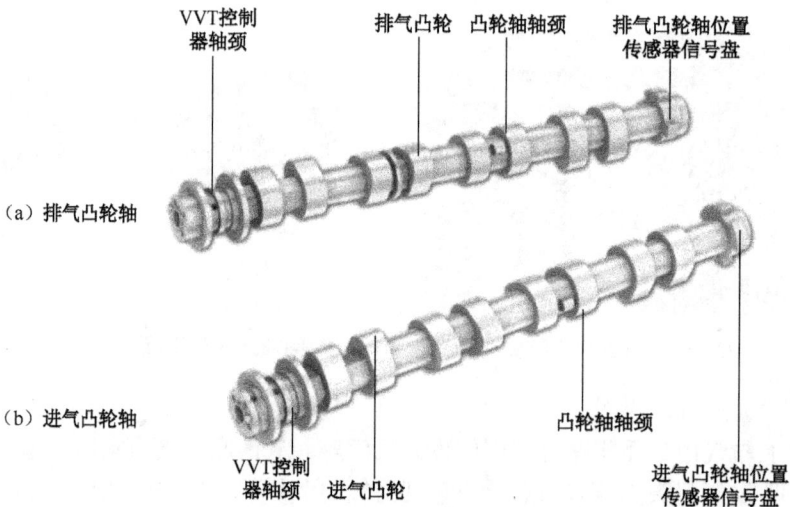

图 3-1-26　凸轮轴的结构

凸轮轴是通过凸轮轴轴颈支承在凸轮轴轴承孔内的，因此凸轮轴轴颈数目是影响凸轮轴支承刚度的重要因素。如果凸轮轴刚度不足，工作时将发生弯曲变形，这会影响配气定时。下置式凸轮轴每隔 1 或 2 个汽缸设置一个凸轮轴轴颈。

进、排气门开启和关闭的时刻、持续时间及开闭的速度等分别由凸轮轴上的进、排气凸轮控制。转速较低的发动机，其凸轮轮廓由几段圆弧组成，这种凸轮称为圆弧凸轮。高转速发动机则采用函数凸轮，其轮廓由某种函数曲线构成。如图 3-1-27 所示，O 点为凸轮轴回转中心，凸轮轮廓上的 AB 段和 DE 段为缓冲段，BCD 段为工作段。挺柱在 A 点开始升起，在 E 点停止运动，凸轮转到 AB 段内某一点处，气门间隙消除，气门开始开启。此后随着凸轮继续转动，气门逐渐开大，至 C 点气门开度达到最大。然后气门逐渐关闭，在 DE 段内某一点处气门完全关闭，接着气门间隙恢复。气门最迟在 B 点开始开启，最早在 D 点完全关闭。由于气门开始开启和关闭落座时均在凸轮升程变化缓慢的缓冲段内，其运动速度较小，因而可以防止强烈的冲击。

凸轮轴上各同名凸轮（各进气凸轮或各排气凸轮）的相对角位置与凸轮轴旋转方向、发动机工作顺序及汽缸数或做功间隔角有关。如图 3-1-28 和图 3-1-29 所示，如果从发动机风扇端看凸轮轴逆时针方向旋转，则工作顺序为 1-3-4-2 的四缸发动机做功间隔角为 720°／4＝180°曲轴转角，相当于 90°凸轮轴转角，即各同名凸轮间的夹角为 90°。对于工作顺序为 1-5-3-6-2-4 的六缸发动机，其同名凸轮间的夹角为 60°。同一汽缸的进、排气凸轮的相对角位置即异名凸轮相对角位置，取决于配气定时及凸轮轴的旋转方向。

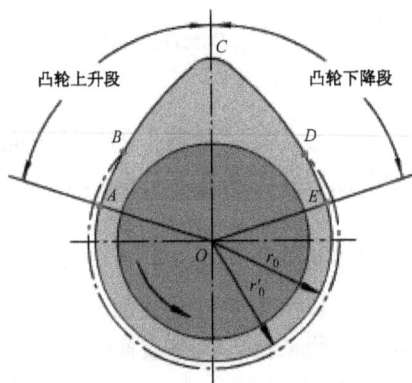

图 3-1-27 凸轮轮廓

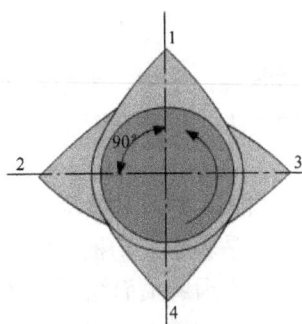

图 3-1-28 四缸发动机同名凸轮的相对角位置

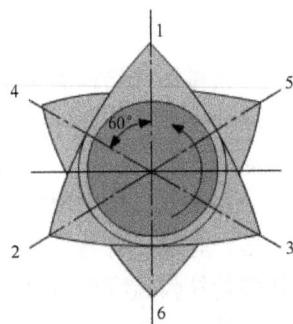

图 3-1-29 六缸发动机同名凸轮的相对角位置

凸轮轴由曲轴驱动，其传动机构有齿轮传动式、链条传动式及齿形带传动式三种。齿轮传动机构用于下置式和中置式凸轮轴的传动。汽油机一般只用一对定时齿轮，即曲轴定时齿轮和凸轮轴定时齿轮。柴油机需要同时驱动喷油泵，所以增加一个中间齿轮。为了保证齿轮啮合平顺、噪声低、磨损小，定时齿轮都是圆柱螺旋齿轮并用不同的材料制造。曲轴定时齿轮用中碳钢制造，凸轮轴定时齿轮则采用铸铁或夹布胶木。为了保证正确的配气定时和喷油定时，在传动齿轮上刻有定时记号，装配时必须对正记号。

链条传动机构用于中置式和上置式凸轮轴的传动，尤其是上置式凸轮轴的高速汽油机采用链条传动机构的很多。链条一般为滚子链，工作时应保持一定的张紧度，不使其产生振动和噪声，为此在链条传动机构中装有导链板并在链条的松边装有张紧器。

齿形带传动机构用于上置式凸轮轴的传动。与齿轮和链条传动机构相比，其具有噪声小、质量轻、成本低、工作可靠和不需要润滑等优点。另外，齿形带伸长量小，适合有精确定时要求的传动。因此，它被越来越多的汽车发动机特别是轿车发动机所采用。齿形带由氯丁橡胶制成，中间夹有玻璃纤维，齿面覆有尼龙编织物。在使用中不能使齿形带与水或机油接触，否则容易引起跳齿。齿形带轮由钢或铁基粉末冶金制造。为了确保传动可靠，齿形带须保持一定的张紧力，为此在齿形带传动机构中也设置由张紧轮与张紧弹簧组成的张紧器。

（2）挺柱

挺柱是凸轮的从动件，其功用是将来自凸轮的运动和作用力传给推杆或气门，同时承受凸轮所施加的侧向力，并将其传给机体或汽缸盖。制造挺柱的材料有碳钢、合金钢、镍铬合金铸铁和冷激合金铸铁等。挺柱可分为机械挺柱和液压挺柱两类，每一类中又有平面挺柱和滚子挺柱等多种结构形式（图3-1-30）。

普通机械挺柱　　　　　　液压挺柱　　　　　　分体式挺柱和垫片

图 3-1-30　挺柱

机械挺柱结构简单，质量轻，在中、小型发动机中应用比较广泛。挺柱上的推杆球面支座的半径比推杆球头半径略大，以便在两者中间形成楔形油膜来润滑推杆球头和挺柱上的球面支座。

在配气机构中预留气门间隙，将导致发动机工作时配气机构产生撞击和噪声。为了消除这一弊端，有些发动机尤其是轿车发动机采用液压挺柱，借以实现零气门间隙。气门及其传动件因温度升高而膨胀，或因磨损而缩短，都会由液力作用来自行调整或补偿。

液压挺柱主要由挺柱体、键型槽、柱塞、低压油腔、液压缸、球阀、挺柱导向座、进油口、高压油腔等组成（图3-1-31），其工作原理如图3-1-32所示。

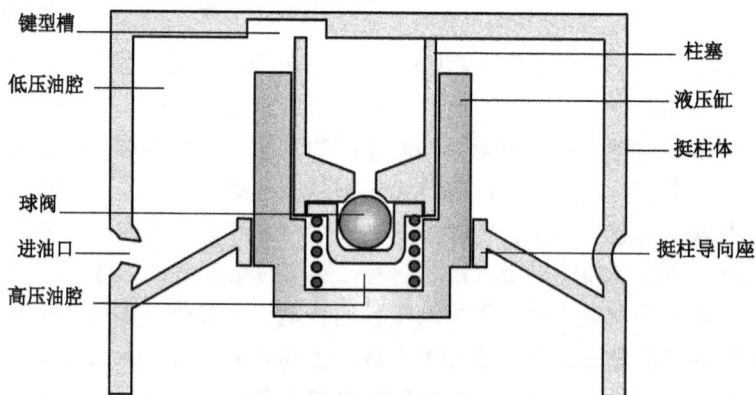

图 3-1-31　液压挺柱的结构

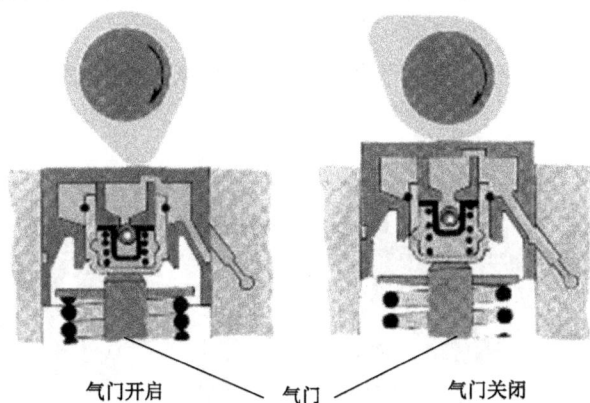

气门开启　气门　气门关闭

图 3-1-32　液压挺柱的工作原理

（3）推杆

推杆处于挺柱和摇臂之间，其功用是将凸轮轴与挺柱传来的运动和作用力传给摇臂。在凸轮轴下置式配气机构中，推杆是一个细长杆件，加上传递的力很大，所以极易弯曲，因此要求推杆有较好的纵向稳定性和较大的刚度。推杆一般用冷拔无缝钢管制造，两端焊上球头和球座。也可以用中碳钢制成实心推杆，这时两端的球头或球座与推杆的杆身锻造成一个整体（图 3-1-33）。

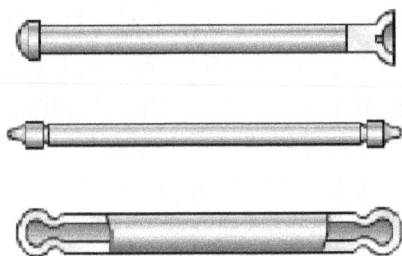

图 3-1-33　推杆

（4）摇臂

摇臂的功用是将推杆和凸轮传来的运动和作用力，改变方向后传给气门使其开启。摇臂在摆动过程中承受很大的弯矩，因此应有足够的强度和刚度及较小的质量。摇臂由锻钢、可锻铸球、球墨铸铁或铝合金制造。

摇臂有多种不同的类型，如图 3-1-34 所示。

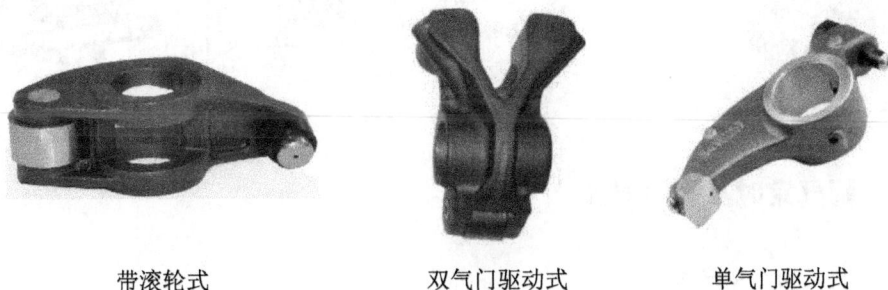

带滚轮式　　　　　双气门驱动式　　　　　单气门驱动式

图 3-1-34　摇臂的分类

单气门驱动式摇臂是一个双臂杠杆，以摇臂轴为支点，两臂长度不相等。短臂加工有螺纹孔，用来调节气门间隙调整螺钉。长臂加工成圆弧面，是推动气门的工作面（图 3-1-35）。

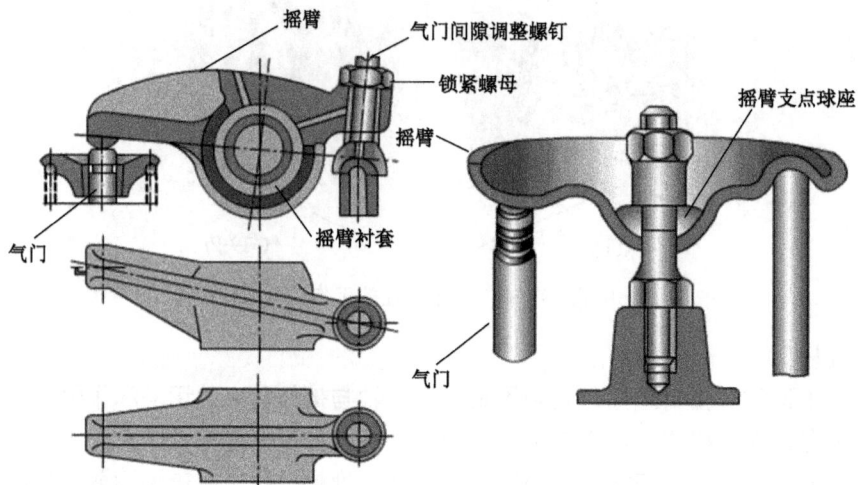

图 3-1-35　单气门驱动式摇臂

（5）摆臂与气门间隙自动补偿器

摆臂的功用与摇臂相同。两者的区别只在于摆臂是单臂杠杆，其支点在摆臂的一端（图 3-1-36）。在许多轿车发动机上用气门间隙自动补偿器代替摆臂支座实现零气门间隙。气门间隙自动补偿器无论结构或工作原理都与液压挺柱相同，之所以不称其为液压挺柱，是因为它不是凸轮的从动件，仅仅是摆臂的一个支承而已。因此，它既是摆臂的支座，又是补偿气门间隙变化的装置，其工作原理如图 3-1-37 所示。

图 3-1-36　摆臂

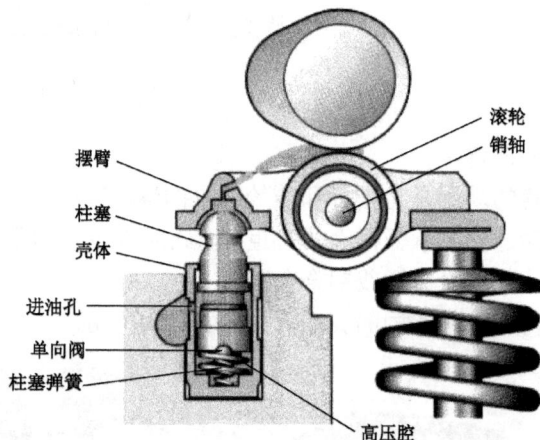

图 3-1-37　摆臂与气门间隙自动补偿器的工作原理

三、配气定时及气门间隙

1. 配气定时（配气相位）

配气相位是用曲轴转角表示的进、排气门开启时刻和开启延续时间，通常用环形图表示配气相位（图 3-1-38）。

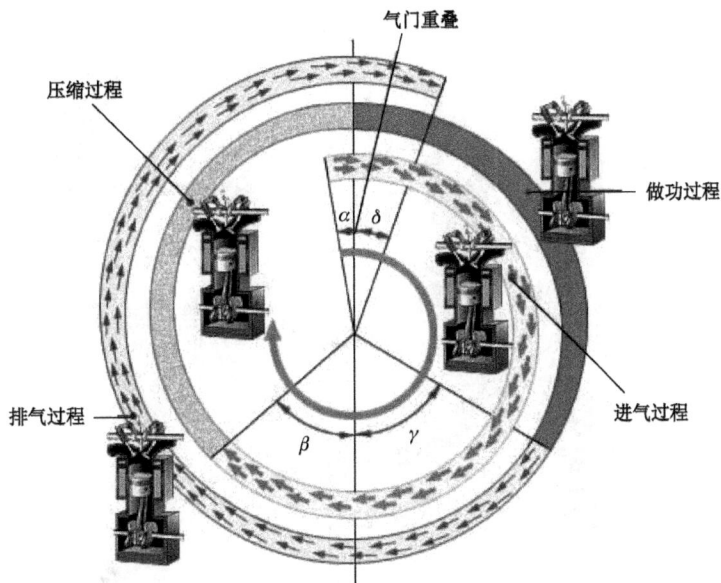

图 3-1-38　发动机配气相位

　　由于空气或混合气有流动惯性，为了保证发动机工作时在进气行程能吸入尽可能多的混合气或空气，在排气行程尽可能多地排出汽缸内的废气，进、排气门的打开和关闭要保证一定的角度关系（图 3-1-39）。

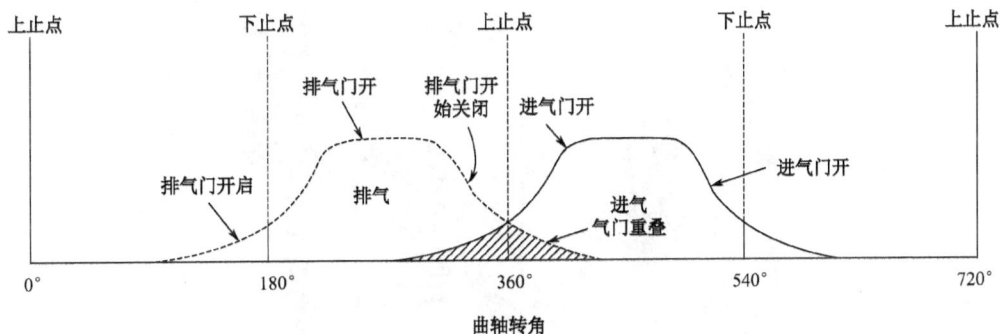

图 3-1-39　典型发动机的进、排气门的角度关系

　　进气门在进气行程上止点之前开启称为早开。从进气门开启到上止点，曲轴所转过的角度称作进气提前角，记为 α。进气门在进气行程下止点之后关闭称为晚关。从进气行程下止点到进气门关闭曲轴转过的角度称为进气迟后角，记为 β。进气持续角为 $180°+\alpha+\beta$ 曲轴转角。一般 $\alpha=0°\sim30°$ 曲轴转角，$\beta=30°\sim80°$ 曲轴转角。进气过程配气相位原理如图 3-1-40 所示。

　　排气门在做功行程结束之前，即在做功行程下止点之前开启，称为排气门早开。从排气门开启到下止点，曲轴转过的角度称为排气提前角，记为 γ。排气门在排气行程结束之后，即在排气行程上止点之后关闭，称为排气门晚关。从上止点到排气门关闭，曲轴转过的角度称为排气迟后角，记为 δ。排气持续角为 $180°+\gamma+\delta$ 曲轴转角。一般 $\gamma=40°\sim80°$ 曲轴转角，$\delta=0°\sim30°$ 曲轴转角。排气过程的配气相位原理如图 3-1-41 所示。

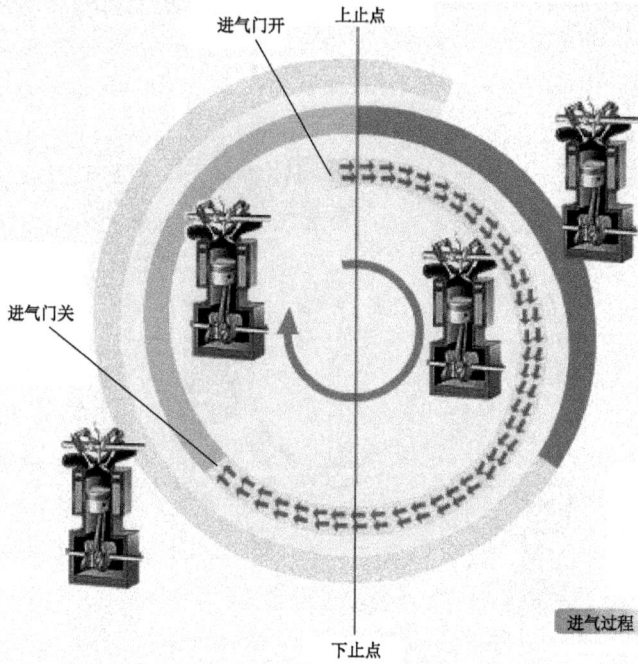

进气门开　上止点

进气门关

下止点

进气过程

图 3-1-40　进气过程的配气相位原理

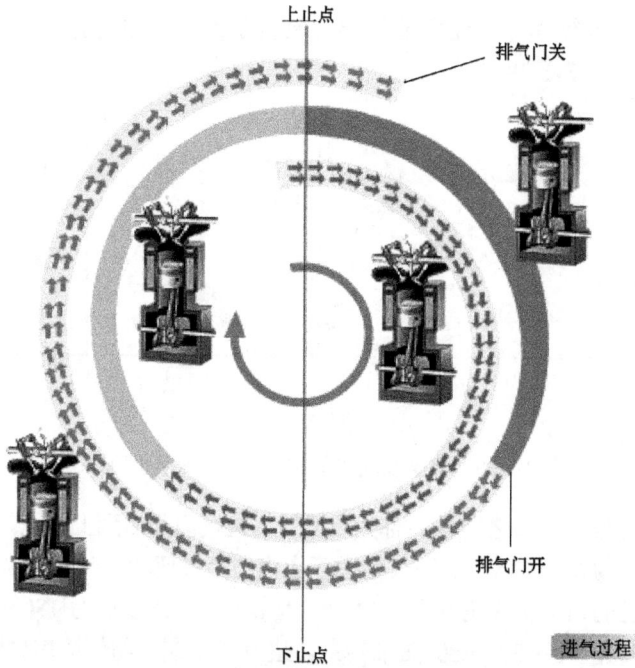

上止点　排气门关

排气门开

下止点

进气过程

图 3-1-41　排气过程的配气相位原理

　　由于进气门早开和排气门晚关，致使活塞在上止点附近出现进、排气门同时开启的现象，称为气门重叠。重叠期间的曲轴转角称为气门重叠角，它等于进气提前角与排气迟后角之和，即 $\alpha+\delta$。换气过程的配气相位原理如图 3-1-42 所示。

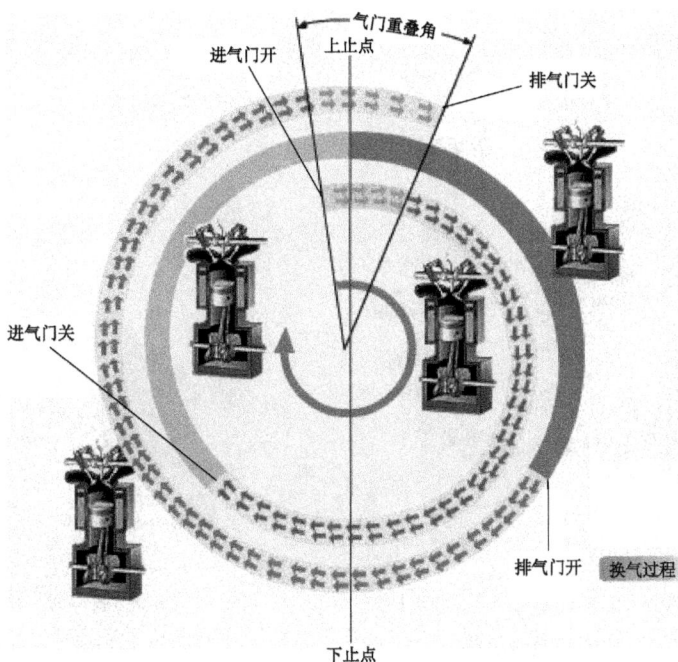

图 3-1-42　换气过程的配气相位原理

2. 可变配气定时机构

采用可变配气定时机构（图 3-1-43）可以改善发动机的性能。发动机转速不同，要求不同的配气定时。这是因为当发动机转速改变时，进气流速和强制排气时的废气流速也随之改变，因此在气门晚关期间利用气流惯性增加进气和促进排气的效果将会不同。例如，当发动机低速运转时，气流惯性小，若此时配气定时保持不变，则部分进气将被活塞推出汽缸，使进气量减少，汽缸内残余废气将会增多。当发动机高速运转时，气流惯性大，若此时增大进气迟后角和气门重叠角，则会增加进气量和减少残余废气量，使发动机的换气过程更加完善。总之，四行程发动机的配气定时应该是进气迟后角和气门重叠角随发动机转速的升高而加大。如果气门升程也能随发动机转速的升高而加大，则将更有利于获得良好的发动机高速性能。

3. 气门间隙

发动机在冷态下，当气门处于关闭状态时，气门与传动件之间的间隙称为气门间隙。发动机工作时，气门及其传动件如挺柱、推杆等，都将因为受热膨胀而伸长。如果气门与其传动件之间，在冷态时不预留间隙，则在热态下气门及其传动件膨胀伸长，会导致气门被顶开，破坏气门与气门座之间的密封，造成汽缸漏气，从而使发动机功率下降，起动困难，甚至不能正常工作。为此，在装配发动机时，在气门与其传动件之间须预留适当的间隙，即气门间隙。气门间隙既不能过大，也不能过小。间隙过小，不能完全消除上述弊病；间隙过大，在气门与气门座及各传动件之间将产生撞击和异响。最适当的气门间隙应由发动机制造厂根据试验确定（图 3-1-44）。

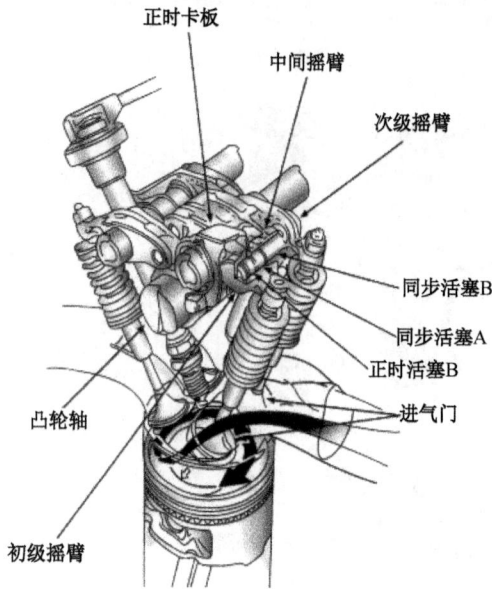

图 3-1-43　可变配气定时机构

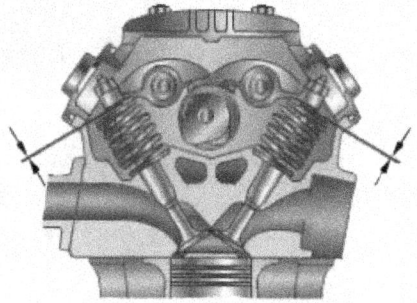

图 3-1-44　气门间隙

任务 2　可变气门正时机构

学习目标

◎ 了解可变气门正时机构的基本组成
◎ 理解可变气门正时机构的工作原理
◎ 了解可变气门的升程原理

任务引导文　查阅相关资料和维修手册，根据相关图文，小组讨论完成以下引导问题。

1. 下面哪一种说法是正确的？（　　　）

　　A. 使用可调节的凸轮轴能够更好地将气门正时与发动机的各种操作模式进行匹配

　　B. 气门正时对操作模式没有任何影响

2. 凸轮轴是在怎样的操作模式下调节的？（　　　）

　　A. 扭矩　　　　　B. 怠速　　　　　C. 废气再循环　　　　D. 功率输出

3. 凸轮轴是用何种方式调节的？（　　　）

　　A. 气动　　　　　B. 液压　　　　　C. 机械

4. 凸轮轴是如何调节的？调节的角度是多少？（　　　）

　　A. 进气凸轮轴只能被设置在两个位置上，最大调节范围为 22° 曲轴转角

B．进气凸轮轴可以被设置在调节范围内的任何位置上，最大调节范围为52°曲轴转角

C．排气凸轮轴可以被设置在调节范围内的任何位置上，最大调节范围为52°曲轴转角

D．排气凸轮轴只能被设置在两个位置上，最大调节范围为22°曲轴转角

5．要调节凸轮轴，凸轮轴正时调节阀必须被驱动，什么部件能驱动调节阀？（　　）

　　A．凸轮轴正时调节控制单元　　　　　B．发动机控制单元

6．什么部件产生调节凸轮轴的压力？（　　）

　　A．真空泵　　　　　　　　　　　　B．发动机机油泵

知识要点

一、可变气门正时机构的产生

发动机气门是由曲轴通过凸轮轴带动的，气门的配气正时则是由凸轮决定的。对于没有采用可变气门正时技术的普通发动机而言，进、排气门开闭时间都是固定的，但是这种固定不变的气门正时却很难顾及发动机在不同转速工况下的工作需要。为了提升效率、节约燃油，可变气门正时机构就应运而生。

由于发动机工作时的转速很高，四行程发动机的一个工作行程仅需千分之几秒，这么短的时间往往会引起发动机进气不足、排气不净，造成功率下降。因此，就需要利用气流的进气惯性，气门要早开晚关，以满足进气充足、排气干净的要求。这种情况下，必然会出现进气门和排气门同时开启的现象，配气相位上称为"重叠"。重叠持续的相对行程可以用此间活塞运行配气相位的相对角度来衡量，这样就可以抛开转速，把它作为系统的固有特性来看待了。

这种重叠的角度通常都很小，可对发动机性能的影响却相当大。那么这个角度多大为宜呢？发动机转速越高，每个汽缸一个周期内预留给吸气和排气的绝对时间就越短，因此想要达到较高的充气效率，发动机需要尽可能长的吸气和排气时间。显然，转速越高，要求的重叠角度越大。也就是说，如果配气机构是对高转速工况优化的，发动机容易在较高的转速下，获得较大的峰值功率。但在低转速工况下，过大的重叠角则会使废气过多地进入进气歧管，吸气量反而会下降，汽缸内气流也会紊乱，此时ECU也会难以对空燃比进行精确的控制，从而导致怠速不稳，低速扭矩偏低。相反，如果配气机构只对低转速工况优化，发动机就无法在高转速下达到较高的峰值功率。所以传统的发动机都采取折中方案，不可能在两种截然不同的工况下都达到最优状态。

为了解决这个问题，就要求配气相位角的大小可以根据转速和负载的不同进行调节，在高、低转速下都可以获得理想的进气量，从而提升发动机的燃烧效率，这就是可变气门正时技术开发的初衷。在低速和怠速工况下，系统缩短进、排气时间，使得配气相位的重叠角减小，从而改善低速下的扭矩表现，而高速下则适当增加配气相位重叠角以提高功率。

二、可变气门正时机构的作用

可变气门正时机构的作用是在发动机怠速、最大输出功率和扭矩、废气再循环操作模

式下提供最优化的气门正时设置。

图示	说明
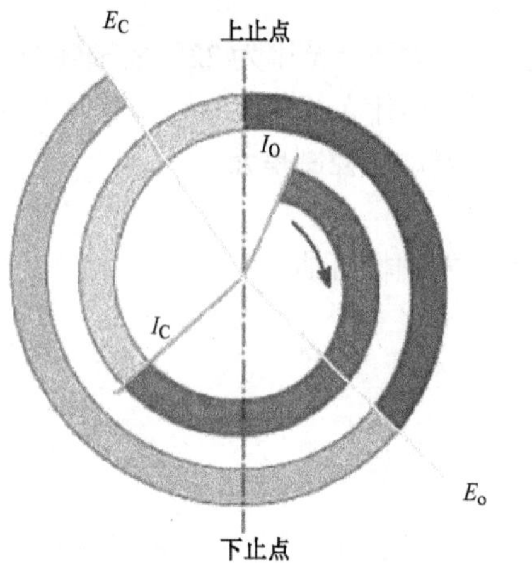	**1. 怠速** 在怠速工况下，对凸轮轴进行设置，使得进气凸轮轴较晚打开，并且较晚关闭。排气凸轮轴被设置成在上止点之前完全关闭。由于只有最少量的残余气体被燃烧，所以怠速工况很稳定。 表格： 进气 I_o 进气门打开 压缩 I_c 进气门关闭 功率输出 E_o 排气门打开 排气 E_c 排气门关闭
	2. 输出功率 要在很高的发动机转速下获得较高的输出功率，必须使排气门较晚打开。只有这样，被燃烧气体的膨胀力才能较长时间地作用在活塞上。进气门在上止点后打开，并且在下止点后完全关闭。这样进气的动态自增压效应就被用来增加输出功率。
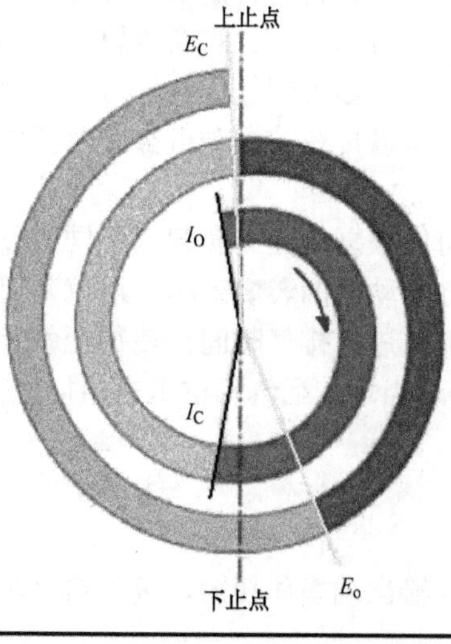	**3. 输出扭矩** 要获得很高的输出扭矩，汽缸必须具有很高的容积效率。这需要进气门较早打开。因为较早打开，所以关闭也较早，这样就避免了将新鲜空气压出去。排气凸轮轴在上止点之前关闭。

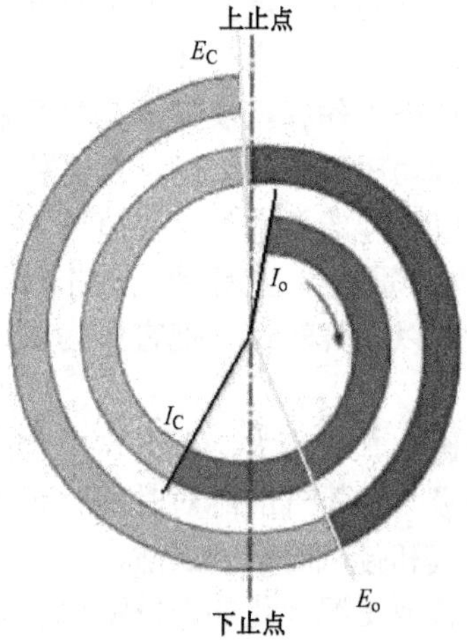

图示	说明
	4．废气再循环 通过调节进气和排气凸轮轴可以实现内部废气再循环。在此过程中，当气门交错（进气门和排气门都打开）时，废气就从废气口流入进气口。交错的程度决定了再循环的废气量。进气凸轮轴被设置成在上止点之前完全打开，并且排气凸轮轴在上止点之前才关闭。 结果，两个气门都打开，废气实现再循环。与外部废气再循环相比较，内部废气再循环的优点是系统的反应更快，并且再循环的废气分布更加均匀。

三、可变气门正时机构的组成

可变气门正时机构包括叶片调节器、控制外壳和电磁阀等（图 3-2-1）。

图 3-2-1　可变气门正时机构的主要部件

1．叶片调节器

调节进气凸轮轴的叶片调节器被直接安装在进气凸轮轴上，它根据发动机控制单元的信号调节进气凸轮轴。调节排气凸轮轴的叶片调节器被直接安装在排气凸轮轴上，它根据发动机控制单元的信号调节排气凸轮轴。这两种叶片调节器都是由液压操控的，并且通过控制外壳与发动机的机油系统连接，其外形及结构见图 3-2-2 和图 3-2-3。

图 3-2-2　叶片调节器

定子螺栓（4个）　　定子　　锁销、锁销弹簧和弹簧导承　　前盖

后盖　　转子　　油封（4个）　　回位弹簧

图 3-2-3　叶片调节器的组成

大众 V5 和 V6 发动机上可变气门正时机构的布置如图 3-2-4 和图 3-2-5 所示。

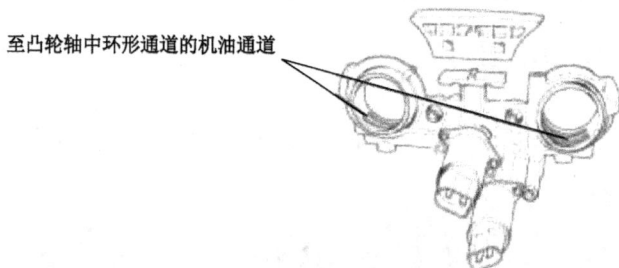

至凸轮轴中环形通道的机油通道

图 3-2-4　结构示意图

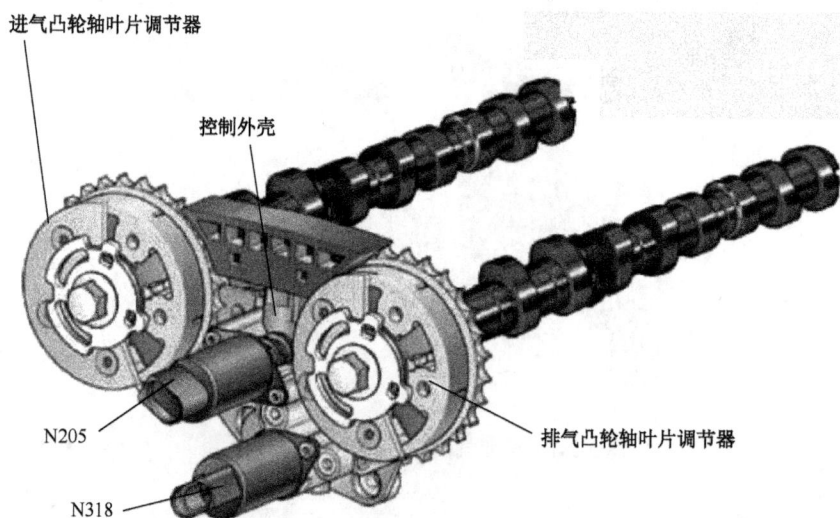

进气凸轮轴叶片调节器

控制外壳

N205

N318

排气凸轮轴叶片调节器

图 3-2-5　可变气门正时机构的布置

2. 控制外壳

控制外壳被安装在缸盖上，通向两个叶片调节器的机油通道位于控制外壳内。

3. 电磁阀

控制外壳内安装有两个电磁阀，它们根据发动机控制单元的信号将机油压力传导至叶片调节器。进气凸轮轴正时调节阀（N205）控制进气凸轮轴，排气凸轮轴正时调节阀（N318）控制排气凸轮轴（图 3-2-6）。

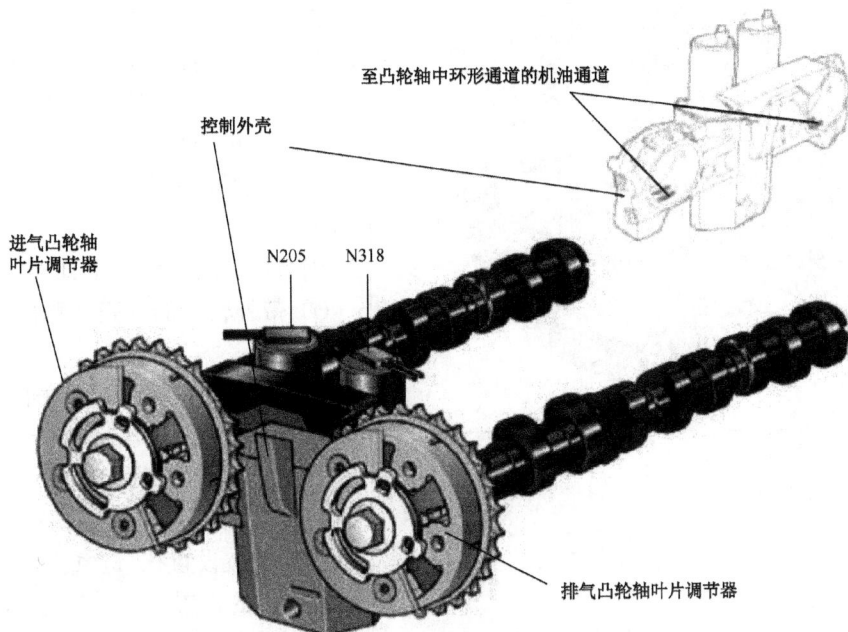

图 3-2-6　可变气门正时机构的电磁阀

对可变正时气门的控制是通过发动机控制单元实现的。要调节凸轮轴，需要有发动机转速、发动机负载、发动机温度及曲轴和凸轮轴位置等信息。调节凸轮轴时，发动机控制单元驱动电磁阀 N205 和 N318。随之，它们打开控制外壳中的机油通道。这样发动机机油就经控制外壳和凸轮轴，流入叶片调节器。叶片调节器旋转，并且根据发动机控制单元的要求调节凸轮轴。相关工作原理如图 3-2-7 所示。

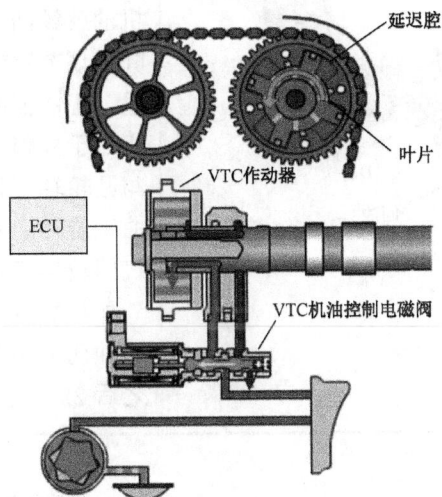

图 3-2-7　可变气门正时的工作原理

四、可变气门正时系统各部件的结构和功能

图示	说明
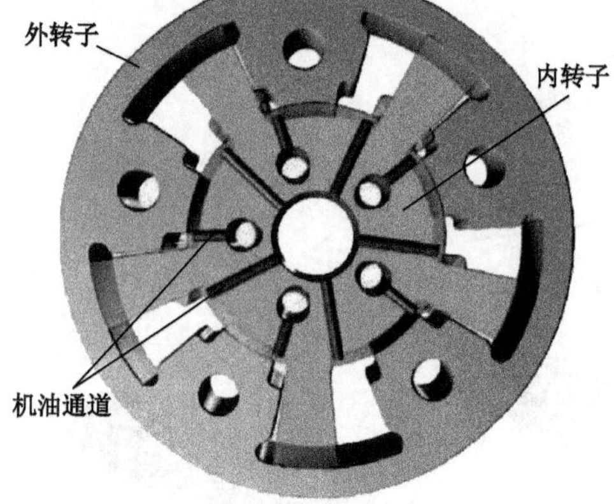	1. 进气凸轮轴。 在整个发动机转速范围内，进气凸轮轴都由发动机控制单元调节，最大调节值为 52° 曲轴转角。调节依据是存储在发动机控制单元中的调节曲线图。进气凸轮轴叶片调节器的结构如左图所示。 调节机械装置包含下列部件： ① 带外转子的外壳（直接与正时链条连接）。 ② 内转子（直接与凸轮轴连接）。
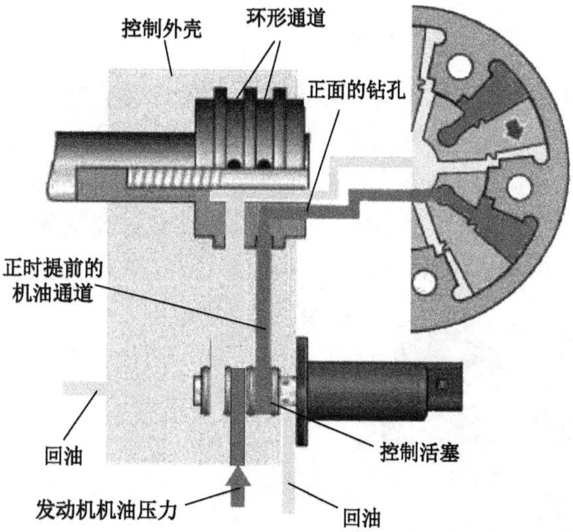	2. 调节凸轮轴提前。 就废气再循环和增加扭矩而言，进气凸轮轴被设置在"进气门在上止点之前打开"的位置上。要改变位置，需要由发动机控制单元驱动进气凸轮轴正时调节阀 N205。 当气门被驱动时，它使得控制活塞运动。在控制外壳中，正时提前的机油通道根据调节的程度被打开。结果，处于压力状态下的发动机机油就经控制外壳流入凸轮轴的环形通道中。之后，机油就经凸轮轴表面的 5 个钻孔流入叶片调节器的 5 个提前储油室中。在那里，机油推动内转子的叶片。内转子做相对于外转子（和曲轴）的旋转运动并与凸轮轴一起旋转。结果，凸轮轴沿着曲轴旋转的方向继续旋转，并且使得进气门较早打开。 如果可变气门正时功能发生故障，机油压力会将叶片调节器压至上止点之后 25° 这一基本位置。
图示	说明

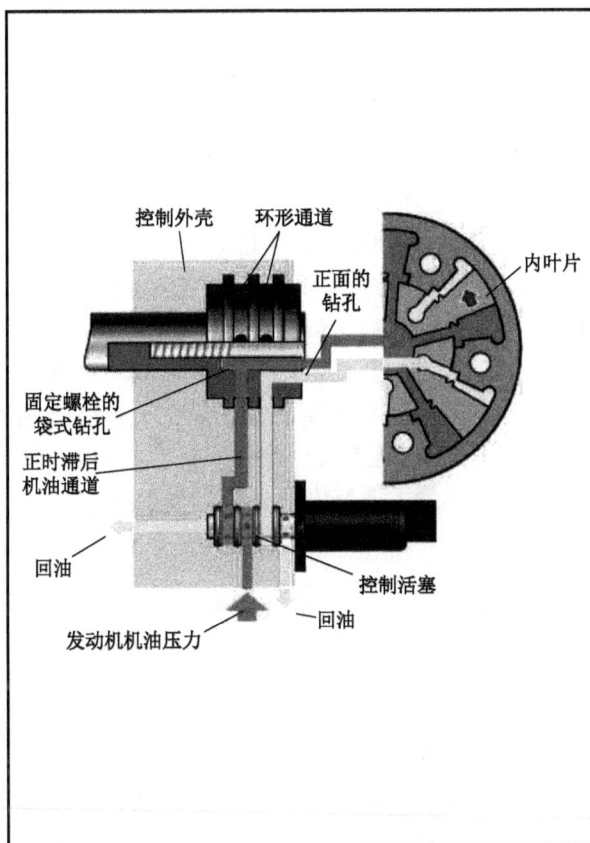

3．调节凸轮轴滞后。

当发动机怠速或需要发动机输出很大功率时，进气凸轮轴旋转，从而使得进气门较迟打开，即在上止点后打开。要使进气凸轮轴滞后，需要由发动机控制单元驱动进气凸轮轴正时调节阀 N205。

电磁阀通过驱动控制活塞的方式打开正时滞后的通道。机油经控制外壳流入凸轮轴的环形通道中。机油通过凸轮轴上的钻孔流入凸轮轴调节器固定螺栓的袋式钻孔中。在那里，机油流经凸轮轴调节器的 5 个钻孔后，流入内转子叶片背后的正时滞后储油室中。机油沿着凸轮轴旋转方向推动内转子和凸轮轴，从而使得气门较迟打开。同时，正时滞后的机油通道打开，控制活塞打开正时提前通道的回油通道并释放其中的压力。凸轮轴沿着滞后方向旋转，对正时提前储油室施加压力并将正时提前储油室中的机油压出去。

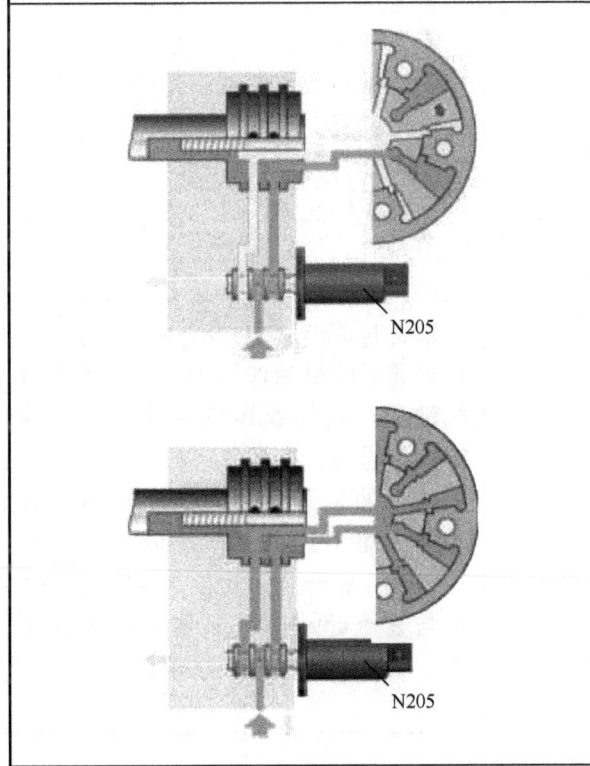

4．调节的工作原理。

调节使得进气凸轮轴在提前和滞后之间连续不断地变化，其中调节的最大值为 54°曲轴转角。以霍尔传感器信号为基础，发动机控制单元检测进气凸轮轴的瞬时位置。之后，就能够根据存储在发动机控制单元中的曲线图对凸轮轴进行调节。当被发动机控制单元驱动时，如需要正时提前，进气凸轮轴正时调节阀 N205 就将控制活塞往正时"提前"方向推。机油压力经控制外壳作用于凸轮轴调节器上，然后将凸轮轴压向"提前"位置。将控制活塞压向"提前"方向会自动打开正时滞后方向的机油回油通道。当调节至要求的角度时，进气凸轮轴正时调节阀 N205 就将控制活塞推至一个能使调节器的两个储油室压力保持恒定的位置。如果要将正时向滞后方向调节，则流程与上述流程相反。

图示	说明

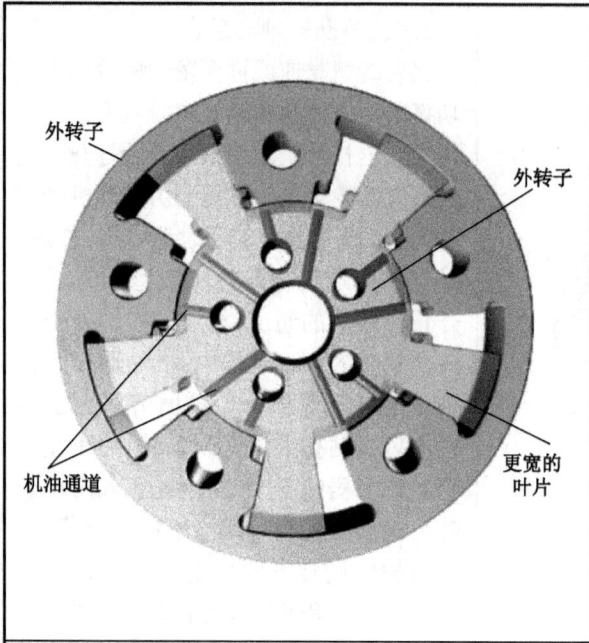

5. 排气凸轮轴。

控制单元只能对排气凸轮轴进行控制。控制单元只能将调节器设置在基本位置或怠速位置上。调节的最大角度为22°曲轴转角。

排气凸轮轴的叶片调节器与进气凸轮轴的叶片调节器在结构上是完全相同的。但是前者内转子的宽度较大，因为最大调节值为22°曲轴转角。

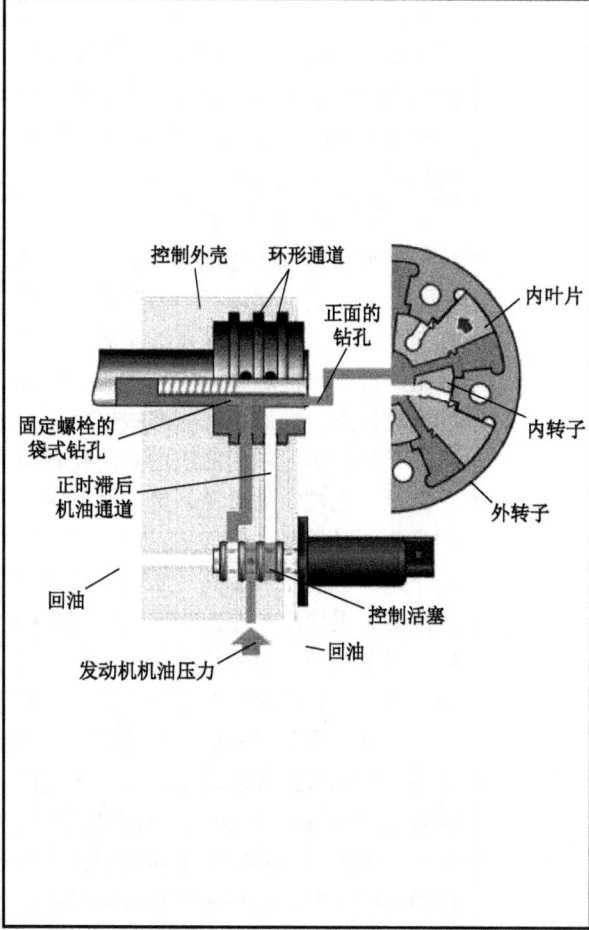

6. 基本位置。

当发动机起动或发动机的转速高于怠速转速时，排气凸轮轴处在基本位置上。之后，排气凸轮轴正好在上止点之前关闭。在功率输出、扭矩和废气再循环操作模式下，排气凸轮轴处于此位置。排气凸轮轴正时调节阀N318不动作。

在基本位置上，排气凸轮轴的位置使得排气门恰好在上止点之前关闭。这时，发动机控制单元不驱动排气凸轮轴正时调节阀N318。在此位置上，正时滞后的机油通道处于打开状态。机油通过机油通道抵达排气凸轮轴的环形通道。在那里，机油流经凸轮轴的正面钻孔后流入凸轮轴调节器的储油室中。机油推动内转子的叶片，叶片旋转至停止位，同时使凸轮轴与它一起旋转。只要电磁阀不动作，凸轮轴就保持在此位置上。

图示	说明

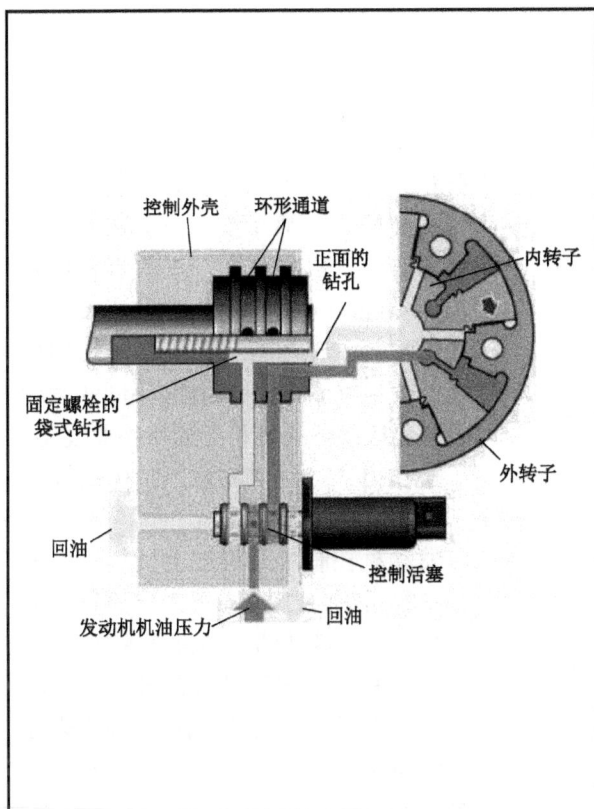

7. 怠速位置。

在怠速和发动机转速约为 1200r / min 时，排气凸轮轴被设置在"提前"位置上。

排气凸轮轴正时调节阀 N318 由发动机控制单元驱动。它推动控制活塞，并且打开控制外壳中的另一条机油通道。机油流入凸轮轴上的另一个环形通道中并通过凸轮轴上的钻孔流入凸轮轴调节器中。在那里，机油推动内转子的叶片。叶片及凸轮轴被沿着发动机的旋转方向按压，从而使得排气门较早地打开和关闭。储油室中叶片前部的机油流经凸轮轴调节器的钻孔、固定螺栓的袋式钻孔和凸轮轴的环形通道后流回电磁阀。在电磁阀中，机油经回油通道流入控制盒的罩盖中。

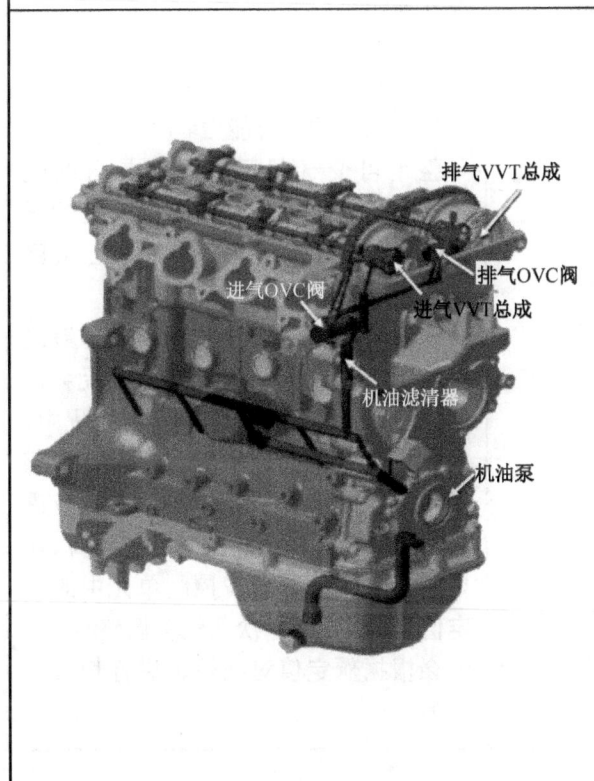

8. 机油循环系统。

可变气门正时系统在机油压力为 0.7bar 及以上时开始工作。

有压力时的机油回路：由机油泵产生的机油经汽缸体流入汽缸盖，然后从汽缸盖经机油滤清器流入凸轮轴调节器的控制外壳中。机油通过机油通道后到达凸轮轴的环形通道，并且从那里通过凸轮轴上的正面钻孔流入凸轮轴调节器中。

无压力时的机油回路：从凸轮轴调节器的储油室中无压力的机油流经凸轮轴的环形通道后流回控制外壳中。机油流经控制外壳后返回电磁阀。在电磁阀中，机油流经正时链条盖罩后返回油底壳。

图示	说明

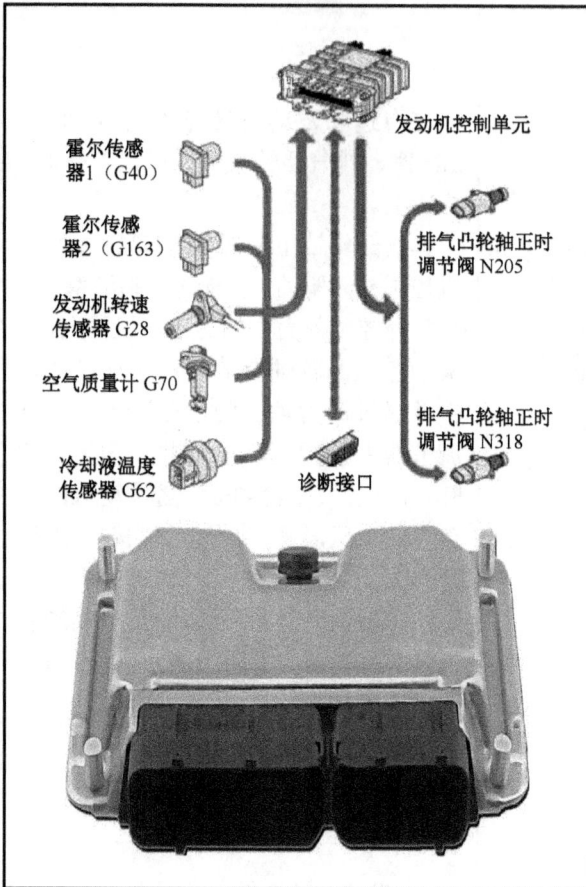

9．发动机控制单元。

如果发动机中安装一根以上的排气凸轮轴和一根以上的进气凸轮轴，则在每根凸轮轴上都需要有一个霍尔传感器和一个凸轮轴调节气门。发动机控制单元负责控制凸轮轴的调节。为此，发动机控制单元中存有进气凸轮轴和排气凸轮轴调节特性曲线图。不同的发动机操作模式分别有相应的特性曲线图。

操作模式：发动机预热阶段或处于工作温度的发动机。

发动机控制单元将发动机扭矩作为基本数据，并且控制单元对它进行计算后执行所有其他的发动机管理措施。扭矩这一基本数据是直接在发动机控制单元内进行计算的。控制单元使用来自空气质量计和发动机转速传感器的信号计算扭矩。

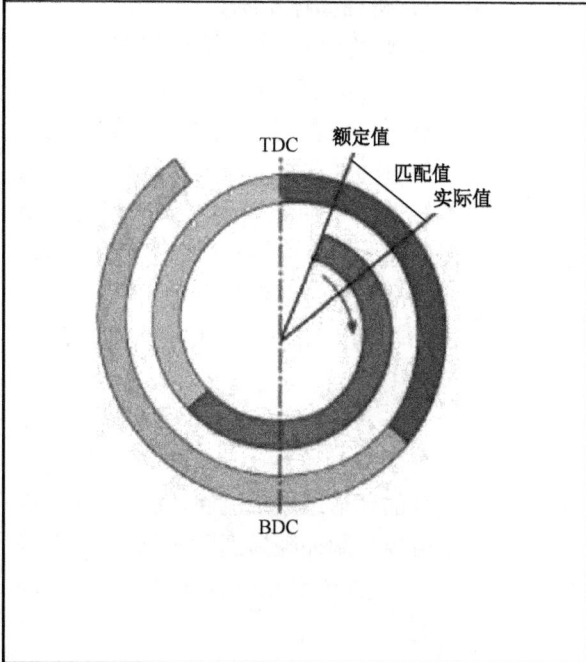

10．系统的学习能力。

整个可变气门正时系统是可匹配的。此可匹配性能补偿部件装配的误差，以及发动机使用过程中发生的磨损。

当发动机处于怠速状态和冷却液温度高于 60℃时，发动机控制单元会自动执行匹配程序。在怠速匹配过程中，发动机控制单元使用发动机转速传感器和霍尔传感器产生的信号，来检查进气凸轮轴和排气凸轮轴的怠速设置。如果实际值偏离存储在控制单元中的额定值，那么在下一次凸轮轴调整时，系统会根据额定值对凸轮轴进行相应的调整。

图示	说明

11．空气质量计 G70。

空气质量计 G70 位于发动机的进气管道中。发动机控制单元使用空气质量计的信号来计算容积效率。以容积效率、氧传感器数值和点火正时的数据为基础，发动机控制单元计算出扭矩数值。

信号的使用：在可变气门正时系统中，信号被用来根据负载状况对凸轮轴进行调节。

信号失灵产生的影响：如果空气质量计发生故障，则发动机控制单元生成一个替代信号，凸轮轴按照给出的操作条件继续进行工作。

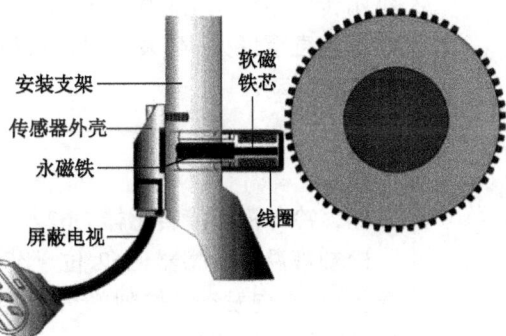

12．发动机转速传感器 G28。

发动机转速传感器 G28 位于曲轴箱内。它以电磁的方式探测曲轴上传感器转子的齿，发动机控制单元利用此信号来探测发动机转速和曲轴上止点的位置。但是要调节凸轮轴，发动机控制单元必须知道曲轴的准确位置。要准确地探测出曲轴的位置，发动机控制单元需要使用来自传感器转子上每一个齿的信号。传感器转子上的缺口起着判断零点（上止点）的作用，并且传感器转子上每一个齿代表 6°曲轴转角。

信号的使用：在可变气门正时系统中，信号被用来根据发动机转速对凸轮轴进行调节。

信号失灵产生的影响：如果信号发生故障，则发动机停止运转，并且不能再次起动。

图示	说明

13．霍尔传感器 1（G40）和霍尔传感器 2（G163）。

两个霍尔传感器都位于正时链条罩盖中。它们的任务是将进气凸轮轴和排气凸轮轴的位置信息传递给发动机控制单元。它们是通过读取相应凸轮轴上快速传感器转子的信号来传递信息的。发动机控制单元通过霍尔传感器 1（G40）检测进气凸轮轴的位置，通过霍尔传感器 2（G163）检测排气凸轮轴的位置。

信号的使用：发动机控制单元利用发动机转速传感器的信号来探测曲轴的位置，与来自凸轮轴的信号配合，发动机控制单元计算出凸轮轴相对于曲轴的位置。控制单元需要使用这些位置来对凸轮轴进行精确的调节和快速起动发动机。

信号失灵产生的影响：如果有一个霍尔传感器发生故障，就不能对凸轮轴进行调节。但是，发动机仍能继续运转，并且在熄火后仍能重新起动。如果两个霍尔传感器都发生故障，发动机仍能继续运转直至熄火。但发动机熄火后，不能重新起动。

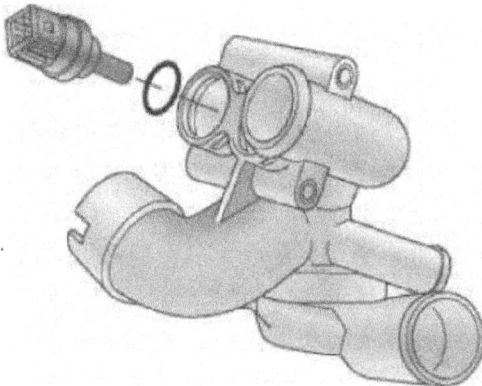

14．冷却液温度传感器 G62。

冷却液温度传感器 G62 位于节温器壳体内。它向发动机控制单元传送当前发动机温度的信息。

信号的使用：根据温度状况启动对凸轮轴的调节。

信号失灵产生的影响：如果信号发生故障，则控制单元用存储的温度作为替代值。

图示	说明

图示	说明
	15. 进气凸轮轴正时调节阀 N205 和排气凸轮轴正时调节阀 N318。 两个调节阀都集成在凸轮轴调节控制外壳内。它们的任务是，根据来自控制单元的额定值将机油压力按照调节的方向和距离导向凸轮轴调节器。要调节凸轮轴，控制单元需要通过一个可变的占空比（接通与断开率）驱动气门。进气凸轮轴正时调节阀 N205 调节进气凸轮轴，排气凸轮轴正时调节阀 N318 调节排气凸轮轴。 信号失灵产生的影响：如果至凸轮轴正时调节器的导线发生故障或一个凸轮轴正时调节器发生故障，则可变正时调节功能失效。

五、4A9 系列发动机可变气门正时机构

4A9 系列发动机可变气门正时机构能使发动机在低转速时输出更大的扭矩，同时在高转速时平顺地提供更大的动力输出。这不仅能提高燃油效率和运动性能，而且能实现最少的有害物质排放。4A9 系列发动机在国产汽车中有部分应用，如哈弗、中华等车型。

图示	说明
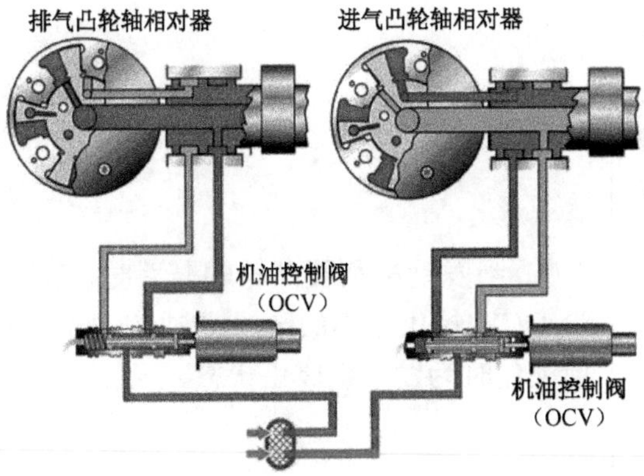	1. 发动机可变气门正时技术原理 ECU 将发动机曲轴位置传感器、进气歧管空气压力传感器、节气门位置传感器、水温传感器和凸轮轴位置传感器等反馈的信息与预先存储在 ECU 内部的参数值进行对比计算。而后将计算出的修正参数信号发送至 OCV，OCV 根据 ECU 信号调节 OCV 阀芯的位置，也就是改变液压流量，把提前、滞后、保持不变等信号以油压方式反馈至 VVT 相位控制器的不同油道上。通过调整凸轮轴转动角度，达到调整进气（排气）量、气门开合时间和角度，使进入的空气量达到最佳，提高燃烧效率。
图示	说明

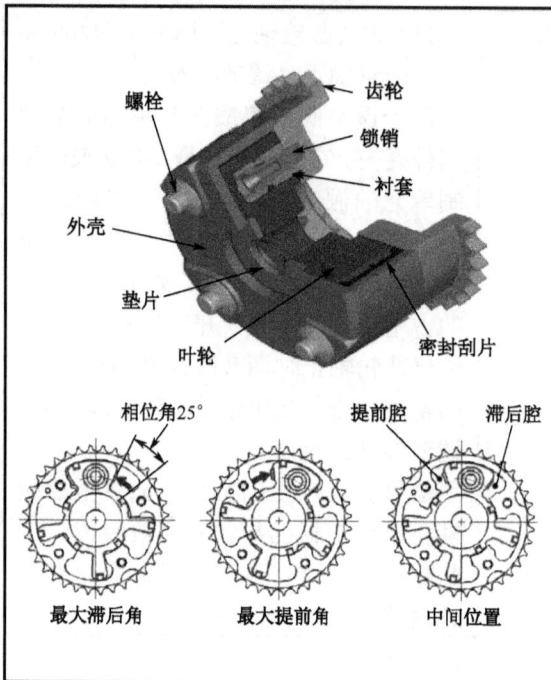

2．凸轮轴相位器

当发动机由低速向高速转换时，ECU 控制 OCV 将机油压向进气凸轮轴驱动齿轮内的小涡轮。在压力的作用下，小涡轮就相对于齿轮壳旋转一定的角度，使凸轮轴在 25°范围内向前或向后旋转，从而改变进气门开启的时刻，达到连续调节气门正时的目的。

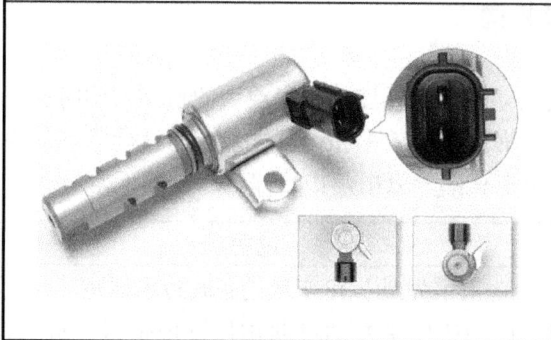

3．机油控制阀（OCV）

根据 ECU 提供的控制信号，也就是电流信号，OCV 线圈中产生磁场，在磁场的作用下，铁芯顶着滑芯向磁场强的方向移动；当磁场强度变小时，弹簧反方向推动滑芯移动。

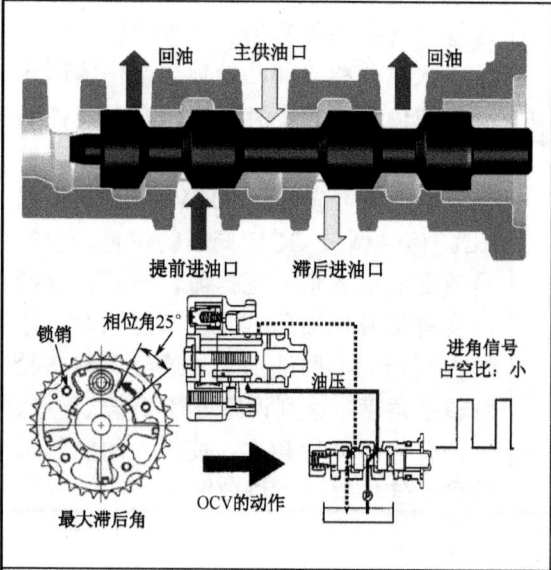

① 当发动机需要凸轮轴滞后时，ECU 给 OCV 提供较小的脉冲控制。左图中锁销锁住时为发动机停止状态。

图示	说明

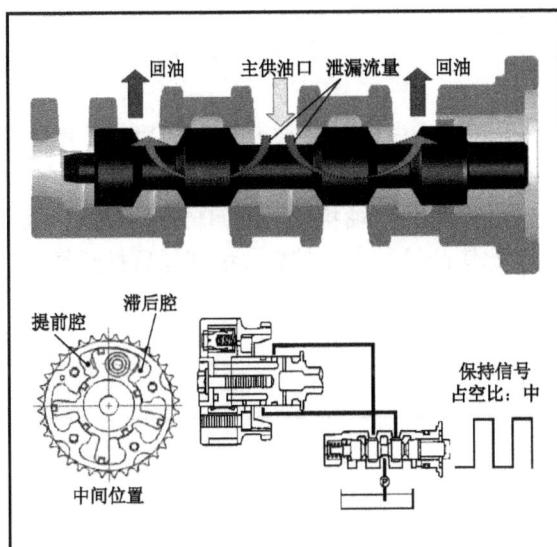

② 由于滑阀与阀套之间存在间隙，当进角与迟角油口被滑阀关闭时，还有微量机油泄漏到回油口。当发动机需要凸轮轴保持一定位置时，ECU 给 OCV 提供中等的脉冲控制。

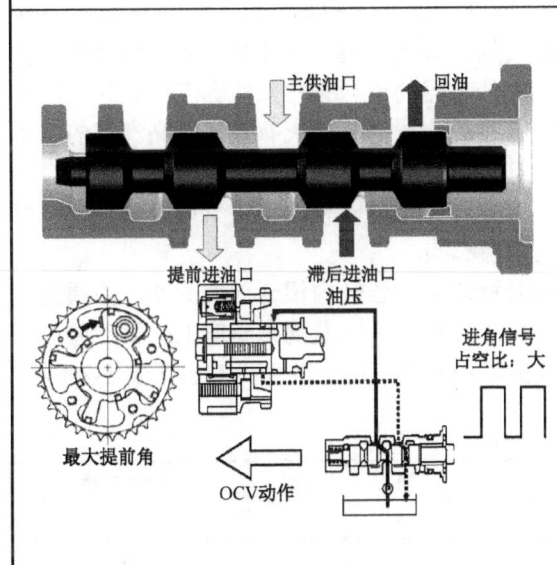

③ 当发动机需要凸轮轴提前时，ECU 给 OCV 提供较大的脉冲控制。

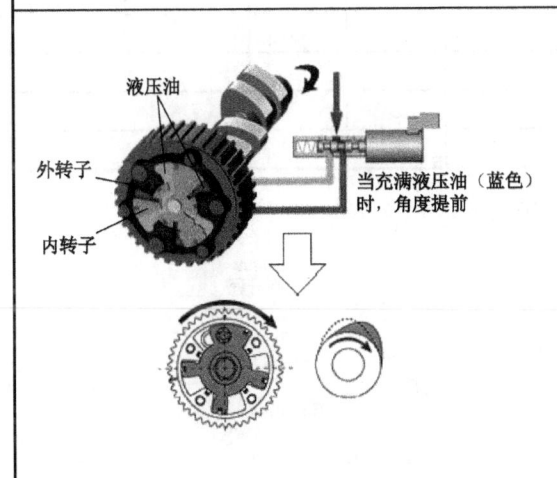

④ 当发动机需要凸轮轴提前时，ECU 给 OCV 提供较大的脉冲控制此时，凸轮轴与凸轮轴相位器的偏转方向一致，因此使凸轮轴向前偏转，达到提前打开气门的作用。

图示	说明

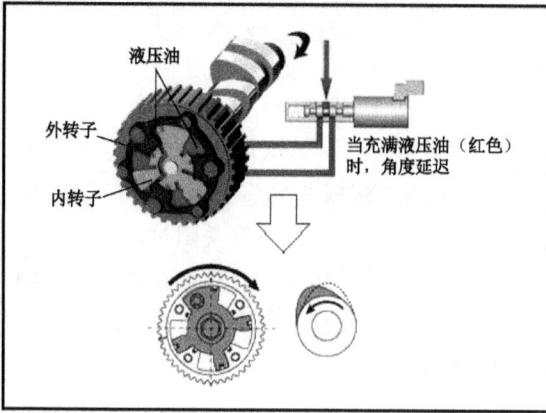

⑤ 当发动机需要凸轮轴滞后时，ECU 给 OCV 提供较小的脉冲控制。此时，凸轮轴与凸轮轴相位器的偏转方向相反，因此使凸轮轴向后偏转，达到延后打开气门的作用。

六、4G69 发动机 MIVEC 机构

4G69 发动机采用了 MIVEC（进气可变气门正时和升程）机构。发动机的 ECU 在各种行驶工况下自动搜寻一个对应发动机转速、进气量、节气门位置和冷却水温度的最佳气门正时，并控制凸轮轴正时液压控制阀，通过各个传感器的信号来感知实际气门正时，然后执行反馈控制，补偿系统误差，达到最佳气门正时的位置，从而能有效地提高汽车的功率与性能，减少耗油量和废气排放。

MIVEC 机构是在 SOHC 四气门发动机上设置的在低速时使两个进气门升程存在高度差，而在高速时使两个进气门升程加大的凸轮切换机构。

在发动机低速工况下，依靠两个进气门的升程差来加强缸内混合气的流动，并通过更充分的燃烧来达到降低排放、减少油耗、提高扭矩的目的：在发动机高速工况下，通过增加进气门的开启时间及升程，使发动机因进气量增加而获得更大的动力输出（表 3-2-1）。

表 3-2-1　发动机性能

状态	项目	输出	油耗	排放（冷起动）
低速	① 降低内部 EGR 率，使燃烧稳定	○		
	② 强化缸内混合气的流动，使燃烧稳定		○	○
	③ 低升程降低摩擦损失		○	○
	④ 减少扫气量，使体积效率增加	○		
高速	① 利用排气冲量使体积效率增加	○		
	② 利用高进气升程使体积效率增加	○		

低速工况与高速工况的重叠角如图 3-2-8 所示。

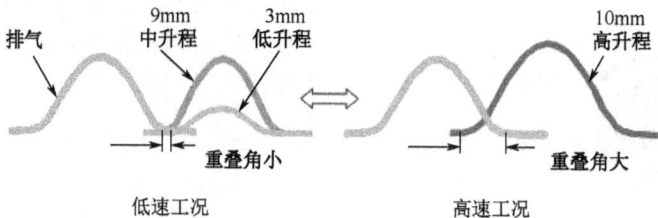

图 3-2-8　低速工况与高速工况的重叠角

汽缸盖配气机构如图 3-2-9 所示。

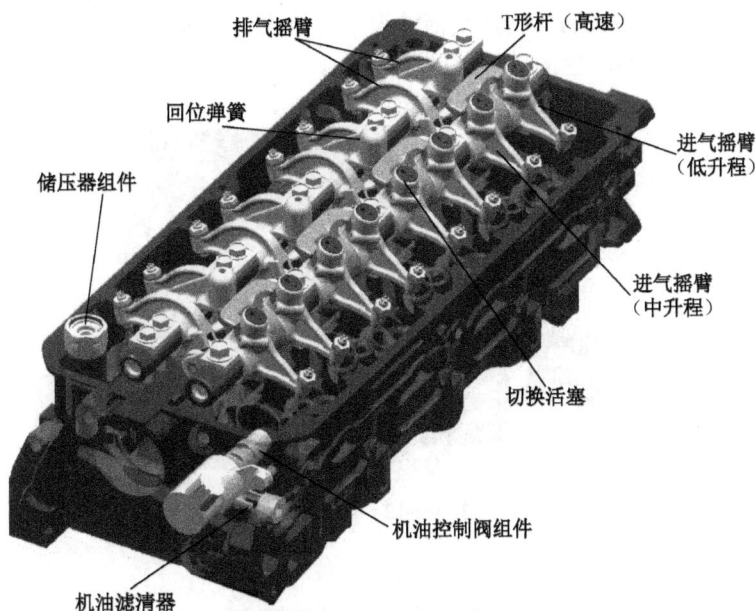

图 3-2-9　汽缸盖配气机构

凸轮轴设置的不同凸轮如图 3-2-10 所示。

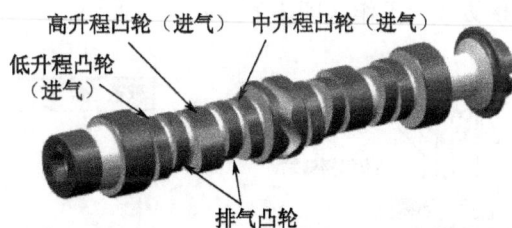

图 3-2-10　凸轮轴设置的不同凸轮

进气门打开和关闭角度如图 3-2-11 所示，而排气门正时是固定的，提前打开 58°，延后关闭 18°。进气门在不同速度下，提前与关闭的角度不同。

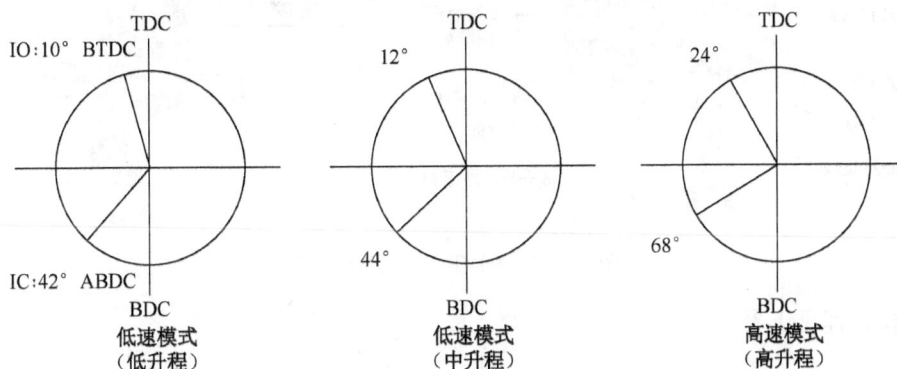

图 3-2-11　进气门打开和关闭角度

汽车发动机构造与维修

1. 储压器

储压器通过活塞和弹簧的作用，平衡油道中的压力，缓和油压的急剧上升和下降，减小瞬间油压的变化对零件产生的破坏（图3-2-12）。

图 3-2-12　储压器

2. MIVEC 机构工作原理

两个进气门分别连在被低、中升程凸轮驱动的摇臂上，高升程凸轮在中间，两摇臂间设置 T 形杆。低速工况下，T 形杆未被锁止，各气门分别在低、中升程凸轮驱动下工作。高速工况下，在油压作用下，摇臂内的活塞将 T 形杆的两臂和两摇臂锁在一起，高升程凸轮通过 T 形杆和两摇臂驱动气门工作（图3-2-13）。

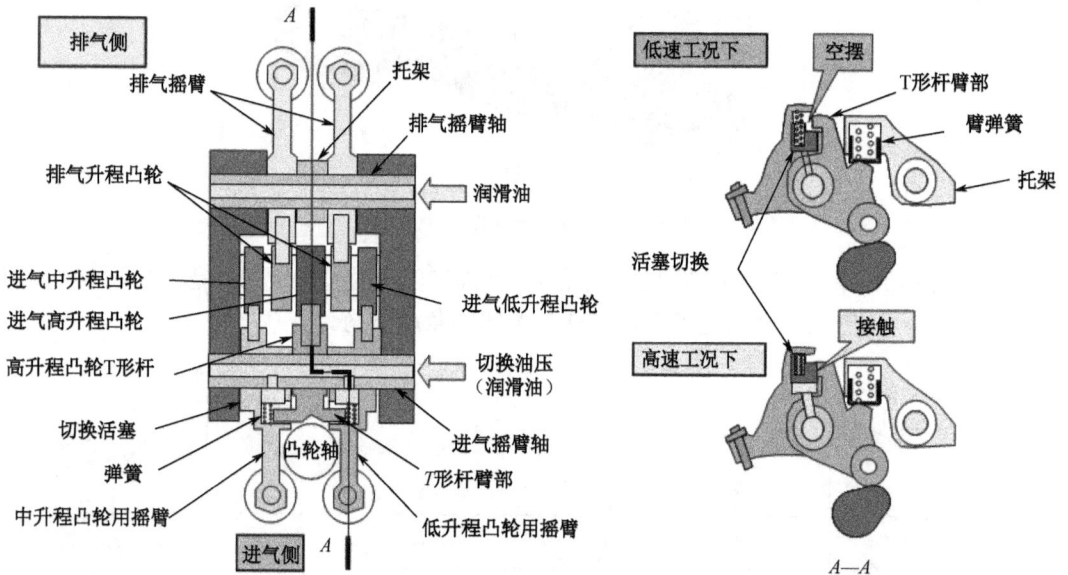

图 3-2-13　MIVEC 机构工作原理

工作过程见下表。

图示	说明
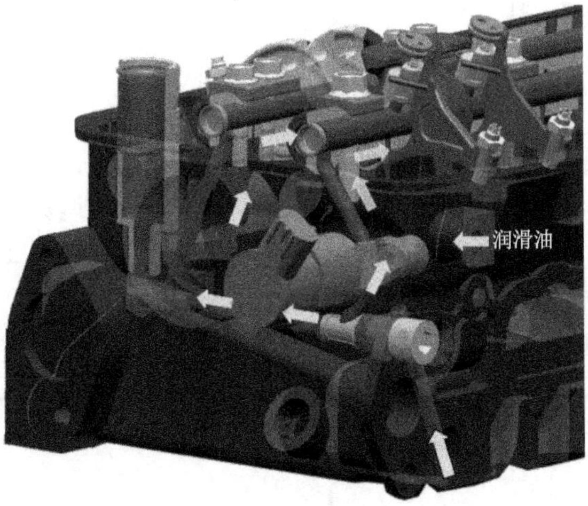 　润滑油	发动机在 3500r/min 转速下进行低速工况和高速工况凸轮的切换。为确保不发生切换失误，特设置了储压器。润滑油路线如左图所示。
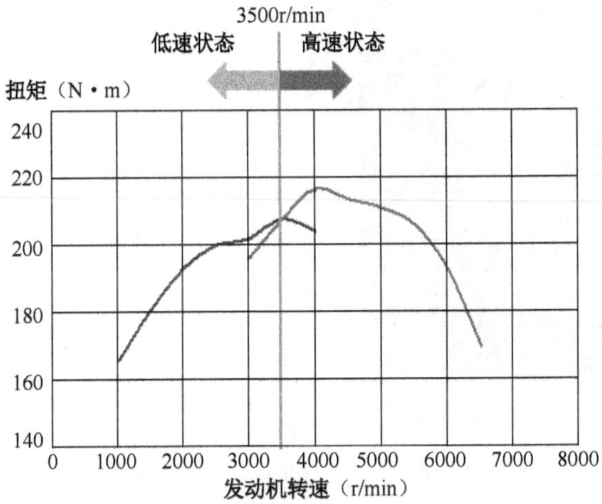	发动机转速如左图所示。
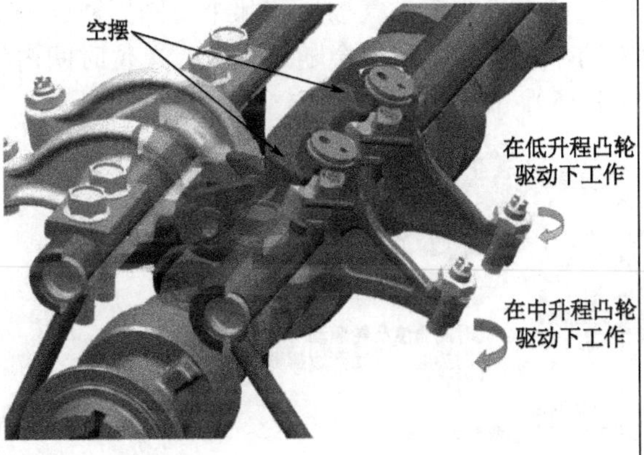 　空摆　在低升程凸轮驱动下工作　在中升程凸轮驱动下工作	低速工况油压控制阀关闭： 当油压控制阀处于关闭状态时进气摇臂内的切换油压小于某一定值切换活塞不工作高速摇臂 T 形杆的两臂与两进气摇臂未锁止进气门分别在低、中升程凸轮驱动下工作。

图示	说明
 油压控制阀开启 切换油压动作 在高升程凸轮 驱动下工作	高速工况（油压控制阀开启）： 　　当油压控制阀处于开启状态时，进气摇臂内的切换油压大于某一定值，切换活塞被顶起，高速摇臂 T 形杆的两臂与两进气摇臂锁止，两进气门在高升程凸轮驱动下工作。

七、本田 i-VTEC 系统

本田 i-VTEC 系统（图 3-2-14）采用的是单顶置凸轮轴结构，两个进气门和两个排气门均由一根凸轮轴驱动。目前大部分可变气门升程技术都被应用在进气端。

图 3-2-14　本田 i-VTEC 系统

两个进气门摇臂中间还有一个特殊的摇臂，它对应的是凸轮轴上的一个高角度凸轮，而在发动机低转速下两个进气摇臂和这个特殊摇臂是分离的，互无关系，进气摇臂只由低角度凸轮驱动，因此进气门打开的升程较小，这有助于提高低转速下的燃油经济性。但当发动机达到一定转速时，由电子液压控制的连杆会将两个进气摇臂和那个特殊摇臂连为一体，此时三个摇臂就会同时被高角度凸轮驱动，而气门升程也会随之加大，单位时间内的进气量增大，从而使发动机动力增强（图 3-2-15）。

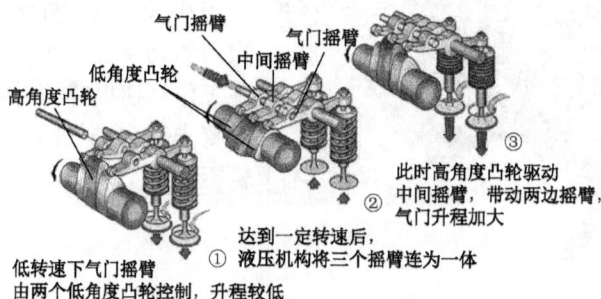

图 3-2-15　i-VTEC 系统工作原理

八、日产 VVEL 系统

为了实现气门升程连续可变日产研发出了 VVEL 系统，采用了一种独特的摇臂结构（图 3-2-16）。

图 3-2-16　VVEL 系统的独特摇臂结构

日产 VVEL 系统是将一组螺杆（螺栓）和螺套（螺母）加到发动机的气门摇臂上来实现气门升程连续可变的（图 3-2-17）。

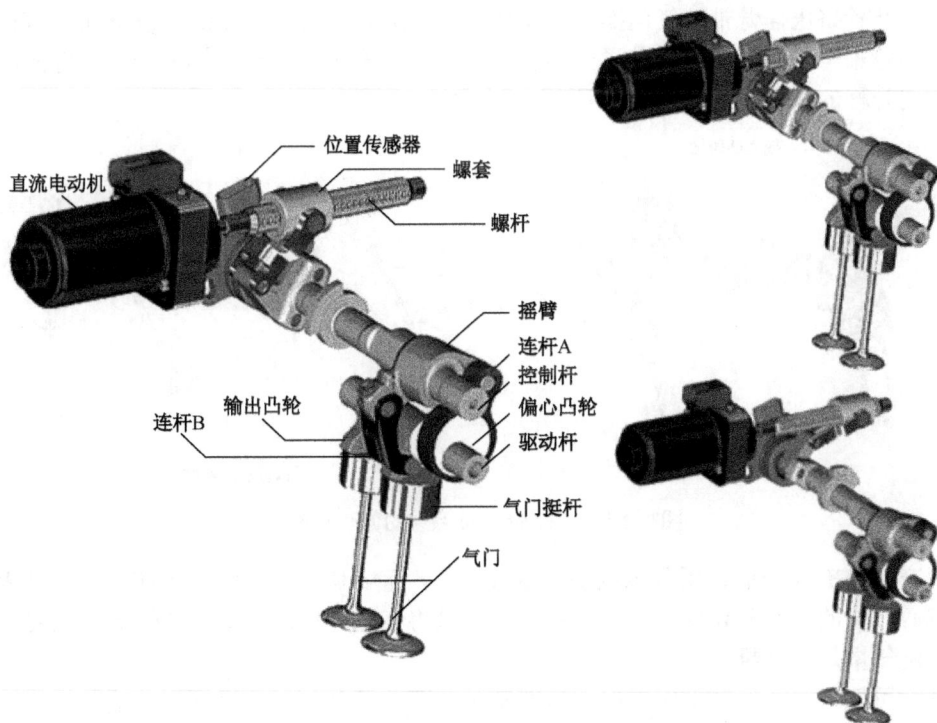

图 3-2-17　VVEL 系统的螺杆和螺套结构

首先，车载电脑根据当前的发动机转速来决定螺套所在位置，直流电动机用来驱动螺套。而螺套由一根连杆与控制杆相连，螺套的横向移动可以带动控制杆转动，控制杆转动时上面的摇臂随之转动，而摇臂又与连杆 B 相连，摇臂逆时针转动时就会带动连杆 B 去顶气门挺杆上端的输出凸轮，最后输出凸轮就会顶起气门来改变气门升程。

日产 VVEL 系统在一定范围内可实现无级连续调节，针对不同的发动机转速都有相应的气门升程，其范围由螺杆的长度和输出凸轮的角度来决定（图 3-2-18）。

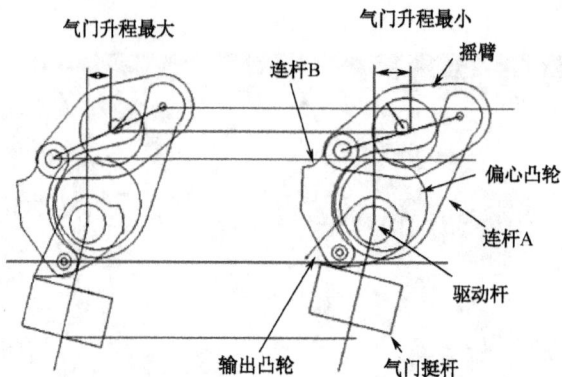

图 3-2-18　日产 VVEL 系统调节升程的方式

九、宝马 Valvetronic 系统

宝马 Valvetronic 系统同样依靠改变摇臂结构来控制气门升程。传统发动机大多利用凸轮轴上的凸轮挤压摇臂带动气门挺杆来使气门上下运动，而宝马 Valvetronic 可变气门升程技术在凸轮轴与传统摇臂间加装了一根偏心凸轮轴，利用偏心凸轮轴上凸轮位置的改变来实现气门升程的改变，如图 3-2-19 所示。

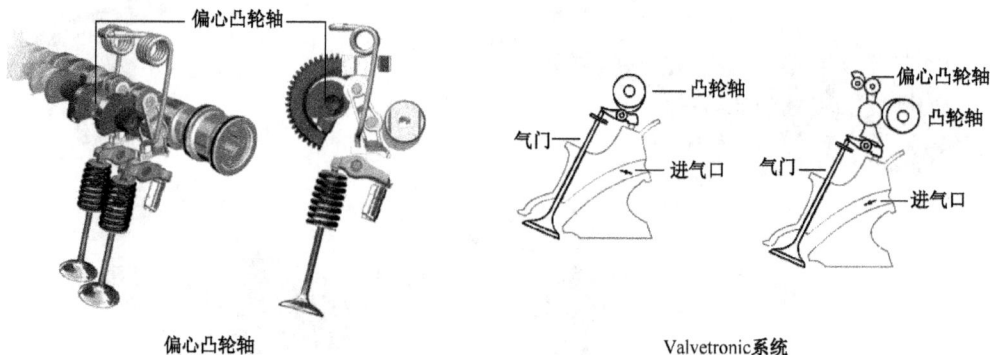

图 3-2-19　Valvetronic 系统的偏心凸轮轴

日产 VVEL 系统的作用范围取决于螺杆长度，而宝马 Valvetronic 系统的气门升程范围则由偏心凸轮的角度及高度决定，这套系统可以将气门升程最大增加 10mm，这对高转速下增大进气量是很有帮助的。

连续可变气门升程的工作过程，虽然都是改变凸轮轴与气门挺杆间的摇臂机构，但是宝马 Valvetronic 系统和日产 VVEL 系统设计思路完全不同，可谓异曲同工。但是也有人认为宝马的这套系统结构有些复杂，在高转速极限状态下的作用并不理想，这也是 M3 和 M5 的高转速发动机不用 Valvetronic 系统的原因。同时和 VVEL 系统一样，Valvetronic 系统目前也只应用在发动机的进气端。

任务 **3** 发动机增压机构

学习目标

◎ 了解汽车发动机增压机构的基本组成

◎ 理解汽车发动机增压机构的工作原理

◎ 了解增压机构的控制方式

任务引导文 查阅相关资料和维修手册，根据相关图文，小组讨论完成以下引导问题。

1．可调涡轮增压器的作用是什么？（ ）

    A．在低转速时有较高的扭矩　　　B．在高转速时燃料消耗较少

    C．在低转速时增压压力较低　　　D．在高转速时，废气反压提高

2．当高度传感器失灵时，会产生什么影响？（ ）

    A．增压压力过高

    B．废气中有害物质的排放量较高

    C．高度传感器失灵没有任何影响

    D．有提示控制单元损坏的故障信息

3．下列说法哪一个正确？（ ）

    A．如果发动机转速传感器 G28 失灵，则无法再起动发动机。

    B．如果发动机转速传感器 G28 失灵，则燃料的消耗量增加，因为增压器的调节功能失效。

4．判断对错（√或×）：废气涡轮增压系统工作时，由于需要动力带动，会消耗掉发动机部分有功功率。 （ ）

5．判断对错（√或×）：中冷器对被涡轮压缩后温度升高的空气进行降温，从而提高进气效率。 （ ）

6．判断对错（√或×）：采用机油和风冷的涡轮增压器，车辆高速行驶后应该怠速运转几分钟后再熄火。 （ ）

7．在下图中标明真空调节器膜片所处的位置和状态。

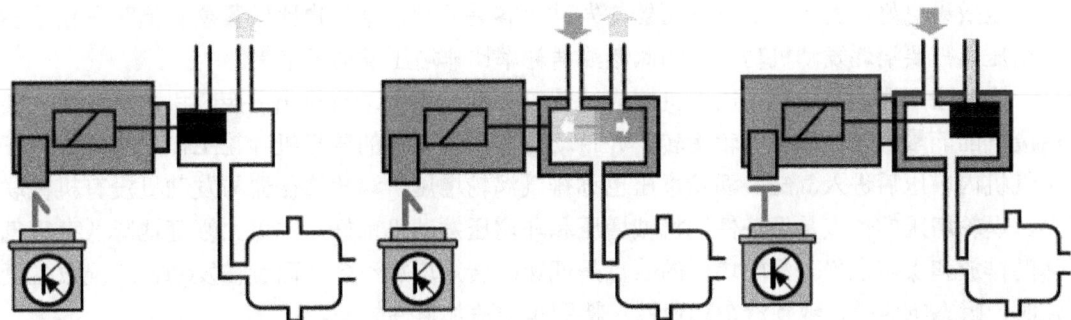

A. _____   B. _____   C. _____

8. 为什么采用废气涡轮增压的汽车，其发动机最大功率比同排量自然吸气车辆的功率大？

知识要点

增压就是将空气预先压缩后再供入气缸，以期提高空气密度、增加进气量的一项技术。由于进气量增加，可相应地增加循环供油量，从而可以提高发动机功率。同时，增压还可以改善燃油经济性。实践证明，在小型汽车发动机上采用涡轮增压或机械增压，当汽车以正常的经济车速行驶时，不仅可以获得相当好的燃油经济性，而且由于发动机功率增加，还可以得到驾驶人所期望的良好的加速性。涡轮增压发动机如图 3-3-1 所示。

图 3-3-1　涡轮增压发动机

一、增压器的分类

增压有涡轮增压、机械增压和气波增压三种基本类型。实现空气增压的装置称为增压器。各种增压类型所用的增压器分别称为涡轮增压器、机械增压器和气波增压器。

机械增压器由发动机曲轴经齿轮增速器驱动，或由曲轴齿形传动带轮经齿形传动带及电磁离合器驱动。（图 3-3-2）机械增压能有效地提高发动机功率，与涡轮增压相比，其低速增压效果更好。另外，机械增压器与发动机容易匹配，结构也比较紧凑。但是，由于驱动增压器需要消耗发动机功率，因此燃油消耗率比非增压发动机略高。

涡轮增压器由涡轮机和压气机构成（图 3-3-3）。将发动机排出的废气引入涡轮机，利用废气的能量推动涡轮机叶轮旋转，并带动与其同轴安装的压气机叶轮工作，新鲜空气在压气机内增压后进入气缸。涡轮增压也称排气涡轮增压，涡轮增压器与发动机没有机械联系。涡轮增压的优点是经济性比机械增压和非增压发动机都好，并可大幅度地降低有害气体的排放和噪声水平。涡轮增压的缺点是低速时转矩增加不多，而且在发动机工况发生变化时，瞬态响应差，致使汽车加速性，特别是低速加速性较差。

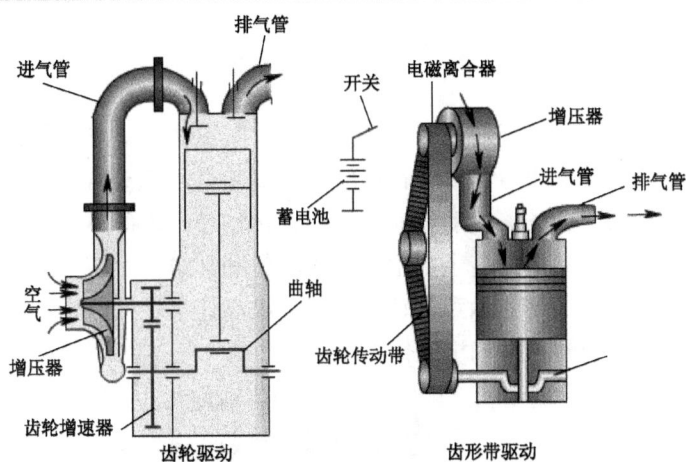

图 3-3-2　机械增压器

图 3-3-3　涡轮增压器

气波增压器中有一个特殊形状的转子，由发动机曲轴带轮经传动带驱动（图 3-3-4）。在转子中发动机排出的废气直接与空气接触，利用排气压力波使空气受到压缩，以提高进气压力。气波增压器结构简单，加工方便，工作温度不高，不需要耐热材料，也无须冷却。与涡轮增压器相比，其低速转矩特性好，但是体积大，噪声高，安装位置受到一定的限制。目前，这种增压器还只能在低速范围内使用。由于柴油机的最高转速比较低，因此多用于柴油机上。

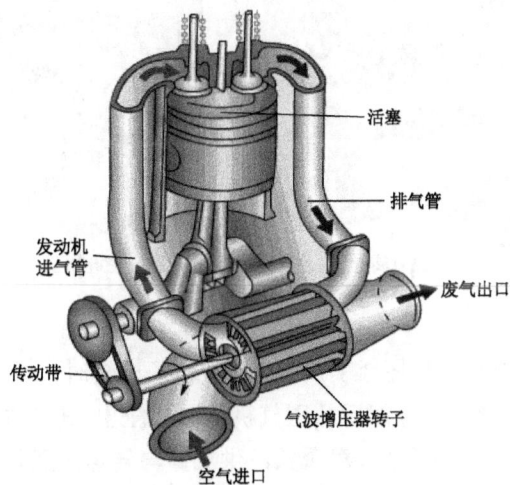

图 3-3-4　气波增压器

二、机械增压器

在机械增压器当中，罗茨式压气机最广为人知（图 3-3-5）。它由转子、转子轴、传动齿轮、壳体、后盖和齿轮室罩等构成。在压气机前端装有电磁离合器及电磁离合器带轮。在罗茨式压气机中有两个转子。发动机曲轴带轮经传动带、电磁离合器带轮和电磁离合器驱动其中的一个转子，而另一个转子则由传动齿轮带动与第一个转子同步旋转。转子的前后端支承在滚子轴承上，滚子轴承和传动齿轮用合成高速齿轮油润滑。在转子轴的前后端装有油封，以防止润滑油漏入压气机壳体内。

图 3-3-5 罗茨式压气机

罗茨式压气机的转子有两叶的，也有三叶的。通常两叶转子为直线型，而三叶转子为螺旋型。三叶螺旋型转子有较低的工作噪声和较好的增压器特性。在相互啮合的转子之间及转子与壳体之间都有很小的间隙，并在转子表面涂敷树脂，以保持转子之间及转子与壳体间较好的气密性。转子用铝合金制造（图 3-3-6）。

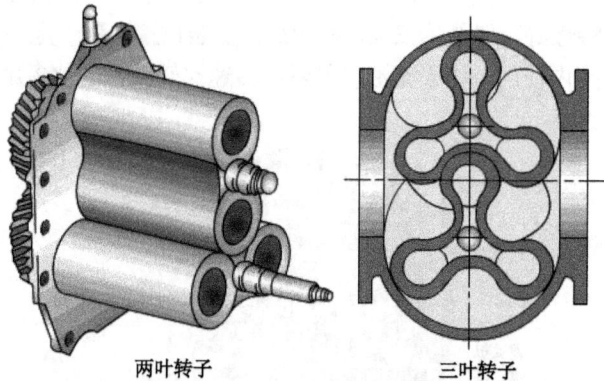

两叶转子　　　　　　　三叶转子

图 3-3-6 压气机转子

罗茨式压气机的工作原理如图 3-3-7 所示。当转子旋转时，空气从压气机入口被吸入，在转子叶片的推动下空气被加速，然后从压气机出口被压出。出口与进口的压力比可达 1.8。罗茨式压气机结构简单、工作可靠、寿命长，供气量与转速成正比。

电磁离合器安装在传动带轮中。电控单元根据发动机工况的需要，发出接通或切断电磁离合器电源的指令，以控制增压器的工作。当接通电源时，电磁线圈通电，主动板吸引从动摩擦片，使离合器处于接合状态，增压器工作。当切断电源时，电磁线圈断电，主动板与从动摩擦片分开，增压器停止转动。

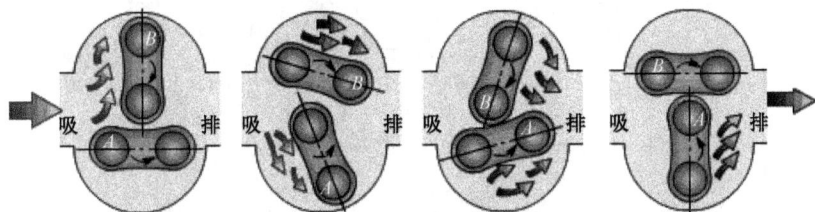

图 3-3-7　罗茨式压气机的工作原理

三、涡轮增压系统

涡轮增压系统分为单涡轮增压系统和双涡轮增压系统。只有一个涡轮增压器的增压系统为单涡轮增压系统（图 3-3-8）。涡轮增压系统除涡轮增压器之外，还包括进气旁通阀、排气旁通阀和排气旁通阀控制装置等。

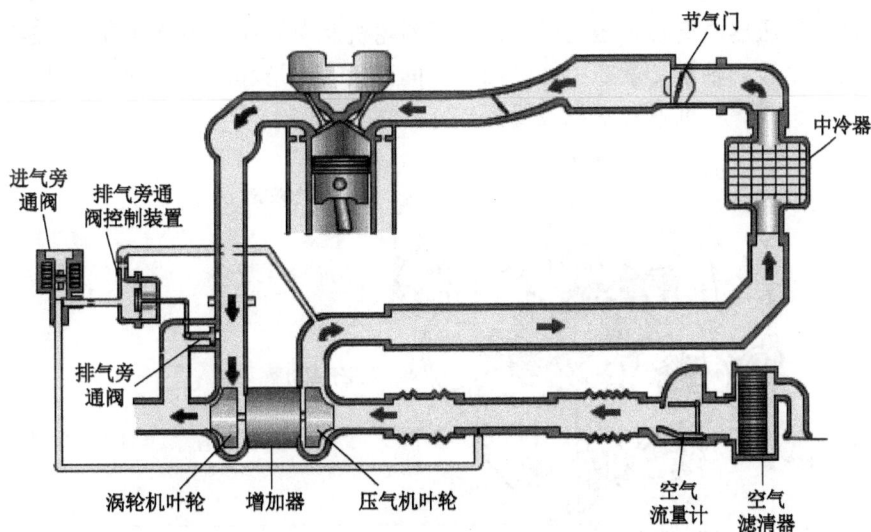

图 3-3-8　单涡轮增压系统

六缸汽油喷射式发动机的双涡轮增压系统如图 3-3-9 所示。其中两个涡轮增压器并列布置在排气管中，按气缸工作顺序把 1、2、3 缸作为一组，4、5、6 缸作为另一组，每组三个气缸的排气驱动一个涡轮增压器。因为三个气缸的排气间隔相等，所以增压器转动平稳。另外，把三个气缸分成一组还可防止各缸之间的排气干扰。此系统除包括涡轮增压器、进气旁通阀、排气旁通阀及排气旁通阀控制装置之外，还有中冷器、谐振室和增压压力传感器等。

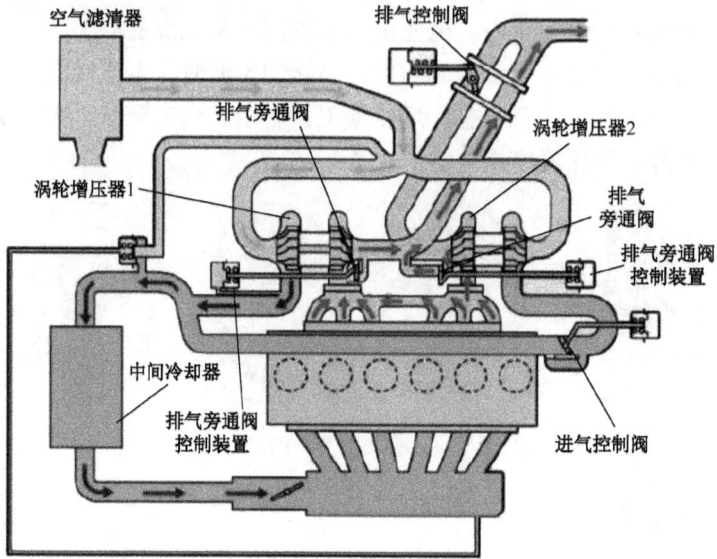

图 3-3-9　双涡轮增压系统

四、涡轮增压器的结构及工作原理

车用涡轮增压器由离心式压气机和径流式涡轮机及中间体三部分组成（图 3-3-10）。增压器轴通过两个浮动轴承支承在中间体内。中间体内有润滑和冷却轴承的油道，还有防止机油漏入压气机或涡轮机中的密封装置等。

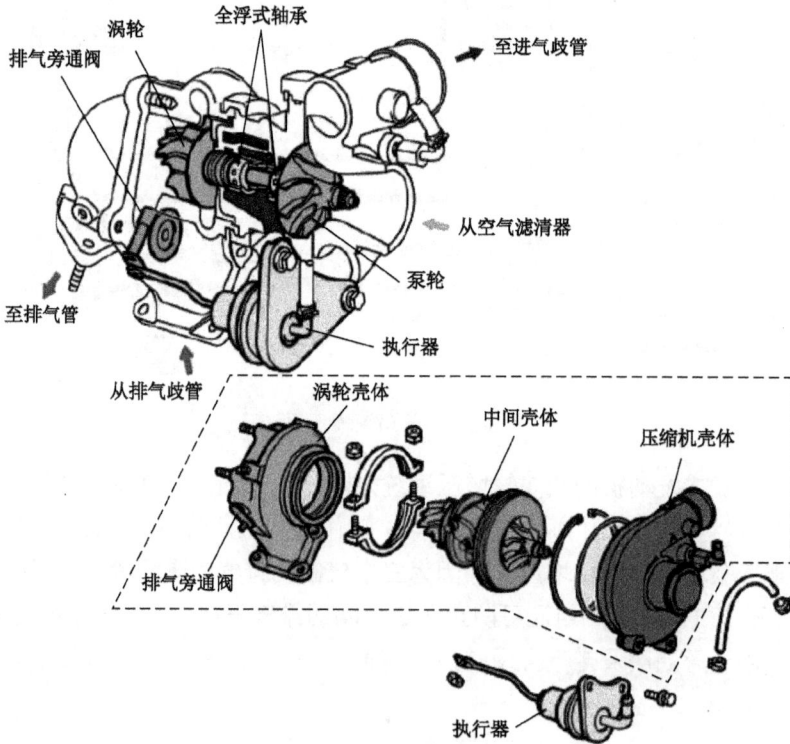

图 3-3-10　涡轮增压器的组成

1. 离心式压气机

离心式压气机由进气道、压气机叶轮、无叶式扩压管及压气机蜗壳等组成。叶轮包括叶片和轮毂，并由增压器轴带动旋转。当压气机旋转时，空气经进气道进入压气机叶轮，并在离心力的作用下沿着压气机叶片之间形成的流道，从叶轮中心流向叶轮的周边。空气从旋转的叶轮获得能量，使其流速、压力和温度均有较大的增高，然后进入叶片式扩压管。扩压管为渐扩形流道，空气流过扩压管时减速增压，温度也有所升高。即在扩压管中，空气所具有的大部分动能转变为压力能。

扩压管分叶片式和无叶式两种。无叶式扩压管实际上是由蜗壳和中间体侧壁所形成的环形空间。无叶式扩压管构造简单，工况变化对压气机效率的影响很小，适于车用增压器。叶片式扩压管是由相邻叶片构成的流道，其扩压比大，效率高，但结构复杂，工况变化对压气机效率有较大的影响。蜗壳的作用是收集从扩压管流出的空气，并将其引向压气机出口。空气在蜗壳中继续减速增压，完成由动能向压力能转变的过程。压气机叶轮由铝合金精密铸造，蜗壳也用铝合金铸造。

2. 径流式涡轮机

涡轮机是将发动机排气的能量转变为机械功的装置。径流式涡轮机由蜗壳、喷管、叶轮和叶片等组成（图3-3-11）。蜗壳的进口与发动机排气管相连，发动机排气经蜗壳引导进入叶片式喷管。喷管是由相邻叶片构成的渐缩形流道。排气流过喷管时降压、降温、增速、膨胀，使排气的压力能转变为动能。由喷管流出的高速气流冲击叶轮，并在叶片所形成的流道中继续膨胀做功，推动叶轮旋转。涡轮机叶轮经常在 900℃ 高温的排气冲击下工作，并承受巨大的离心力作用，所以采用镍基耐热合金钢或陶瓷材料制造。用质量轻且耐热的陶瓷材料可使涡轮机叶轮的质量减小约 2/3，涡轮增压加速滞后的问题也在很大程度上得到改善。喷管叶片用耐热和抗腐蚀的合金钢铸造或机械加工成形。蜗壳用耐热合金铸铁铸造，内表面应该光洁，以减少气体流动损失。

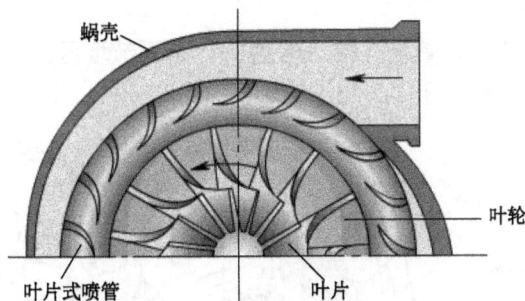

图 3-3-11　径流式涡轮机示意图

3. 转子

涡轮机叶轮、压气机叶轮和密封套等零件安装在增压器轴上，构成涡轮增压器转子。转子以超过 100 000r/min，最高可达 200 000r/min 的转速旋转，因此，转子的平衡是非常重要的。增压器轴在工作中承受弯曲和扭转交变应力，一般用韧性好、强度高的合金钢 40Cr 或 18CrNiWA 制造。

4. 增压器轴承

增压器轴承的结构是影响车用涡轮增压器可靠性的关键因素之一。现代车用涡轮增压器都采用浮动轴承（图 3-3-12）。浮动轴承实际上是套在轴上的圆环。圆环与轴及圆环与轴承座之间都有间隙，形成双层油膜。圆环浮在轴与轴承座之间。一般内层间隙为 0.05mm 左右，外层间隙大约为 0.1mm。轴承壁厚 3～4.5mm，用锡铅青铜合金制造，轴承表面镀一层厚度为 0.005～0.008mm 的铅锡合金或金属铟。在增压器工作时，轴承在轴与轴承座中间转动。

增压器工作时产生轴向推力，由设置在压气机一侧的推力轴承承受。为了减少摩擦，在整体式推力轴承两端的止推面上各加工有 4 个布油槽；在轴承上还加工有进油孔，以保证止推面的润滑和冷却。

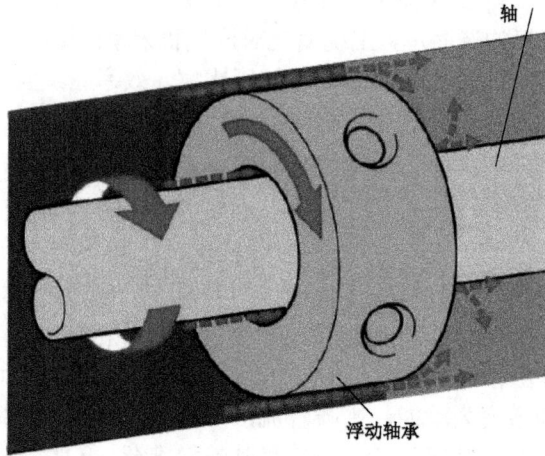

图 3-3-12　增压器轴承

五、增压压力的调节

1. 旁通阀式增压压力的调节

在汽车涡轮增压系统中设置进、排气旁通阀，是调节增压压力最简单、成本最低而又十分有效的方法。调节机构如图 3-3-13 所示。

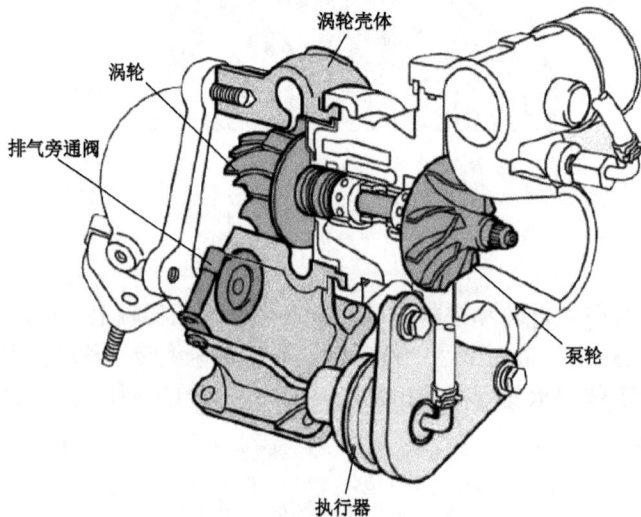

图 3-3-13　旁通阀式增压压力的调节结构

排气旁通阀的工作原理：控制膜盒中的膜片将膜盒分为上、下两个室，上室为空气室，经连通管与压气机出口相通；下室为膜片弹簧室，膜片弹簧作用在膜片上，膜片通过联动杆与排气旁通阀连接。当压气机出口压力，也就是增压压力低于限定值时，膜片在膜片弹簧的作用下上移，并带动联动杆将排气旁通阀关闭；当增压压力超过限定值时，增压压力克服膜片弹簧力，推动膜片下移，并带动联动杆将排气旁通阀打开，使部分排气不经过涡轮机直接排放到大气中，从而达到控制增压压力及涡轮机转速的目的。

旁通阀式增压压力的调节如图 3-3-14 所示。旁通阀工作状态如图 3-3-15 所示。

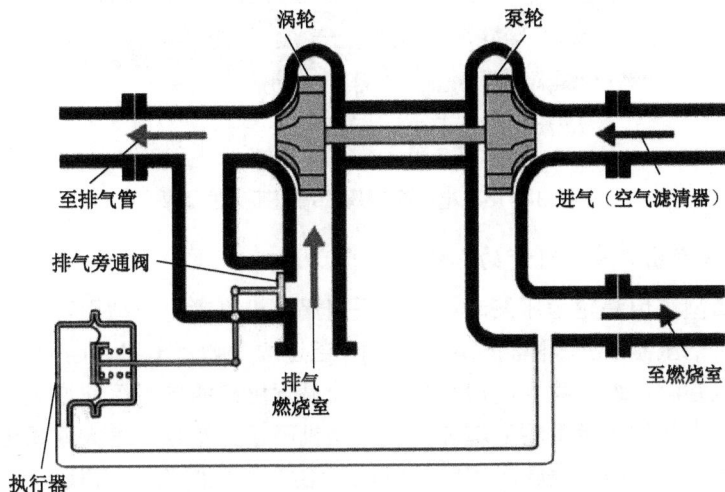

图 3-3-14　旁通阀式增压压力的调节

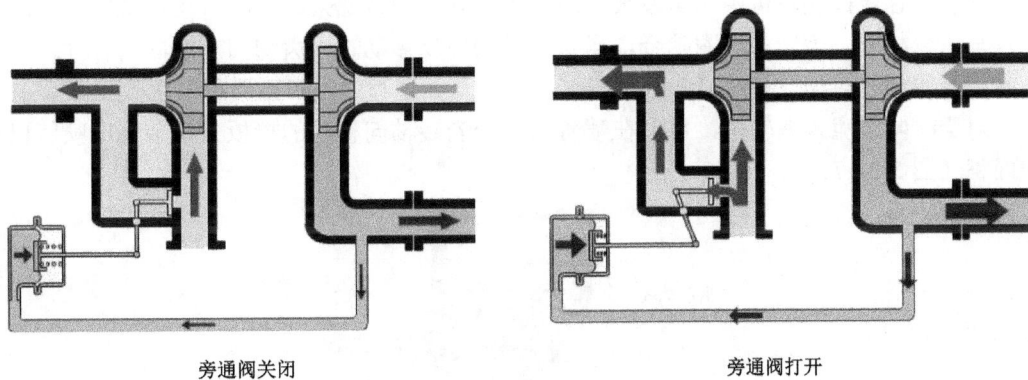

旁通阀关闭　　　　　　　　　　　旁通阀打开

图 3-3-15　旁通阀工作状态

在有些发动机上，排气旁通阀的开闭由电控单元控制的电磁阀操纵（图 3-3-16）。电控单元根据发动机的工况，由预存的增压压力脉谱图确定目标增压压力，并与增压压力传感器检测到的实际增压压力进行比较，然后根据其差值来改变控制电磁阀开闭的脉冲信号占空比，以此改变电磁阀的开启时间，进而改变排气旁通阀的开度，控制排气旁通量，借以精确地调节增压压力。虽然排气旁通阀在涡轮增压汽车发动机上得到了广泛的应用，但是排气旁通之后，排气能量的利用率下降，导致高速大负荷时发动机的燃油经济性变差。

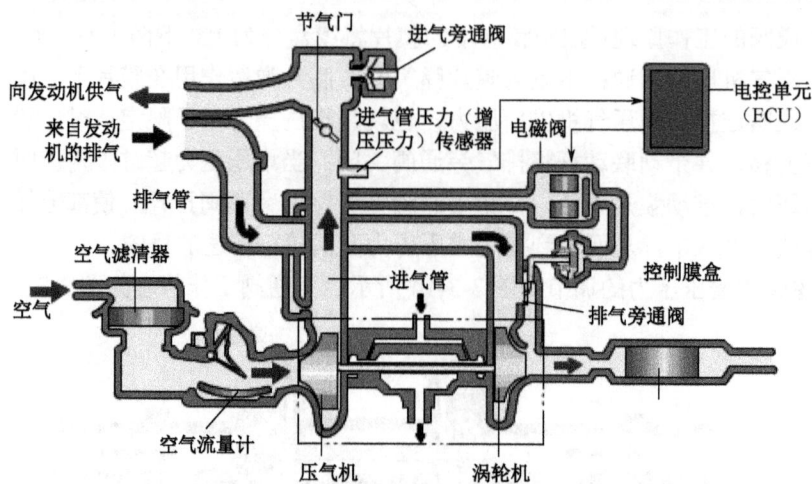

图 3-3-16 电控旁通阀式增压压力的调节

2. 涡轮机喷管出口截面可变的涡轮增压器

在大排量重型车用涡轮增压发动机上多采用涡轮机喷管出口截面可变的涡轮增压器，简称变截面涡轮增压器。在这种涡轮增压器中，通过改变喷管出口截面积来调节增压压力。当发动机低速运行时，缩小喷管出口截面积，使喷管出口的排气流速增大，涡轮机转速随之升高，增压压力和供气量都相应增加；当发动机高速工作时，增大喷管出口截面积，使喷管出口的排气流速减小，涡轮机的转速降低，这样增压器将不会超速，增压压力也不至于过高。

在有叶径流式涡轮机中，可以采用转动喷管叶片的方法来改变喷管出口截面积。喷管叶片与齿轮相连，齿轮与齿圈啮合，当执行机构往复移动时，齿圈向左或向右转动，带动与其啮合的齿轮转动，并使喷管叶片随其转动，从而使喷管出口截面积发生改变。

对于无叶径流式涡轮机，可以在喷管出口处安装轴向移动的挡板来调节无叶喷管出口截面积（图 3-3-17）。

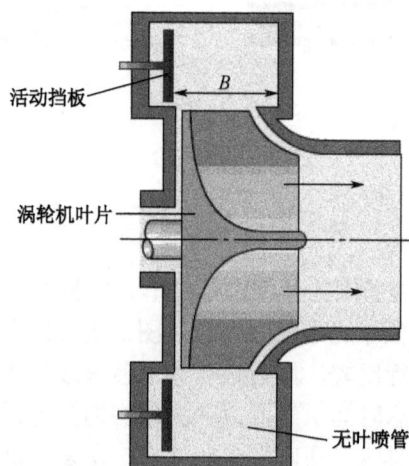

图 3-3-17 用活动挡板来改变无叶喷管出口截面积

还可用可动舌片改变涡轮机进口截面积。在涡轮机的进口处安装一个可摆动 27°角的舌片，可动舌片的转轴固定在涡轮机壳体上，可动舌片的摆动即涡轮机进口截面积的变化由电控单元根据发动机的转速信号进行控制（图 3-3-18）。

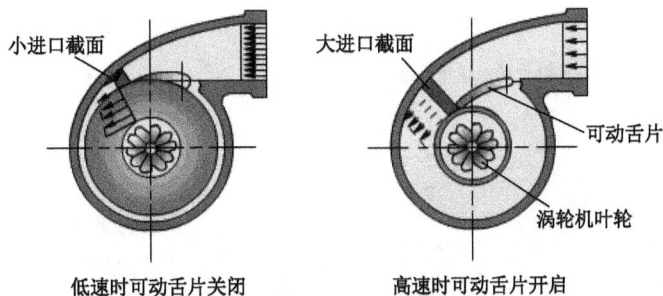

小进口截面　　　　　　　　大进口截面

可动舌片

涡轮机叶轮

低速时可动舌片关闭　　　高速时可动舌片开启

图 3-3-18　用可动舌片改变涡轮机进口截面积

废气涡轮机中可调节的导向叶片能替代旁通。可调节的导向叶片控制废气流对涡轮的影响。导向叶片是通过真空调节器移动的（图 3-3-19）。

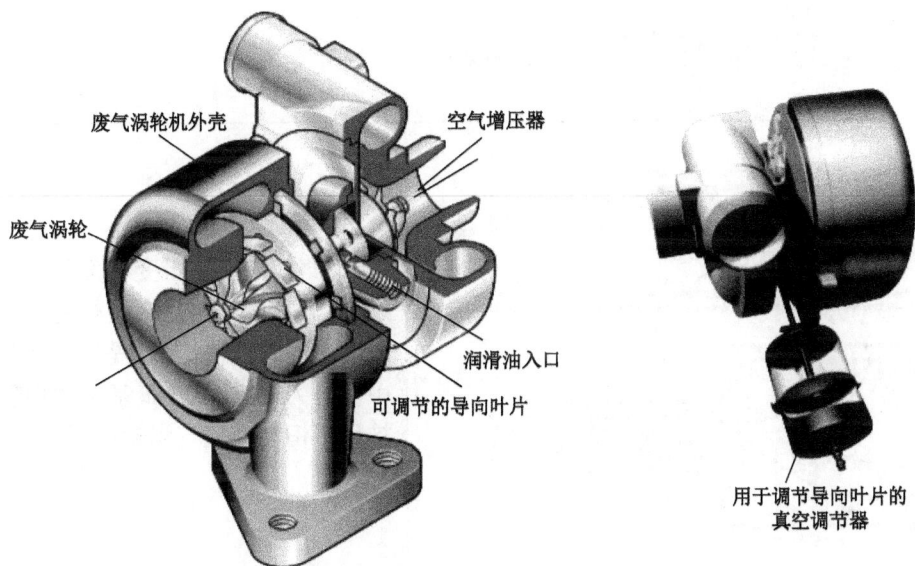

废气涡轮机外壳　　　　　空气增压器

废气涡轮

润滑油入口

可调节的导向叶片

用于调节导向叶片的
真空调节器

图 3-3-19　用导向叶片进行调整

因为可调节的导向叶片可以影响废气流（方向），所以在低转速区可以得到较高的发动机功率。在高转速区，由于涡轮机内的废气反压较低，同时在低转速区有较高的功率，这样燃料消耗降低。因为在整个转速区都保持最佳的增压压力，所以废气中有害物质的排放量减小，同时燃烧效果更好。

六、具体调整机构

图示	说明
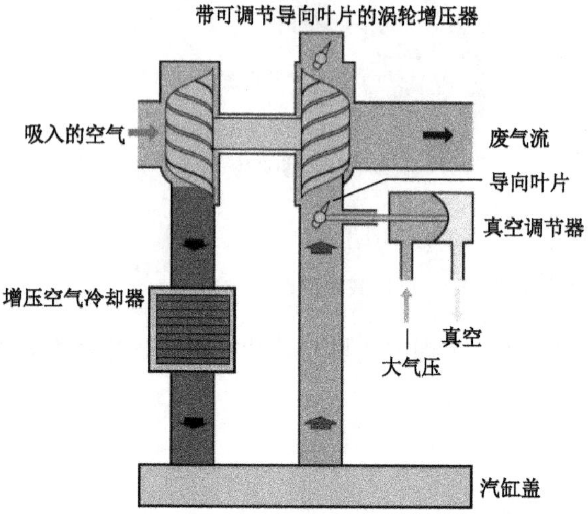 带可调节导向叶片的涡轮增压器 吸入的空气　废气流 导向叶片 真空调节器 增压空气冷却器 真空 大气压 汽缸盖	1. 与带旁通阀的废气涡轮增压器不同,可调涡轮增压器在整个转速区内均提供所需要的压缩空气压力。废气流经过可调节的导向叶片被导入涡轮内,即可满足这个要求。
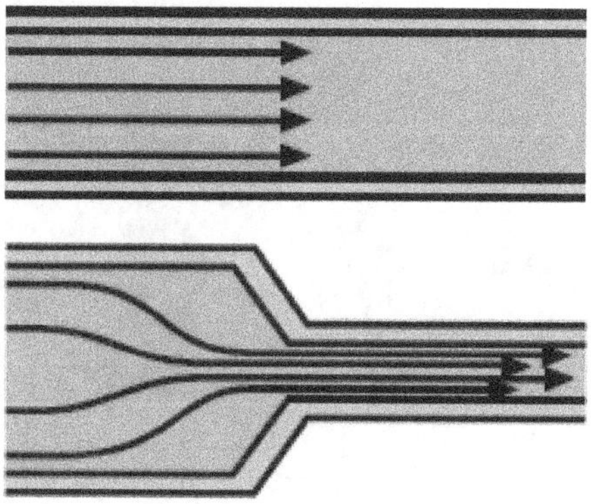	2. 气流从一个带变窄部分的管中通过时,其速度一定比在没有变窄的管中通过时的速度快。其前提条件是两个管中的压力一样。这个最基本的物理原理被用于恒功率废气涡轮增压器。
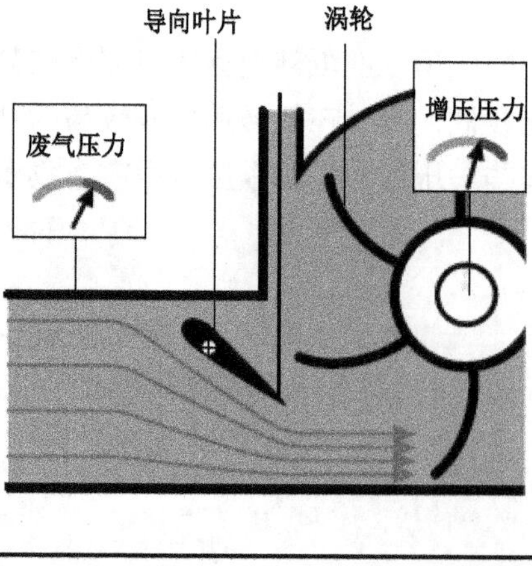 导向叶片　涡轮 废气压力　增压压力	3. 发动机转速低,但需要高增压压力。 废气流的横截面在进入涡轮前通过可调节的导向叶片变小。由于废气流被迫从变窄的横截面中更快地通过,因此涡轮就转得更快。由于涡轮的转速较高,即使发动机的转速较低也可以得到所需的增压压力。废气的反压比较高。

图示	说明
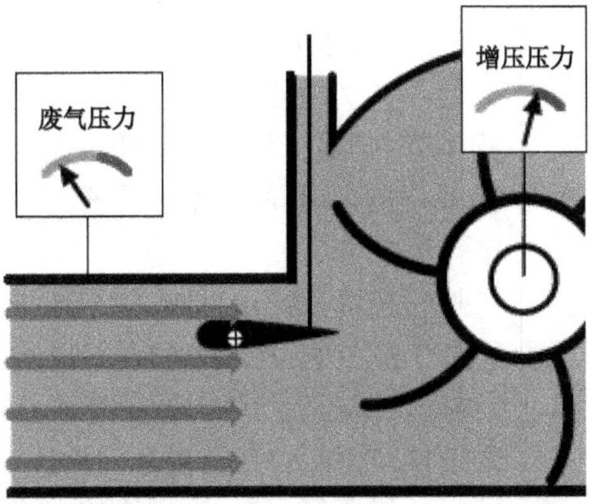	**4．发动机转速高** 涡轮增压器的横截面与废气流的横截面一样大。与旁通形式不同，整个废气流可以被导入涡轮机中。导向叶片使进口横截面加大，这样可以避免超过所需要的增压压力。废气的反压下降。
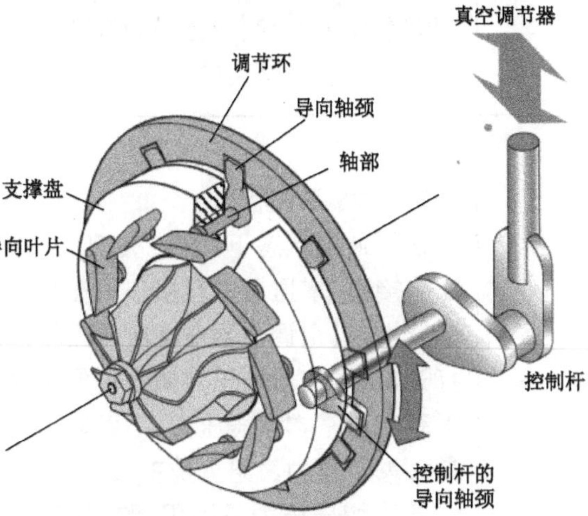	**5．导向叶片的调整** 导向叶片的轴部插在一个支撑盘内。在支撑盘背面，导向叶片的轴部有一个导向轴颈，每一个导向轴颈都卡在调整环内。所有导向叶片都能随调整环同时且均匀地转动。调整环由真空调节器控制杆的导向轴颈移动。
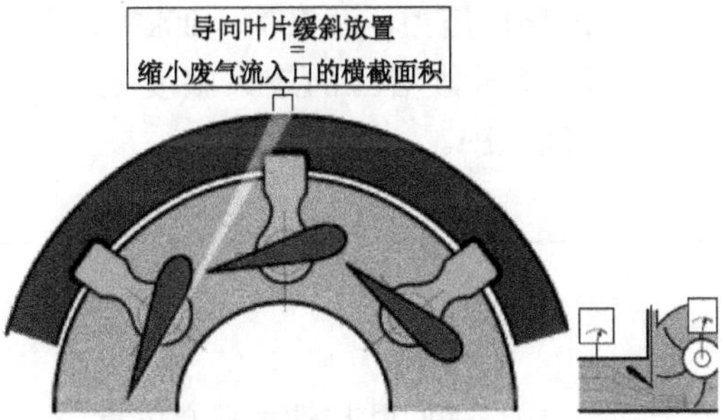	**6．发动机转速低** 在低转速和满负荷的情况下要获得较快的增压效果，应该调整导向叶片使进气口的横截面积变小。横截面积变小使得废气流的流速升高，从而提高涡轮机的转速。
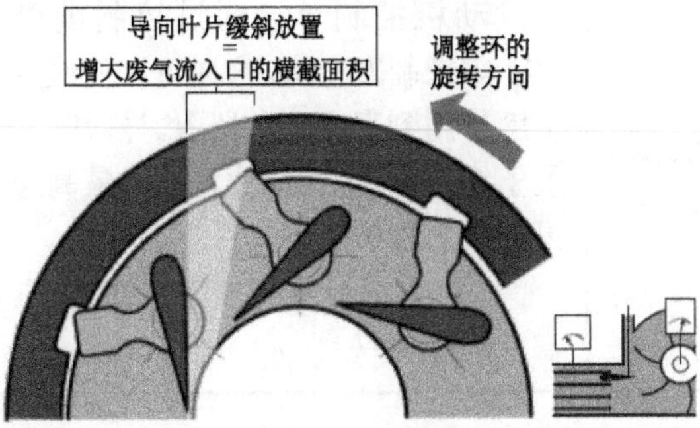	**7．发动机转速高** 如果希望提高废气流量或希望得到较低的增压压力，应使导向叶片处于倾斜放置。此时废气流入口的横截面积增大。但增压压力和涡轮机的功率几乎保持不变。导向叶片处于最大调整位置时入口横截面积最大，该位置同时也是紧急运行状态位置。

图示	说明
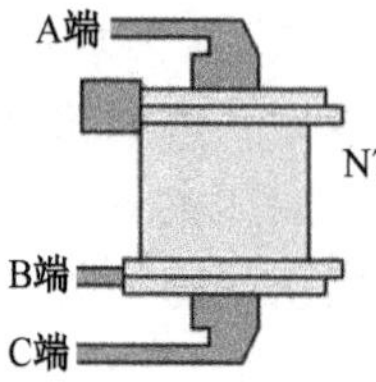	**8. 增压压力限制电磁阀 N75** 增压压力主要由增压压力限制电磁阀 N75 来进行控制,它通过废气旁通阀或导向叶片调整进行系统压力的调节。 增压压力限制电磁阀 N75 本身连接了三个空气管,C 端连接至涡轮增压器前部(未增压,相当于大气压力),A 端连接至涡轮增压器后部(经过涡轮增压后的增压压力),B 端连接在废气真空调节器上,控制泄压阀的打开和关闭或导向叶片调整角度。
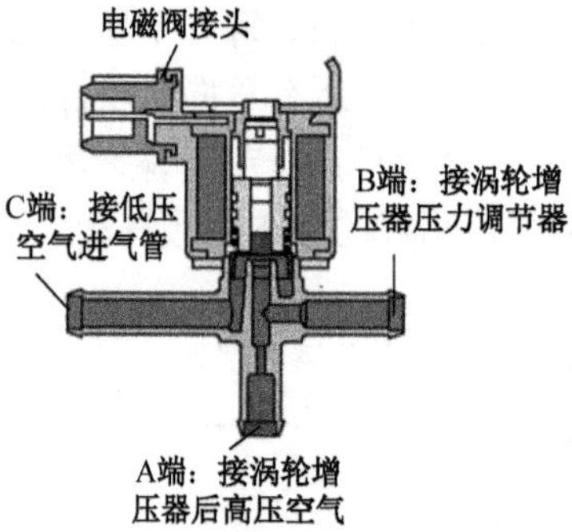	**9. N75 工作状态** 在不通电状态下,N75 关闭,A 端与 B 端接通,增压压力直接作用在真空调节器上,真空调节器在增压压力较低时打开,这样在增压压力调节失灵时便会限制在"基本增压压力",以避免超出最大增压压力,结果是丧失一些功率。 基本增压压力是不用调节便可达到的增压压力,为 300～400kPa;废气涡轮增压器增压的最大限度是 1600～1800kPa。
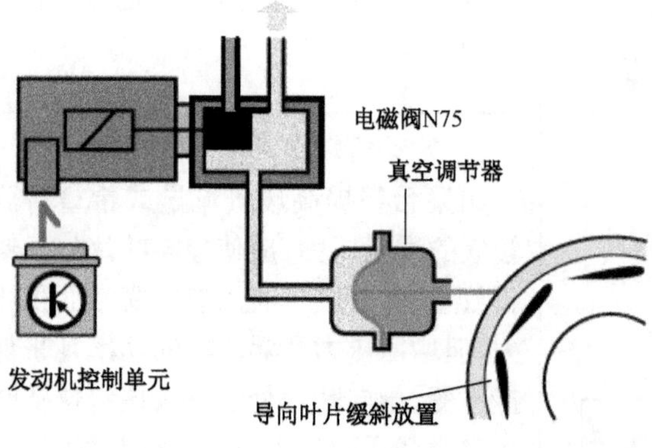	**10. 导向叶片处于缓斜位置** 发动机控制单元通过控制电磁阀 N75 来控制真空度。这样可以使最大真空度作用到真空调节器上。导向叶片被置于缓斜位置。在此位置能以最高速度得到最大增压压力。

图示	说明
电磁阀N75 真空调节器 发动机控制单元 导向叶片倾斜放置	11．导向叶片处于倾斜位置。 　　电磁阀处于无电流状态，真空调节器内的压力值等于大气压，导向叶片被置于倾斜位置，这个位置也是紧急运行状态位置。
电磁阀N75 真空调节器 导向叶片处于中间位置 发动机控制单元	12．导向叶片处于中间位置。 　　发动机必须根据当前行驶状况随时增大或减小功率。为了满足这一要求，涡轮增压器必须实时提供最佳的增压压力。 　　通过调整电磁阀，使真空度水平处于大气压和可达到的最大真空度之间。 　　针对当前的转速和负荷状态，这个真空度使导向叶片的位置处于最佳状态。 　　对不断变化的行驶状态，发动机控制系统能以实时调节的方式立即做出快速反应。它始终按所需要的增压压力进行导向叶片的位置调整。
曲轴箱 通风接口 附加水泵 至水箱 活性炭罐接口 压力油接口 增压器循环阀N249 从缸体来的冷却液 机油管路	13．2.0T 发动机涡轮增压器的总体结构如左图所示。

图示	说明
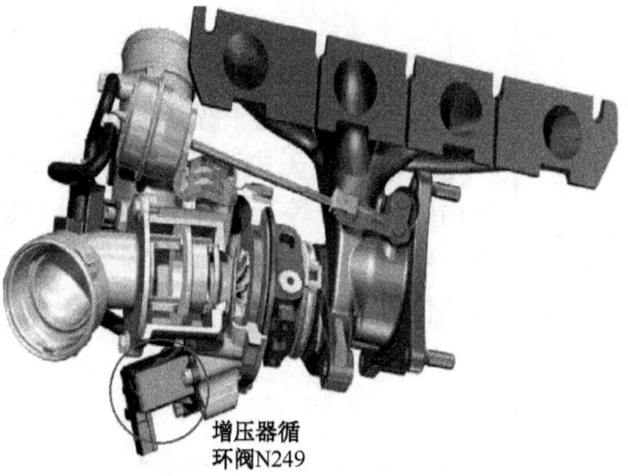 增压器循环阀N249	14. 循环阀 N249 安装位置如左图所示。
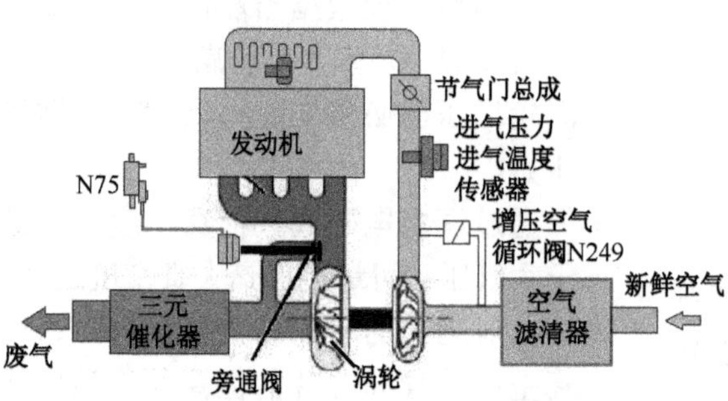 节气门总成 进气压力 进气温度 传感器 发动机 N75 增压空气循环阀N249 三元催化器 废气 旁通阀 涡轮 空气滤清器 新鲜空气	15. 滑行断油循环空气控制框架如左图所示。为了避免从高负荷突然过渡到滑行状态时废气涡轮增压器产生气体冲击，安装了循环阀 N249。
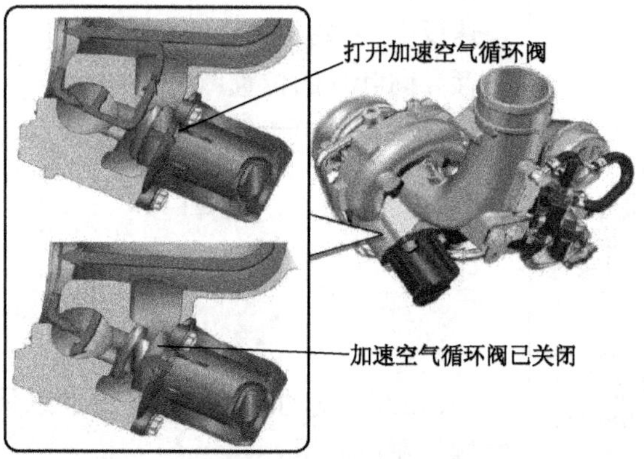 打开加速空气循环阀 加速空气循环阀已关闭	16. 循环阀 N249 的工作状态。 当发动机高速运行，驾驶员迅速收油门时，涡轮增压器排气侧的增压气体压力未能迅速减小，增压器的叶轮转速依然很高，但进气侧由于节气门的暂时关闭导致气体供给不足，从而导致进气侧叶轮受到比较大的空气阻力，影响舒适感及增压器寿命。而安装了循环阀 N249 后，相当于在增压后及增压前建立了一个短路通道，当遇到上述情况时就将此通道打开，以避免不利的情况发生。

七、发动机对涡轮的控制

发动机对涡轮的控制框架如图 3-3-20 所示。

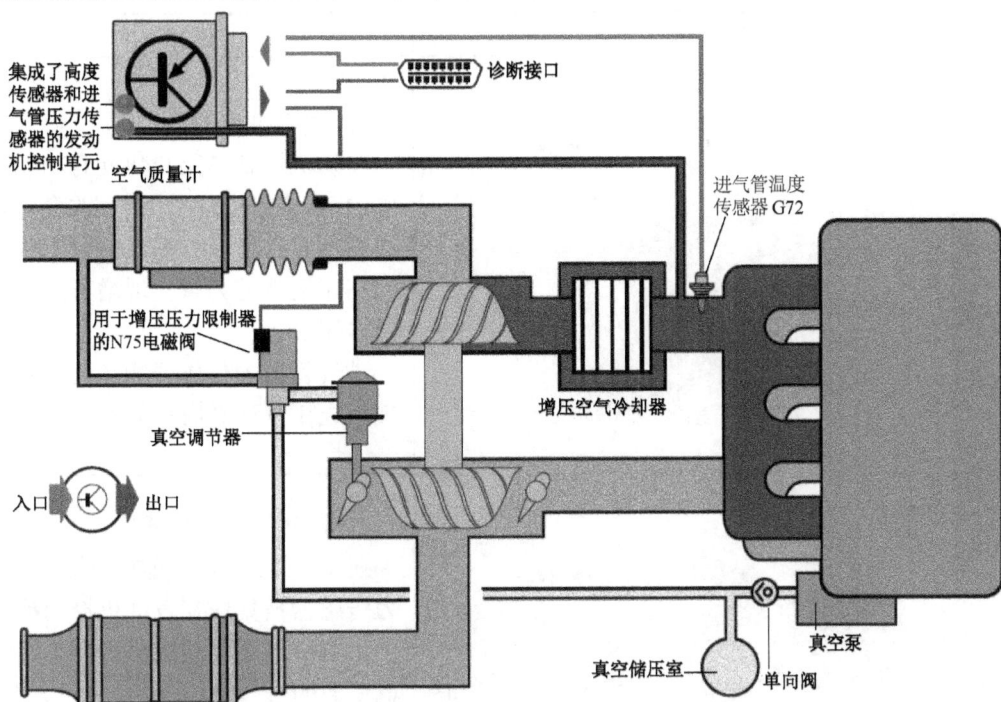

集成了高度传感器和进气管压力传感器的发动机控制单元

诊断接口

空气质量计

进气管温度传感器 G72

用于增压压力限制器的N75电磁阀

真空调节器

入口　出口

增压空气冷却器

真空泵

真空储压室

单向阀

图 3-3-20　发动机对涡轮的控制框架

　　发动机信号采集和执行机构主要由发动机控制单元 J248、进气管温度传感器 G72、发动机转速传感器 G28、高度传感器、进气管压力传感器、N75 电磁阀和 OBD2 诊断接口等组成（图 3-3-21）。

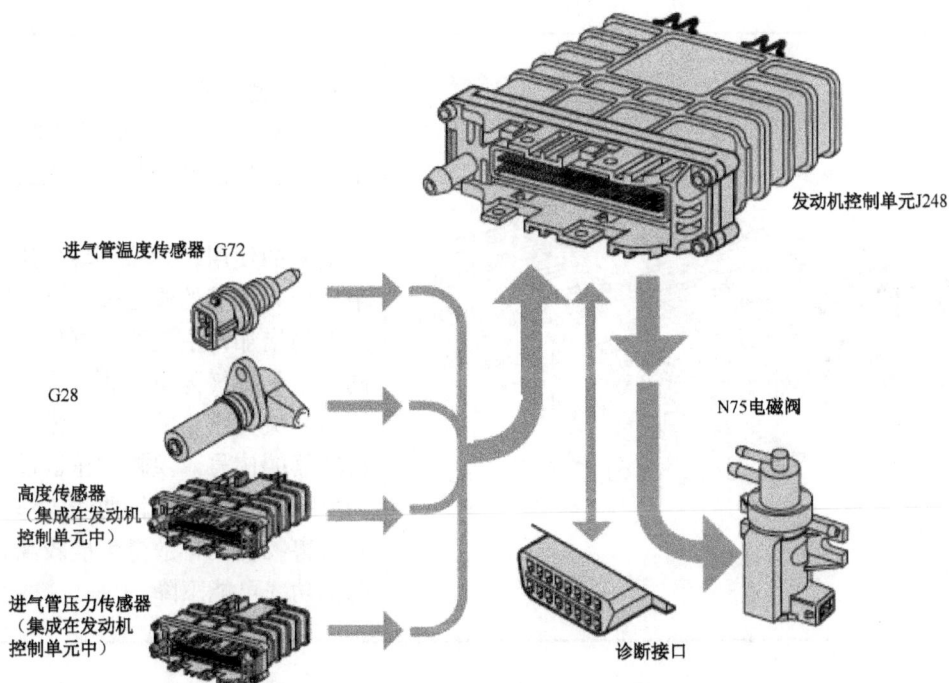

发动机控制单元J248

进气管温度传感器 G72

G28

高度传感器（集成在发动机控制单元中）

进气管压力传感器（集成在发动机控制单元中）

N75电磁阀

诊断接口

图 3-3-21　发动机信号采集和执行机构的组成

图示	说明
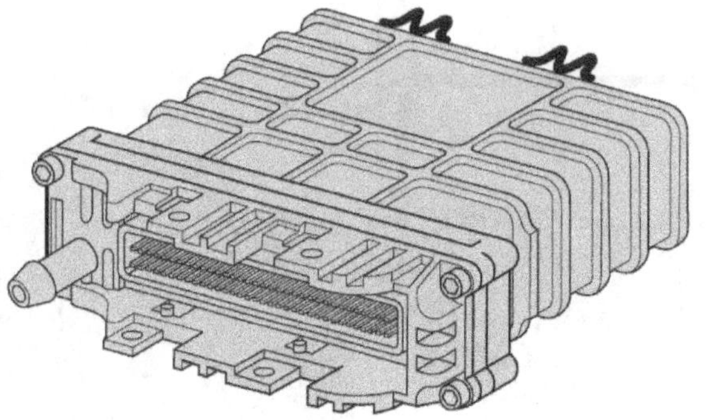	**1．发动机控制单元。** 发动机控制单元 J248 配有功能强大的 16 位微处理器。通过改变电磁阀 N75 的工作比，发动机控制单元的高速运算能力可实现增压压力的最佳调节。 进气管压力传感器和高度传感器被集成在发动机控制单元内。
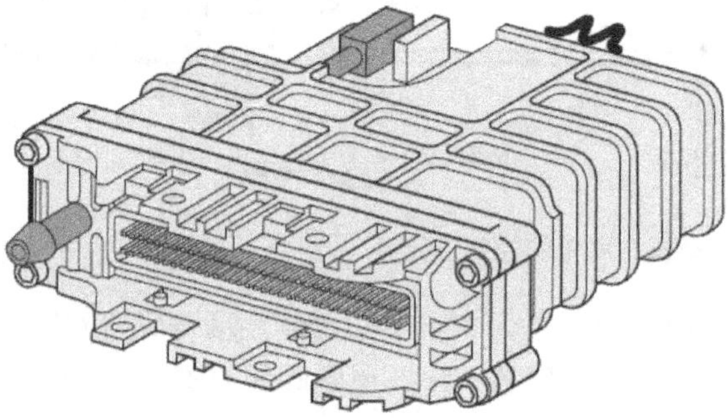	**2．进气管压力传感器。** 在 1.9L TDI 发动机中，进气管压力传感器被集成在发动机控制单元中。这个传感器通过压力管与涡轮机后面的进气管相连。 信号的使用：在计算导向叶片的位置时需要增压压力值信号失灵产生的结果：如果传感器信号失灵，导向叶片将处于倾斜位置，发动机功率降低。
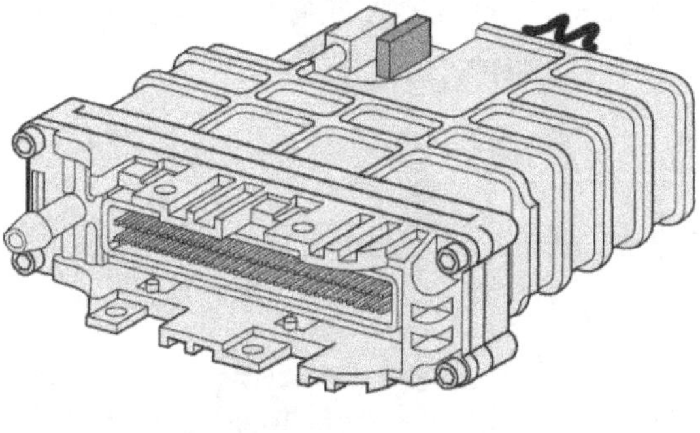	**3．高度传感器。** 高度传感器在发动机控制单元中。它将当前环境气压传输到控制单元。 信号的使用：须将环境气压作为增压压力调节的修正值，因为随着高度的增加，空气浓度降低。信号同时用于废气再循环的调节 信号失灵产生的结果：没有高度传感器的信号，涡轮增压器以恒定功率按一个通用特征曲线工作。此时有害物质的排放量可能较高且发动机功率可能下降。

图示	说明
 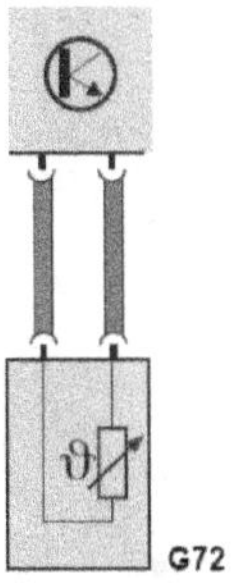	**4．进气管温度传感器 G72。** 进气管温度传感器拧在增压空气冷却器后面的进气管上。 信号的使用：须将进气管温度作为增压压力调节的修正值。它用于修正温度对增压空气密度的影响。 信号失灵产生的结果：如果传感器信号失灵，则控制单元使用一个替代温度，此时可能出现功率下降。
 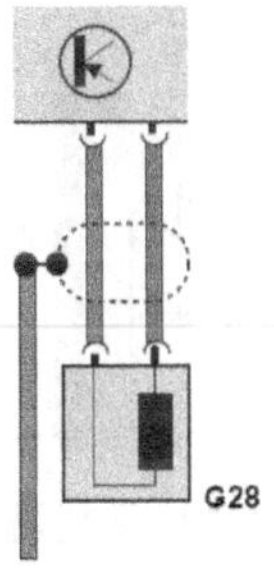	**5．发动机转速传感器 G28。** 通过这个感应传感器可获得曲轴转速。 信号的使用：计算系统控制的许多功能需要用到发动机转速的传感器信号。此外计算下列值时也需要用到： ① 燃料的喷射量； ② 喷射时刻； ③ 怠速调整； ④ 增压调整。 信号失灵产生的结果：没有转速传感器的信号，发动机不会起动。
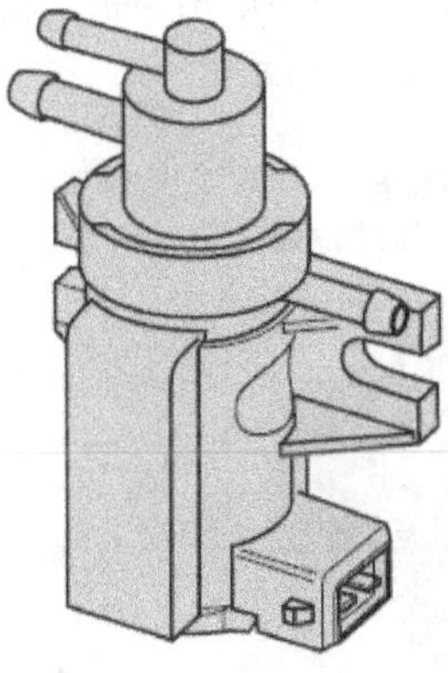 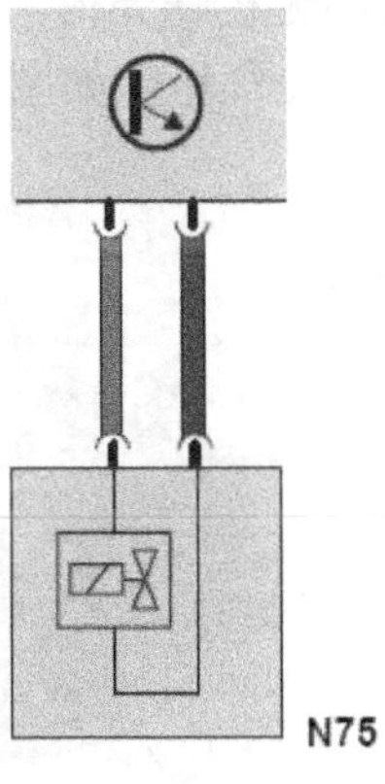	**6．增压压力限制器的 N75 电磁阀。** N75 电磁阀由发动机控制单元控制。通过改变信号节拍（工作比）来调节真空调节器中的真空度。 信号失灵产生的结果：电磁阀开启，真空调节器内的压力等于大气压，这相当于紧急运行状态。 自诊断时的故障信息： ① 对正极短路； ② 断路/对地短路。

相关电路图如图 3-3-22 所示。

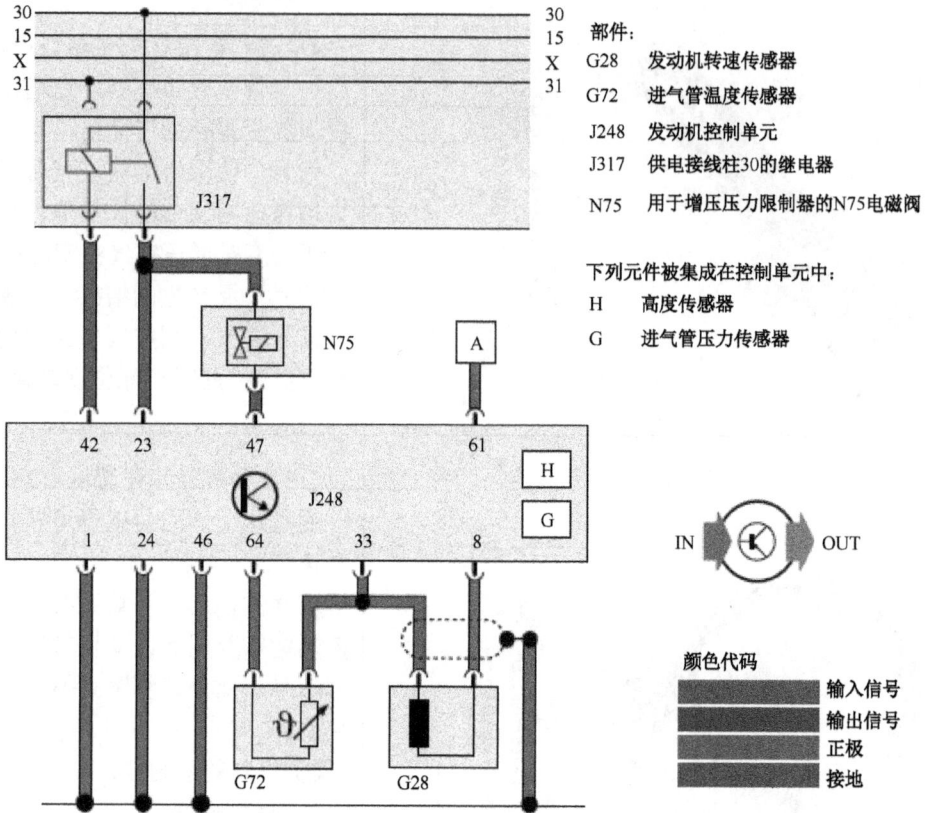

部件:	
G28	发动机转速传感器
G72	进气管温度传感器
J248	发动机控制单元
J317	供电接线柱30的继电器
N75	用于增压压力限制器的N75电磁阀

下列元件被集成在控制单元中:

H	高度传感器
G	进气管压力传感器

颜色代码
输入信号
输出信号
正极
接地

图 3-3-22　1.9LTDI 发动机涡轮增压控制电路图

八、涡轮增压器的润滑及冷却

来自发动机润滑系统主油道的机油,经增压器中间体上的机油进口进入增压器,润滑和冷却增压器轴和轴承。然后,机油经中间体上的机油出口返回发动机油底壳,在增压器轴上装有油封,用来防止机油窜入压气机或涡轮机蜗壳内。如果油封损坏,将导致机油消耗量增加和排气冒蓝烟。涡轮增压器的润滑及冷却组件如图 3-3-23 所示。

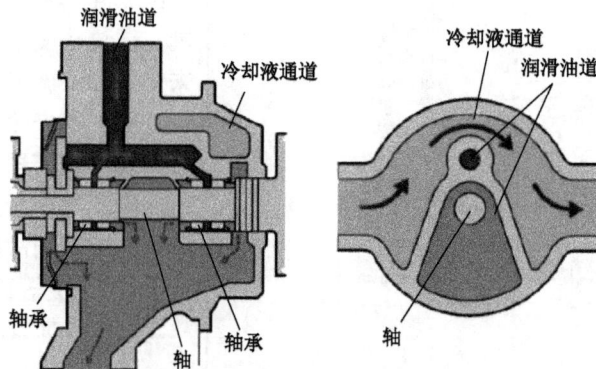

图 3-3-23　涡轮增压器的润滑及冷却组件

　　由于汽油机增压器的热负荷大，因此在增压器中间体的涡轮机侧设置冷却水套，并用软管与发动机的冷却系统相连。冷却液自中间体上的冷却液进口流入中间体内的冷却水套，从冷却液出口流回发动机冷却系统。冷却液在中间体的冷却水套中不断循环，使增压器轴和轴承得到冷却（图3-3-24）。

　　有些涡轮增压器在中间体内不设置冷却水套，只靠机油及空气对其进行冷却。当发动机大负荷或高转速工作之后，如果立即停机，那么机油可能由于轴承温度太高而在轴承内燃烧。因此，这类涡轮增压发动机应该在停机之前，至少怠速运转1min。

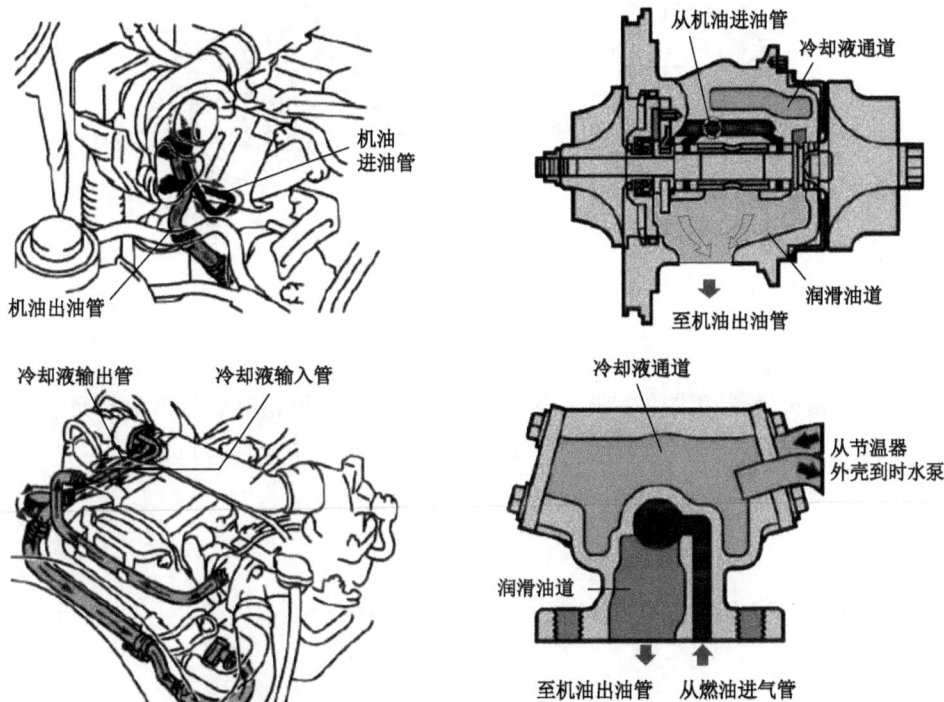

图3-3-24　涡轮增压器的润滑及冷却

任务4　凸轮轴传动机构的检查与调整

学习任务描述

　　一位顾客的汽车在做定期维护，其发动机正时带已达到规定的更换周期，需要更换发动机的正时带。检查张紧器，如有必要进行修理或更换。

　　许多顶置凸轮轴发动机采用正时带或正时链条来传递动力，并保证曲轴、凸轮轴之间的位置关系。正时带（图3-4-1）是由橡胶和纤维材料制成的，并用玻璃纤维等材料进行强化，在使用过程中会被拉长和磨损。对于大部分使用正时带的发动机而言，如果正时带断裂将会损坏发动机，因此大部分汽车制造厂家要求在规定的维护周期（一般为100 000km左右）内必须更换发动机正时带。

正时带

张紧轮

导轮

张紧弹簧

双顶置凸轮轴   单顶置凸轮轴

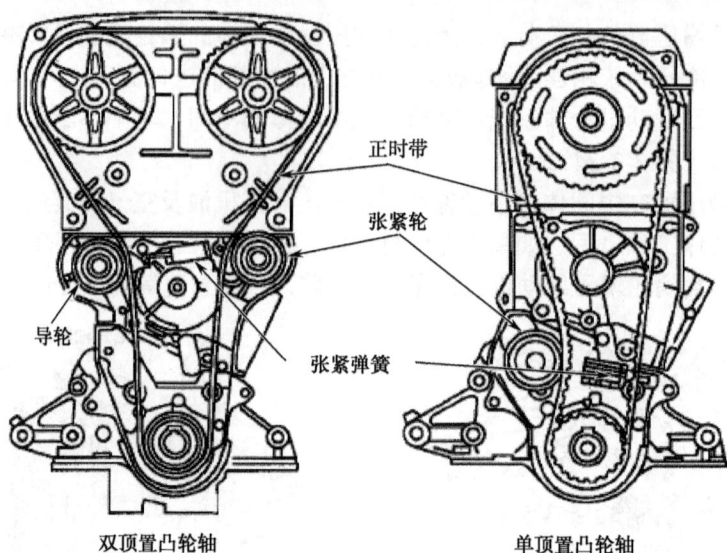

图 3-4-1 发动机正时带

查阅相关资料和维修手册，根据相关图文，小组讨论完成以下引导问题。

1. 你在日常生活中见过机械驱动皮带和链条吗？它们用在什么机械上呢？

2. 发动机正时带为什么要在规定的周期内进行更换？

小词典

气门/活塞干涉   无气门/活塞干涉

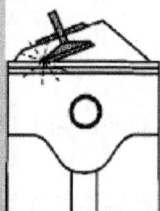

（a）干涉式设计   （b）自由式设计

图 3-4-2 干涉式和自由式设计

许多汽车发动机为了使结构紧凑和适应大压缩比的要求，气门和活塞采用干涉式设计，如图 3-4-2（a）所示。如果正时带（或正时链条）断裂，则活塞会在气门静止的情况下上下运动。采用干涉式设计的发动机如果正时带在发动机运转时断裂，气门与活塞会因相互撞击而损坏，而采用自由式设计的发动机部件不会受到损坏，如图 3-4-2（b）所示。

汽车生产厂家都规定汽车在一定的使用周期内需要对发动机正时带进行检查或更换。

3. 发动机正时带在什么情况下需要更换？维护周期是多少？

4. 为什么重新使用原正时带时要做转动方向标记和匹配标记？

5. 拆下发动机正时带后能否任意转动发动机曲轴？为什么？

6. 在拆下发动机正时带之前，如何将 1 号汽缸设定在上止点/压缩位置？

7. 如何正确检查正时带挠度？一般发动机的挠度要求是多少？

8. 安装五菱 B12 发动机正时链条时，如何正确匹配链条的正时标记？

知识要点

一、认识正时皮带

正时皮带如图 3-4-3 所示。

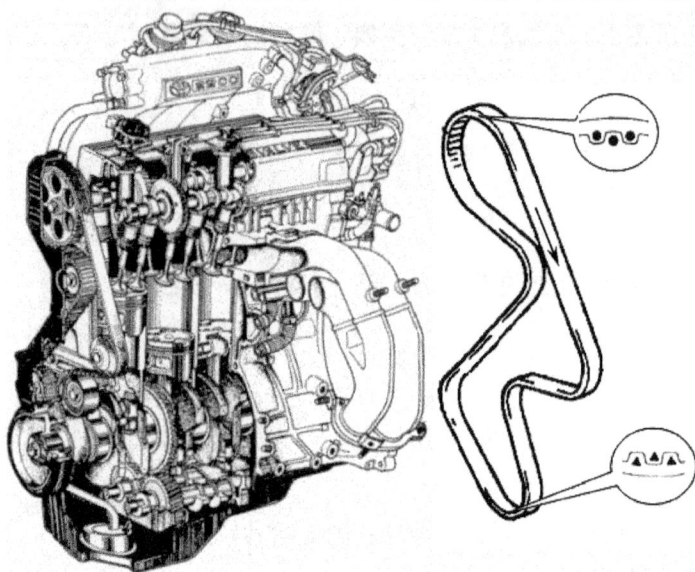

图 3-4-3　正时皮带

二、正时皮带的拆卸

图示	说明
槽口	1. 将 1 号汽缸设定在上止点/压缩位置 转动曲轴皮带轮，将皮带轮槽口对准 1 号正时皮带罩上的正时标记"0"。 确保凸轮轴正时皮带轮的"K"标记与轴承盖的正时标记对准。如未对准，转动曲轴一周（360°）。
SST	2. 拆下皮带轮螺栓（方法 1） 使用 SST 专用工具拆下皮带轮螺栓。

图示	说明
	**3.拆下皮带轮螺栓（方法2）** 　　如果没有 SST 专用工具，可使用一根铁棒卡住飞轮，再使用扳手拧动曲轴皮带轮螺栓。
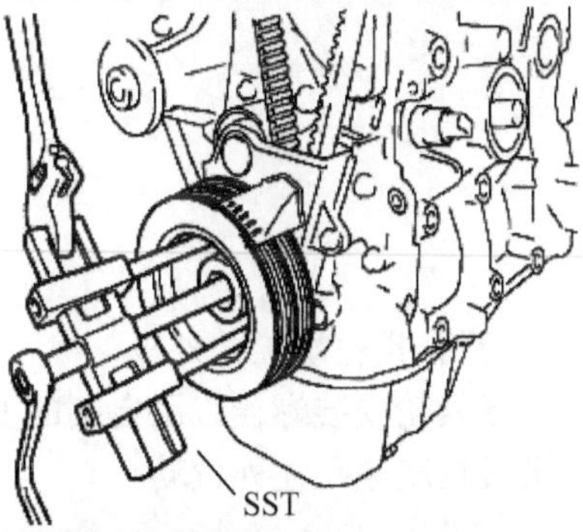 SST	**4.拆下曲轴皮带轮** 　　使用 SST 专用工具拆下曲轴皮带轮。 　　注意：如果没有 SST 专用工具，可使用拉拔器拔下曲轴皮带轮。
	**5.拆下正时皮带罩分总成** 　　拆下 3 个螺栓和正时皮带罩。

图示	说明
 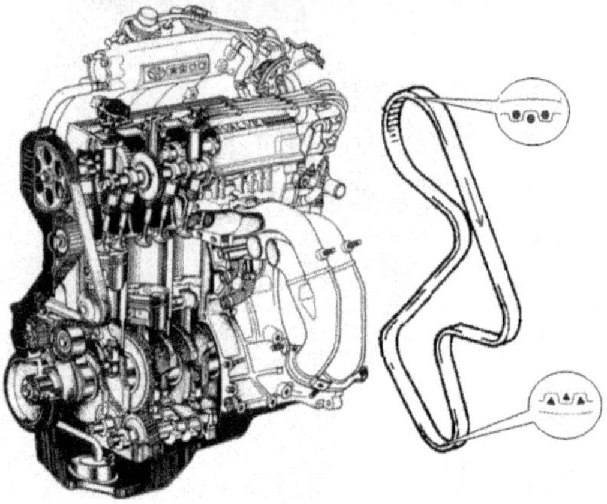	6. 检查正时皮带的标记和做定位标记 　　检查正时皮带的安装方向（有无箭头标记）、文字方向等。 　　注意：如果重复使用正时皮带，要在皮带上画一个方向箭头（按发动机旋转的方向），并在皮带轮和皮带上做定位标记。
 	7. 松开张紧轮螺栓并外拉 　　旋松张紧轮安装螺栓。用自制的 L 形钩钩住张紧轮座座孔往外拉动。
	8. 拆下正时皮带 　　往外拉动张紧轮的同时拆下正时皮带。

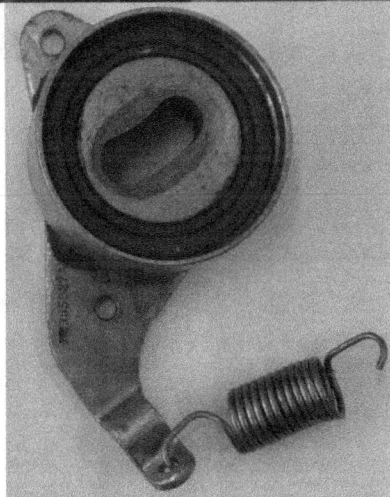

图示	说明
	9．拆下正时皮带张紧轮分总成和弹簧
	10．检查张紧轮和弹簧 　① 检查张紧轮是否松动和转动是否灵活等。如有必要，更换张紧轮； 　② 测量张紧弹簧的自由长度，正常情况下张紧弹簧的自由长度应为36.9mm，如果自由长度不合适，则更换弹簧； 　③ 在弹簧标准安装长度下测量张力，正常情况下安装张力在43.6mm时应为34～38N。 　如果安装张力不符合标准，则更换弹簧。

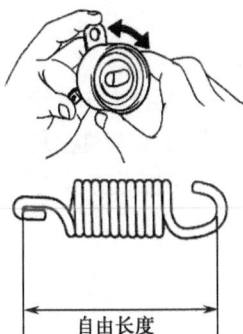

自由长度

图示	说明
 	11．松开导轮螺栓，并取下导轮检查是否松动和转动是否灵活等。
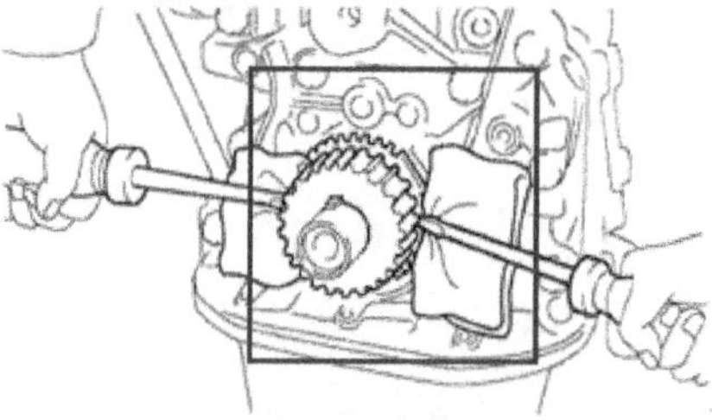	12．拆下曲轴正时皮带轮。如果不能用手拆下皮带轮，可使用两个起子。 注意：按图示垫上抹布，防止损坏曲轴正时皮带轮和机油泵总成。
 	13．取下曲轴正时皮带轮，并检查正时皮带轮是否有损坏。螺栓是否滑角。螺纹是否有损坏、螺栓是否拉伸变长等。

图示	说明
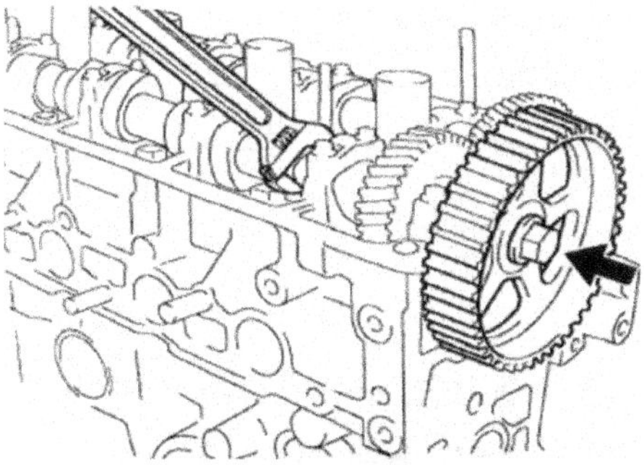	14. 拆下凸轮轴正时皮带轮。用扳手夹持凸轮轴的六角头部分，并松开皮带轮螺栓，拆下皮带轮螺栓和正时皮带轮。 **注意：不要让扳手损坏汽缸盖。**
 	15. 取下凸轮轴正时皮带轮，并检查正时皮带轮是否有损坏、螺栓是否滑角、螺纹是否有损坏、螺栓是否拉伸变长等。
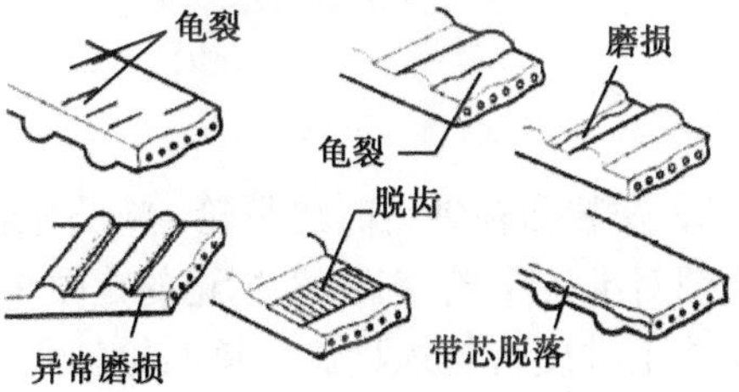	16. 正时皮带的常规检查。正时皮带一般由氯丁橡胶、玻璃纤维和尼龙织物制成，强度很高，其寿命可达 100 000km。 　　对正时皮带各处进行详细检查，有图示情况之一须更换新零件。
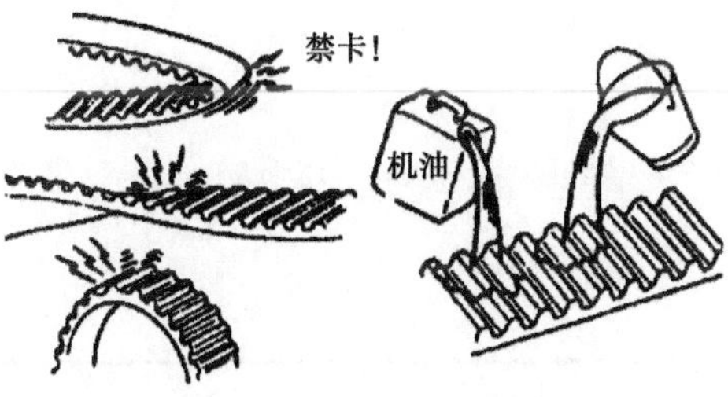	17. 正时皮带其他检查项目。 　　有如下情况之一，也要更换皮带： 　　① 水泵的水泄漏，连续出现需要加水的情况； 　　② 皮带上沾有较多的油渍； 　　③ 正时皮带虽然寿命可达 100 000km，但一般使用 80 000km 后，就需要对其进行检查和更换。

三、正时皮带的安装

图示	说明
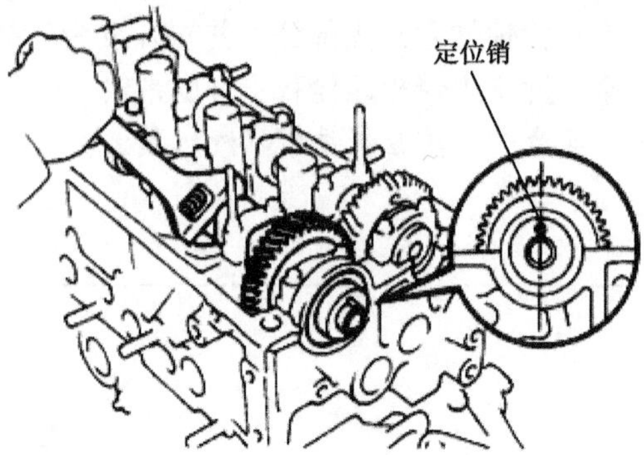 定位销	1. 转动进气凸轮轴。顺时针转动进气凸轮轴，使定位销朝上。
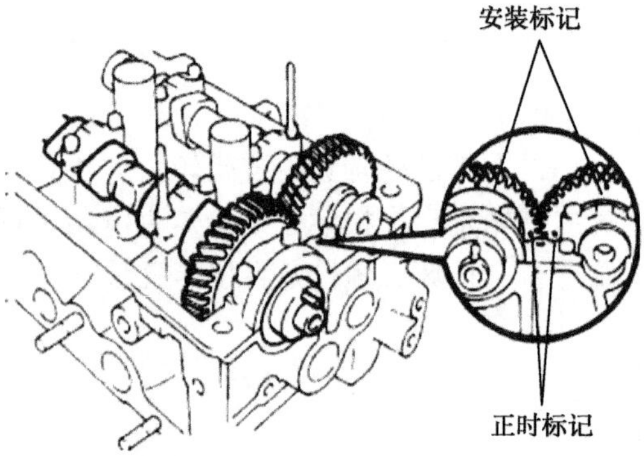 安装标记 正时标记	2. 检查凸轮轴齿轮正时标记是否对准。提示：安装标记在上面。
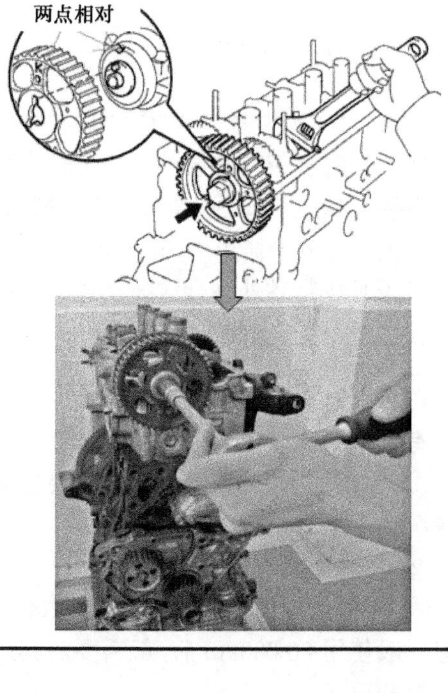 两点相对	3. 安装凸轮轴正时皮带轮。将凸轮轴定位销对准皮带轮带"K"标记的定位销槽，安装正时皮带轮螺栓。夹持凸轮轴六角部位，拧紧正时皮带轮螺栓。

图示	说明
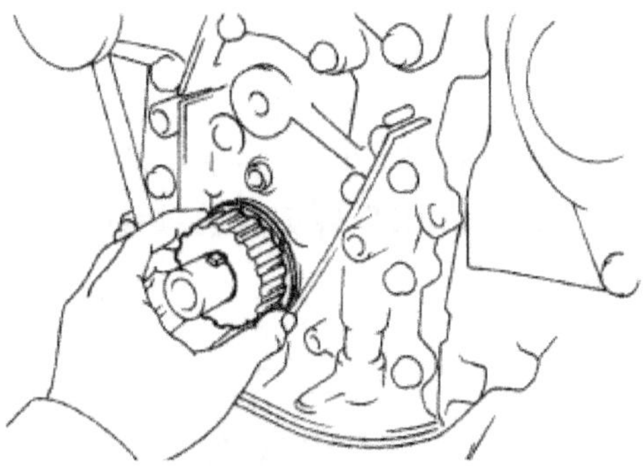	4. 安装曲轴正时皮带轮。对准皮带轮定位键和皮带轮键槽，推入正时皮带轮，带凸缘一面在内侧。
 	5. 安装正时皮带导轮。安装导轮时须面朝内安装，并拧紧螺栓。
	6. 安装张紧轮和张紧弹簧。 提示：暂时不需要拧紧螺栓。

图示	说明
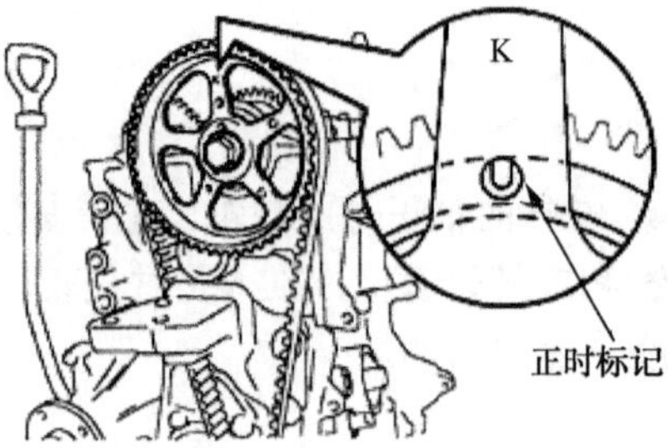 正时标记	7．将 1 号汽缸设定在压缩行程上止点位置。转动凸轮轴的六角部分，将凸轮轴正时皮带轮的"K"标记与轴承盖的正时标记对正。
	8．对准曲轴正时标记。转动曲轴并对准曲轴正时皮带轮和机油泵体的正时标记。
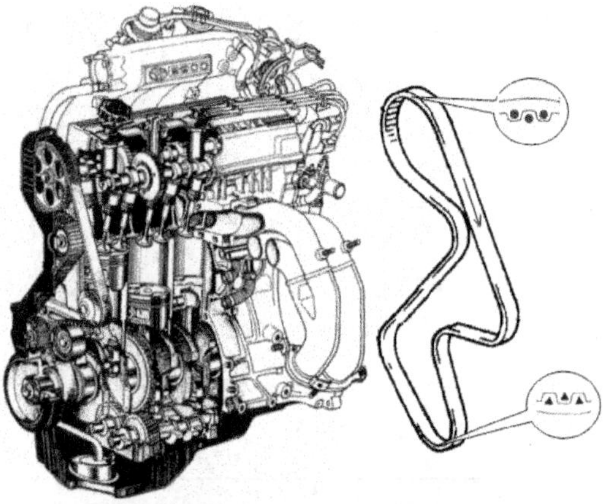  文字方向	9．安装正时皮带前，检查曲轴和凸轮轴正时皮带的张力。 如果使用原来的正时皮带，则需要按照拆下来时所做的标记安装，并且将箭头方向指向发动机的旋转方向。 如果皮带上没有箭头标记，可按照皮带上的文字方向来确定安装方向，文字上端朝发动机。

图示	说明
	10. 准备安装正时皮带。
	11. 将皮带放到凸轮轴正时皮带轮上。
	12. 按发动机的安装位置绕装正时皮带。 提示：一只手压住正时皮带的上端，以免脱落。另一只手拉紧皮带，绕到各个皮带轮上。

图示	说明
	13. 使用自制的 L 形钩钩住张紧轮座孔往外拉动，将正时皮带压进张紧轮内。
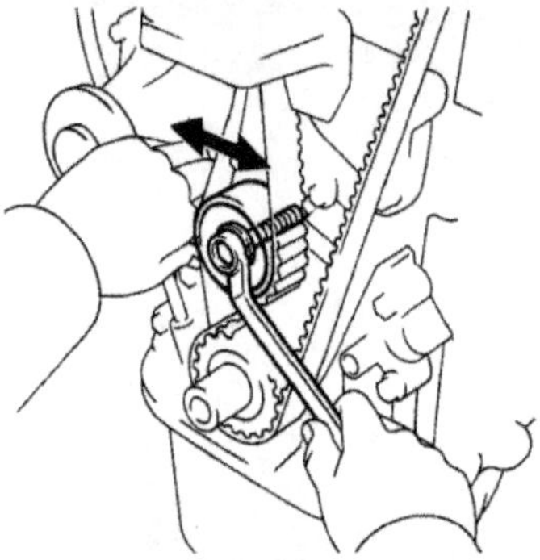	14. 预紧张紧轮螺栓。一只手压住张紧轮往正时皮带一侧加压，另一只手用扳手拧紧张紧轮螺栓。
	15. 检查正时皮带挠度。在左图所示位置检查正时皮带挠度。将一把钢尺放置在张紧轮螺栓上，看皮带处于钢尺的什么刻度。
 	16. 用一只手以 20N 的力压住正时皮带，看正时皮带下沉的尺寸，如果正时皮带挠度不合适，可通过张紧轮来调整。 皮带标准挠度：施力 20 N 时为 5～6mm。

图示	说明
	17．检查配气正时。从上止点位置慢慢转动曲轴两圈，再回到上止点位置。 注意：只能顺时针转动曲轴。
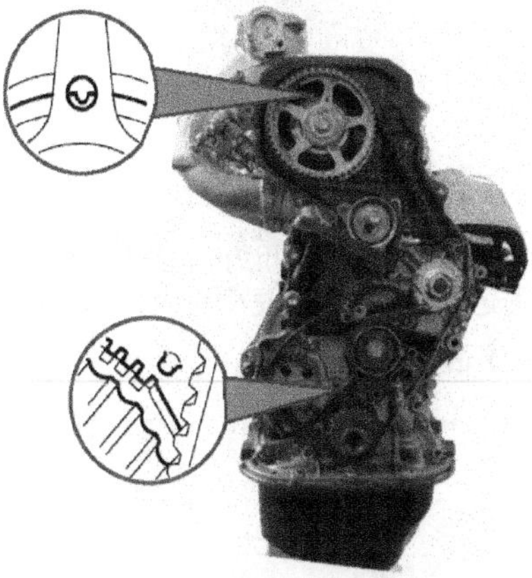	18．检查配气正时标记对齐状况。检查每个皮带轮是否对准正时标记。如果没对准正时标记，要拆下正时皮带重新安装。
 	19．再次检查正时皮带挠度。转动曲轴两圈后再次检查正时皮带挠度，如不合适，要重新调整张紧轮的压紧力度。

图示	说明
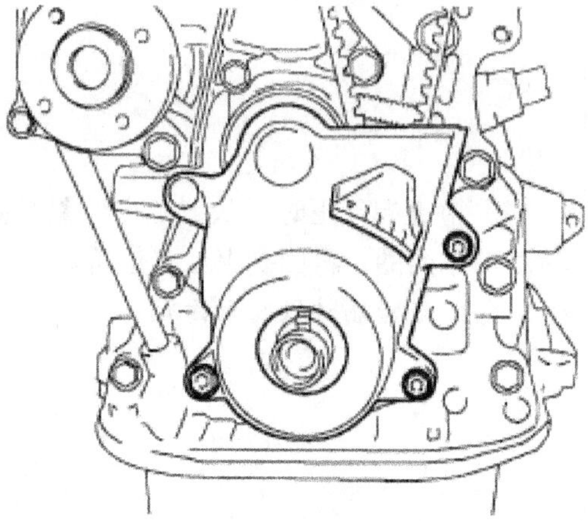	20．安装正时皮带罩分总成。用 3 个螺栓安装正时皮带罩，扭矩为 9.3N·m。
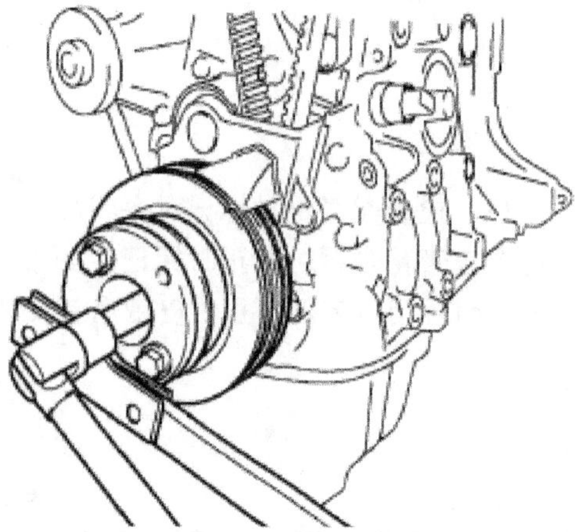	21．安装曲轴皮带轮。对准皮带轮定位键和皮带轮键槽，使用专用工具或扳手，安装皮带轮螺栓。
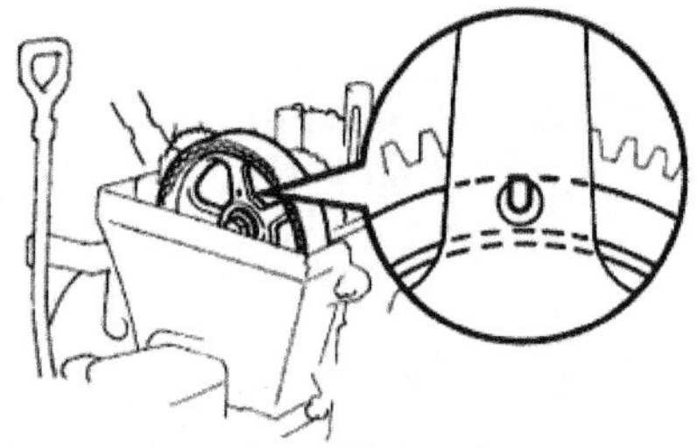 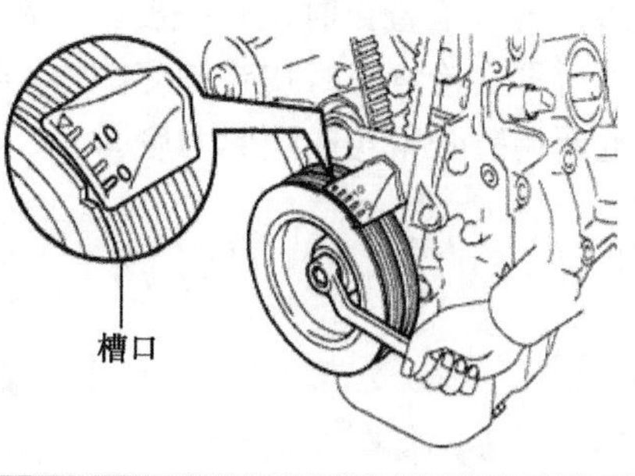 槽口	22．重新检查正时标记。将 1 号汽缸设定在上止点/压缩位置，转动曲轴皮带轮，将皮带轮槽口对准 1 号正时皮带罩上的正时标记"0"。 确保凸轮轴正时皮带轮的"K"标记与轴承盖的正时标记对准。如未对准则转动曲轴一周（360°）。

四、正时链条的拆卸与安装（以 B12 为例）

图示	说明
正时链条的外形结构	
	正时链条的外形结构如左图所示。
正时链条的拆卸程序	
 　键槽与三角标记相对	正时链条的拆卸程序请参考正时皮带的拆卸程序。 拆卸注意事项：转动曲轴，使曲轴正时链轮键槽与缸体上的三角标记对齐（1、4缸活塞处于上止点），否则容易使活塞碰气门，造成气门或活塞损坏。
正时链条的安装程序	
 两个铜色链节与正时链轮上的圆点对齐 	1．安装张紧器总成、张紧器导板和消振带，按规定力矩拧紧螺栓，直至进气正时链导轨总成能用手轻松地移动为止。 注意：调整螺栓和扭簧螺栓安装前，应在其前端 10mm 螺纹部位涂 GY-340 厌氧胶。 2．小范围转动曲轴和凸轮轴，使凸轮轴正时链轮、曲轴正时链轮的标记同缸体凸出的标记正对。 3．使正时链条上的两个铜色链节与凸轮轴正时链轮上的圆点对齐。

图示	说明
曲轴正时链轮链和条安装程序	
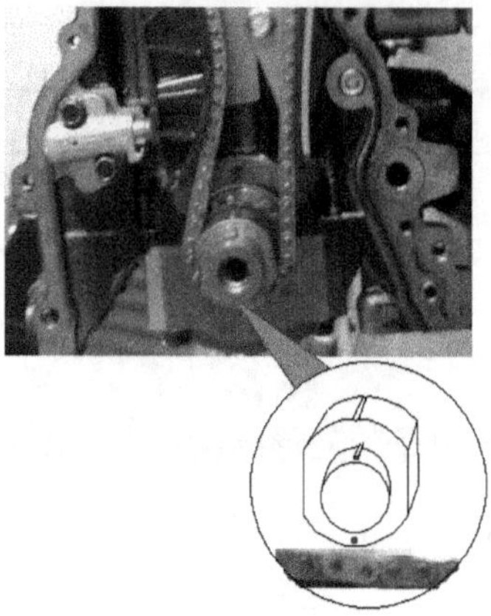	使正时链条上的铜色链节与曲轴正时链轮上的圆点对齐。 　　注意：曲轴正时链轮键槽与缸体上的三角标记对齐。
	装上正时齿轮链，将曲轴正时链轮和凸轮轴正时链轮之间的正时齿轮带完全没有松动地安装好。 　　安装好正时齿轮带后，为了张紧松弛的正时齿轮带，可顺时针方向转动曲轴两圈。当确信齿轮带无松弛后，按规定力矩先后拧紧调整螺栓。紧固前罩壳总成的紧固螺栓至4～5 N·m。
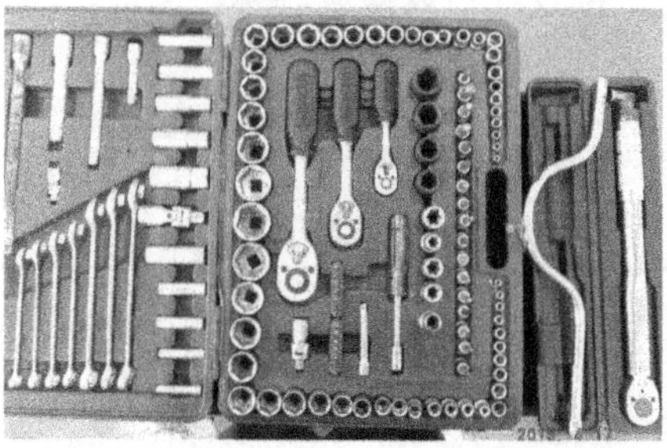	整理工位和收拾工量具。

任务5　气门间隙的检查与调整

学习任务描述

　　一位客户反映汽车动力不足，燃油消耗量增加。经检测发现发动机的汽缸压缩压力低于技术要求，往燃烧室内加入少许发动机机油进行汽缸压缩压力测试，发现汽缸压缩压力值基本无变化，初步诊断气门密封不严，需要对配气机构进行解体检查。

发动机进行大修时，要拆卸配气机构并对相关零件进行检测，根据检测结果进行修理或更换，以恢复发动机曲柄连杆机构良好的技术状况。

查阅相关资料和维修手册，根据相关图文，小组讨论完成以下引导问题。

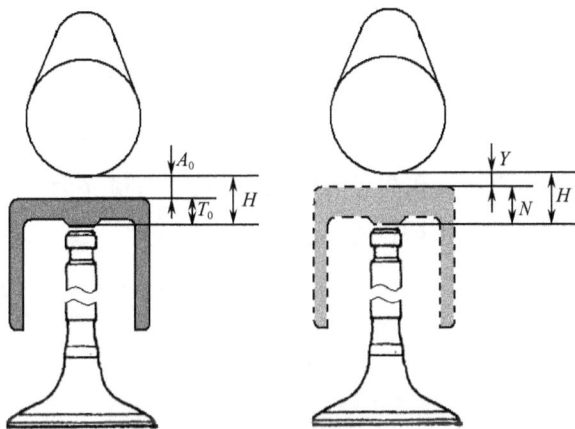

图 3-5-1 顶置式气门

1. 有一辆五菱 6371B3 汽车，B12 型发动机在行驶了 80 000km 后气门有"嗒嗒"的响声，经维修人员诊断确认为气门间隙异常引起的，需要更换气门挺杆，使之恢复正常工作。请为维修人员计算一下应更换哪种规格的气门挺杆。如图 3-5-1 所示，已知实测气门间隙 $A_0 = 0.58$mm，旧气门挺杆内部标注"385"字样，实测厚度为 $T_0 = 3.85$mm，与标注值一致，该车进气门标准间隙值 $Y_1 = 0.08 \sim 0.13$ mm，排气门标准间隙值 $Y_2 = 0.25 \sim 0.30$ mm。

（1）求凸轮轴至气门的距离 H。

（2）求进气门新换气门挺杆的厚度 N_1。

（3）求排气门新换气门挺杆的厚度 N_2。

2. 气门间隙的作用与调整目的是什么？

3．气门间隙的调整方法有哪些？

4．如何确认 1 缸压缩上止点？

5．请用双排不进法，用列表和图示的形式，分析工作顺序为"1→5→3→6→2→4"和"1→3→4→2"的发动机可调气门的排列。

知识要点

一、气门间隙的作用与调整目的

发动机处于冷态时，在气门脚及其传动机构中留有适当的间隙，以补偿气门受热后的膨胀量，这一预留间隙称为气门间隙。一般排气门的气门间隙要略大于进气门的气门间隙。

气门间隙的大小对发动机各方面的性能影响极大。间隙过小，发动机在热态下由于气门杆膨胀可能会造成气门漏气，导致功率下降，甚至烧坏气门，产生排气管烧红、进气管回火等现象。间隙过大，传动零件之间以及气门与气门座之间容易产生冲撞，同时使气门开启的持续时间减少，进气和排气不充分，也会直接影响发动机的正常工作。

二、1 缸压缩上止点的确认

1 缸压缩上止点的确认主要有以下两种方法。

① 观察法：曲轴皮带轮上凹槽位置对准刻度盘上的"0"刻度线，再观察凸轮轴上的正时标记是否对准刻度线，如果没对准，就转动曲轴一圈（360°）。

② 逆推法：转动曲轴，观察与 1 缸曲轴连杆轴颈同在一个方位的 6（4）缸的排气门打开又逐渐关闭到进气门动作瞬间，6（4）缸在排气上止点，则 1 缸在压缩上止点。

三、气门间隙的调整方法

气门间隙的调整方法主要有以下三种。

① 逐缸调整法。打开气门室盖，观察哪一缸的进、排气门均处于关闭状态，即可检查或者调整该缸进、排气门的间隙。该方法一般应用于汽缸较少的发动机。

② 观察法。即打开气门室盖，观察凸轮轴的基圆是否对准气门杆或者摇臂，对准的气门可检查或者调整其间隙。此方法适用于凸轮轴上置式发动机。

③ 二次调整法。二次调整法又称"双排不进法"，"双"指该缸的两个气门间隙均可调，"排"指该缸仅排气门的间隙可调，"不"指两个气门间隙均不可调，"进"指该缸仅进气门的间隙可调（图 3-5-2）。

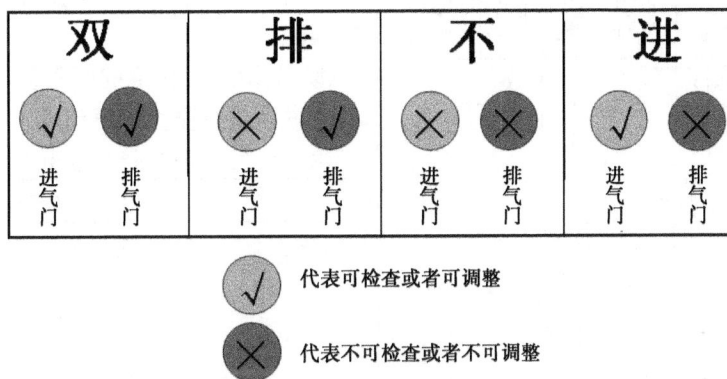

✓ 代表可检查或者可调整

✕ 代表不可检查或者不可调整

图 3-5-2　双排不进法示意图

几种工作顺序不同的发动机可调气门的排列见表 3-5-1、表 3-5-2 和 3-5-3。

表 3-5-1　四缸发动机可调气门的排列

工作顺序	1	3	4	2
	1	2	4	3
第一遍（1 缸压缩上止点）	双	排	不	进
第二遍（4 缸压缩上止点）	不	进	双	排

表 3-5-2　六缸发动机可调气门的排列

工作顺序	1	5	3	6	2	4
	1	4	2	6	3	5
第一遍（1 缸压缩上止点）	双		排		不	进
第二遍（6 缸压缩上止点）	不		进		双	排

表 3-5-3　八缸发动机可调气门的排列

工作顺序	1	5	4	2	6	3	7	8
第一遍（1 缸压缩上止点）	双		排		不		进	
第二遍（6 缸压缩上止点）	不		进		双		排	

用图示法分析发动机可调气门的排列见表 3-5-4。按照发动机的工作顺序，以顺时针顺序编写，当发动机处在 1 缸压缩上止点时，"双排不进"从 1 缸开始排起；当发动机处在 4（6）缸压缩上止点时，"双排不进"从 4（6）缸开始排起。

图示	说明
	4. 检查气门间隙。 ① 仅检查标出的气门； ② 使用塞尺测量气门挺杆和凸轮轴之间的间隙； ③ 记录超出标准的间隙值，这些值在以后考虑更换调整垫片时使用。 **注意：气门间隙标准值如下。** | 进气 | 0.15～0.25mm | | 排气 | 0.25～0.35mm |
	5. 再次检查气门间隙。 ① 转动曲轴皮带轮一圈（360°），将它的缺口与 1 号正时皮带轮罩的正时标记"0"对正； ② 仅检查标出的气门； ③ 使用塞尺测量气门挺杆和凸轮轴之间的间隙； ④ 记录超出标准的间隙值，这些值在以后考虑更换调整垫片时使用。

6. 气门间隙测量方法。

先用塞尺以气门标准间隙值的最小值测量气门间隙，如塞尺能塞进去，则进行下一步测量；如塞尺不能塞进去，说明气门间隙过小，则需要测量气门的实际间隙值。

再用塞尺以气门标准间隙值的最大值测量气门间隙，如塞尺不能塞进去，说明气门间隙合格；如塞尺能塞进去，说明气门间隙过大，则需要测量气门的实际间隙值。

四、气门间隙的调整步骤

1. 摇臂式气门的调整（以五菱汽车 1.0L 发动机为例）

气门间隙对发动机噪声影响很大，需要经常检查和调整，使其保持在规定范围内。

五菱汽车 1.0L 发动机技术规格如下。

进气门间隙：冷态 0.13～0.18mm，热态 0.23～0.28mm

排气门间隙：冷态 0.13～0.18mm 热态 0.23～0.28mm

气门导管内径：7.000～7.015 mm

进气门杆部直径：6.965～6.980mm

排气门杆部直径：6.955～6.970mm

进气门导管配合间隙：小于 0.07mm

排气门导管配合间隙：小于 0.09 mm

进气门杆端部终端偏斜：小于 0.12 mm

排气门杆端部终端偏斜：小于 0.16 mm

进气门大端厚度：大于 0.6 mm

排气门大端厚度：大于 0.7 mm

气门杆端面研磨量：小于 0.5 mm

气门 45° 锥面径向跳动度：小于 0.03 mm

标准气门阀座 45° 锥面色带宽度：1.3～1.5 mm

气门弹簧自由长度：大于 46.5 mm

气门弹簧预负荷：大于 235.2 N（气门弹簧被压缩到 40 mm 时）

气门弹簧垂直度：小于 2.0 mm

凸轮轴直线度：大于 0.10 mm

进气凸轮高度：大于 36.100 mm

排气凸轮高度：小于 36.100 mm

凸轮轴径向间隙：小于 0.15 mm

凸轮轴止推间隙：小于 0.30 mm

图示	说明
气门间隙调整步骤	
	1. 抬高架空前座椅，断开负极线束。从汽缸盖罩总成上拧下加油口盖总成。将曲轴箱通气管从汽缸盖罩上取下。松开支架的安装螺栓，移开汽缸盖罩上固定点火高压线用的高压软线夹和支架。

图示	说明
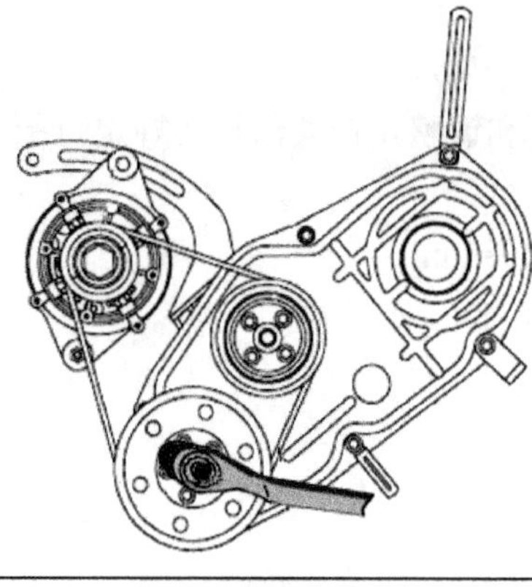	2．转动曲轴，使1缸位于压缩上止点。 提示： ① 通过变速器的观察孔观察点火提前角，且凸轮轴与1缸进、排气门摇臂均处于基圆接触状态。 ② 通过凸轮轴正时皮带轮上的正时标记与机体上的标记对齐，曲轴皮带轮与正时皮带罩壳标记对齐来确认。
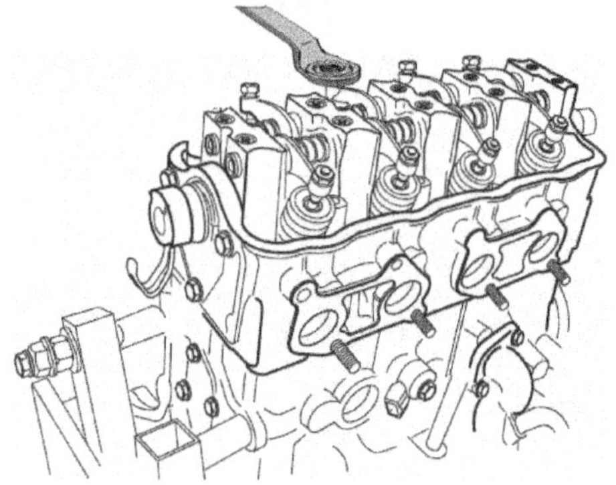	3．先旋松锁紧螺母。使用厚薄规和一字螺丝刀调整1进、1排、2进、3排的气门间隙。然后转动曲轴360°，至4缸位于压缩上止点。使用厚薄规和一字螺丝刀调整4进、4排、3进、2排的气门间隙。
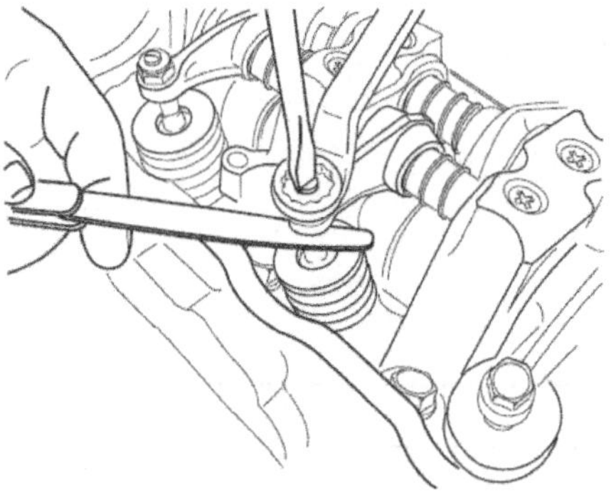	4．用厚度符合规定间隙的厚薄规插入气门杆端面与摇臂之间，同时旋转调整螺钉，直至拉动厚薄规感到稍有阻力后用锁紧螺母锁紧调整螺钉。
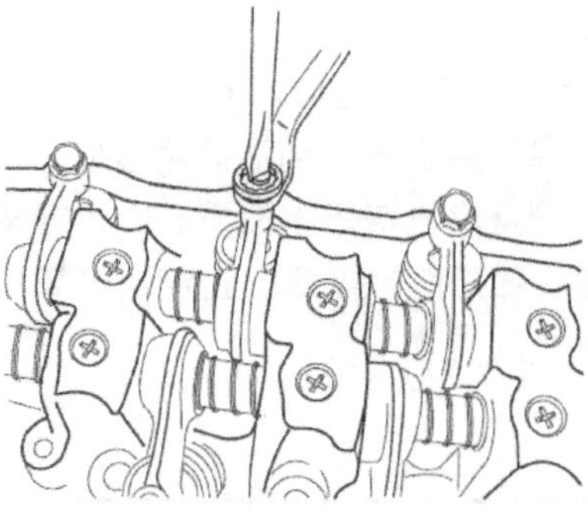	5．调整完后，用一字螺丝刀防止摇臂调整螺钉转动，同时用相应的扳手将气门摇臂调整螺母以18～20 N·m 的力矩上紧。

图示	说明
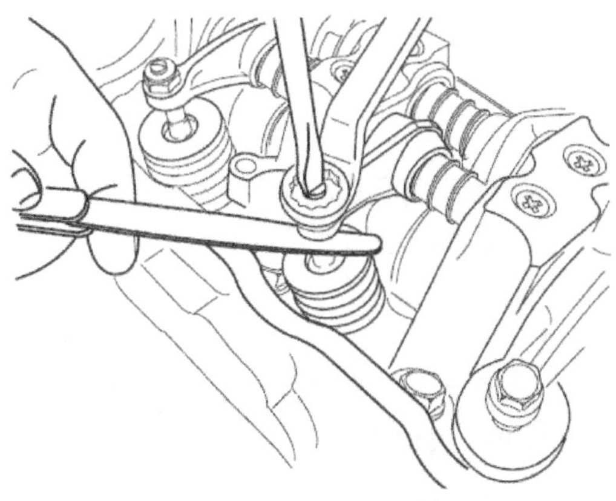	6. 气门调整完，用厚薄规复查一次气门间隙，如果不合格，则要重新调整。

2. 顶置式气门的调整（以 TOYOTA 3S、4S、5A-FE 或 8A-FE 发动机为例）

图示	说明
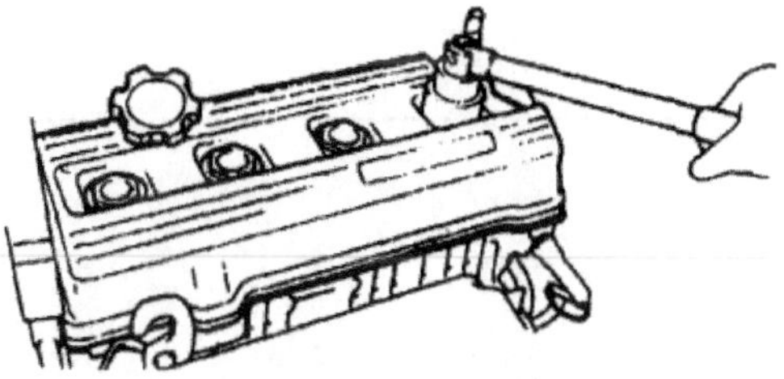	1. 拆下汽缸盖罩的 4 个螺母、橡皮密封圈、汽缸盖罩、衬垫。
	2. 按正确次序摆好橡皮密封圈，以便将其重新装回原来的位置。这样就可以将因误用橡皮密封圈而漏油的可能性减至最小。
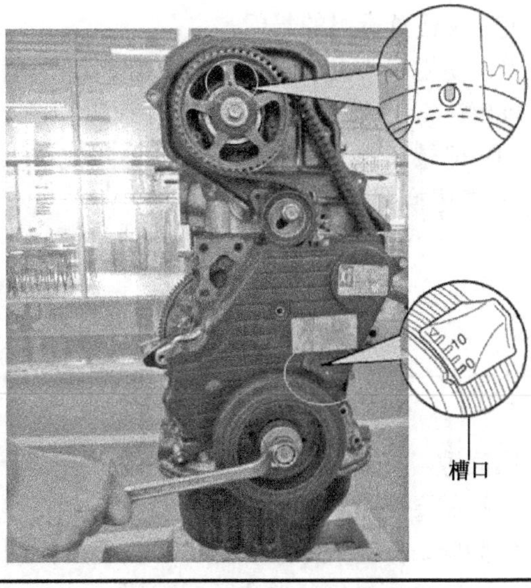 　槽口	3. 调至 1 缸压缩上止点。 将 1 号汽缸设定在上止点/压缩位置,转动曲轴皮带轮，将皮带轮槽口对准 1 号正时皮带罩上的正时标记"0"。 确认凸轮轴正时皮带轮的"K"标记与轴承盖的正时标记对准。如未对准，则转动曲轴一周（360°）。

图示	说明
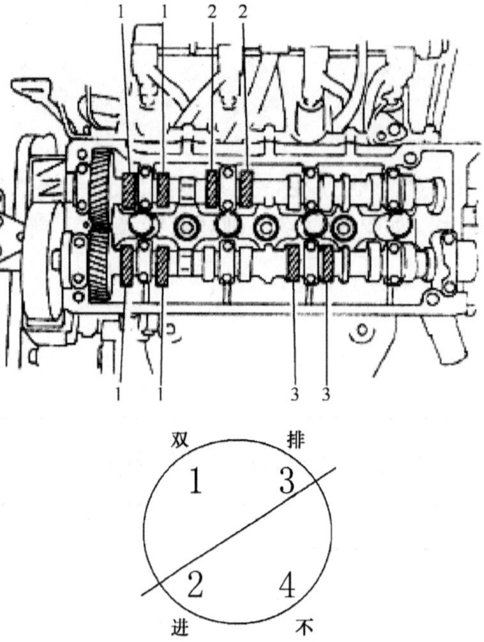	4．检查气门间隙。 ① 仅检查标出的气门； ② 使用塞尺测量气门挺杆和凸轮轴之间的间隙； ③ 记录超出标准的间隙值，这些值在以后考虑更换调整垫片时使用。 注意：气门间隙标准值如下。 | 进气	0.15～0.25mm
排气	0.25～0.35mm	
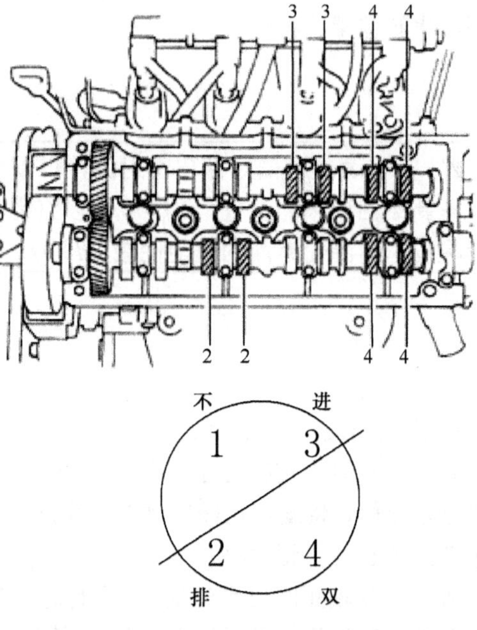	5．再次检查气门间隙。 ① 转动曲轴皮带轮一圈（360°），将它的缺口与1号正时皮带轮罩的正时标记"0"对正； ② 仅检查标出的气门； ③ 使用塞尺测量气门挺杆和凸轮轴之间的间隙； ④ 记录超出标准的间隙值，这些值在以后考虑更换调整垫片时使用；

6．气门间隙测量方法。

先用塞尺以气门标准间隙值的最小值测量气门间隙，如塞尺能塞进去，则进行下一步测量；如塞尺不能塞进去，说明气门间隙过小，则需要测量气门的实际间隙值。

再用塞尺以气门标准间隙值的最大值测量气门间隙，如塞尺不能塞进去，说明气门间隙合格；如塞尺能塞进去，说明气门间隙过大，则需要测量气门的实际间隙值。

图示	说明
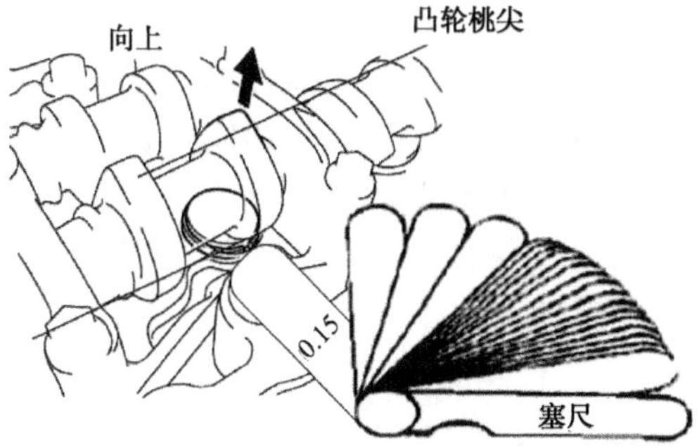	7．以进气门间隙 0.15～0.25mm 为例，先用塞尺以气门标准间隙值的最小值 0.15mm 测量气门间隙。 ① 如塞尺能塞进去，说明气门间隙大于 0.15mm，则进行下一步，即以最大值测量气门间隙。 ② 如塞尺不能塞进去，说明气门间隙小于 0.15mm，间隙值不在标准范围内，则需要测量气门的实际间隙值。
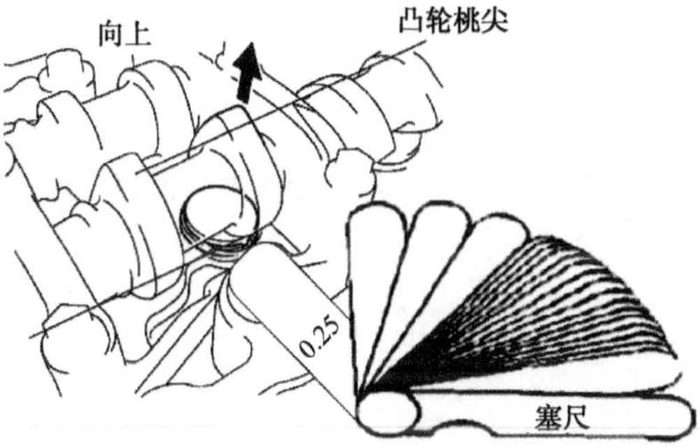	8．再用塞尺以气门标准间隙值的最大值 0.25mm 测量气门间隙。 ① 如塞尺不能塞进去，说明气门间隙小于 0.25mm，表明气门间隙合格。 ② 如塞尺能塞进去，说明气门间隙过大，则需要测量气门的实际间隙值。
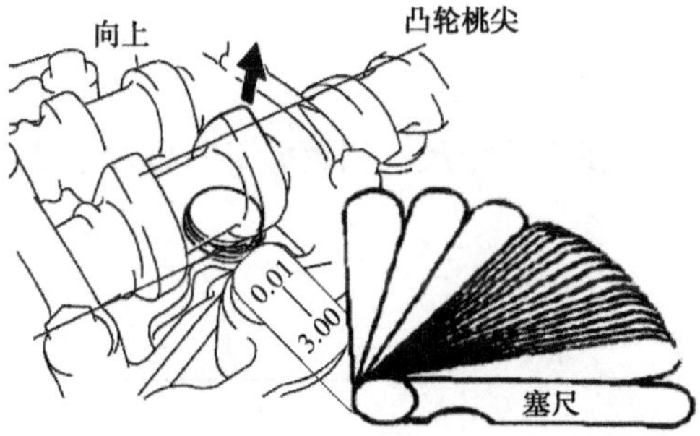	9．如第一次使用 0.15 mm 的塞尺测量气门间隙，塞尺能塞进去；第二次使用 0.25mm 的塞尺测量气门间隙，塞尺不能塞进去，则说明 0.15mm 小于气门间隙值小于 0.25mm，该气门合格。反之，需要测量气门的实际间隙值。 注意：如果气门间隙值不在标准范围内，需要更换气门挺杆或垫片。
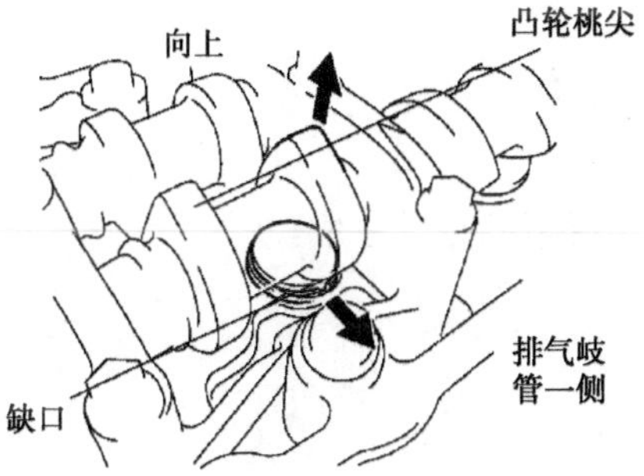	10．转动曲轴，把要调节气门对应的凸轮桃尖朝上。使气门挺杆的缺口朝向排气歧管一侧。

图示	说明
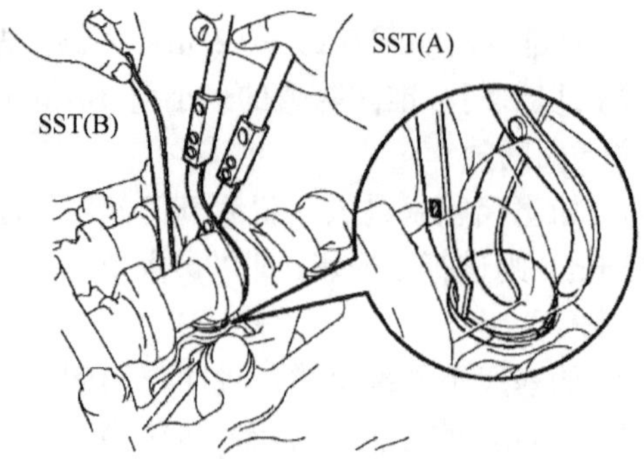 SST(A) SST(B)	11. 压下气门挺杆。使用 SST（A），压下气门挺杆，在凸轮轴和气门挺杆之间放置 SST（B），拆下 SST（A）。 如果没有专用工具，则需要拆下凸轮轴，再取下挺杆。
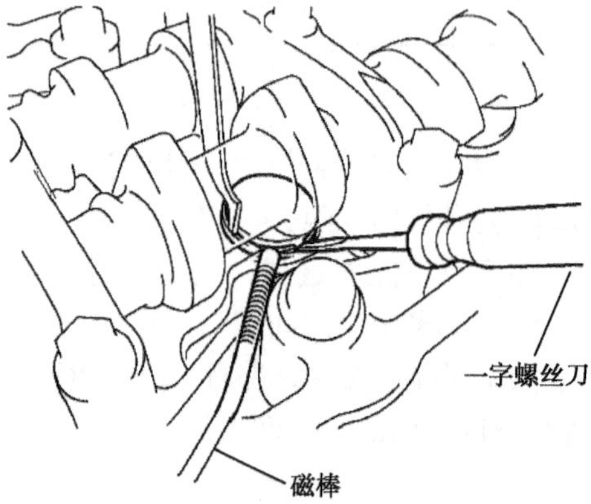 一字螺丝刀 磁棒	12. 用一字螺丝刀和磁棒拆下调整垫片。
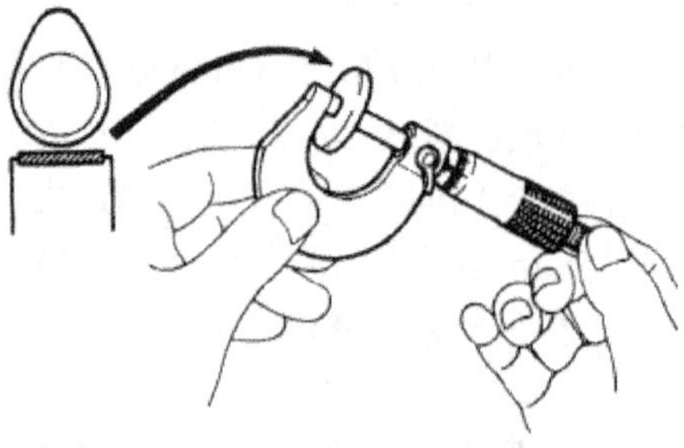	13. 使用千分尺，测量拆下的垫片厚度。
	14. 拆下凸轮轴总成。

图示	说明
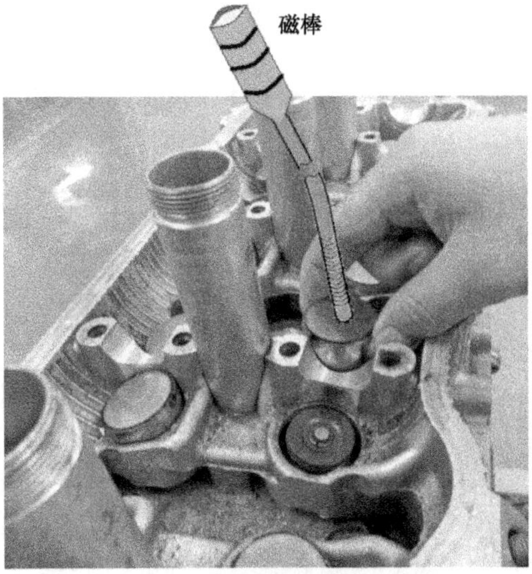 磁棒	15．用磁棒取出气门挺杆。
	16．取出气门挺杆后，目视检查该挺杆。
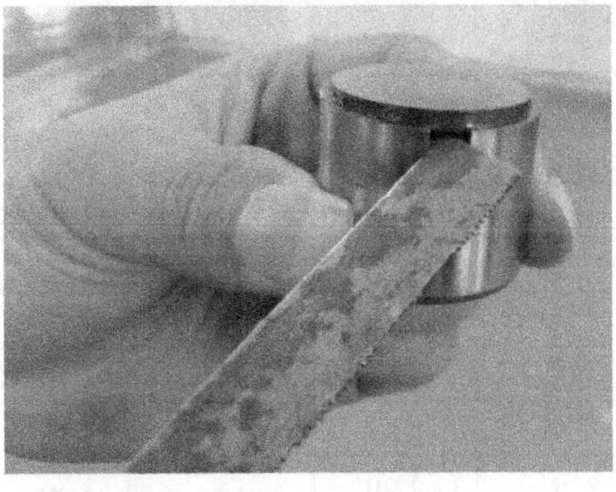	17．用薄铁片或一字螺丝刀撬出挺杆垫片。

图示	说明
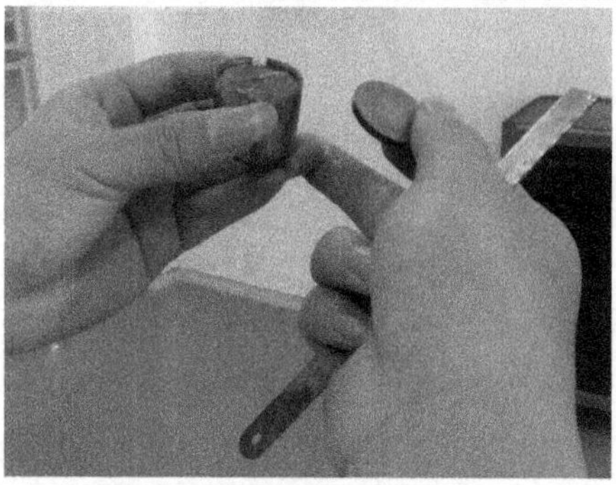	18．取出气门挺杆垫片。
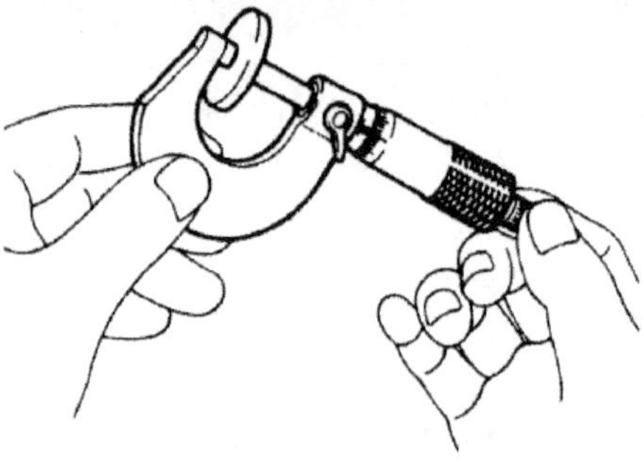	19．使用千分尺，测量拆下的垫片厚度。

20．计算新调整垫片的厚度。

T—旧垫片的厚度

A—实测气门间隙值

N—新调整垫片的厚度

进气门间隙值为 0.15～0.25 mm

排气门间隙值为 0.25～0.35 mm

进气：$N = T + (A-0.20)$

排气：$N = T + (A-0.30)$

选择一个厚度最接近计算值的新垫片

提示：调整垫片的厚度从 2.55 mm 到 3.30 mm 分为 16 级，每级增加 0.05 mm。

21．举例说明：进气门间隙（冷态）

气门间隙值为 0.15～0.25mm

例如：实测旧垫片厚度为 2.800mm，实测间隙值为 0.450mm，则新垫片厚度 $N=2.800+0.450-0.20=3.05$mm，所以新垫片选用 11 号垫片。

垫片号码	厚度（mm）	垫片号码	厚度
1	2.55	9	2.95
2	2.60	10	3.00
3	2.65	11	3.05
4	2.70	12	3.10
5	2.75	13	3.15
6	2.80	14	3.20
7	2.85	15	3.25
8	2.90	16	3.30

图示	说明
22．举例说明：排气门间隙（冷态）气门间隙值为 0.25～0.35mm。 例如：实测旧垫片厚度为 2.800mm，实测间隙值为 0.450mm，则新垫片厚度 N=2.800+0.450-0.30=2.95mm，所以新垫片选用 9 号垫片。	<table><tr><td>垫片号码</td><td>厚度（mm）</td><td>垫片号码</td><td>厚度</td></tr><tr><td>1</td><td>2.55</td><td>9</td><td>2.95</td></tr><tr><td>2</td><td>2.60</td><td>10</td><td>3.00</td></tr><tr><td>3</td><td>2.65</td><td>11</td><td>3.05</td></tr><tr><td>4</td><td>2.70</td><td>12</td><td>3.10</td></tr><tr><td>5</td><td>2.75</td><td>13</td><td>3.15</td></tr><tr><td>6</td><td>2.80</td><td>14</td><td>3.20</td></tr><tr><td>7</td><td>2.85</td><td>15</td><td>3.25</td></tr><tr><td>8</td><td>2.90</td><td>16</td><td>3.30</td></tr></table>
	23．整理工位和收拾工量具。

任务 6　凸轮轴总成拆装

学习任务描述

某车辆出现了异常情况，经诊断发现配气机构已经损坏，需要更换凸轮轴、气门、气门油封。请你按照技术规范，正确地进行凸轮轴、气门、气门油封的更换，使其能正常工作。

凸轮轴、气门和气门油封的更换是维修企业维修发动机时进行的项目，凸轮轴、气门和气门油封的装配对发动机的动力性和经济性都有很大影响。请你按更换凸轮轴、气门和气门油封的操作规程制定更换计划，完成更换后对安装质量进行自检。

任务引导文　查阅相关资料和维修手册，根据相关图文，小组讨论完成以下引导问题。

1．配气机构主要的作用是按照汽缸的＿＿＿＿＿＿和工作过程的要求，控制进、排气门＿＿＿＿＿＿，向汽缸供给＿＿＿＿＿＿（汽油机）或新鲜空气（柴油机）并及时排出废气。另外，当进、排气门关闭时，保证汽缸密封。

2．如图 3-6-1 所示，配气机构可以分为_____和气门传动组。

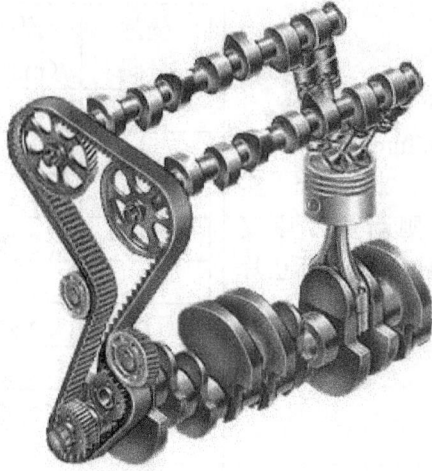

图 3-6-1　配气机构的组成

3．认识发动机凸轮轴总成，填写图 3-6-2 的方框。

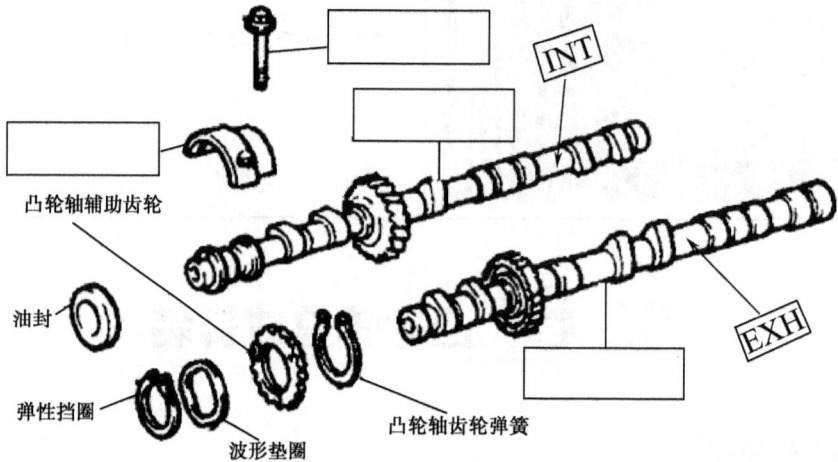

凸轮轴辅助齿轮

油封

弹性挡圈

波形垫圈

凸轮轴齿轮弹簧

INT

EXH

图 3-6-2　凸轮轴总成

4．在拆卸、检测和安装凸轮轴时，如何确保凸轮轴轴承盖的位置？如何区分进、排气凸轮轴轴承盖？安装轴承盖时，如何确保其正确的安装方向？

5. 请在图 3-6-3（a）中用数字标出拆卸凸轮轴螺栓的顺序，在图 3-6-3（b）中用数字标出安装凸轮轴螺栓的顺序。

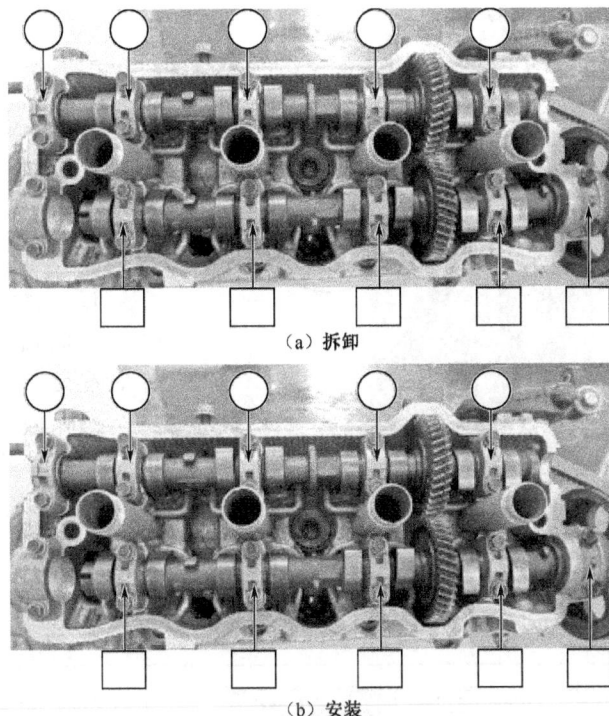

（a）拆卸

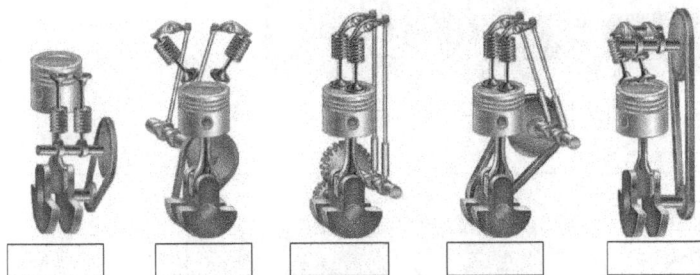

（b）安装

图 3-6-3　凸轮轴螺栓拆卸与安装顺序

6. 请在图 3-6-4 的方框中，填写气门式配气机构的布置形式。

图 3-6-4　气门式配气机构的布置形式

小词典

充气效率：新鲜空气或可燃混合气被吸入汽缸越多，则发动机可能发出的功率越大。新鲜空气或可燃混合气充满汽缸的程度，用充气效率 η_v 表示。η_v 越大，表明进入汽缸的新鲜混合气越多，可燃混合气燃烧时放出的热量也就越大，发动机的功率越大。

汽车发动机构造与维修

知识要点

一、找出凸轮轴上的相关标记

图示	说明
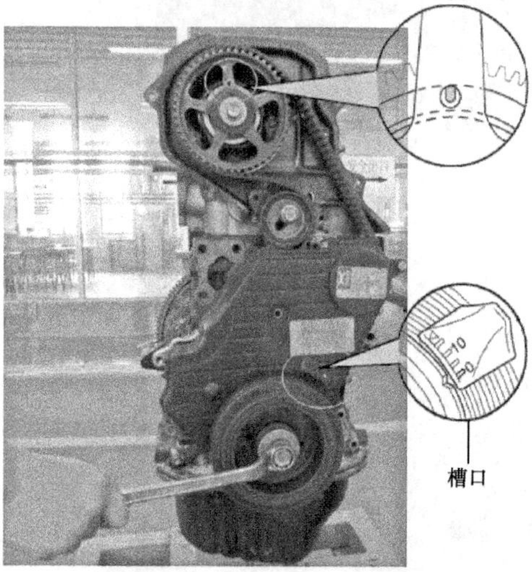	1．正时皮带轮标记。 将曲轴皮带轮槽口对准正时皮带罩上的正时标记"0"。 凸轮轴正时皮带轮的"K"标记与轴承盖的正时标记对准。
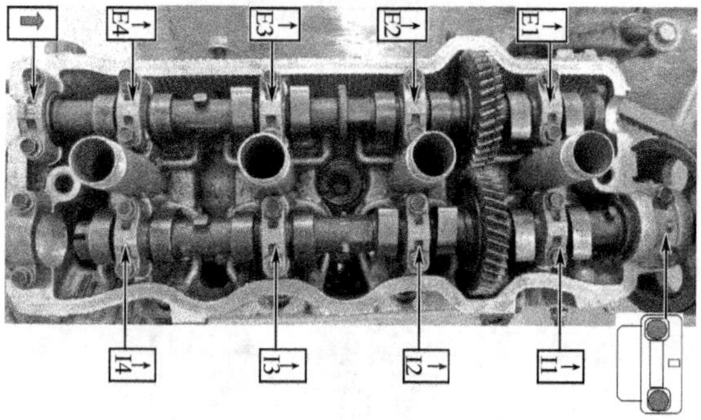	2．凸轮轴轴承盖标记。 找出代号"I"和代号"E"，它们分别代表"进气"和"排气"。 找出"→"标记，箭头前端朝发动机前端。 数字代表顺序号，如"I3"代表"进气 3#"轴承盖。
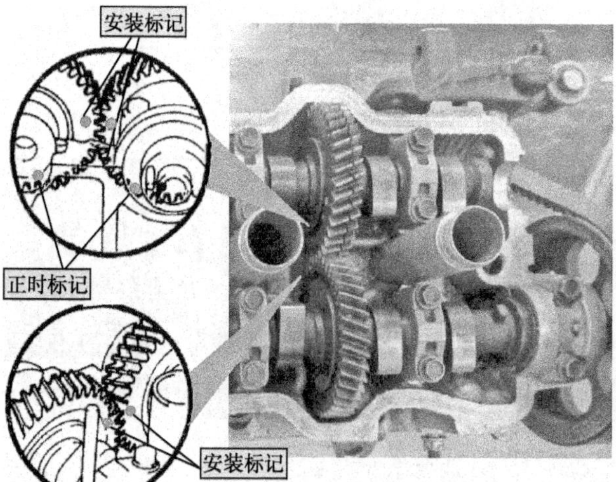	3．安装标记和正时标记。 找出进气凸轮轴和排气凸轮轴的安装标记和正时标记。

图示	说明
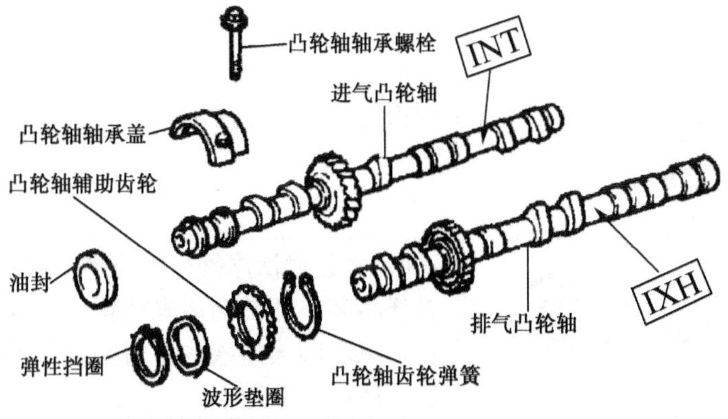	4．区分进气凸轮轴和排气凸轮轴。 ①方法1：靠近进气管一侧的是进气凸轮轴，靠近排气管一侧的是排气凸轮轴。 ②方法2：进气凸轮轴上标注有"INT"字样，排气凸轮轴上标注有"EXH"字样。

二、拆卸步骤

图示	说明
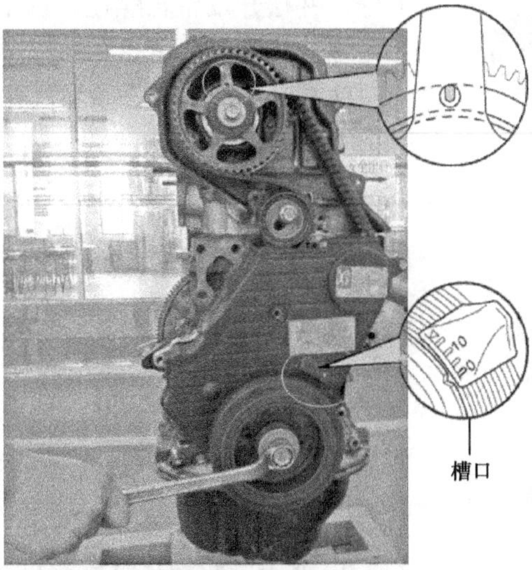	1．调至1缸压缩上止点。 将1号汽缸设定在上止点/压缩位置，转动曲轴皮带轮，将皮带轮槽口对准1号正时皮带罩上的正时标记"0"。 确保凸轮轴正时皮带轮的"K"标记与轴承盖的正时标记对准。如未对准，转动曲轴一周（360°）。
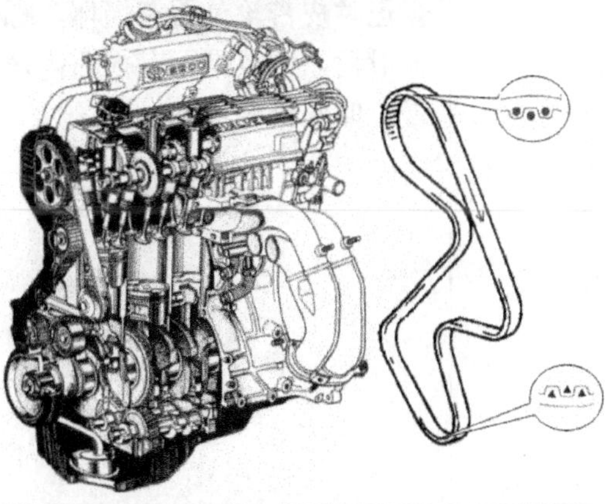	2．拆下正时皮带，详细步骤见项目三任务4。 提示：如果重复使用正时皮带，要在皮带上画一个方向箭头（按发动机旋转的方向），并在皮带轮和皮带上做定位标记。

图示	说明
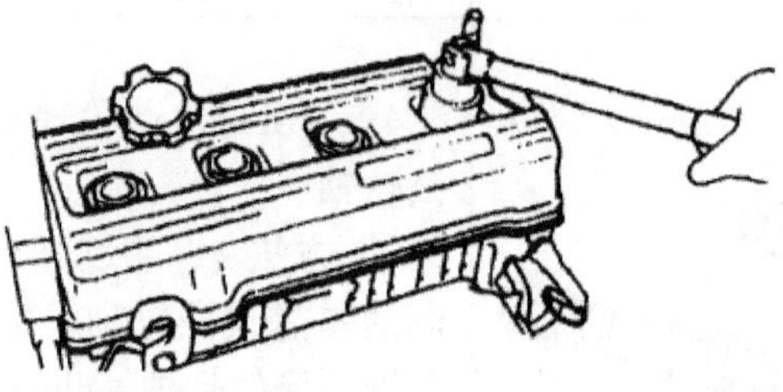	3．拆下汽缸盖罩的 4 个螺母、橡皮密封圈、汽缸盖罩、衬垫。
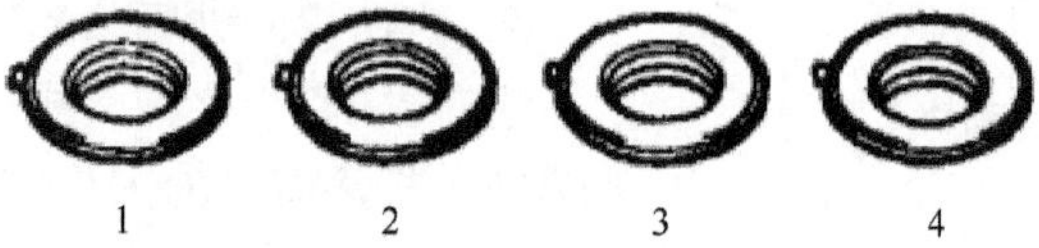	4．按正确次序摆好橡皮密封圈，以便将其重新装回原来位置。这样就可以将因误用橡皮密封圈而漏油的可能性减至最小。
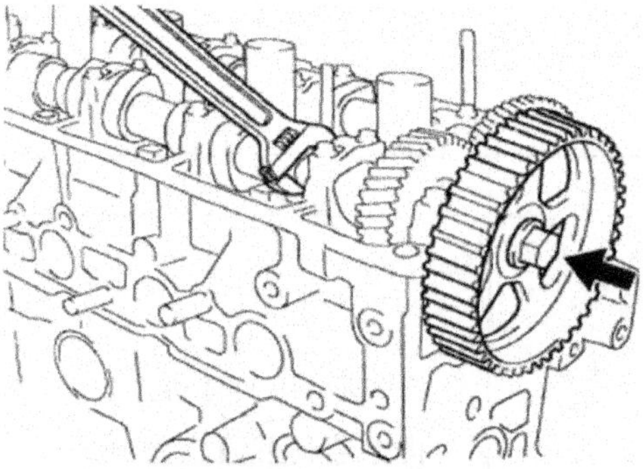	5．拆下凸轮轴正时皮带轮。 用扳手夹持凸轮轴的六角头部分，并松开皮带轮螺栓。拆下皮带轮螺栓和正时皮带轮。 注意：不要让扳手损坏汽缸盖。
 	6．取下凸轮轴正时皮带轮，并检查正时皮带轮是否有损坏，螺栓是否滑角，螺纹是否有损坏，螺栓是否拉伸变长等。

图示	说明
	7.按左图所示，拧松凸轮轴螺栓。 "①②③④⑤"为排气凸轮轴螺栓拧松顺序。 "１２３４５"为进气凸轮轴螺栓拧松顺序。
	8.松开凸轮轴。使用合适的套筒扳手拧松凸轮轴螺栓。
	9.使用摇把快速摇下进气凸轮轴的10个汽缸盖螺栓，以及排气凸轮轴的10个汽缸盖螺栓。

图示	说明
	10．取下凸轮轴轴承盖。 该轴承盖有定位销，安装配合比较紧固，取下时可按以下方法操作。 方法 1：轻轻摇动凸轮轴，把该轴承盖取下，如无法取下，按方法 2 操作。 方法 2：从发动机横向，用铁锤柄轻轻敲击轴承盖两端。
	11．凸轮轴轴承盖敲击部位如左图所示。
	12．取下凸轮轴。 从凸轮轴的两端轻轻摇动凸轮轴，松动后，取下凸轮轴。

图示	说明
	13．将取下的凸轮轴和轴承盖按顺序摆放整齐。 提示：应轻拿轻放，以免损坏零部件。
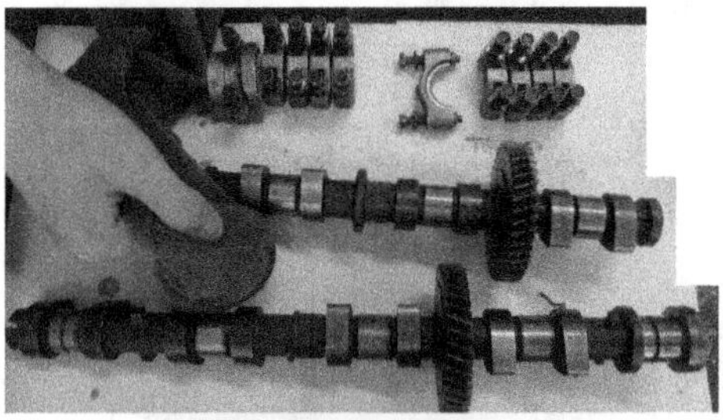 	14．清洁凸轮轴和轴承盖，用毛巾清洁凸轮轴和轴承盖。 注意：不要刮伤凸轮轴和轴承盖。清洁时各轴承的螺栓应尽可能放回原来位置。这样就可以将因误用螺栓而无法紧固轴承的可能性减至最小。
	15．清洁和检查汽缸盖轴承。用毛巾清洁汽缸盖轴承，目视检查汽缸盖轴承是否有深度刮痕、是否烧蚀等，气门组件是否有损坏。
	16．吹拭汽缸盖。用风枪对汽缸盖的每个部位进行吹拭。吹拭气门总成、螺栓孔、水道、机油道、火花塞座孔等。 注意：特别注意吹干螺栓孔，防止螺栓孔内有杂物、水和油等。

图示	说明
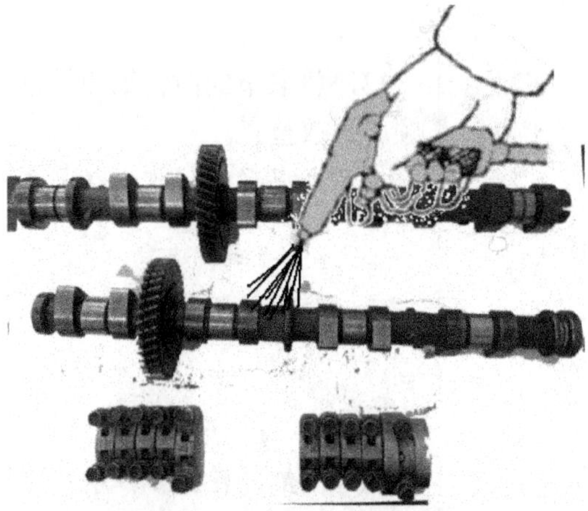	17．吹拭凸轮轴和轴承盖。将凸轮轴和轴承盖彻底吹拭干净。特别要注意吹拭机油道，以保证机油道的通畅。
	18．注意清洁轴承座处机油孔，预防油孔堵塞。

三、安装步骤

图示	说明
	1．在每个气门挺杆上端涂上一层机油。

图示	说明
	2．在每个轴承座处涂上一层机油。
	3．将进气凸轮轴放置到汽缸盖上。 注意：在安装凸轮轴时，1 缸凸轮必须朝上。
 定位销	4．先安装进气凸轮轴，使其定位销朝上方稍稍偏右一个角度，将凸轮轴完全平整地放置到汽缸盖上。
	5．在凸轮轴的轴颈和凸轮上涂上一层机油。

图示	说明
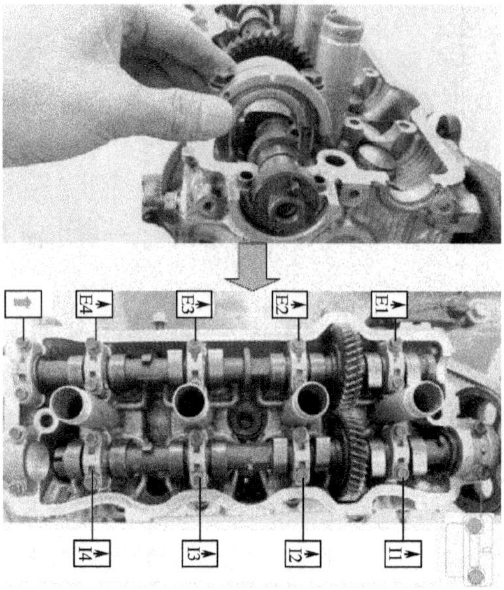	6. 安装轴承盖。 按 I1、I2、I3、I4 和 "→" 方向标记，安装轴承盖。 在轴承盖螺栓的螺纹上和螺栓头下部涂一薄层机油。
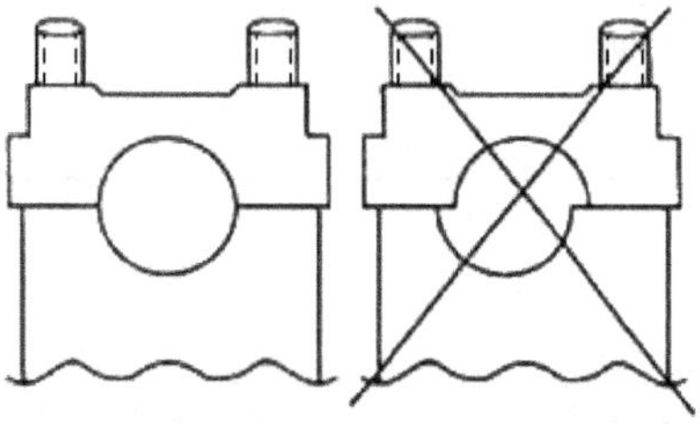	7. 安装轴承盖时，要保证螺栓孔上下对齐，安装前确定轴承盖的安装位置。 注意：不得将轴承盖装反，顺序和位置不能错乱。
	8. 凸轮轴螺栓的紧固顺序如左图所示。
	9. 按规定顺序先预紧进气凸轮轴。

图示	说明
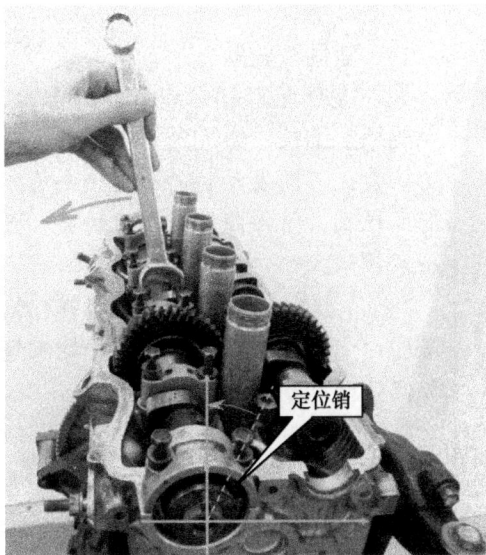定位销	10．调整凸轮轴角度。 由于预紧凸轮轴之前，凸轮轴定位销是朝上方稍稍偏右一个角度的，因此在安装排气凸轮轴之前，需要将其调整回正，使之朝上。
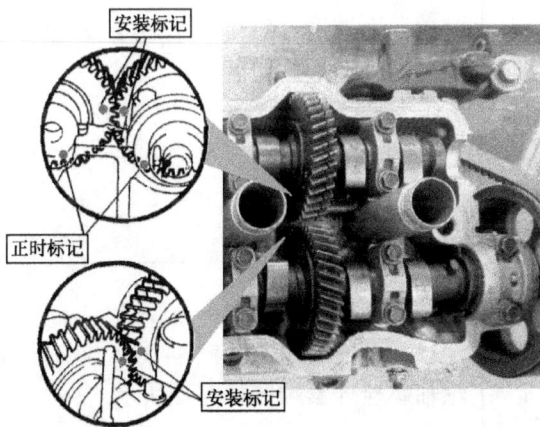安装标记　正时标记　安装标记	11．在两根凸轮轴上找出正时标记和安装标记，然后将安装标记对齐，使排气凸轮轴顺着齿轮慢慢滚到汽缸盖上，此时正时标记应对齐。 提示：正时标记与安装标记在齿轮上相隔 5 个齿。
	12．安装排气凸轮轴。 排气凸轮轴安装方法和进气凸轮轴安装方法相同。

图示	说明
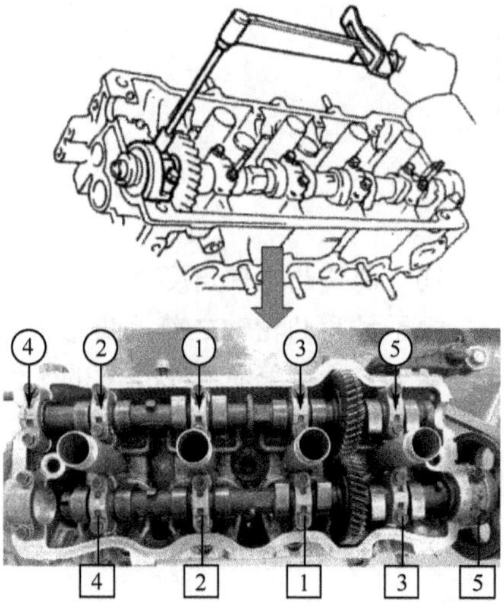	13．紧固凸轮轴。 按左图所示顺序分多次均匀拧紧 10 个轴承盖螺栓，扭矩为 13 N・m。 注意：不同发动机的凸轮轴安装方法有所区别，请按照维修手册的要求进行安装调试。 "①②③④⑤"为排气凸轮轴螺栓紧固顺序，"123 45"为进气凸轮轴螺栓紧固顺序。
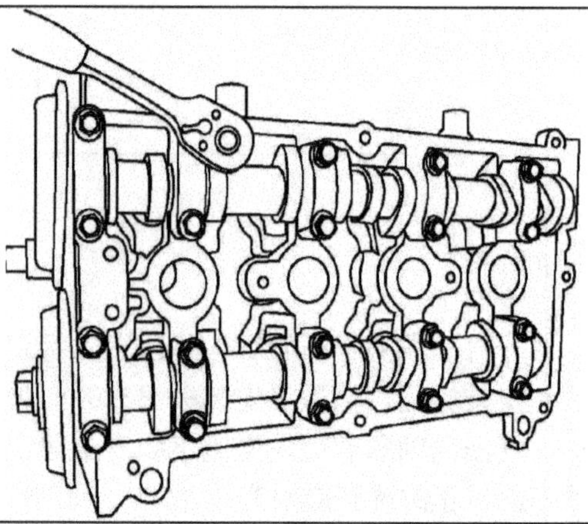	14．上汽通用五菱汽车 B12 发动机凸轮轴的外形如左图所示。
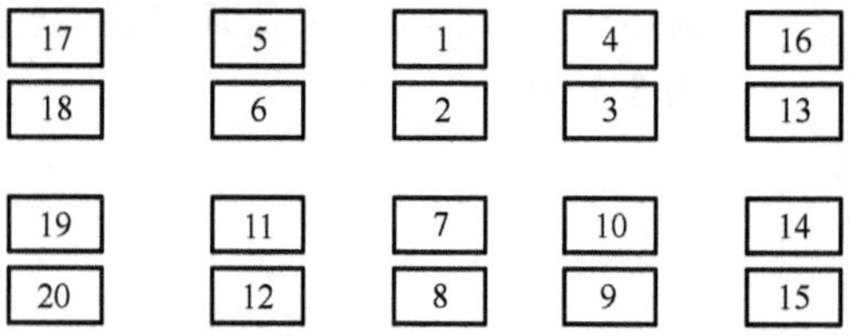	15．上汽通用五菱汽车 B12 发动机凸轮轴螺栓拧紧顺序如左图所示。
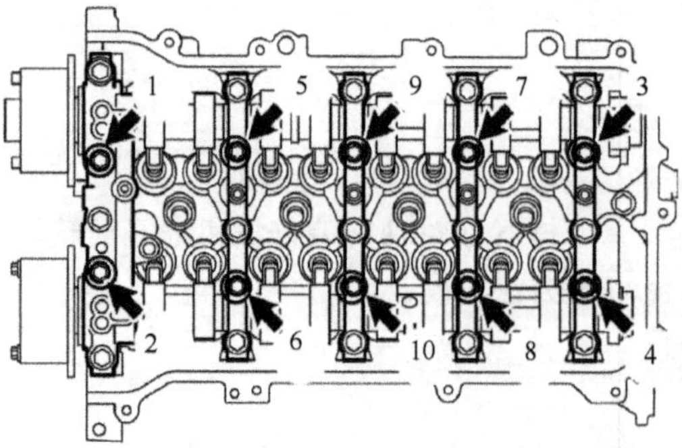	16．1ZR 发动机凸轮轴轴承盖拆卸步骤（1）。 丰田卡罗拉 1ZR 发动机凸轮轴轴承盖顶部有 25 个螺栓，分为 5 排，其中两排颜色不同。 先按左图所示顺序，均匀地拧松并拆下 10 个轴承盖螺栓。

图示	说明
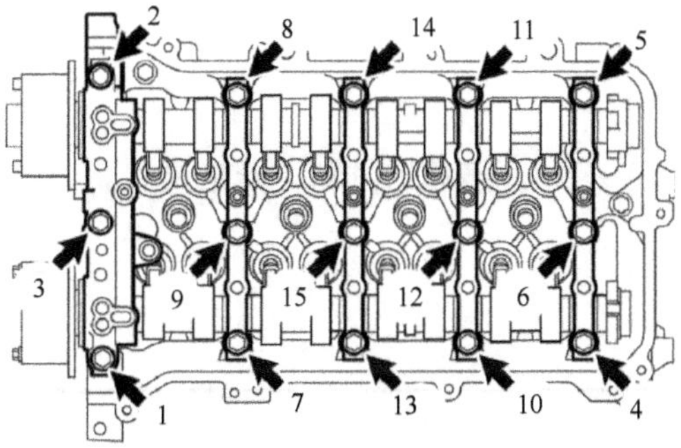	17．1ZR 发动机凸轮轴轴承盖拆卸步骤（2）。 按左图所示顺序，均匀地拧松并拆下 15 个轴承盖螺栓。拆下 5 个轴承盖。 **注意**：曲轴处于水平状态的同时均匀地拧松螺栓；按正确的顺序摆放拆下的零件。
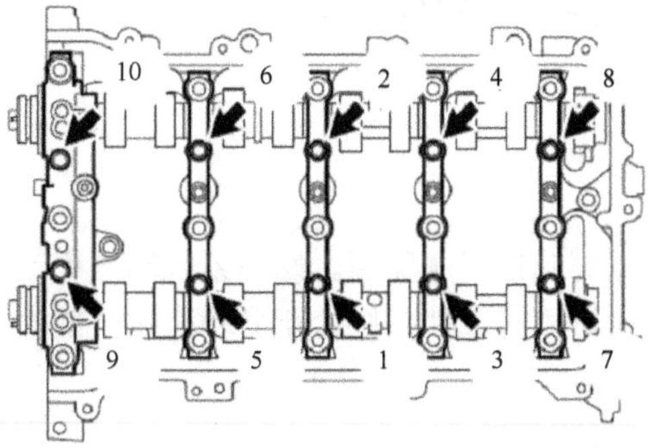	18．1ZR 发动机凸轮轴轴承盖安装步骤（1）。 按左图所示顺序紧固 10 个螺栓，扭矩为 16 N·m。
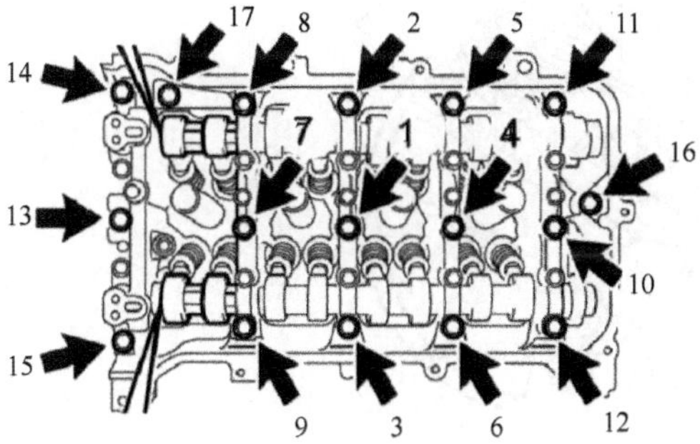	19．1ZR 发动机凸轮轴轴承盖安装步骤（2）。 如左图所示，固定凸轮轴。安装凸轮轴盖，并按图示顺序紧固 17 个螺栓，扭矩为 27 N·m。 **注意**：安装凸轮轴盖后，确保凸轮凸角按图示安装。 如果在安装过程中有螺栓松动，则拆下凸轮轴盖，清洁安装表面并重新涂抹密封胶。 如果在安装过程中因螺栓松动而拆下凸轮轴盖，则应确保先前涂抹的密封胶未进入任何机油通道。 安装凸轮轴盖后，拭去凸轮轴盖和汽缸盖之间渗出的密封胶。

图示	说明
	20．整理工位和收拾工量具。

任务 **7**　汽缸压力的检查

学习任务描述

一位顾客反映他的汽车发动机动力不足，需要确定问题原因。燃油系统和点火系统已检查过，并确定其工作正常，现在需要检查发动机机械部件，以诊断发动机哪些部件可能损坏。

点燃式内燃机正常工作要满足以下 3 个必要条件：

① 混合气的浓度和数量要适应发动机的工况要求；

② 点火正时和点火能量要适应发动机的工况要求；

③ 汽缸压缩压力足够且各缸之间压缩压力差异小。

经检查发现汽车发动机燃油系统及点火系统工作正常，所以重点检查发动机机械方面的原因，特别是发动机汽缸的密封性能，如图 3-7-1 所示。

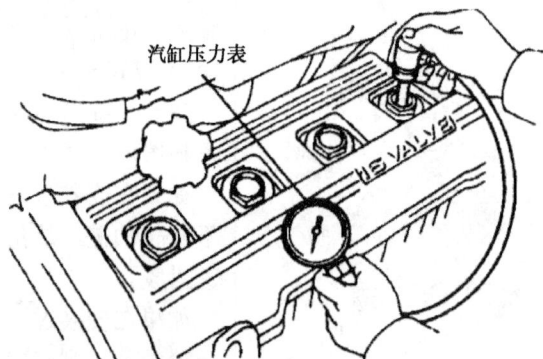

图 3-7-1　汽缸压力的检查

 查阅相关资料和维修手册，根据相关图文，小组讨论完成以下引导问题。

1．认识汽缸压力表，填写图 3-7-2 中的方框。

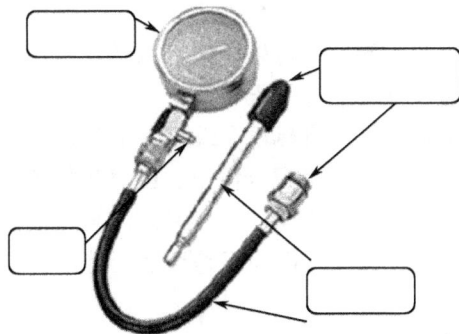

图 3-7-2　汽缸压力表

2．汽缸内混合气被压缩时有可能通过哪些途径泄漏？

3．发动机的排气阻力对发动机动力性能有无影响？为什么？

4．汽车发动机在使用过程中汽缸压缩压力一定是逐渐降低的吗？有没有可能升高？为什么？

5．汽缸的密封性是否会影响发动机的动力性、经济性和尾气排放性能？如何影响？

6．请列举影响发动机动力性的发动机机械方面的其他因素。

7．请在下述选项中选择检测发动机汽缸密封性的方法。（　　　）
　　A．汽缸压缩压力检测
　　B．水压法
　　C．汽缸泄漏检测
　　D．真空测试法
　　E．曲轴箱窜气量检测
　　F．数据流检测

知识要点

对发动机汽缸进行压缩压力测试，可以确定活塞环、气门和缸盖垫的状况。汽缸压缩压力是指四行程发动机压缩行程终了时的压力。

提示：如果汽车功率不足、机油消耗过多或燃油节约性能不佳，就要测量压缩压力。

汽缸压力与机油黏度、汽缸活塞组配合情况、配气机构调整的正确性和汽缸垫的密封性等因素有关。通过测量发动机汽缸压力，可以诊断汽缸、活塞组的密封情况，确定活塞环、气门、汽缸垫密封性是否良好和气门间隙是否适当等。

一、汽缸压力的测量

图示	说明
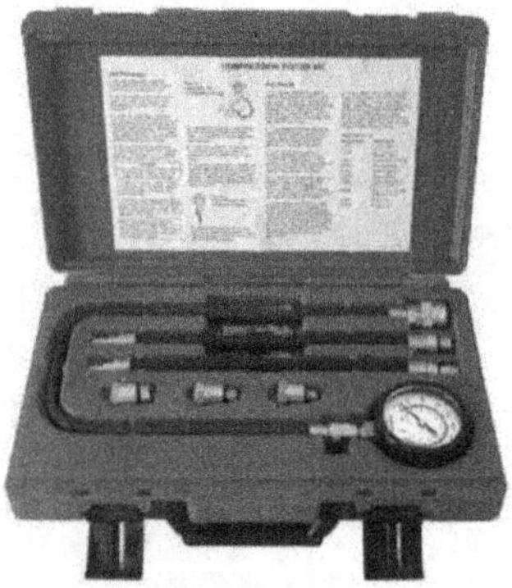	1．准备汽缸压力表、万用表和常用工具。
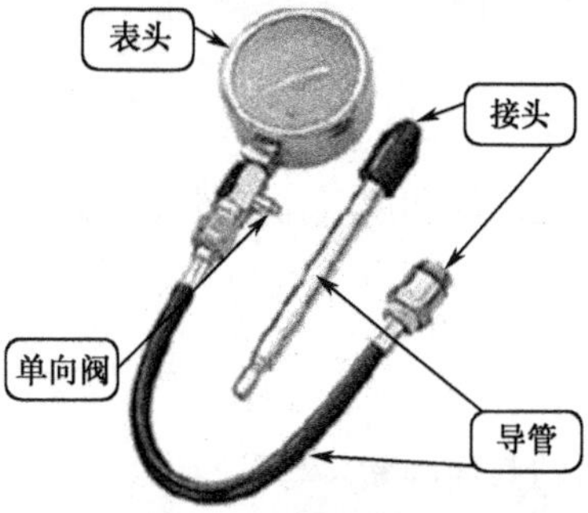	2．认识汽缸压力表。
	3．将汽车正确停放在工位上，并放置三角木。

图示	说明
	4．正确摆放车辆，做好车辆防护。
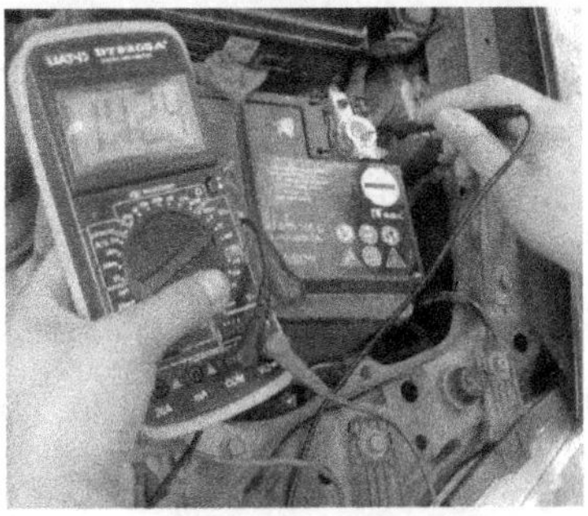	5．测量蓄电池电压值，蓄电池电量必须充足。
	6．确认起动机性能正常。
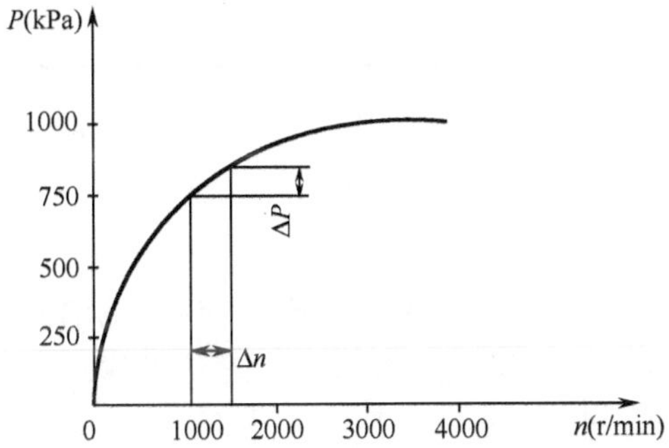	7．汽缸的压缩压力是评价汽缸密封性最为直接的指标，但它在发动机的使用寿命中变化量却很小，灵敏度较低。虽然利用汽缸压力表检测汽缸压力的方法很简便，但其检测精度经常受到曲轴转速的影响，即与压缩行程持续的时间密切相关，左图为汽缸压缩压力与曲轴转速的关系曲线。当发动机在低转速范围内运转时，即使较小的转速差（Δn），也能引起汽缸压力测量结果发生较大的变化（ΔP）。只有曲轴转速超过某一值时，检测结果受转速的影响才会较小。曲轴转速的高低又取决于蓄电池和起动机的技术状况，以及发动机旋转时的摩擦力矩，这就是利用汽缸压力表检测汽缸压力误差较大的原因。

图示	说明
	8．运转发动机，达到正常的工作温度（水温 80℃～90℃，油温 70℃～90℃）。
 喷油器熔丝 点火模块熔丝 燃油泵熔丝	9．中止点火和喷油。中止点火和喷油的方法有很多种，要根据车辆的实际状况，选择适当的方法。 方法（1）：取下喷油器、点火模块和燃油泵熔丝。 方法（2）：拔下喷油器、点火模块和燃油泵连接器。
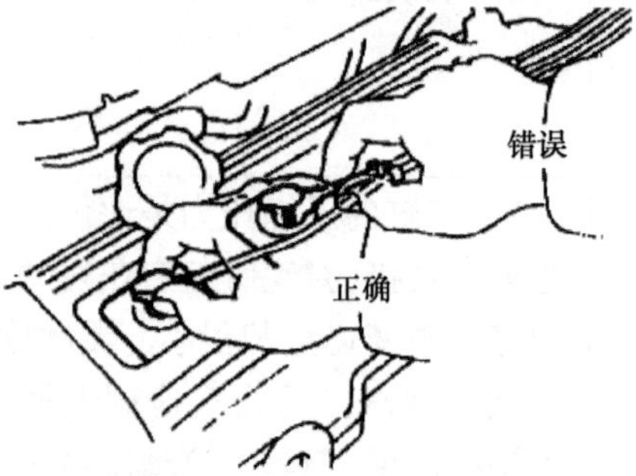 错误 正确	10．取下高压线。从火花塞上脱开高压线，在橡皮套处脱开高压线，不要拉扯高压线。 注意：拉扯或折弯高压线，可能损坏内部导线。
	11．拆卸发动机装饰盖，清洁发动机上部，用压缩空气吹净火花塞周围的脏物。

图示	说明
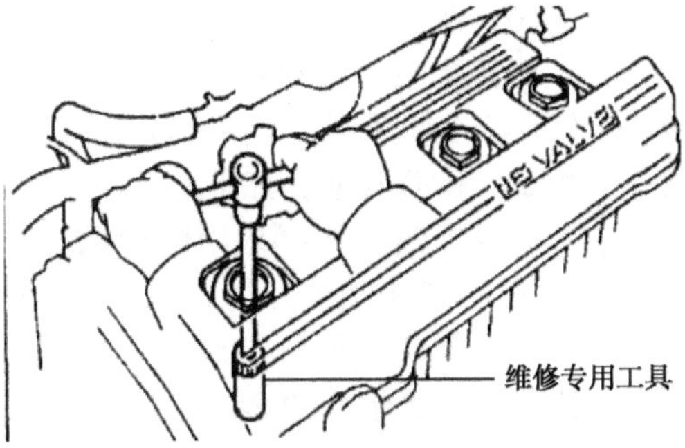 维修专用工具	12．拆下火花塞。用维修专用工具拆下 4 个火花塞。
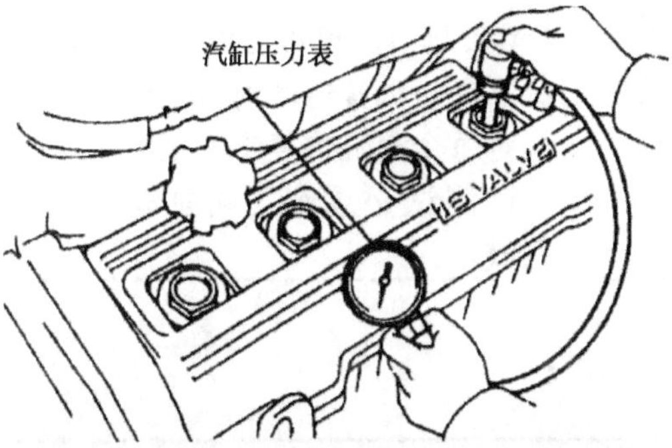 汽缸压力表	13．连接压力表。将压力表归零并牢固地安装在火花塞孔上。
	14．检查压力表连接状况。将压力表归零并牢固地安装在火花塞孔上后，进一步确认连接牢固，否则起动发动机时，压力表受压后飞出来会打伤人。
	15．起动发动机。 踩下加速踏板让节气门完全打开，使被测汽缸至少运转 4 个压缩行程。 起动发动机的同时，测量压缩压力。

图示	说明
	16．测量压力。 从压力表上读取并记录汽缸的压力值，按下卸压阀，让指针归零。断开压力表，检查其他各缸压力。 别克凯越汽车要求用起动机使每缸完成 4～5 个压缩行程后，最低读数不应低于最高读数的 70%。各缸压力表读数不应低于 689kPa。 注意：分别检查 1 缸、2 缸、3 缸和 4 缸的压力；使用电力充足的蓄电池，以便发动机转速达到 250r/min 或以上。 对每个汽缸重复步骤 12～15。 该测试必须在尽可能短的时间内完成。

二、汽缸压力值分析

图示	说明
	1．汽缸压力的一般数据。 标准数据：不同型号发动机的参数有所不同，具体数据请查阅相关维修手册。 一般数据如下： ① 压缩压力：1226kPa 或以下； ② 最小压力：981kPa 或以下； ③ 每个汽缸压力差：98kPa 或以下。
汽缸压力数据　单位：bar 		第1缸	第2缸	第3缸	第4缸
---	---	---	---	---
第1次	11	6.2	…	…
加机油后	11.5	6.5	…	…		2．填写汽缸压力数据。 将测量得到的数据填入左表中，以便分析。

图示	说明
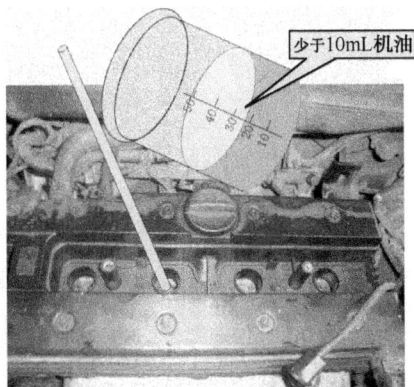 少于10mL机油	3．加注机油到汽缸内。 如果第一个行程压力低，之后逐渐积累，但未达到正常值，表明有一个或一个以上汽缸压缩压力过低，将少量机油（小于 10mL）从火花塞孔注入汽缸，对压缩压力低的汽缸重复"气缸压力的测量"一节中的步骤 12～15。
	4．加注少量机油后测试。 如加注少量机油（小于 10mL）有助于压缩，表明活塞环或汽缸可能磨损。 如压力仍然偏低，说明汽缸密封性变差，气门可能卡住或气门座装配不恰当，也可能是衬垫处存在泄漏。
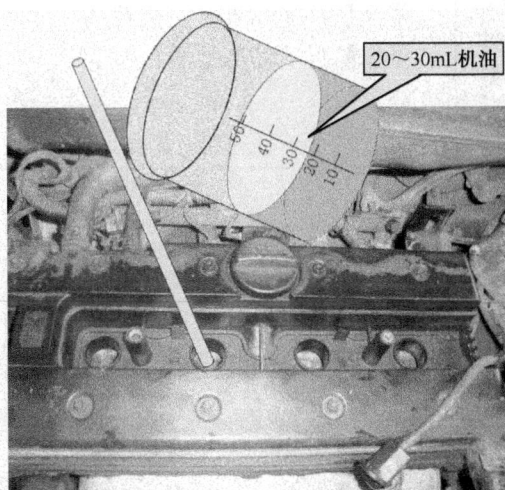 20～30mL机油	5．加注 20～30mL 机油到汽缸内。 如加注少量机油（小于 10mL）到汽缸内，测试汽缸压力仍然偏低，可向该缸火花塞孔内注入 20～30mL 机油，然后用汽缸压力表重测汽缸压力。

图示	说明
	6．再次检查汽缸压力。 如加注 20～30mL 机油到汽缸内后，再次检查时，压力显著增加，则说明是汽缸、活塞环、活塞磨损过大等原因造成汽缸不密封。 如再次检查时，压力没有任何增加，则说明是气门故障。 若两次检测结果均表明某相邻两缸压缩压力低，原因可能是两缸相邻处的汽缸衬垫烧损窜气。
	7．恢复工位。 按与拆卸相反的顺序装复所拆部件。 重新安装火花塞，用维修专用工具安装 4 个火花塞，扭矩为 18N•m。 将高压线重新连接至火花塞，重新连接操作前拆下的连接器。
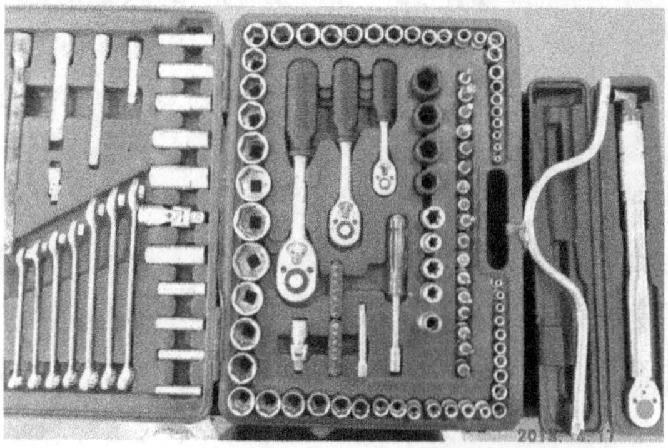	8．整理工位和收拾工量具。

任务 **8** 气门的检测

学习目标

◎ 了解发动机气门的要求

◎ 了解汽车发动机气门组的拆装方法

◎ 了解汽车发动机气门的检测

任务引导文 查阅相关资料和维修手册，根据相关图文，小组讨论完成以下引导问题。

1．进、排气门外观目视检查内容有哪些？

2．如何测量进、排气门的长度？标准数据是多少？

3．如何测量进、排气门头部的直径？标准数据是多少？

4．如何测量进、排气门锥面上的接触面宽度？

5．如何测量汽缸盖上进、排气门座的接触面宽度？它与气门锥面上的接触面宽度有什么关系？

6．如何进行进、排气门对气门座的同心度检查？

7．如何进行气门锥面与气门座接触面的位置检查？

知识要点

一、工具准备

相关工具如图 3-8-1 所示。

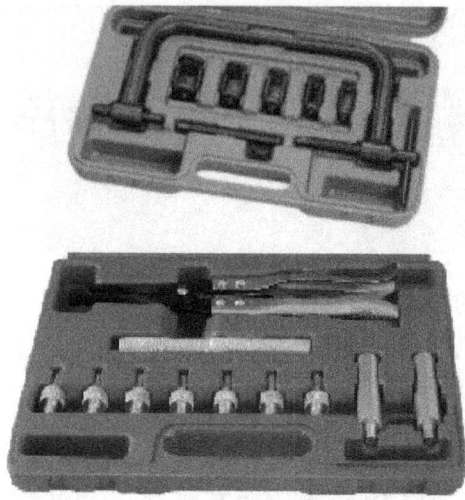

图 3-8-1　相关工具

二、气门的拆卸

图示	说明
	1. 按图示顺序，拆下第一凸轮轴轴承螺栓，拆下 4 个凸轮轴轴承盖螺栓。用一把塑料锤轻轻敲打以松开轴承，取下第一凸轮轴轴承。
	2. 标记凸轮轴轴承盖，以 1/2～1 转的增量从外到内螺旋式松开 8 个凸轮轴轴承盖螺栓。

图示	说明
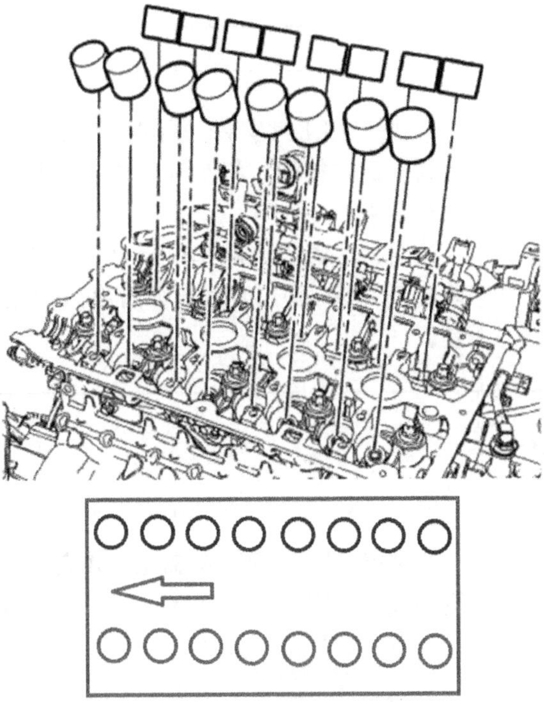	3. 使用磁力棒吸出所有挺杆，并摆放整齐。
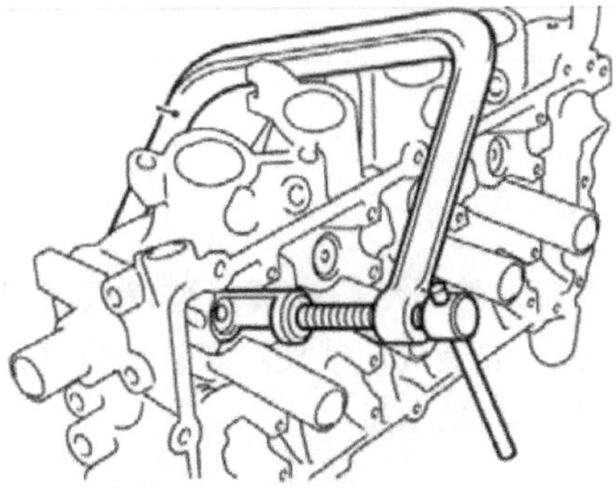	4. 使用气门弹簧压缩器压缩气门弹簧，拆下气门锁夹。取下气门锁夹、气门上座、弹簧和气门。为了方便重新装配，气门、弹簧和其他拆卸部件都应该有序摆放，并做好标记。
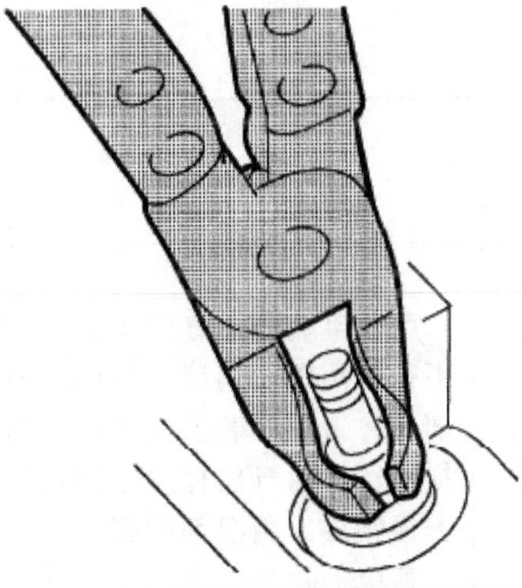	5. 用气门油封钳取下气门油封。

三、气门的安装

图示	说明
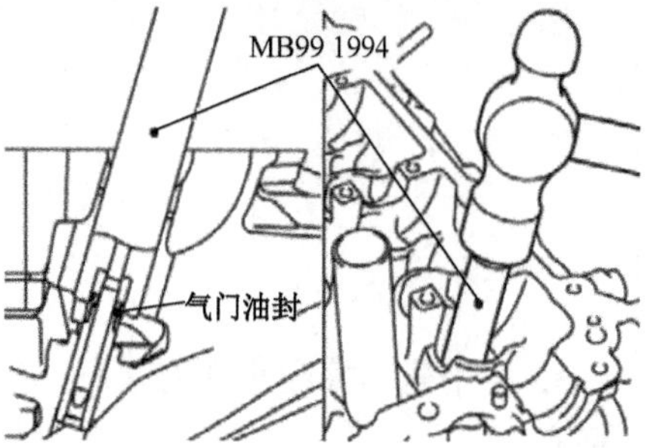 MB99 1994 气门油封	1．用专门工具安装气门油封。在气门油封上涂抹机油，将新气门油封推入气门导管中。 注意：要重复使用气门油封，正确安装新气门油封可以防止机油渗入燃烧室。
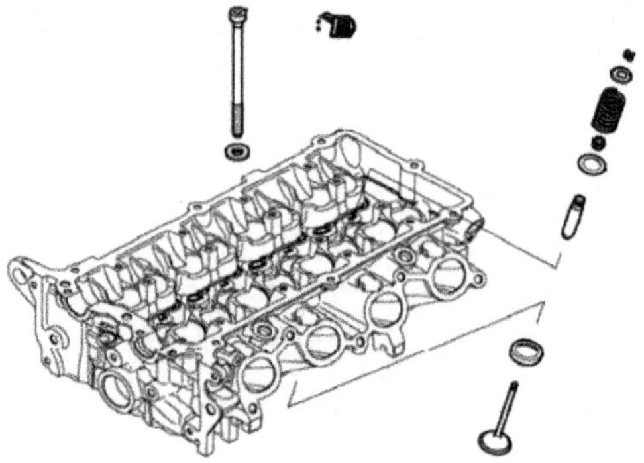	2．将气门安装到气缸盖上，并安装弹簧和气门上座。
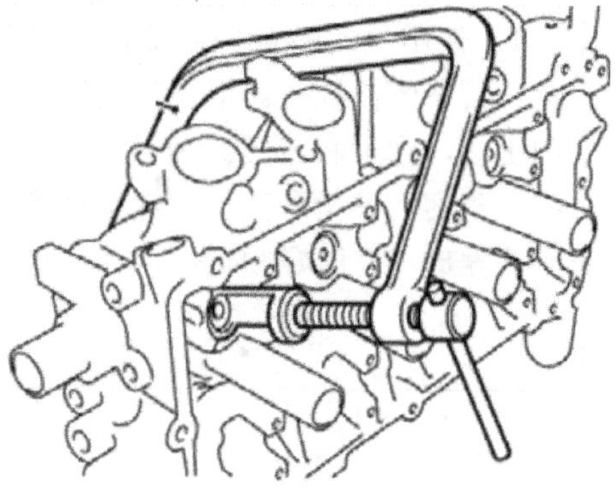	3．使用气门弹簧压缩器压缩气门弹簧，安装气门锁夹。安装气门挺杆、凸轮轴和轴承盖。

四、气门的检测

图示	说明
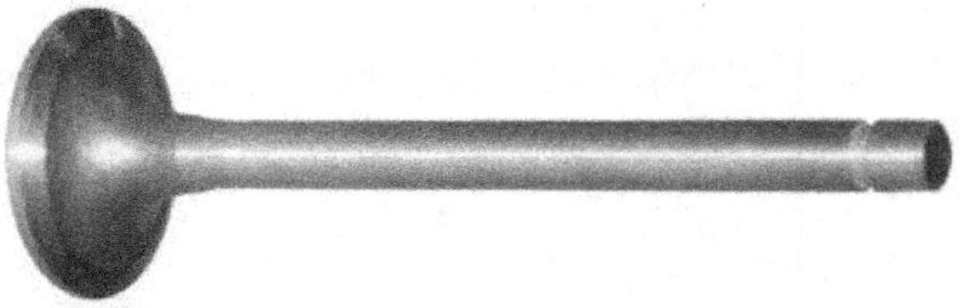	用软毛刷清洁气门头上的积炭。不得使用钢丝刷清洁气门杆的任何部分。气门杆表面镀铬以增强抗磨损特性，对气门杆使用钢丝刷会除去镀铬层。用溶剂彻底清洗气门并将其擦干。

图示	说明
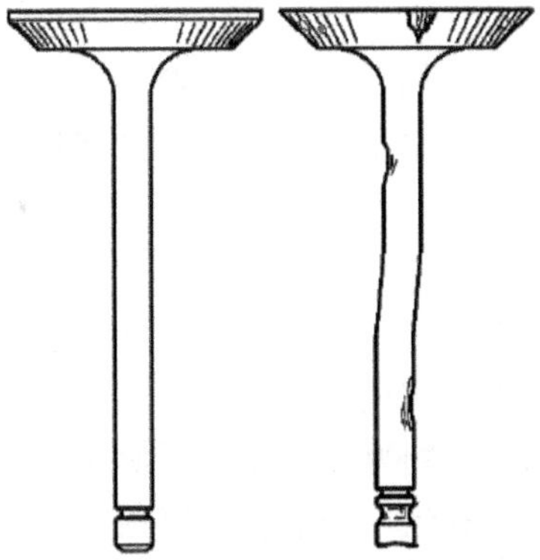	检查气门头到气门杆是否有以下状况：气门座部位点蚀、气门余量厚度不足、气门杆弯曲、气门杆点蚀或严重磨损，气门锁片槽磨损，气门杆顶端磨损。如果存在上述任一状况，则须更换气门。
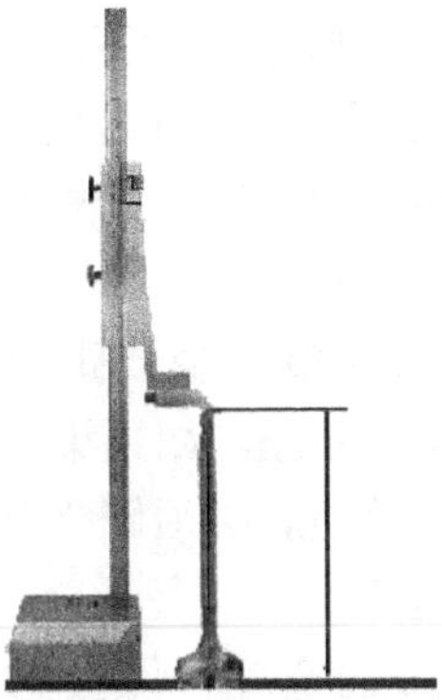 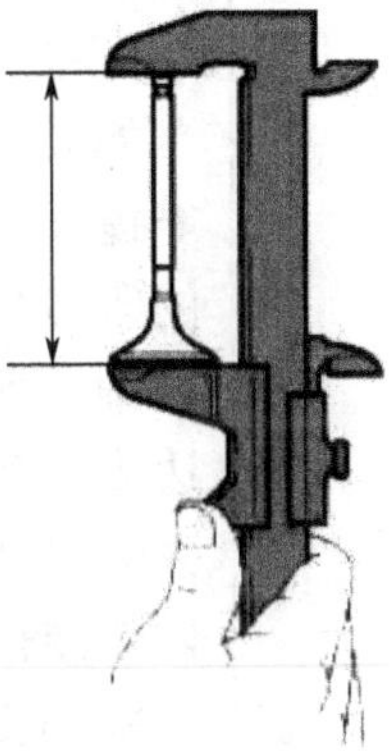	测量气门总长度。如果测量值超过极限值，则更换新气门。
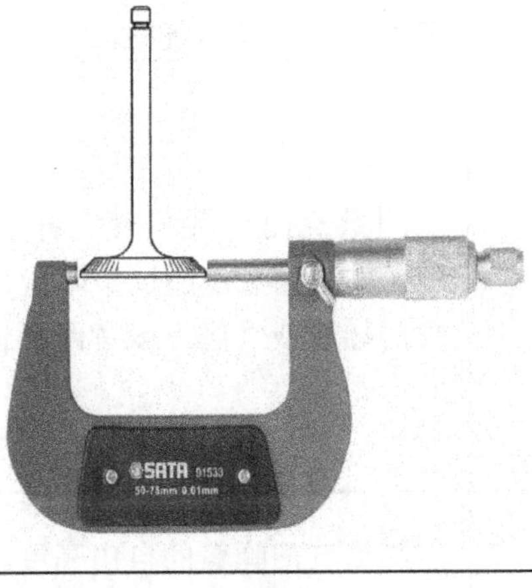	测量气门头部的直径，如果测量值超过极限值，则更换新气门。
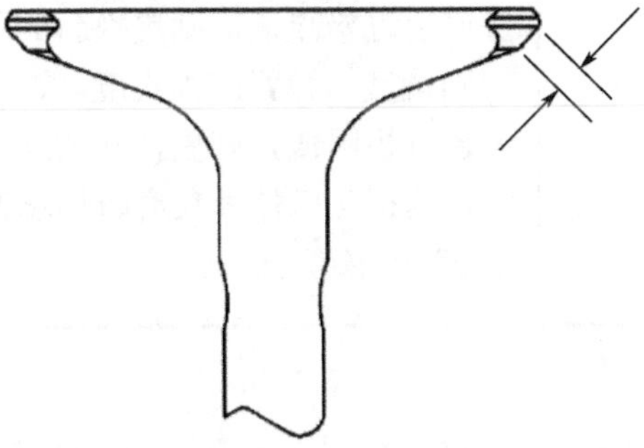	用适当的标尺在气门锥面上测量气门座宽度。气门座接触面至少要距离气门边缘（余量）0.5mm。如果接触区域距离边缘太近，则必须修整气门座以使接触区域远离边缘。

气门座底部与面接触 边缘	用适当的标尺测量气门余量，若气门余量超过规格，则更换气门。
染色剂	检测气门对气门座同心度和接触面宽度。 将蓝染色剂轻轻涂于气门锥面上；将气门安装到气缸盖上；用足够的压力抵着气门座转动气门，以磨去染色剂；将气门从气缸盖上拆下。 如果气门锥面和气门杆是同心的，能提供正确的密封，则围绕整个锥面的印痕会是连续的。 染色剂磨去印痕至少要距离气门边缘（余量）0.5mm。如果染色剂磨去印痕离边缘太近，必须修整气门座以使接触面远离。 检测接触带的宽度，即接触面宽度，如果接触面宽度测量值超过极限值，则须更换新气门。
气门导管 导管内径　导管外径	测量气门导管和气门杆之间的间隙。如果测量值超过极限值，则更换气门导管或气门，或者两者皆换。
垂直度 自由高度	测量气门弹簧的自由高度。如果测量值超过极限值，则更换新的弹簧。 测量气门弹簧的垂直度。如果测量值超过极限值，则更换新的弹簧。 注意：气门弹垂直度的标准值：小于2°；极限值：4°。

图示	说明
	气门弹簧的弹力应在专用弹簧检验仪上进行检查。用专用弹簧检验仪对气门弹簧施加压力，在规定压力下的气门弹簧高度（或规定气门弹簧高度下的压力）应符合标准，否则应更换气门弹簧。

五、发动机气门机构拆卸、检查和装配的具体步骤

发动机气门机构拆卸、检查和装配的具体步骤如表 3-8-1 所示。

表 3-8-1　操作步骤

序号	项目	细　则
1	维修准备	1. 检查工具。 2. 进行工作场地与设备的安全检查。 3. 准备与检查气管。 4. 吹拭气门配件摆放底板
2	拆第一凸轮轴轴承盖	1. 注意拆卸顺序，分两次松开，拆下 4 个凸轮轴轴承盖螺栓。 2. 用一把塑料锤轻轻敲打以松开轴承架。 3. 取下第一凸轮轴轴承盖
3	拆排气凸轮轴	1. 检查凸轮轴上的标记。 2. 标记凸轮轴轴承盖。 3. 以 1/2～1 转的增量从外到内螺旋式松开 8 个排气凸轮轴轴承盖螺栓。 4. 拆下 8 个排气凸轮轴轴承盖螺栓并正确摆放。 5. 取下排气凸轮轴，放在支架上
4	拆进气凸轮轴	1. 检查凸轮轴上的标记。 2. 标记凸轮轴轴承盖。 3. 以 1/2～1 转的增量从外到内螺旋式松开 8 个进气凸轮轴轴承盖螺栓。 4. 拆下 8 个进气凸轮轴轴承盖螺栓并正确摆放。 5. 取下进气凸轮轴，放在支架上
5	取下气门挺柱	1. 使用 EN-845 抽吸装置拆下 16 个气门挺柱。 2. 标记分配位置
6	拆下指定的两组进、排气门（戴护目镜、头灯）	1. 调整 JTC 尺寸。 2. 使用 JTC 压下气门弹簧，压的位置应正确。 3. 取下锁片。 4. 松开 JTC。 5. 取下气门弹簧座、气门弹簧。 6. 取下气门。 7. 气门、气门弹簧座、气门弹簧按顺序摆放

序号	项目	细　则
7	拆气门油封	1. 使用气门油封钳取下气门油封。 2. 气门油封钳不能接触汽缸盖的气门挺柱工作面。
8	进、排气门外观检查	1. 检查气门头到气门杆是否有以下状况： ① 气门座部位点蚀； ② 气门余量厚度不足； ③ 气门杆弯曲； ④ 气门杆点蚀或严重磨损； ⑤ 气门锁片槽磨损； ⑥ 气门杆顶端磨损。 2. 如果存在上述任一状况，则更换气门
9	检测气门长度	1. 清洁平台。 2. 清洁高度尺表面，检测量爪和底座。 3. 校正高度尺。 4. 将高度尺慢慢调至气门顶部。 5. 锁定微调装置螺钉。 6. 微调主尺框，使检测量爪接触气门顶部。 7. 锁定主尺框螺钉。 8. 读取数值。 ① 进气门标准长度 117.000～117.400mm； ② 排气门标准长度 116.160～116.360mm。 如果超过最大值，应安装新气门并重新测量气门杆高度。 注意：切勿研磨气门杆顶端，切勿使用垫片来调节气门长度
10	检测气门头部直径	1. 将千分尺置于夹具上。 2. 清洁千分尺和标准杆。 3. 校正千分尺。 4. 测量气门头部直径
11	测量气门锥面上的接触面宽度和气门座的接触面宽度	1. 将红印油均匀涂在气门锥面上。 2. 将气门装到气门座上，并压住气门，使气门转动一圈。 3. 取出气门，测量气门座接触带的宽度。 4. 清洁气门，再次将气门装到气门座上，并压住气门，使气门转动一圈。 5. 取出气门，测量气门锥面上接触带的宽度
12	检查进、排气门对气门座的同心度和气门锥面位置	1. 红印油绕整个锥面的印痕应是连续的。 2. 染料磨去印痕至少要距离气门边缘（余量）0.5mm
13	清洁汽缸盖	1. 清洁各个气门。 2. 清洁汽缸盖。 3. 检查汽缸盖上的挺柱接触工作面。 4. 吹拭汽缸盖
14	安装新油封	1. 气门杆密封件连接到合适的专用工具上并压入汽缸盖。 2. 使用 EN-958 安装工具敲至极限位置。 3. 目视气门杆密封件是否安装到位

序号	项目	细　则
15	安装气门组件 （戴护目镜、头灯）	1. 在气门杆上涂上机油。 2. 将气门安装到汽缸盖上。 3. 检查气门弹簧和气门弹簧座外观。 4. 清洁和吹拭气门弹簧和气门弹簧座。 5. 安装气门弹簧，并要区分上下面，不能装反，大端在下。 6. 安装气门弹簧座。 7. 使用 JTC 压下气门弹簧，压的位置应正确。 8. 安装气门锁片。 9. 使用 JTC（长杆套）安装工具敲击气门弹簧座。 10. 检查气门是否安装到位
16	安装气门挺柱	1. 吹拭汽缸盖、气门弹簧。 2. 清洁挺柱。 3. 在顶杯和气门杆头部滑动面涂上新发动机机油。 4. 安装挺柱
17	安装进气凸轮轴	1. 检查凸轮轴外观。 2. 清洁凸轮轴（用化油器清洗剂）。 3. 清洁凸轮轴轴承盖（用化油器清洗剂）。 4. 在汽缸盖轴承上涂上 MoS_2 润滑油膏（或新的机油）。 5. 检查凸轮轴上的标记。 6. 将凸轮轴平整地放置到汽缸盖上（接近 1 缸压缩上止点的位置）。 7. 检查凸轮轴轴承盖上的识别标记。 8. 安装 4 个进气凸轮轴轴承盖（2～5 号）。 9. 预紧 8 个进气凸轮轴轴承盖螺栓。 10. 检查凸轮轴轴承盖是否安装到位。 11. 安装 8 个进气凸轮轴轴承盖螺栓，并从内到外螺旋式紧固至 8N·m（分 3N·m 和 8N·m 紧固）
18	安装排气凸轮轴	1. 检查凸轮轴外观。 2. 清洁凸轮轴（用化油器清洗剂）。 3. 清洁凸轮轴轴承盖（用化油器清洗剂）。 4. 在汽缸盖轴承上涂上 MoS_2 润滑油膏（或新的机油）。 5. 检查凸轮轴上的标记。 6. 将凸轮轴平整地放置到汽缸盖上（接近 1 缸压缩上止点的位置）。 7. 检查凸轮轴轴承盖上的识别标记。 8. 安装 4 个排气凸轮轴轴承盖（6～9）号。 9. 预紧 8 个排气凸轮轴轴承盖螺栓。 10. 检查凸轮轴轴承盖是否安装到位。 11. 安装 8 个排气凸轮轴轴承盖螺栓，并从内到外螺旋式紧固至 8N·m（分 3N·m 和 8N·m 紧固）

序号	项目	细　则
19	安装第一凸轮轴轴承架	1. 用适当的工具清洁第一凸轮轴轴承架和汽缸盖的密封面。 2. 检查邻近密封面的凹槽，清除油管中的残余密封胶。 3. 密封面必须无机油和润滑脂。 4. 将第一凸轮轴轴承盖定位到汽缸体上。注意安装顺序。 5. 安装第一凸轮轴轴承盖螺栓并分两次紧固。 ① 第一次紧固至约 2N·m； ② 第二次紧固至 8N·m
20	填写工单和记录表	记录操作的数据
21	恢复维修工位	操作完毕，清洁和整理工量具，清洁场地
22	文明安全作业	1. 工装整洁。 2. 操作完毕，清洁和整理工量具及场地

发动机润滑系统的构造与维护

学习目标

◎ 了解发动机润滑系统的组成与作用
◎ 了解发动机润滑系统各部件的安装位置及润滑油的流经路线
◎ 对机油压力进行测试及结果分析
◎ 更换发动机机油与机油滤清器
◎ 拆卸与检测机油泵及压力调节器
◎ 对润滑系统的典型故障做出正确的诊断及排除

任务1 认识润滑系统

学习任务描述

某客户反映其发动机在正常温度和转速下，机油压力报警灯时有点亮以及机油压力表的读数始终低于规定值，需要对润滑系统进行检查，确定故障部位，并进行维修。

润滑系统（图 4-1-1）的技术状况将影响发动机的工作性能和使用寿命，在使用过程中可能会出现机油压力过低、过高，机油的消耗量不正常或机油品质变差等现象。请你根据机油压力过低的现象进行检测和维修。

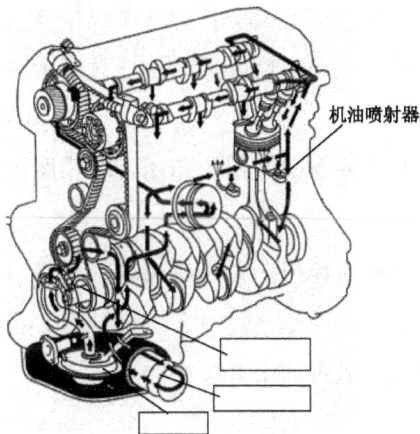

机油喷射器

图 4-1-1　润滑系统

任务引导文 查阅相关资料和维修手册，根据相关的图文，小组讨论完成以下引导问题。

1. 填写图 4-1-1 中的方框并简述发动机润滑系统循环路线。
2. 润滑系统的作用是_____。
3. 滤清器的作用是_____。

知识要点

一、润滑系统的功用

发动机工作时，各运动零件均以一定的力作用在另一个零件上，并且发生高速的相对运动。有了相对运动，零件表面必然要产生摩擦，加速磨损。因此，为了减轻磨损，减小摩擦阻力，延长使用寿命，发动机上都必须有润滑系统。

润滑系统的功用就是在发动机工作时，连续不断地将机油送至运动零件表面，减小零件的摩擦和磨损；机油流经各零件表面时，还会带走摩擦产生的热量，清洗零件表面，带走磨屑和其他异物；在零件表面形成油膜，防止腐蚀生锈；同时也提高零件的密封性，有利于防止漏气或漏油。

润滑系统具有如下各项功能。

1. 润滑作用

在发动机工作时连续不断地把数量足够、温度适当的洁净机油输送到全部传动件的摩擦表面，并在摩擦表面之间形成油膜，实现液体摩擦，从而减小摩擦阻力、降低功率消耗、减轻机件磨损，以达到提高发动机工作可靠性和耐久性的目的。

2. 清洗作用

机油在润滑系统内不断循环，清洗摩擦表面，带走磨屑和其他异物。

3. 冷却作用

机油在润滑系统内循环带走摩擦产生的热量，起到冷却作用。

4. 密封作用

在运动零件之间形成油膜，提高它们的密封性，有利于防止漏气或漏油。

5. 防锈蚀作用

在零件表面形成油膜，对零件表面起保护作用，防止腐蚀生锈。

6. 液压作用

润滑油可用作液压油，起液压作用，如液压挺柱。

7. 减振缓冲作用

在运动零件表面形成油膜，吸收冲击并减小振动。

二、润滑方式

由于发动机传动件的工作条件不尽相同，因此，对负荷及相对运动速度不同的传动件采用不同的润滑方式。

1．压力润滑

压力润滑是指用机油泵将油压提高，并通过油管或油道把机油供入摩擦面间隙中，如曲轴和凸轮轴的各轴颈与轴承之间、摇臂轴与摇臂之间等的润滑。

2．飞溅润滑

飞溅润滑是指利用发动机工作时其运动零件飞溅起来的油滴或油雾，润滑摩擦表面，如气缸壁面和凸轮、挺柱、活塞销等零件的表面。

3．润滑脂润滑

润滑脂润滑主要用于分散的、负荷小的部位的定期润滑，如水泵、发电机、起动机的润滑。

4．喷射润滑

喷射润滑是指对活塞连杆组和凸轮轴等润滑不良的部位，通过喷嘴和喷管方式对这些部位喷射机油。

三、润滑系统的组成

一般发动机的润滑系统组成大体相同，由油底壳、机油泵、机油滤清器、主油道、限压阀、旁通阀、传感器、机油压力表和温度表等组成（图 4-1-2）。

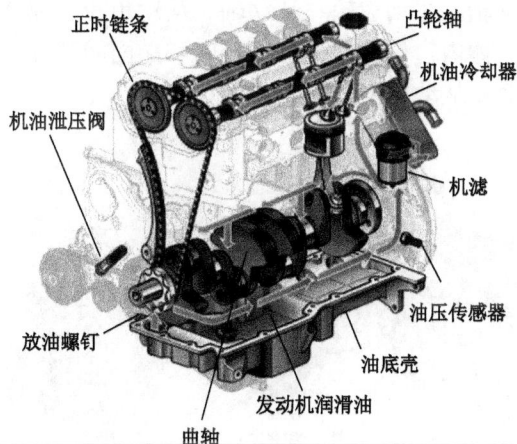

图 4-1-2　润滑系统的组成

四、润滑系统的主要零部件

机油泵将机油从油底壳输送到需要机油压力的各部件位置。机油滤清器安装在机油泵进油口以滤掉杂质，防止堵塞和伤害机油泵和发动机组件。曲轴旋转时，机油泵驱动齿轮旋转，在机油泵内外转子之间产生间隙变化以产生机油压力，在发动机高速运转时，机油泵会提供超出发动机需要的润滑油，安全阀会减少进入润滑油道的多余机油。发动机低速时，安全阀会在弹簧力作用下关闭，所有的机油都会提供给发动机机件。当转速上升时，机油压力增大到足以克服弹簧力而打开安全阀时，多余的机油被泄放回油泵进口。（图 4-1-3）

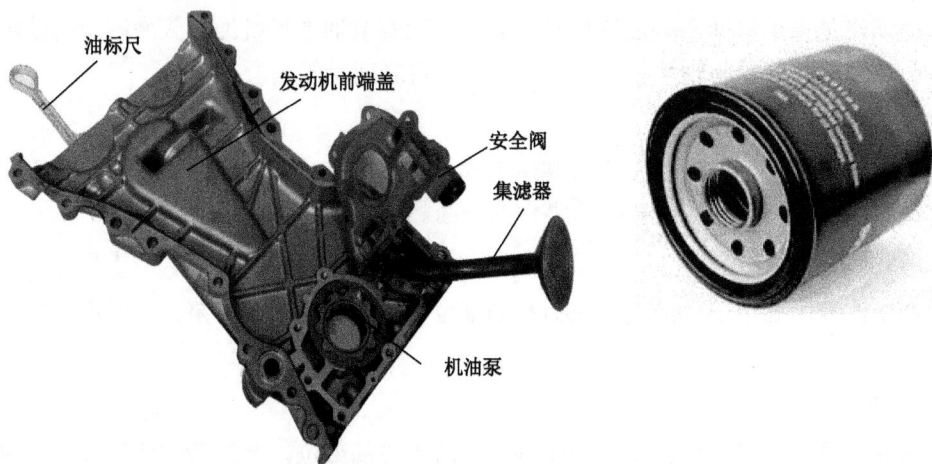

图 4-1-3　润滑系统的主要零部件

1. 机油泵

功用：提高机油压力，保证机油在润滑系统内不断循环，目前发动机润滑系统中广泛采用的是外啮合齿轮式机油泵和内啮合转子式机油泵两种。

（1）齿轮式机油泵

齿轮式机油泵由主动轴、主动齿轮、从动轴、从动齿轮、壳体等组成，两个齿数相同的齿轮相互啮合，装在壳体内，齿轮与壳体的径向和端面间隙很小。主动轴与主动齿轮采用键连接，从动齿轮空套在从动轴上。（图 4-1-4）

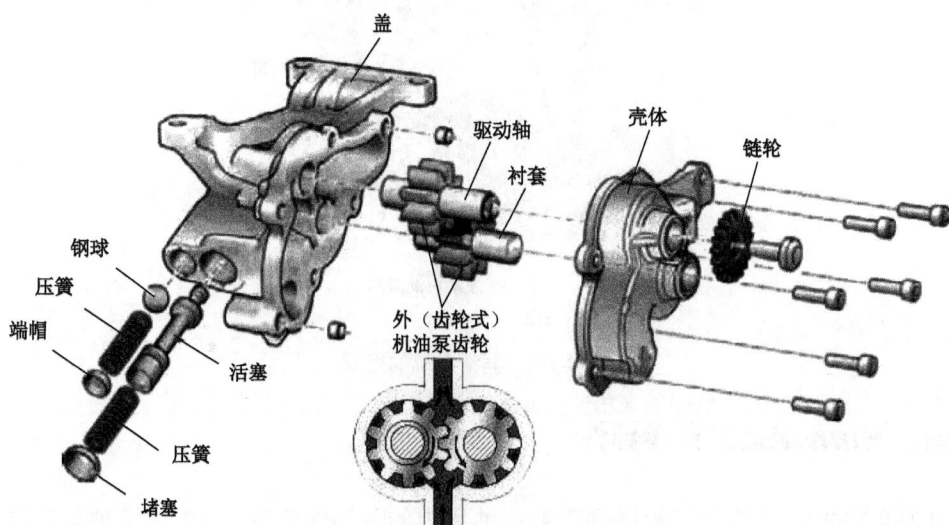

图 4-1-4　齿轮式机油泵

　　工作时，主动齿轮带动从动齿轮反向旋转。两齿轮旋转时，充满在齿轮齿槽间的机油沿油泵壳壁由进油腔带到出油腔，在进油腔一侧由于齿轮脱开啮合以及机油被不断带出而产生真空，使油底壳内的机油在大气压力作用下经集滤器进入进油腔，而在出油腔一侧由于齿轮进入啮合和机油被不断带入而产生挤压作用，机油以一定压力被泵出（图 4-1-5）。

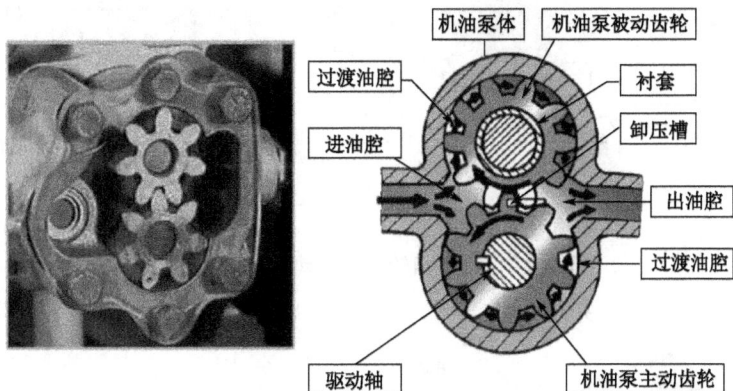

图 4-1-5　齿轮式机油泵工作

（2）转子式机油泵

　　转子式机油泵由壳体、内转子、外转子和泵盖等组成。内转子用键或销子固定在转子轴上，由曲轴齿轮直接或间接驱动，内转子和外转子中心的偏心距为 e，内转子带动外转子一起沿同一方向转动。内转子有 4 个凸齿，外转子有 5 个凹齿，这样内、外转子同向不同步地旋转。转子齿形齿廓设计得使转子转到任何角度时，内、外转子每个齿的齿形廓线上总能互相成点接触。这样内、外转子间形成 4 个工作腔，随着转子的转动，这 4 个工作腔的容积是不断变化的。在进油道的一侧空腔，由于转子脱开啮合，容积逐渐增大，产生真空，机油被吸入，转子继续旋转，机油被带到出油道的一侧，这时，转子正好进入啮合，使这一空腔容积减小，油压升高，机油从齿间挤出并经出油道压送出去。这样，随着转子的不断旋转，机油就不断地被吸入和压出（图 4-1-6 和图 4-1-7）。

2. 滤清器

　　为了保证滤清效果，一般使用多级滤清器：集滤器、粗滤器和细滤器。与主油道串联的滤清器一般为粗滤器；与主油道并联的滤清器一般为细滤器，过油量约为 10%～30%。机油滤清器结构如图 4-1-8 所示。

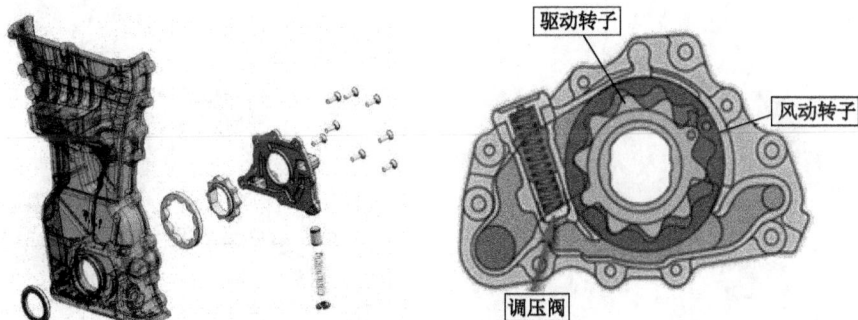

图 4-1-6　曲轴齿轮直接驱动转子式机油泵

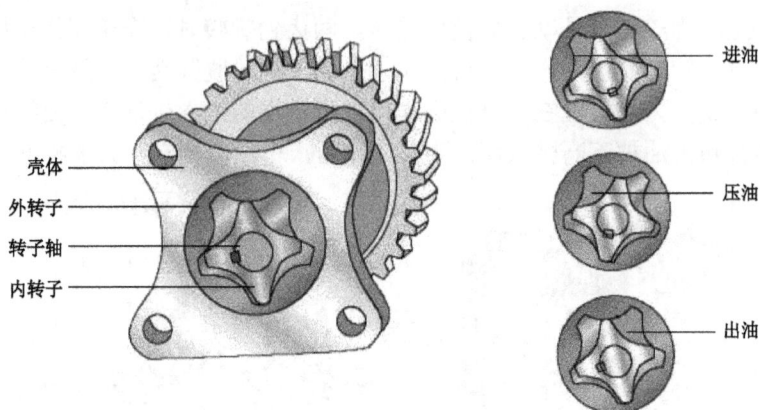

壳体
外转子
转子轴
内转子

进油
压油
出油

图 4-1-7　曲轴齿轮间接驱动转子式机油泵

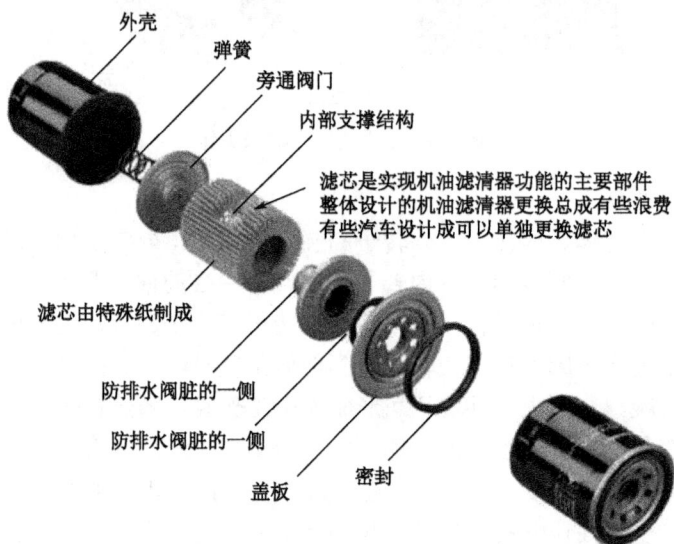

外壳
弹簧
旁通阀门
内部支撑结构

滤芯是实现机油滤清器功能的主要部件
整体设计的机油滤清器更换总成有些浪费
有些汽车设计成可以单独更换滤芯

滤芯由特殊纸制成

防排水阀脏的一侧
防排水阀脏的一侧
盖板
密封

图 4-1-8　机油滤清器的结构

（1）集滤器

集滤器装在机油泵之前的吸油口端，多采用滤网式，其作用是防止较大的机械杂质进入机油泵。汽车发动机使用的集滤器目前分为浮式集滤器和固定式集滤器两种（如图 4-1-9）。

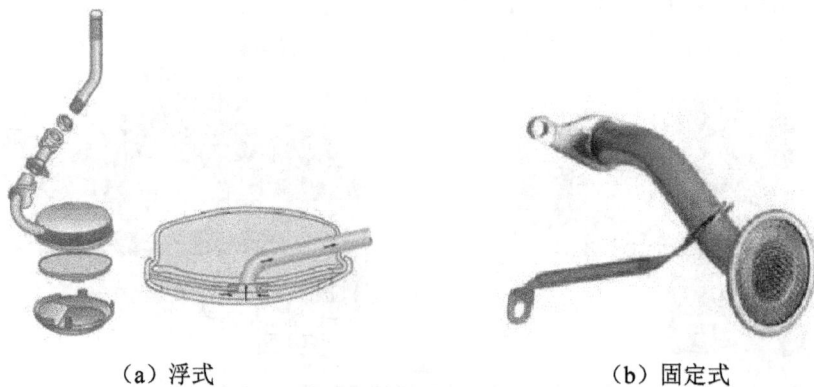

（a）浮式

（b）固定式

图 4-1-9　集滤器

浮式集滤器飘浮于机油表面，保证油泵吸入最上层较清洁的机油，但油面上的泡沫易被吸入，使机油压力降低，润滑欠可靠。固定式集滤器淹没在油面之下，吸入的机油清洁度较差，但可防止泡沫吸入，润滑可靠，结构简单。

（2）机油粗滤器

机油粗滤器串联于机油泵与主油道之间，属于全流式滤清器，多用缝隙式滤清方法（图 4-1-10）。其形式有金属片式、纸筒式、锯末式。国产汽车发动机一般采用纸筒或锯末作为粗滤器的滤芯。

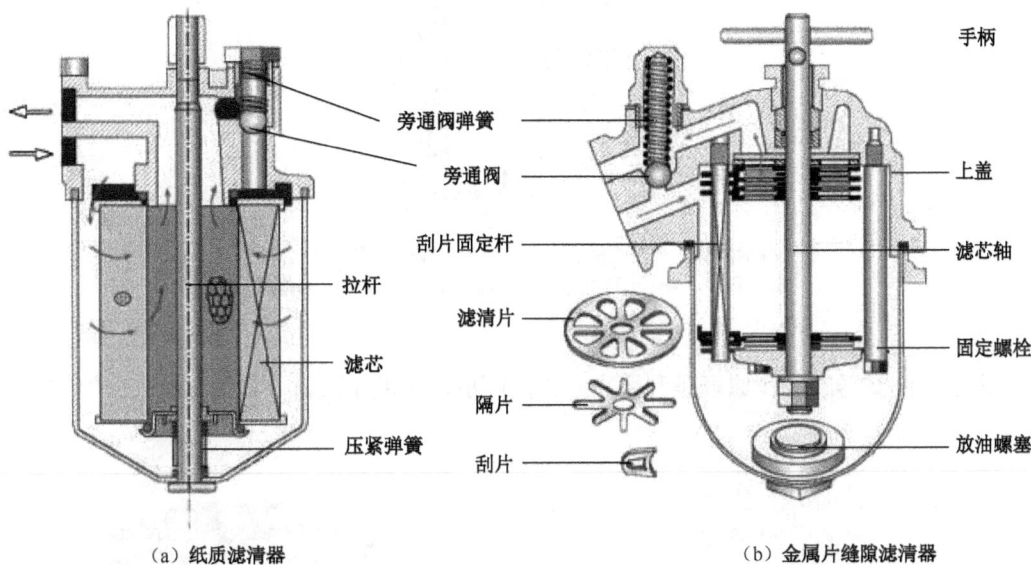

（a）纸质滤清器　　　　　　　　　　　　　（b）金属片缝隙滤清器

图 4-1-10　机油粗滤器形式

① 纸质滤芯式机油粗滤器。滤芯是用微孔滤纸制成的，为增大过滤面积，微孔滤纸一般都折叠成扇形和波纹形。微孔滤纸经过酚醛树脂处理，具有较高的强度，较强的抗腐蚀能力和抗水湿能力，具有质量小、体积小、结构简单、滤清效果好、过滤阻力小、成本低、保养方便的特点。

② 金属片缝隙式粗滤器。这种粗滤器的滤芯由薄钢片制成的滤清片、隔片和刮片等组成。它们一起套在滤芯轴上，用上、下盖板及螺母压紧。由于滤清片之间有隔片，形成了一定的间隙，机油可通过此间隙流入滤芯，再经上盖出油道流向主油道，机油流动方向如图 4-1-10（a）中箭头所示。在上盖设有旁通阀，当滤芯堵塞时，旁通阀被机油压力顶开，润滑油不经滤芯而直接流入主油道，保证供油不会中断。

③ 锯末滤芯式机油粗滤器。锯末滤芯式粗滤器滤芯为酚醛树脂黏结的锯末滤芯，它阻力小，滤清效果好，使用寿命长（图 4-1-11）。

（3）机油细滤器

机油细滤器用以清除粒径为 0.001mm 以上的细小的杂质，它对机油的流动阻力较大，多数做成分流式，与主油道并联，只有少量的机油通过它滤清后又回到油底壳。细滤器有过滤式和离心式两种（图 4-1-12），过滤式机油细滤器存在着滤清能力与通过能力的矛盾，为此多数发动机采用离心式细滤器。

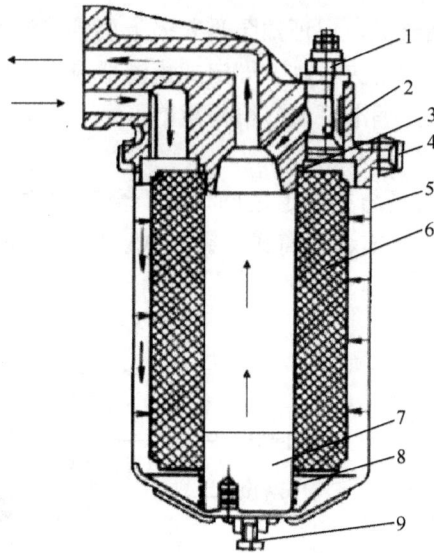

1—指示器；2—外壳座；3—密封圈；4—卡箍；5—外壳；
6—滤芯；7—滤芯底座；8—压紧弹簧；9—放油螺塞

图 4-1-11　锯末滤清器

离心式细滤器的工作原理是利用离心力清除机油中的杂质。

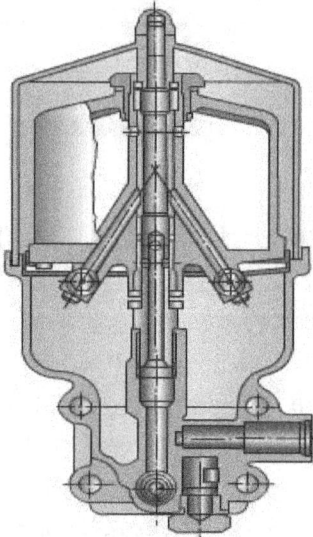

离心式

过滤式

图 4-1-12　机油滤清器

（4）复合式机油滤清器

复合式机油滤清器是指在发动机润滑系统中既有全流滤清器，又有分流滤清器的过滤机制，在结构上有四种形式。

① 可换式滤芯的全流滤清器和分流滤清器共同安装在一个公共底座上。

② 全流和分流滤清器总成分别独立安装在主机的不同部位，比公共底座的形式多一点

灵活性。可以根据主机的使用条件同时装用两个滤清器或只装其中任何一个。

③ 全流和分流的可换滤芯共同安装一个总成壳体内。进油孔是共同的。出油孔各有一个，分流出油孔内有限流孔来控制流量。

④ 全流和分流滤芯共同在一个旋装式外壳内。结构虽然复杂，但因为是整体更换总成，对用户来说并不增加麻烦。

采用复合式滤清可提高过滤细度，使过滤作用更为完善（图 4-1-13），全流滤清器具有保证供油和滤除杂质的双重功能。而且保证供油是第一位的。发动机润滑系统宁可让油暂时脏一些而决不能缺油或少油。因此只装一个全流滤清器就不能保证发动机有高度洁净的润滑油。分流滤清器的过滤细度可以达到 $2\sim5\mu m$，它设有旁通阀。尽管其流量只有全流滤清器流量的 5%～10%，但仍可以在 10～15 分钟内将发动机油底壳内的全部机油过滤一遍。这就使全流滤清器进入的油比较干净，使用寿命可以延长。而且当旁通阀开启时流入主油道的油也是比较干净的。

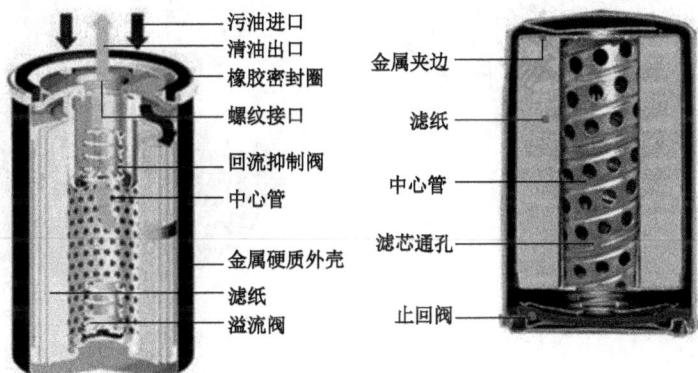

图 4-1-13　复合式机油滤清器

（5）限压阀

它的作用是限制润滑系统机油的最大压力。它的安装位置既可以在机油泵中，也可以单独设置（图 4-1-14）。

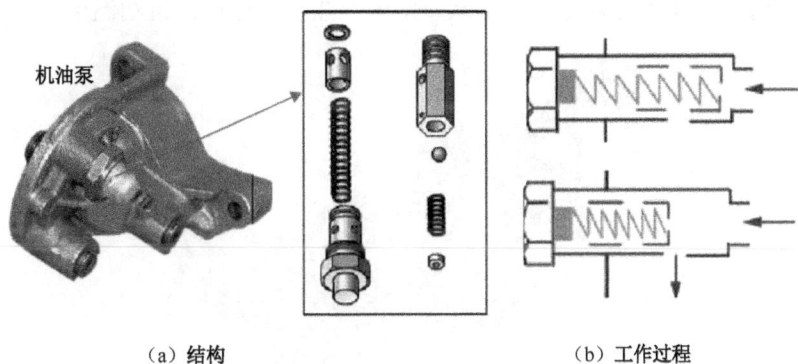

（a）结构　　　　　　　　　　　（b）工作过程

图 4-1-14　限压阀（安全阀）结构与工作过程

（6）油底壳

功用：存储机油并封闭曲轴箱。

结构：一般采用薄钢板冲压而成（图4-1-15）。装有挡油板，以防止汽车颠动时油面波动过大。底部装有放油螺塞（其上装有永久磁铁，以吸附润滑油中的金属屑，减轻磨损）。在曲轴箱接合面之间装有衬垫，防止润滑油泄漏。

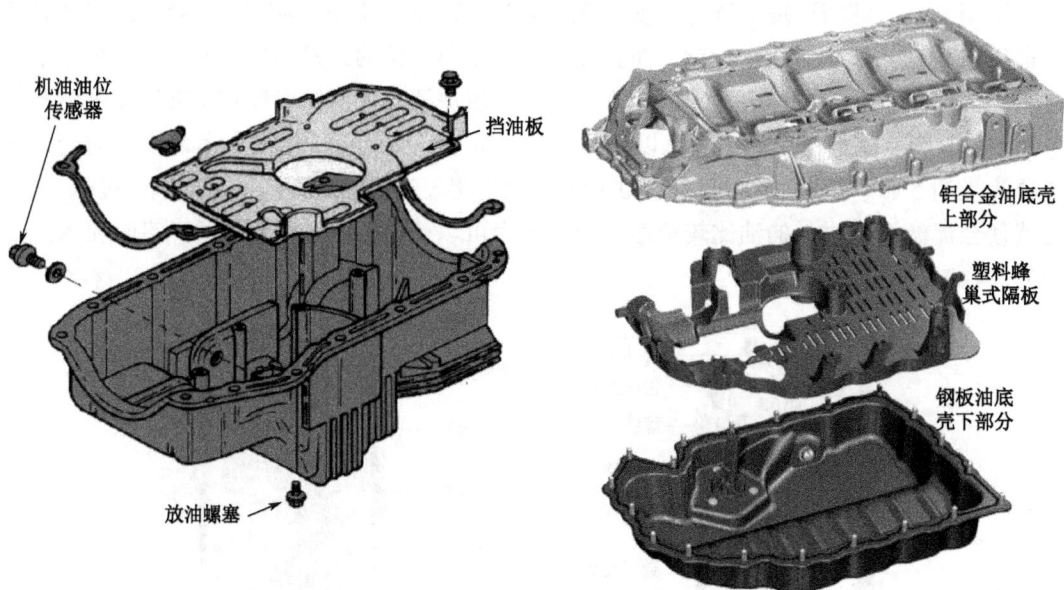

图4-1-15　油底壳构造

（7）机油散热器

热负荷较大的发动机，润滑油具有一定的黏度，装有机油散热器以便对润滑油进行强制性冷却，使机油保持在最有利的温度范围内工作（图4-1-16）。机油散热器有风冷式和水冷式两种形式。风冷式一般安装在发动机冷却系统散热器的前面，利用冷却风扇的风力使机油冷却。水冷式机油散热器（机油冷却器）装在发动机冷却水路中，当油温较高时靠冷却液降温，而起动期间油温较低时，则从冷却液吸热，迅速提高机油温度。

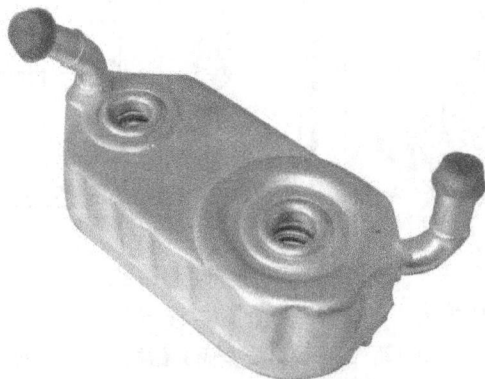

图4-1-16　机油散热器

（8）机油压力检查、报警装置

机油压力检查、报警装置的部件包括机油压力表、机油尺、油压过低报警灯（图4-1-17）、蜂鸣器等，使驾驶员能随时掌握润滑系统的工作状况。

图4-1-17　油压过低报警灯

五、润滑系统的油路

现代汽车发动机润滑系统的组成及油路布置方案大致相似，只是由于润滑系统的工作条件和具体结构的不同而稍有差别（图4-1-18）。

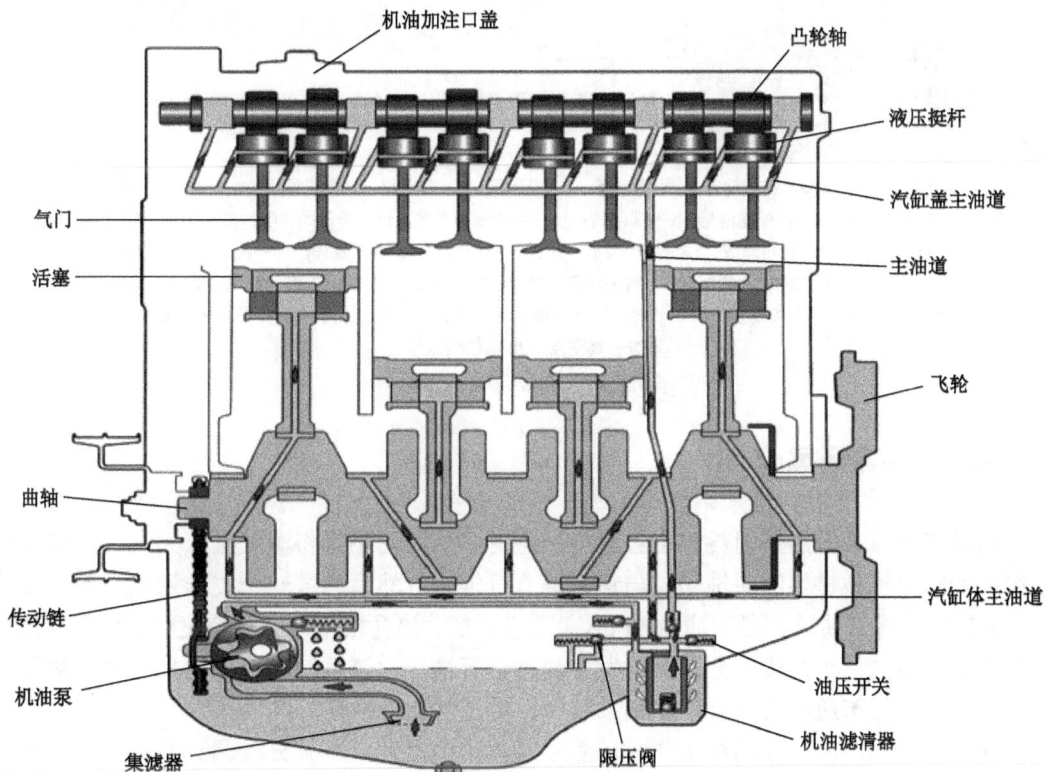

图4-1-18　润滑系统的油路

六、发动机的润滑部位

发动机的润滑部位主要有曲柄连杆机构、配气机构以及正时齿轮室（图4-1-19）。

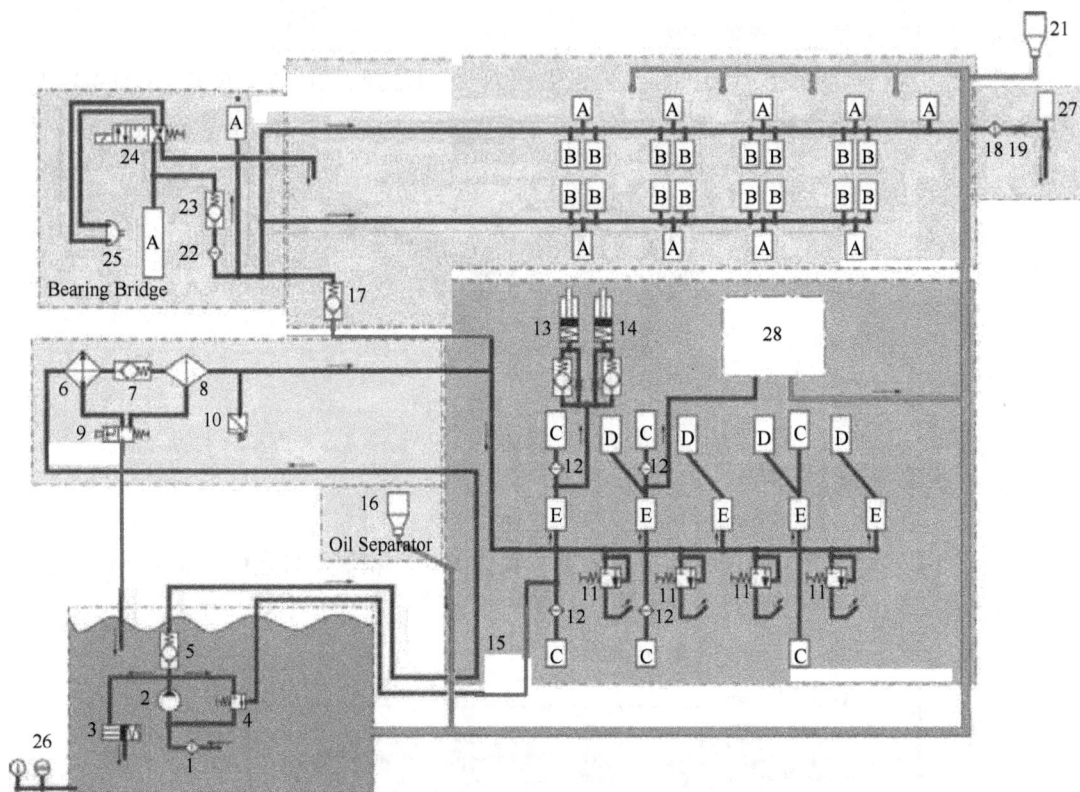

1—集滤器；2—机油泵，链传动；3—冷起动阀；4—限压阀；5—单向阀，并入机油泵；6—水、油热交换器；
7—单向阀，并入机油泵；8—机油滤清器；9—泄油阀；10—机油压力开关；11—带阀的喷嘴；12—油滤；13—链张紧器；
14—链张紧器；15—齿轮润滑；16—粗糙油雾分离器；17—止回阀，并入缸体；18—油滤；19—限流器；
20—高压燃油泵的润滑；21—精细油雾分离器；22—油滤；23—单向阀，并入轴承座；
24—用于凸轮轴调节器的多方向调节阀；25—凸轮轴调节器阀 1 N205；26—机油高度热传感器 G266；
27—真空泵；28-涡轮增压器

图 4-1-19　发动机的润滑部位

七、曲轴箱通风

曲轴箱通风系统用来消耗燃烧过程中产生的蒸气，而不是将蒸气排入大气。来自进气系统的新鲜空气被提供给曲轴箱，与窜缸混合气混合，然后通过一个校准量孔进入进气歧管。主控制是通过曲轴箱强制通风（PCV）孔进行的，该孔根据入口真空度计量流量。PCV孔是凸轮轴盖的一个组成部分。如果发生异常运行情况，该系统被设计为允许过量的窜缸混合气通过曲轴箱通风口回流到进气系统中，供正常燃烧消耗。

曲轴箱通风原因：发动机工作时漏到曲轴箱内的汽油，一部分泄漏到曲轴箱内的汽油蒸气凝结后，将使润滑油黏度变小；废气的高温和酸性物质及水蒸气将侵蚀零件，使润滑油性能变坏。另外，由于混合气和废气进入曲轴箱，使曲轴箱内的压力增大，温度升高，易使机油从油封、衬垫等处向外渗漏。因此，曲轴箱必须设有通风装置，使漏入的气体排出并加以利用，同时使新鲜气体进入曲轴箱，形成不断的对流。

曲轴箱通风方式一般有两种，一种是自然通风，另一种是强制通风（图 4-1-20）。

自然通风：从曲轴箱抽出的气体直接导入大气中的通风方式称为自然通风。

柴油机多采用这种曲轴箱自然通风方式。在曲轴箱连通的气门室盖或润滑油加注口接出一根下垂的出气管，管口处切成斜口，切口的方向与汽车行驶的方向相反。利用汽车行驶和冷却风扇的气流，在出气口处形成一定真空度，将气体从曲轴箱抽出。

强制通风：漏进曲轴箱内的新鲜混合气和废气在进气管真空作用下，经挺杆室、推杆孔进入气缸盖后罩内，再经过空气滤清器、管路、单向阀进气歧管，进入燃烧室参加燃烧。这种通风方式称为强制通风。

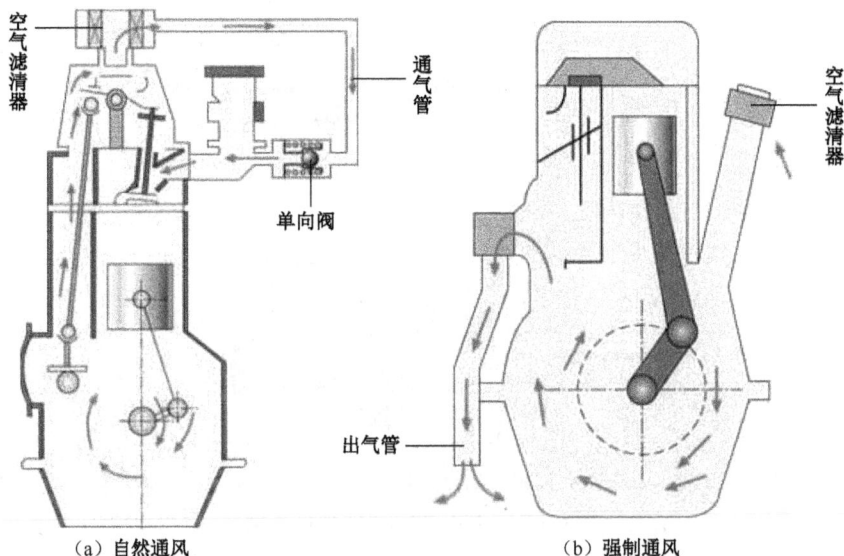

（a）自然通风 　　　　　（b）强制通风

图 4-1-20　曲轴箱通风方式

3．上汽通用 L3G 发动机曲轴箱系统

在曲轴箱处于真空状态下，新鲜空气通过曲轴箱强制通风（PCV）阀（4）进入发动机。主要控制是通过曲轴箱强制通风孔（3）进行的，该孔测量在某一流速（取决于歧管真空度）下进入进气歧管的流量。在某些运行条件下，设计的系统允许过量的窜缸气体流过曲轴箱强制通风阀（1 或 2，取决于发动机是否处于增压模式或是否检测到曲轴箱压力过大），然后进入进气系统，供正常燃烧使用（图 4-1-21）。

（1）涡轮应用情况

在正常运行条件下，使用曲轴箱强制通风阀（3）和凸轮轴盖内的内部通路引导曲轴箱强制通风气体。当启用涡轮时，单向阀（3）关闭，单向阀（1）打开，曲轴箱强制通风气体流回到涡轮增压器中，供正常燃烧使用。如果发动机发现曲轴箱强制通风压力过大，则单向阀（2）打开，将压力引至进气口，并再次引入发动机。

（2）非涡轮应用情况

在正常运行条件下，使用单向阀（3）和凸轮轴盖内的内部通路引导曲轴箱强制通风气体。如果发动机发现曲轴箱强制通风压力过大，则单向阀（2）打开，将压力引至进气口。此外，对于非涡轮应用情况，单向阀（1）不存在。

一般情况下，单向阀（2）仅在发动机发现曲轴箱压力过大时使用。

（3）曲轴箱系统操作不当对发动机的影响

如节流孔堵塞可能导致怠速不良、失速或怠速转速过低、机油泄漏、发动机内出现油泥等。

节流孔泄漏可能导致怠速不良、失速、怠速转速过高等。

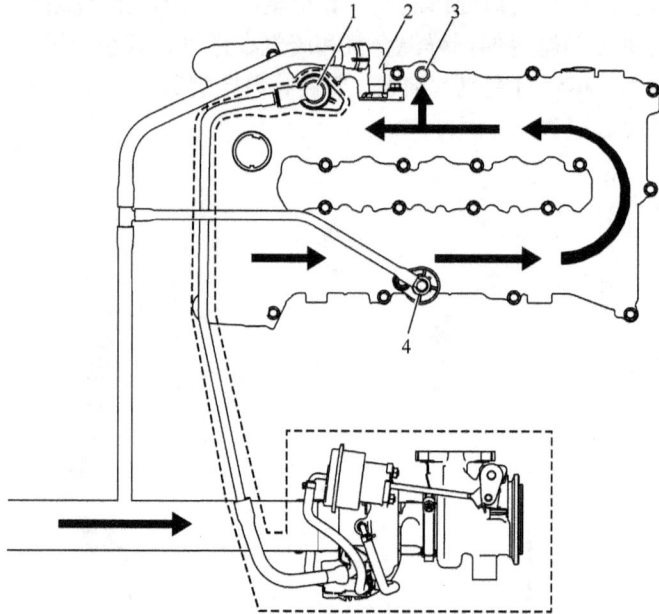

1—曲轴箱强制通风阀；2—曲轴箱强制通风阀；3—曲轴箱强制通风孔；4—曲轴箱强制通风（PCV）阀

图 4-1-21　L3G 发动机曲轴箱系统

八、发动机的机油

1. 发动机机油的工作状况与要求

发动机机油在润滑系统内循环流动，工作条件十分恶劣，机油与高温的金属壁面及空气频繁接触，不断氧化变质。窜入曲轴箱内的燃油蒸气、废气以及金属磨屑和积炭等，使机油受到严重污染。另外，机油的工作温度变化范围很大：在发动机起动时，为环境温度；在发动机正常运转时，曲轴箱中机油的平均温度可达 95℃或更高；机油还与 180℃～300℃的高温零件接触，受到强烈加热。因此，发动机的机油必须具备优良的使用性能。同时还需要对机油进行等级分类，以满足不同发动机的需求和不同温度环境的要求。

2. 机油指标说明

（1）黏度指数

黏度是指液体的润滑油流动时内摩擦力的量度，黏度值随温度的升高而降低，这个特性简称黏温性，通常用黏度指数来衡量。

黏度指数是表示润滑油黏度随温度变化的特性约定量值。黏度指数高的润滑油的黏度受温度变化的影响较小。也就是说润滑油的黏度指数越高，在使用过程中，润滑油的黏度随温度变化的改变越小。合成润滑油的黏度指数一般高于矿物油，所以其黏温性比较好。如果润滑油的黏度指数比较低，当温度升高时润滑油的黏度会迅速下降，导致润滑油流失，影响润滑；然而当温度降低时润滑油的黏度又会迅速升高，甚至丧失流动性，也会影响润滑。

（2）闪点

闪点是机油蒸气能被点燃的温度，闪点值越低，高温时机油蒸发消耗的趋势就越大。闪点是衡量机油质量的指标，闪点越高越好，其单位一般为℃。

（3）流动点

流动点是指低温机油在倾斜表面 5 秒内不发生流动时的温度再加上 2.8℃的温度值。对于冬天使用的机油，这一指标尤其重要。流动点的温度越低越好，其单位一般为℃。

九、机油的分类

国际上广泛采用美国工程师协会（SAE）所制定的黏度分类法和美国石油协会（API）的使用分类法，而且它们已被国际标准化组织（ISO）确认。

其中 API 已将机油的使用级别、黏度级别等设计成圆形图标进行标记，上、中、下三层分别表示不同的含义，如图 4-1-22 所示。

图 4-1-22　API 图标

图标上部标示机油的使用性能水平（API 使用性能），如 API SERVICE SM，API 分类法是美国石油协会（API）根据机油的性能及其最适合的使用场合，把机油分为 S 系列和 C 系列两类。S 系列为汽油机油，目前有 SA、SB、SC、SD、SE、SF、SG、SH、SJ、SL、SM、SN 等。C 系列为柴油机油，目前有 CA、CB、CC、CD 和 CE 5 个级别。级别越靠后，性能越好，适用的机型越新或强化程度越高。其中，SA、SB、SC 和 CA 等级别的机油，除非汽车制造厂特别推荐，否则将不再使用。

图标中部标示机油的黏度（SAE 黏度等级），美国工程师协会（SAE）按照机油的黏度等级，把机油分为冬季用机油和非冬季用机油。冬季用机油一般有 6 种型号，即 SAE 0W、SAE 5W、SAE 10W、SAE 15W、SAE 20W 和 SAE 25W，数字越小，适用的环境温度越低。非冬季用机油通常有 4 种型号，即 SAE 20、SAE 30、SAE 40 和 SAE 50，数字越大，适用的环境温度越高。现代汽车一般使用四季用机油，即在春、夏、秋、冬季都可以使用，例如 SAE 5W-30、SAE 5W-40。以 SAE 5W-30 为例，解释机油型号的含义。

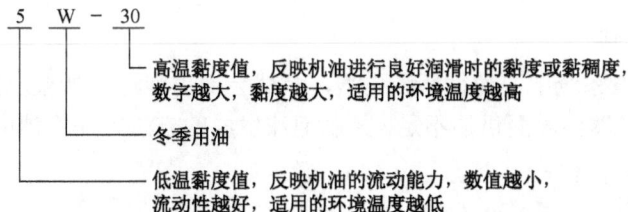

图标下部标示是否节省能量，反映该机油是否具有能量节省的品质。

我国的机油分类法参照 ISO 分类方法。GB/T 7631.3—1995 规定，按机油的性能和使用场合可分为如下几类。

① 汽油机油：SC、SD、SE、SF、SG、SH 共 6 个级别。

② 柴油机油：CC、CB、CD、CE、CF　共 5 个级别。

③ 二冲程汽油机油：ERA、ERB、ERC 和 ERD 共 4 个级别。

十、合成机油

合成机油是利用化学合成方法制成的润滑剂，其主要特点是有良好的黏度和温度特性，可以满足大温差的使用要求；有优良的热氧化稳定性，可长期使用。使用合成机油，发动机的燃油经济性会稍有改善，并可降低发动机的冷起动转速。目前，合成机油的价格比矿物机油贵，但是随着生产规模的扩大和制造工艺的改进，合成机油的价格将会越来越便宜。

十一、机油添加剂

使用添加剂是另外一种改良和维持机油性能的方法，主要的机油添加剂包括黏度改良剂、清洁剂、分散剂、抗磨剂、磨损修复剂、流动点抑制剂、抗氧化剂、泡沫抑制剂、腐蚀抑制剂等。

十二、机油使用特性

1. 适当的黏度

发动机机油的黏度随温度而变化。温度升高，黏度减小；温度降低，黏度增大。黏度过小，在高温、高压下容易从摩擦表面流失，不能形成厚度足够的油膜；黏度过大，冷起动困难，机油不能被泵送到摩擦表面。

2. 优异的氧化稳定性

氧化稳定性是指机油抵抗氧化作用、不使其性质发生永久变化的能力。当机油在使用与存储过程中与空气中的氧气接触而发生氧化作用时，机油的颜色变暗，黏度增加，酸性增大，并产生胶状沉积物。氧化变质的机油将腐蚀发动机零件，甚至破坏发动机的工作。

3. 良好的防腐性

机油在使用过程中不可避免地被氧化而生成各种有机酸。这类酸性物质对金属零件有腐蚀作用，可能使铜、铅和镍等轴承表面出现斑点、麻点或使合金层剥落。

4. 较低的起泡性

由于机油在润滑系统中快速循环和飞溅，必然会产生泡沫。如果泡沫太多，或泡沫不能迅速消除，将造成摩擦表面供油不足。控制泡沫生成的方法是在机油中添加泡沫抑制剂。

5. 强烈的清净分散性

机油的清净分散性是指机油分散、疏松和移走附着在零件表面上的积炭和污垢的能力。为使机油具有清净分散性，必须加入清净分散添加剂。

6. 高度的极压性

在摩擦表面之间的油膜厚度小于 0.3～0.4 μm 的润滑状态,称为边界润滑。习惯上把高温、高压下的边界润滑,称为极压润滑,机油在极压条件下的抗磨性叫做极压性。

十三、机油的选用

更换机油是车辆日常维护中最重要的工作之一。更换机油时,需要选择厂商推荐的 SAE 黏度等级和 API 使用级别标准的机油。

① 根据发动机的强化程度选用合适的机油使用级别（API）。

② 根据地区的季节气温选用合适的黏度等级的机油,因为润滑油的黏度随温度升高而变小,反之会变大,如图 4-1-23 所示。

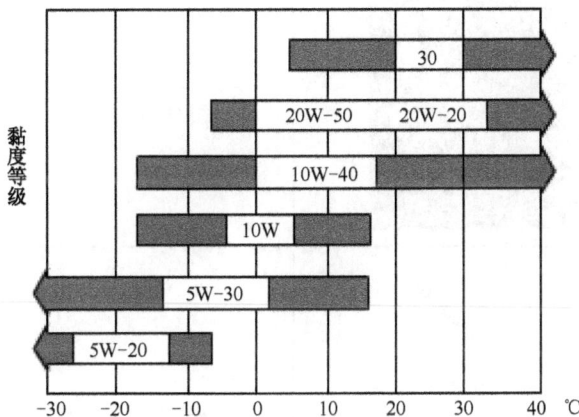

图 4-1-23　机油的选用

十四、机油的更换周期

所有的汽车或发动机厂商都会推荐机油更换周期,更换周期以行驶里程或者时间来表示。大多数的汽车厂商推荐的更换机油周期为 5000～8000km 或者 6 个月。但是,如果存在以下情况,更换周期就应相应缩短,如:行驶环境恶劣、特殊用途车辆、短距离或频繁起动、长时间怠速运转等。

任务 2　机油及机油滤清器的检查与更换

知识要点

一、机油液位的检查

发动机机油的主要功能是润滑和冷却发动机内部构件,如活塞、活塞环和气缸等。在发动机正常工作过程中机油会产生不可避免的损耗。如当活塞向下运动时，在气缸壁上将留下一层薄薄的机油膜。发动机运行引起的高负压，将吸一部分机油到燃烧室。一部分残留在气缸壁上的机油，将在压缩行程的高温中燃烧。发动机机油的消耗量与机油黏度、机油质量、发动机转速和行驶条件等有很大关系。在高速频繁加、减速和严酷条件下行驶比在正常条件下机油的消耗量要大。对发动机而言，发动机机油是非常重要的，在正常使用情况下，应每周检查一次发动机机油状况。在严酷条件下驾驶，更应频繁检查。

　　汽车每行驶 7500km 应定期更换发动机机油。如果汽车连续在多尘地区以及气温低的寒冷地区行驶，则更换周期应相应缩短。当然选用半合成、全合成机油时更换周期应相应延长，但建议不超 10000km。

图示	说明
	1. 准备工具。
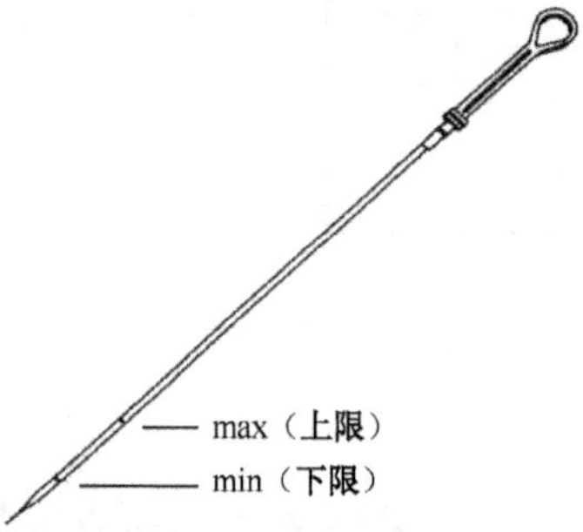 — max（上限） — min（下限）	2. 机油尺及机油液位示意图。
	3. 确保车子停在平坦的地面上。 　预热发动机,使其达到正常的工作温度后熄火。关掉发动机 5 分钟后，让机油流回油底壳。
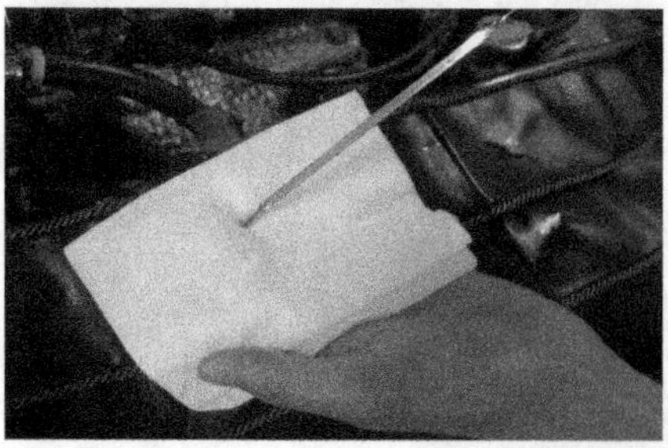	4. 拔出机油尺擦干，然后再充分插入。

图示	说明
	5．再拔出机油尺，检查油量，如果油面低于"油位下限"，应检查是否漏油，若有泄漏则进行修复并加足机油到"油位上限"。 　　机油消耗是不可避免的，因此要定期、定时检查油位。除了发动机正常工作消耗外，机油在使用过程中会由于吸附水蒸气而变稀，所以机油液位并不一定正确反映真实机油消耗量。建议按照行驶里程的要求进行定期更换。
	6．用手检查机油黏度、油性、颜色和杂质，若机油品质变差应及时更换。 　　注意：如果发动机机油的油量和品质不符合要求，使运动机件的润滑条件变差，将加剧运动机件的磨损而使温度升高。

7．放平车子，机油达到正常工作温度，机油充分流回油底壳。机油尺务必擦干，方可再次插入以检查机油量。液位应位于油标尺上、下刻线之间。

二、机油及机油滤清器的更换

图示	说明
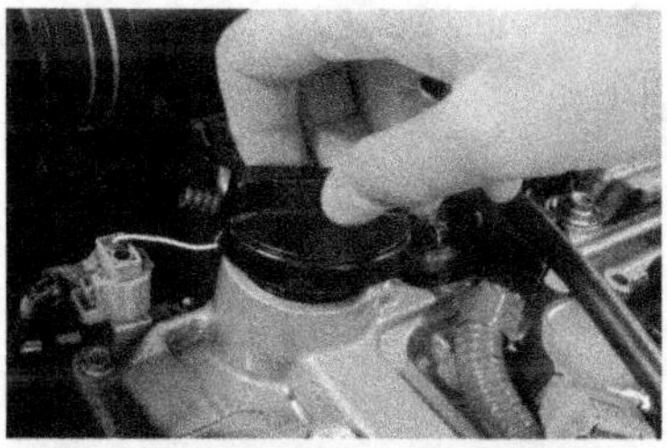	1．拧开汽缸盖罩盖上的机油加注口盖。
	2．适当举升车辆。

图示	说明
	3．用专用废机油收集器回收废机油，拧下油底壳放油螺塞并放掉机油。 起动发动机使之运转，待达到正常的工作温度（80℃ 以上）后将发动机熄火，在热车状态下拧下机油盘下部放油螺塞，注意防止热油烫伤人，放出油底壳和滤清器内的机油。
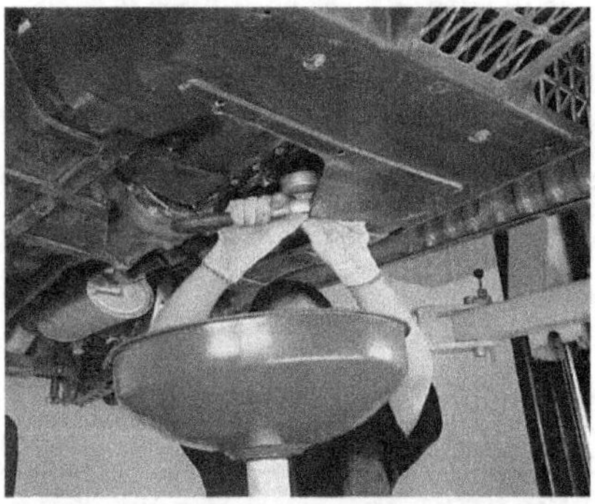	4．当油底壳放油螺孔将旧机油放净时，用滤清器扳手卸下滤清器滤芯。
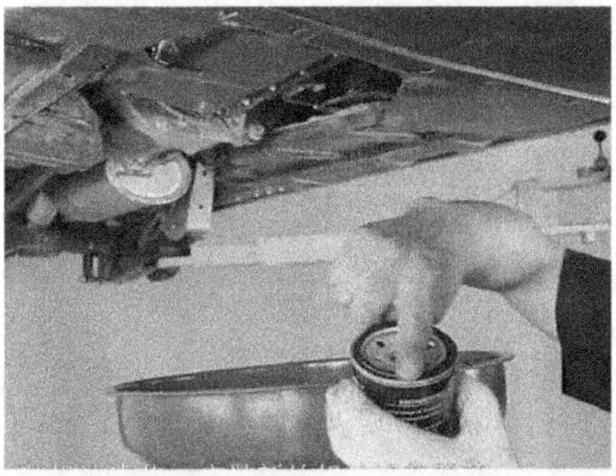	5．准备好同样的新的滤芯，先在滤芯的O形圈上涂抹一层机油。
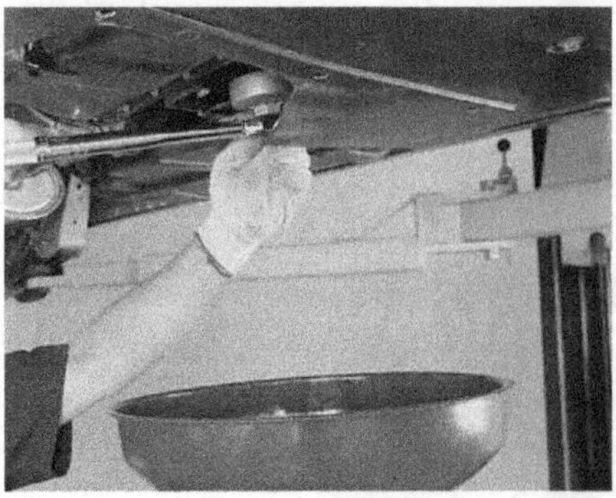	6．用手将滤芯拧至拧不动为止，然后用滤清器的扳手拧紧3/4圈，以防损坏O形圈，造成漏油（机油滤芯拧紧力矩为20N·m）。

图示	说明
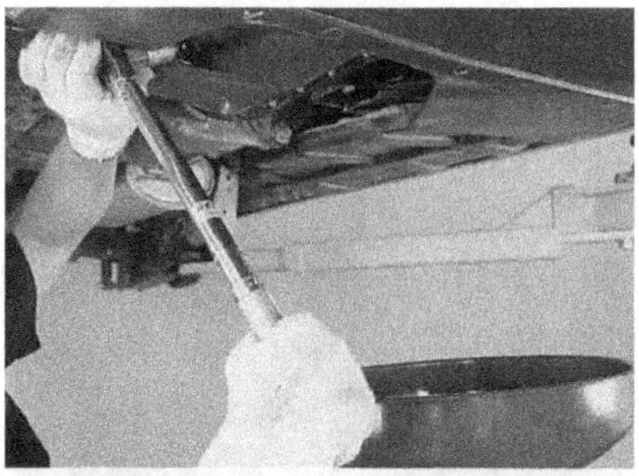	7. 用扭力扳手拧紧机油放油螺塞，拧紧力矩为 35～45N·m。
	8. 从机油加注口加入适量机油，注意检查发动机机油液位是否在规定的范围内。 注意：根据当地的温度，按要求添加推荐级别的机油，用漏斗加注机油。五菱荣光汽车采用 SM 5W-30 级机油，容量为 3L。
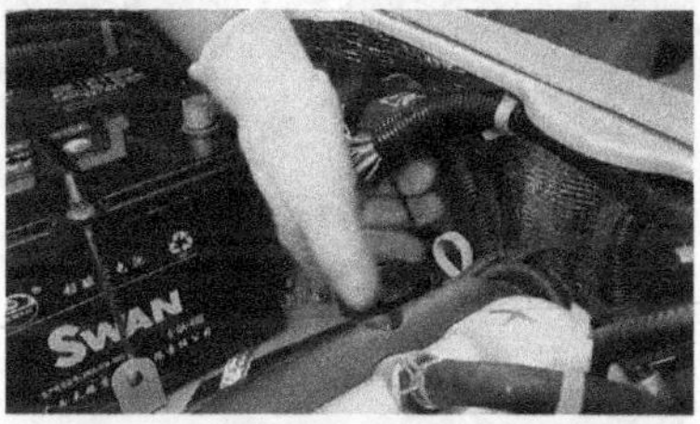	9. 加注完毕后，拧紧机油加注口盖。
	10. 起动发动机，在怠速的情况下，清洁并观察放油螺栓和滤清器有无泄漏。如有泄漏，应拆检或紧固油封胶圈，排除漏油现象。 机油量应位于油标尺上、下刻线之间。更换机油后，起动发动机，放油螺栓和滤清器处应无机油泄漏（机油及机油滤清器一般同时更换）。

任务 **3**　机油压力的检测

知识要点

一、机油压力的检测

（1）拆卸机油压力开关。

使用合适的套筒拆卸机油压力开关。

（2）安装机油压力表。

润滑系统的机油压力值有的可以在汽车仪表盘上的机油压力表上显示出来，但由于机油压力表、机油指示灯或油压传感器等都不能保证测量精度，因此在检测时应采用专用压力表（图 4-3-1）。

（3）起动发动机至正常温度后测试机油压力（图 4-3-2），并查阅维修手册，怠速时机油压力值应不低于 0.15MPa，转速为 2000 r/min 时机油压力值应不低于 0.3MPa（不同车型油压规定值不一样）。

图 4-3-1 机油压力表　　　　　图 4-3-2 检查机油压力

维修知识拓展

润滑系统常见故障的诊断与分析如下。

一、机油变质

1. 故障现象

机油取样，发现其颜色变黑（多级机油比较容易变黑，检查时应注意区别）；含水分的机油呈乳浊状且有泡沫。

2. 故障原因（图 4-3-3）

① 机油使用时间过长，高温和氧化作用加快了机油氧化和机油碳化，使机油逐渐变质。

② 活塞和气缸间隙变大，活塞环漏气，燃油下泄量大，稀释机油。

③ 缸垫密封不严或缸体有裂纹、砂眼等造成冷却液漏入曲轴箱，使润滑油和冷却液搅拌后乳化。

④ 曲轴箱通风不良，机油中混杂有废气中的燃油，使机油变质。

⑤ 机油滤清器堵塞，机油未经过滤而直接通过旁通阀，润滑短路，造成机油内杂质过多。

3. 故障诊断

检查机油中是否含有水分，进而检查冷却系统如缸体等是否有裂缝。取机油样品数滴，滴在滤纸上，若其扩散的油迹为中心黑色杂质多，则说明机油内杂质多，变质；用手捻取样机油，失去黏性感，说明机油内混有燃油。应检查曲轴箱通风是否良好，活塞的漏气量是否过大，检查滤清器是否失效。

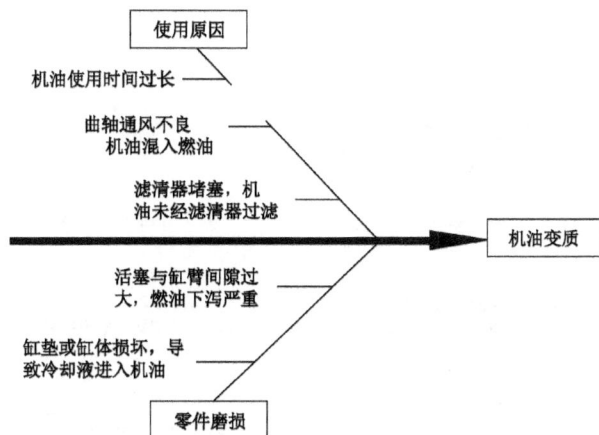

图 4-3-3　机油变质原因

二、机油压力低

1. 故障现象

仪表盘上机油压力警报灯闪烁，机油警报蜂鸣。

2. 故障原因（图 4-3-4）

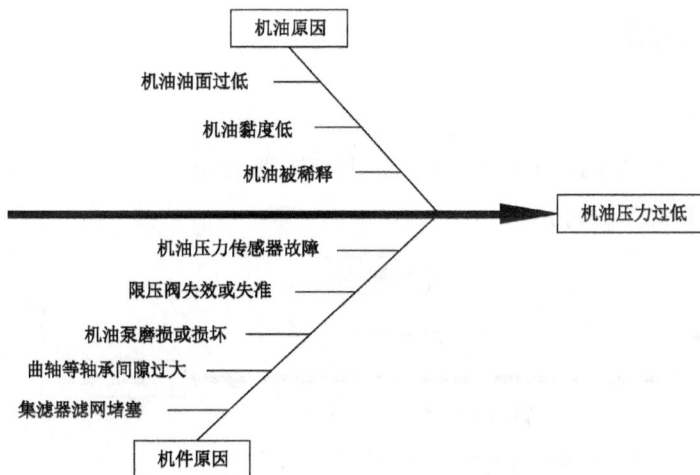

图 4-3-4　机油压力低原因

① 机油油面过低；

② 机油压力传感装置出现故障；

③ 机油泵损坏或内部零件磨损；

④ 机油黏度低或被稀释；

⑤ 机油泵安全阀失效或弹簧过软；

⑥ 发动机曲轴等轴承间隙过大；

⑦ 机油集滤器网被胶状物糊住；

⑧ 油泵内形成空气间隙，失去泵油功能。

3. 机油压力低故障诊断

机油压力低的故障诊断流程如图 4-3-5 所示。

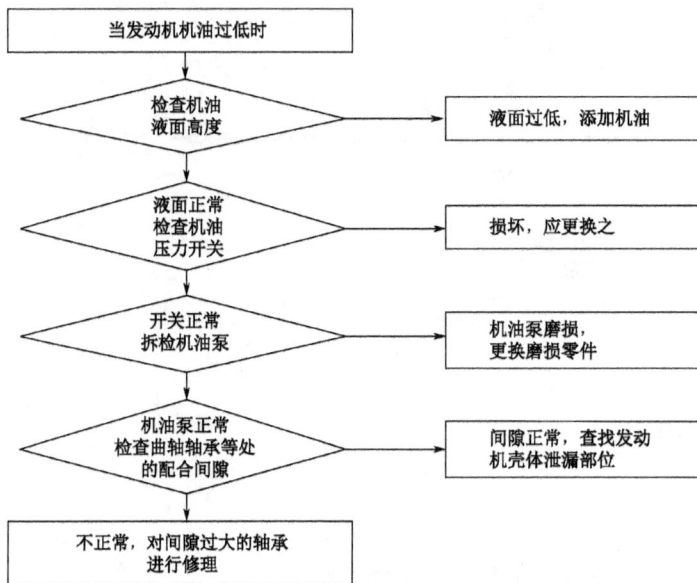

```
            ┌─────────────────────────┐
            │     当发动机机油过低时        │
            └─────────────────────────┘
                       │
              ┌────────────────┐        ┌──────────────────┐
              │   检查机油        │──────→ │ 液面过低，添加机油    │
              │   液面高度        │        └──────────────────┘
              └────────────────┘
                       │
              ┌────────────────┐        ┌──────────────────┐
              │   液面正常        │──────→ │ 损坏，应更换之        │
              │   检查机油        │        └──────────────────┘
              │   压力开关        │
              └────────────────┘
                       │
              ┌────────────────┐        ┌──────────────────┐
              │   开关正常        │──────→ │ 机油泵磨损，         │
              │   拆检机油泵       │        │ 更换磨损零件         │
              └────────────────┘        └──────────────────┘
                       │
              ┌────────────────┐        ┌──────────────────┐
              │   机油泵正常       │──────→ │ 间隙正常，查找发动     │
              │ 检查曲轴轴承等处     │        │ 机壳体泄漏部位        │
              │   的配合间隙       │        └──────────────────┘
              └────────────────┘
                       │
              ┌────────────────────┐
              │ 不正常，对间隙过大的轴承  │
              │     进行修理          │
              └────────────────────┘
```

图 4-3-5　机油压力低故障诊断框图

三、机油压力高

1. 故障现象

机油压力超过 0.4MPa，机油警报灯闪亮且蜂鸣器响。

2. 故障原因（图 4-3-6）

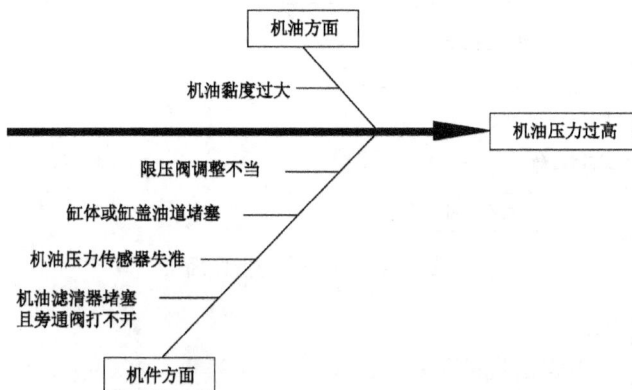

图 4-3-6　机油压力高原因

3. 机油压力高故障诊断

机油压力高故障诊断流程如图 4-3-7 所示。

```
            ┌──────────────────┐
            │   当机油压力过高时   │
            └────────┬─────────┘
                     │
              ╱──────────────╲
             ╱  检查机油      ╲        ┌──────────────────┐
            ╱  等级是否符合    ╲──────▶│ 不符合要求应更换机油 │
            ╲  使用要求       ╱        └──────────────────┘
             ╲──────────────╱
                     │符合要求
              ╱──────────────╲
             ╱  检查高压开关    ╲        ┌──────────────────┐
            ╱   是否失效       ╲──────▶│ 如果失效，应更换开关 │
            ╲               ╱        └──────────────────┘
             ╲──────────────╱
                     │
              ╱──────────────╲
             ╱   检查         ╲        ┌──────────────────┐
            ╱  机油限压阀       ╲──────▶│ 如果失效，应更换限压阀 │
            ╲  是否失效        ╱        └──────────────────┘
             ╲──────────────╱
                     │
              ╱──────────────╲
             ╱ 检查机油         ╲       ┌──────────────────┐
            ╱ 滤清器是否堵塞，旁通  ╲─────▶│ 如果异常，应更换滤清器 │
            ╲ 阀是否失效        ╱       │ 疏通旁通阀         │
             ╲──────────────╱        └──────────────────┘
                     │
  ┌────────────────────────────────────────┐
  │ 拆检发动机，检查缸体或缸盖油道是否           │
  │ 堵塞，检查曲轴和连杆轴承间隙是否过小          │
  └────────────────────────────────────────┘
```

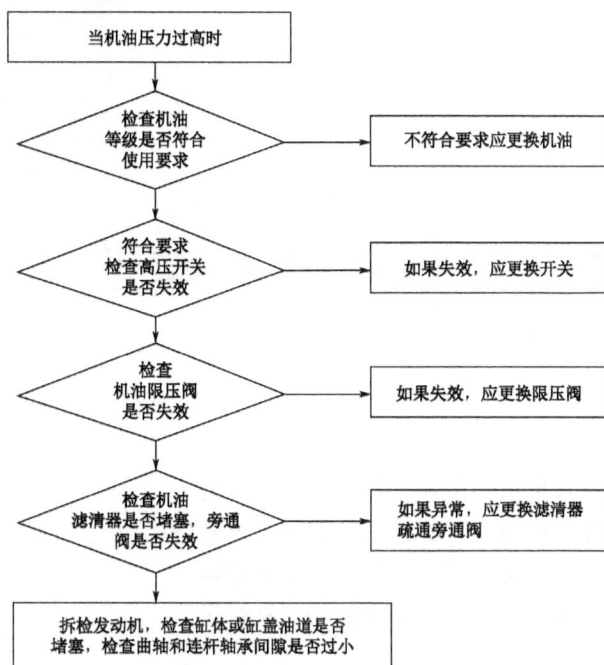

图 4-3-7　机油压力高故障诊断框图

四、机油消耗超标

1. 故障现象

机油消耗过大，积炭增多，排气管冒蓝烟。

2. 故障原因

活塞与气缸间隙变大，气门油封损坏，气门导管磨损，PCV 阀常开，漏机油等。

3. 故障诊断

机油消耗超标的故障诊断流程如图 4-3-8 所示。

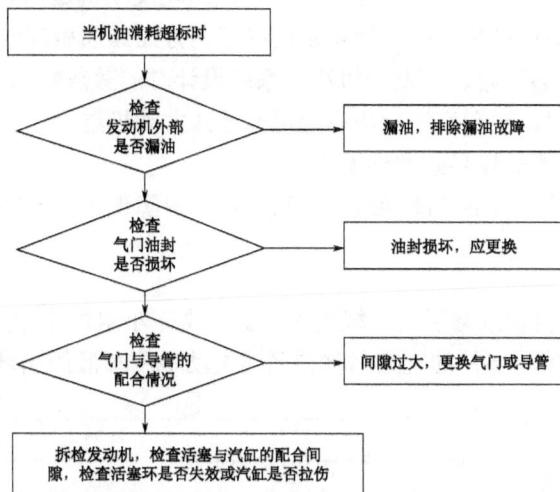

```
            ┌──────────────────┐
            │   当机油消耗超标时   │
            └────────┬─────────┘
                     │
              ╱──────────────╲
             ╱   检查         ╲        ┌──────────────────┐
            ╱  发动机外部       ╲──────▶│ 漏油，排除漏油故障   │
            ╲  是否漏油        ╱        └──────────────────┘
             ╲──────────────╱
                     │
              ╱──────────────╲
             ╱   检查         ╲        ┌──────────────────┐
            ╱  气门油封        ╲──────▶│ 油封损坏，应更换    │
            ╲  是否损坏        ╱        └──────────────────┘
             ╲──────────────╱
                     │
              ╱──────────────╲
             ╱   检查         ╲        ┌──────────────────────┐
            ╱  气门与导管的     ╲──────▶│ 间隙过大，更换气门或导管  │
            ╲  配合情况        ╱        └──────────────────────┘
             ╲──────────────╱
                     │
  ┌────────────────────────────────────────┐
  │ 拆检发动机，检查活塞与汽缸的配合间           │
  │ 隙，检查活塞环是否失效或汽缸是否拉伤          │
  └────────────────────────────────────────┘
```

图 4-3-8　机油消耗过大故障诊断框图

发动机冷却系统的构造与维护

学习目标

◎ 了解发动机冷却系统的组成、作用及工作原理
◎ 了解发动机冷却系统的各部件安装位置及冷却液的流经路线
◎ 对冷却系统的主要部件进行拆卸、检测和维修
◎ 对冷却系统的典型故障做出正确的诊断与排除

任务 1 认识发动机

学习任务描述

某客户反映其发动机有过热的现象。经检查，润滑系统、点火系统和燃油系统正常，燃烧室无积炭，初步判断是冷却系统出现故障，需要对冷却系统进行检查，确定故障部位，并进行维修。

如图5-1-1所示，发动机冷却系统对发动机高温机件进行冷却，保证发动机的正常工作。长期使用后，冷却系统的技术状态发生变化，可能出现发动机过热、过冷或冷却液渗漏等故障。客户反映的发动机过热故障，通常是由以下两方面原因引起的。

① 发动机产生的热量超过了发动机冷却系统设计时的散热能力。例如，发动机混合气过稀、点火过早或过迟、润滑系统故障等都可能导致发动机温度过高。

② 冷却系统自身的故障导致散热不良。

请你针对冷却系统自身的故障导致的发动机过热故障现象进行检测和维修。

任务引导文　查阅相关资料和维修手册，根据相关的图文，小组讨论完成以下引导问题。

1．在图 5-1-1 中填写部件的完整名称并简述发动机冷却液的循环路线。

①＿＿＿＿＿＿②＿＿＿＿＿＿③＿＿＿＿＿＿④＿＿＿＿＿＿⑤＿＿＿＿＿＿

2．冷却系统的作用是＿＿＿＿＿＿＿＿＿＿＿＿＿＿＿＿＿＿＿＿＿＿＿＿＿＿＿。

3．节温器的作用是＿＿＿＿＿＿＿＿＿＿＿＿＿＿＿＿＿＿＿＿＿＿＿＿＿＿＿。

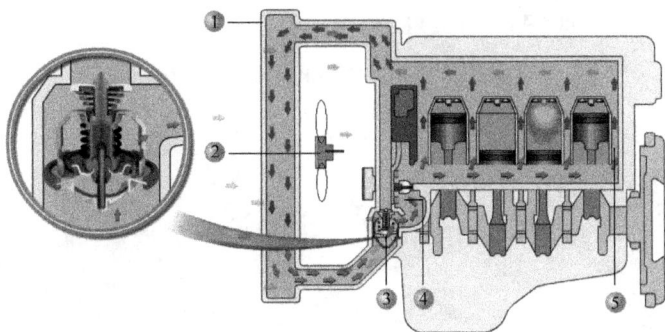

图 5-1-1　冷却系统

知识要点

一、冷却系统的功用与组成

冷却系统的主要作用是对发动机进行冷却,把受热零件吸收的部分热量及时散发出去,维持发动机的正常工作温度,保证发动机在最适宜的温度状态下工作。

1. 冷却系统的功用

在发动机工作期间,气缸内最高燃烧温度可高达 2500℃,即使发动机在怠速或中等转速下,燃烧室的平均温度也在 1000℃以上。因此,与高温燃气接触的发动机零件会受到强烈的加热。这种情况下,若不进行适当的冷却,发动机将会过热,工作环境恶化,零件强度降低,机油变质,零件磨损加剧,最终导致发动机动力性、可靠性及耐久性等性能全面下降。但发动机过度冷却也是有害的,过度冷却会使发动机长时间在低温下工作,会使散热损失及摩擦损失增加,零件磨损加剧,排放恶化,发动机工作不平稳、功率下降及燃油消耗增加。冷却系统既要防止发动机过热,也要防止冬季发动机过冷。在发动机冷起动之后,冷却系统还要保证发动机迅速升温,以尽快达到正常的工作温度。发动机能良好工作的冷却液工作温度一般为 90℃~105℃。

2. 冷却系统的组成

冷却系统一般由水泵、散热器、节温器、冷却风扇、风扇控制机构、水套、膨胀水箱、温度指示器及报警灯等组成。图 5-1-2 为桑塔纳 2000GSi 轿车 AJR 发动机冷却系统组成图。

二、冷却系统的类型

发动机的冷却系统有两种类型:风冷系统和水冷系统(图 5-1-3)。以空气为冷却介质的冷却系统称为风冷系统,以冷却液为冷却介质的称为水冷系统。汽车发动机尤其是轿车发动机大都采用水冷系统,只有少数汽车发动机采用风冷系统,故以下只对水冷系统进行介绍。汽车发动机的水冷系统均为强制循环水冷系统,即利用水泵提高冷却液的压力,强制冷却液在发动机中循环流动。

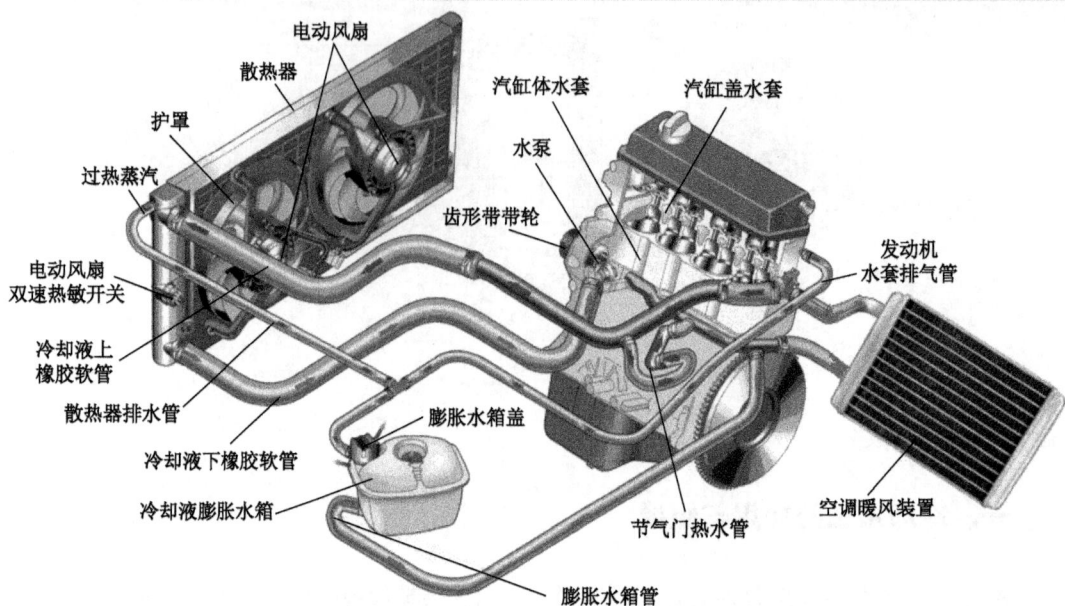

图 5-1-2 桑塔纳 2000GSi 轿车 AJR 发动机冷却系统组成图

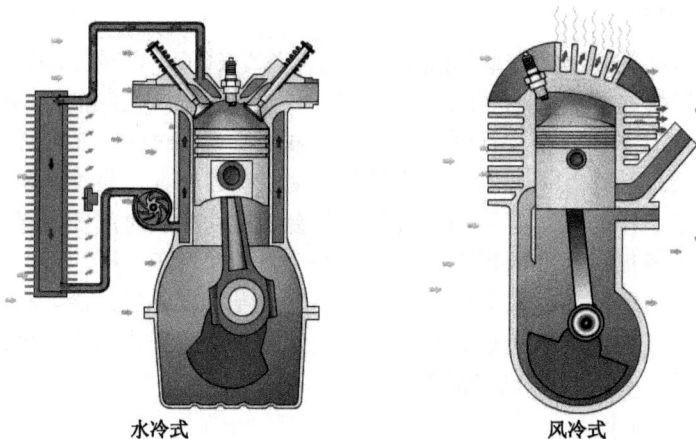

图 5-1-3 冷却系统的分类

三、冷却系统的循环路线

发动机工作时，水泵将冷却液压入发动机汽缸体水套，然后流入汽缸盖水套，吸收汽缸体和汽缸盖的热量。此后冷却液分两路循环，一路为大循环，即冷却液流经散热器冷却后，进入装在机体水泵进口处的节温器，流向水泵进水口；另一路为小循环，即冷却液直接进入节温器后的水泵进水口，不经散热器冷却。当冷却液的温度低于 80℃时，进行小循环；当冷却液的温度高于 80℃时，部分冷却液进行大循环；当冷却液温度达到（102±3）℃时，流经散热器的冷却液全都参加大循环，而小循环是常开的，这样可使冷却系统的温度提高到一个较高的水平，改善发动机的热效率，同时可以确保冷却系统始终有冷却液在循环，保持发动机在最佳温度下工作。

1. 冷却液小循环

冷却液温度较低时，节温器主阀门关闭、旁通阀打开，气缸盖中的冷却液从旁通阀、旁通管路流入水泵进水口，经水泵加压后流回气缸体水套。此时冷却液不经过散热器，只在气缸盖水套和气缸体水套之间进行小循环。在小循环中，冷却强度较小，可使发动机水温迅速上升，保证发动机各个部件迅速升温，达到其正常工作温度，如图5-1-4所示。

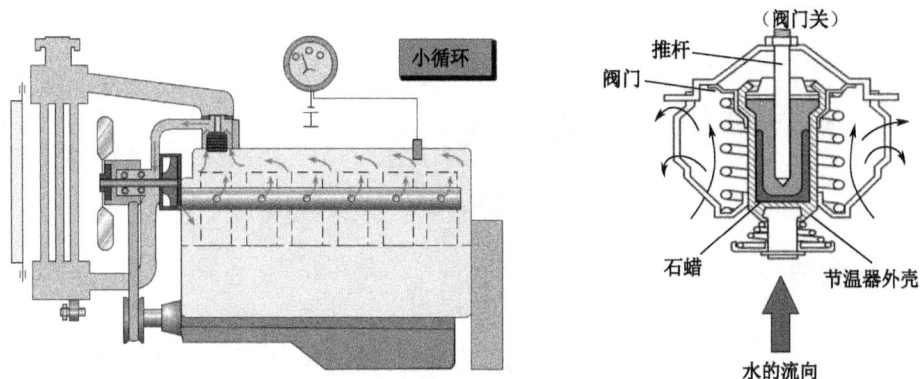

图 5-1-4　冷却液小循环和节温器状态

2. 冷却液大循环

经过散热器的冷却液循环为冷却液大循环，如图 5-1-5 所示。当冷却液温度升高到一定值时，节温器主阀门全开，旁通阀关闭，气缸盖水套中的冷却液经散热器上水管全部流向散热器，其温度快速下降，然后从散热器下水管进入水泵进水口，经水泵加压后回到气缸体水套，进行冷却循环。

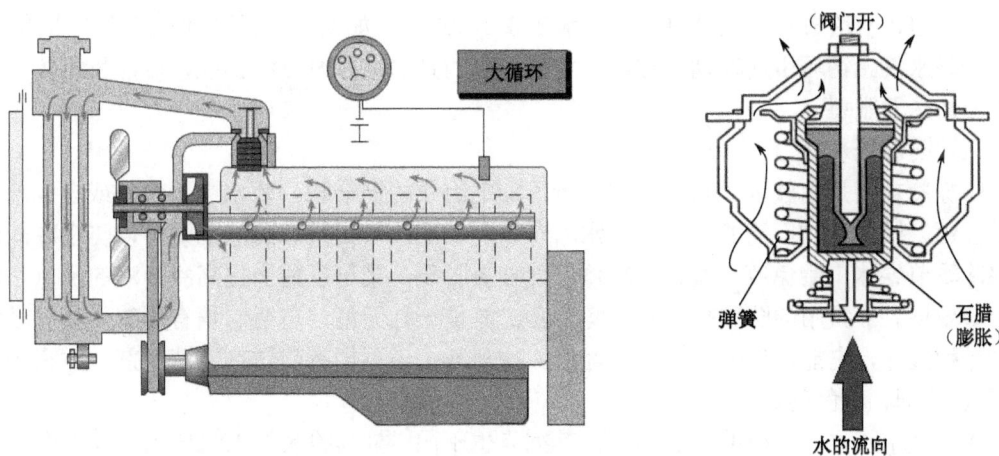

图 5-1-5　冷却液大循环和节温器状态

3. 冷却液混合循环

节温器的主阀门和旁通阀均处于部分开启状态，冷却液的小循环和大循环同时存在，此时冷却液的循环称为混合循环（图 5-1-6）。在发动机实际工作中，冷却液处于混合循环的时间不会很长。

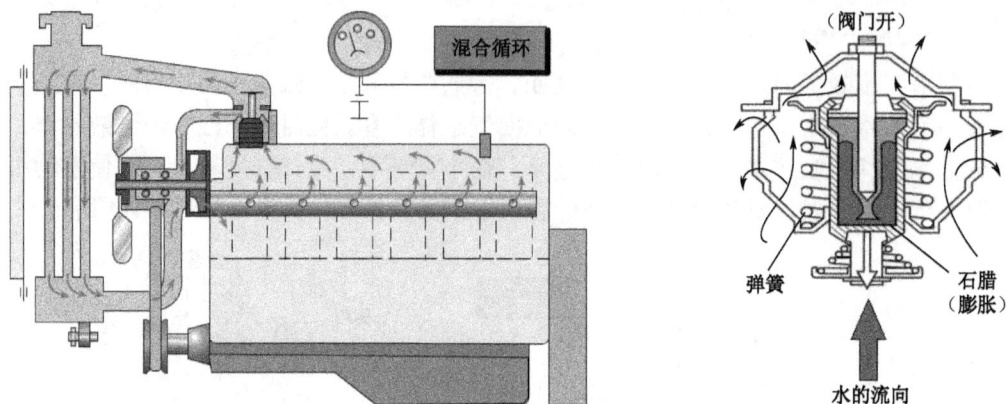

图 5-1-6　冷却液混合循环和节温器状态

四、冷却液

冷却液是发动机冷却系统中最重要的工作介质，汽车在不同的地理环境气候和不同的工作状况下行驶，都要求车辆在-40℃严寒和 40℃高温环境中能够正常工作，因此发动机冷却液必须具有高沸点和低冰点。

1. 冷却液的组成

汽车常用的冷却液有水和添加防冻剂等的防冻冷却液。

（1）水冷却液

水冷却液是指直接用水作为冷却液，它具有简单、方便的优点。但是，水沸点低、易蒸发、易产生水垢，须经常添加。水冷却液最好用软水，否则将在发动机水套中产生水垢，使传热受阻，易造成发动机过热。纯净水在 0℃时结冰。如果发动机冷却系统中的水结冰，将使冷却水终止循环引起发动机过热。尤其严重的是水结冰时体积膨胀，可能将机体、气缸盖和散热器胀裂。

（2）防冻冷却液

防冻冷却液是由软水、防冻剂和少量添加剂组成的混合物。软水中不含（或含少量）可溶性钙、镁化合物，能够有效防止水垢产生，保证冷却效果。防冻剂既可以防止冷却液在寒冷季节结冰，避免散热器、气缸体、气缸盖胀裂，又可以适当提高冷却液的沸点，保证冷却效果。最常用的防冻剂是乙二醇，乙二醇是一种无色、透明、稍有甜味、具有吸湿性的黏稠液体，它能以任何比例与水互溶。冷却液中还添加有防锈剂、消泡剂、防霉剂、pH 值调节剂、着色剂等。

冷却液中水与乙二醇的比例不同，其冰点也不同。50%的水与50%的乙二醇混合而成的冷却液，其冰点约为-35.8℃。在水中加入防冻剂还同时提高了冷却液的沸点。例如，含50%乙二醇的冷却液在标准大气压力下的沸点是 107.2℃，在冷却系统高压状况下沸点可高达 130℃，见表5-1-1 所示。

冷却液除了添加防冻剂防止冷却液过早沸腾的附加作用外，通常防冻剂中还添加防锈剂和泡沫抑制剂。防锈剂可延缓或阻止发动机水套及散热器的锈蚀或腐蚀。冷却液中的空气在水泵叶轮的搅动下会产生很多泡沫，这些泡沫将影响传热效果，泡沫抑制剂能有效地抑制泡沫的产生，保证传热效果。冷却液在使用过程中，随着时间的延长，防锈剂和泡沫抑制剂会逐渐消耗殆尽，因此，定期更换冷却液是十分必要的。冷却液存储过程中可能引起微生物滋长，使防冻液发霉变质，在冷却液中加入微量的杀菌防霉剂，可以保证防冻液在 2～3 年的存储期内不会霉变。由于中性介质防锈剂效果较好，且防冻液在工作过程中会酸化，pH 值会下降，因此防冻液中需要添加 pH 值调节剂，使防冻液的 pH 值稳定在 7.5～11。防冻剂中还会加入着色剂，使冷却液呈蓝绿色、红色/橘黄色或金黄色，以便识别。

表 5-1-1　水与乙二醇配对比例表

乙二醇浓度		冰点（℃）	沸点（℃）	乙二醇浓度		冰点（℃）	沸点（℃）
质量浓度	体积浓度	100.7kPa	100.7kPa	质量浓度	体积浓度	100.7kPa	100.7kPa
0.0	0.0	0.0	100.0	45.5	42.5	-27.5	106.7
5.0	4.4	-1.4	100.6	50.0	47.6	-33.8	107.2
10.0	8.9	-3.2	101.1	55.0	52.7	-41.1	108.3
15.0	13.6	-5.4	102.2	60.0	57.8	-48.3	110.0
20.0	18.1	-7.8	102.2	80.0	78.9	-46.8	123.9
25.0	22.9	-10.7	103.3	85.0	84.3	-36.9	133.9
30.0	27.7	-14.1	104.4	90.0	89.7	-29.8	140.6
35.0	32.6	-17.9	105.0	95.0	95.0	-19.4	158.3
40.0	37.5	-22.3	105.6	100.0	100.0	-13	197.4

2. 冷却液的冰点

冷却液由液态凝结成固态的温度称为冷却液的凝点，也称冷却液的冰点。冷却液中所加防冻剂的比例不同，其冰点也不同。

冷却液冰点在其使用过程中可能会发生变化，因此，在车辆保养维护时需要使用冰点仪（图 5-1-7）检查冷却液的冰点，必要时更换冷却液。

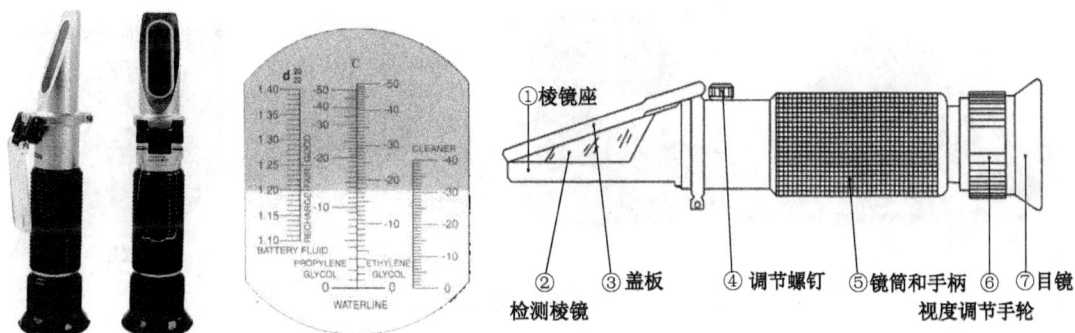

图 5-1-7　冰点仪

3. 冷却液的种类

根据防冻剂的不同，常见的冷却液有乙烯乙二醇冷却液和丙烯乙二醇冷却液两种。乙烯乙二醇冷却液有毒性，一般呈绿色，丙烯乙二醇冷却液无毒性，一般呈红色或橘色。根据使用寿命不同，冷却液分为常规冷却液和长效冷却液，长效冷却液呈金色。品质良好的冷却液通常色泽亮丽，接近标准色，同时还有芳香气味；变质的冷却液通常呈灰白色或者褐色，有一层油状膜。

选用防冻冷却液时，应按汽车使用说明书的规定要求选用和定期更换防冻冷却液，不同牌号的防冻冷却液不可混用，以免发生化学反应。

4. 冷却液的回收与更换

使用过的冷却液可能吸收冷却系统中的铅、铁、铝等重金属，同时它自身还含有防冻剂和添加剂，这些物质会污染环境，因此，冷却液不能够随意排放，必须收集起来，然后由专业机构进行回收处理。

冷却液必须根据厂商的要求进行定期更换，具体更换周期参见用户手册。更换冷却液时，待发动机冷却后，应首先拆下散热器盖，使冷却系统与大气相通，以便冷却液排放，在水箱下方使用合适的容器接收排放的冷却液，拧下放水螺塞或者拆下水箱的下水管，排尽冷却液。更换过程中应目视检查冷却液是否被污染，如有污染应冲洗冷却系统，同时确保冷却系统无泄漏，最后添加合适型号的冷却液，并进行排空气操作。

注意：发动机未彻底冷却前禁止对冷却系统进行任何操作。

五、冷却系统主要零部件的认知

1. 水泵

水泵的作用是对冷却液加压，强制冷却液在冷却系统中循环流动。泵壳上有进水孔，用橡胶管与散热器出水管相连，泵盖上有出水孔，与水套相连。水泵轴由两个轴承支撑在壳体上，轴上装有挡水圈，以防水封渗漏时浸湿轴承。当叶轮旋转时，水泵中的水被叶轮带动一起旋转，由于离心力的作用，水被甩向叶轮边缘，经外壳上与叶轮成切线方向的出水管被压送到发动机水套内。同时，叶轮中心处压力降低，散热器中的水经进水管被吸进叶轮中心部分，如图 5-1-8 所示。

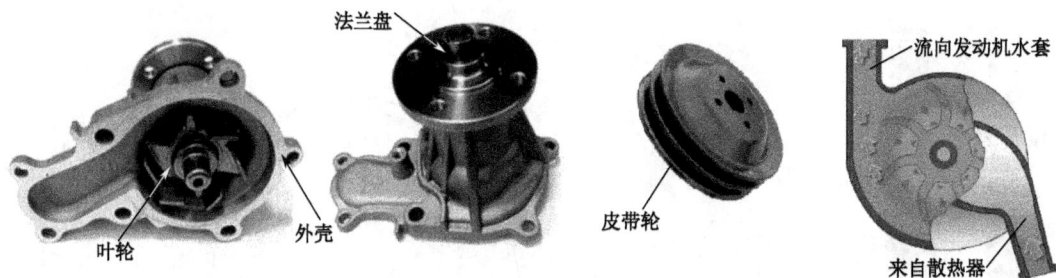

图 5-1-8　水泵

2. 散热器

散热器也称水箱，一般安装在车辆前部，车辆行驶时，迎面而来的低温空气不断流经散热器，带走冷却液的热量，确保散热效果良好。散热器多采用耐腐蚀、导热性能良好的铜、铝质材料制成。由于铝质散热器尺寸小，质量轻，成本也较低，因此，各汽车厂商广泛采用铝质散热器。

（1）散热器的功用和组成

散热器的功用是使水套中出来的热水得到迅速冷却，以保持发动机的正常水温。冷却水经过散热器后，温度可降低 10℃～15℃。

散热器主要由上储水室、下储水室、散热器芯（包括冷却管和散热带）和散热器盖等组成（图 5-1-9）。

散热器上储水室顶部有加水口，平时用散热器盖盖住，并装有进水软管，与发动机上出水管相连。下储水室有出水管，用软管与水泵进水口相连。一般在下储水室中还装有放水阀。散热器底部装有减振垫，防止散热器受振动损坏。有些车辆散热器的下储水室集成有自动变速器油冷却器，由发动机出水管流出的温度较高的热水进入上储水室，经散热器冷却管散热冷却后流入下储水室，由散热器出水管流出后被吸入水泵。

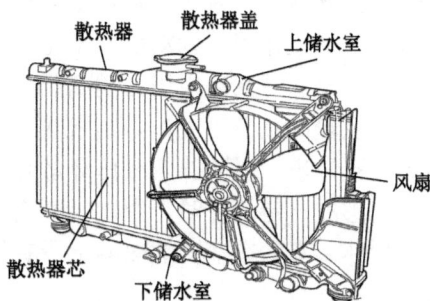

图 5-1-9 散热器的组成

散热器按冷却液流动的方向分为纵流式和横流式两种（图 5-1-10）。纵流式散热器芯竖直布置，上接进水室，下连出水室，冷却液由进水室自上而下地流过散热器芯进入出水室。横流式散热器芯横向布置，左右两端分别为进、出水室，冷却液自进水室横向流过散热器芯到出水室。

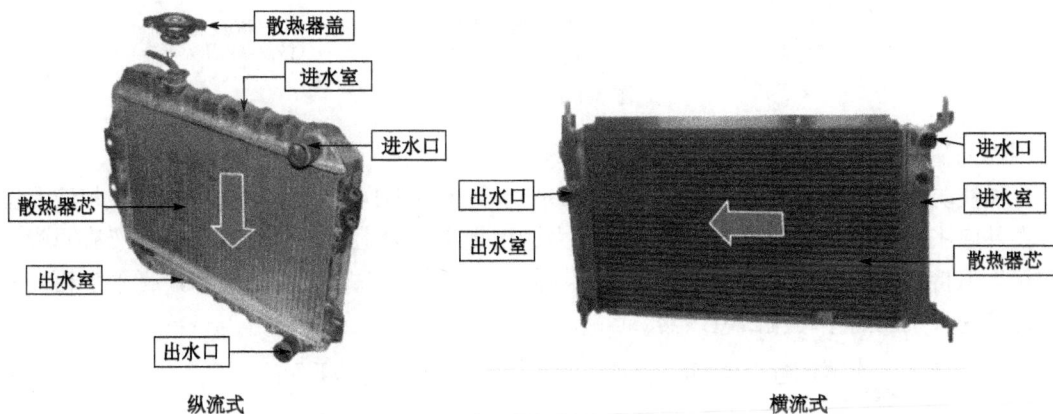

纵流式　　　　横流式

图 5-1-10 散热器的分类

（2）散热器芯

散热器芯由许多扁圆形的冷却管和散热片组成。冷却管焊接在上、下储水室之间，作为冷却液的通道。空气吹过管的外表面，从而使管内流动的水得到冷却。冷却管周围布置了很多散热片，用来增加散热面积，同时增加整个散热器的刚度和强度。

散热器芯按结构形式可分为管片式、管带式和板式三类，如图 5-1-11 所示。

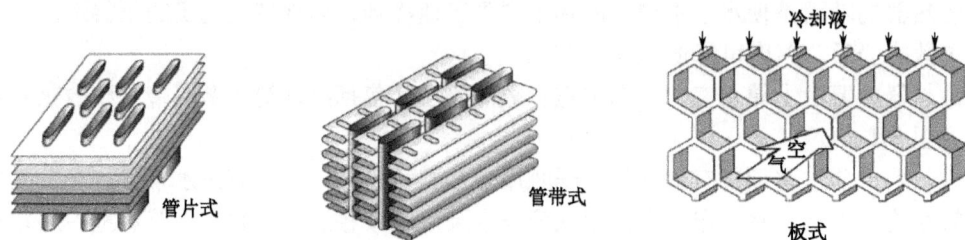

图 5-1-11　散热器芯

（3）散热器盖

现代汽车发动机多采用封闭式水冷却系统，这种冷却系统的散热器盖装有一个空气阀和一个蒸气阀，对冷却系统有密封加压作用。发动机处于正常热态时，阀门关闭，可将冷却系统与大气隔开，防止水蒸气逸出，使系统内压力稍高于大气压力，从而可增高冷却液的沸点，保证发动机在较长时间及较高负荷下工作。当散热器中压力升高到一定压力时，蒸气阀便开启，使水蒸气从通气孔排出，以防热膨胀压坏散热器芯管；当水温降低，冷却系统中蒸气凝结为水，散热器内形成一定真空时，空气阀开启，空气从通气孔进入冷却系统，避免压力差将散热器芯管损坏。有些车辆的散热器上没有散热器盖，而是在膨胀水箱上添加了压力盖（图 5-1-12）。

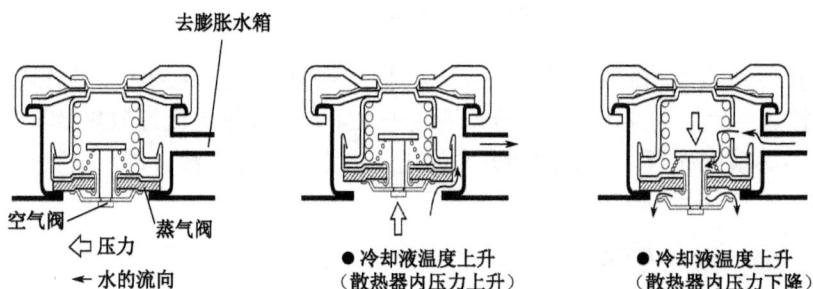

图 5-1-12　散热器盖

（4）膨胀水箱

加注防锈防冻液的汽车发动机常采用膨胀水箱（图 5-1-13）。发动机工作使冷却液温度升高并膨胀，使散热器内压力上升。当压力达到规定值以上时，让一部分冷却液流回膨胀水箱以保持散热器内压力。停车时，冷却液温度降低，散热器内压力下降，膨胀水箱内的冷却液受大气压的作用流回散热器。

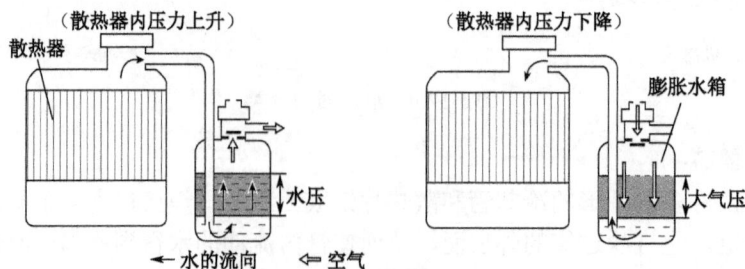

图 5-1-13　膨胀水箱

膨胀水箱多用半透明材料（如塑料）制成，透过箱体可直接观察到冷却液的液面高度，无须打开散热器盖，冷却液的液面高度应在 MAX 与 MIN 之间（图 5-1-14）。

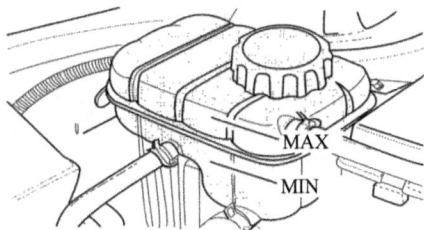

图 5-1-14　检查冷却液的液面高度

3. 冷却风扇

冷却风扇（图 5-1-15）的功用是提高流经散热器的空气流速和流量，以增强散热器的散热能力并冷却发动机附件。冷却风扇多装在发动机与散热器之间，与水泵同轴驱动。这样，当风扇转动时，对空气产生轴向吸力，空气流从前到后通过散热器芯，从而使散热器芯中的冷却液加速冷却。

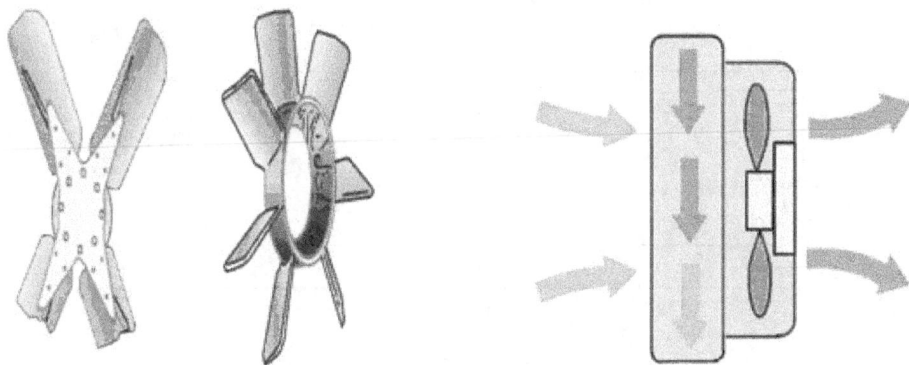

图 5-1-15　冷却风扇

轿车和轻型汽车大多采用电动冷却风扇。它直接由蓄电池驱动，转速与发动机转速无关。电动风扇构造简单，总体布置方便，可以改善发动机的预热性能，在发动机运转初期或低温时，电动风扇不运转，当水温传感器检测冷却液温度超过一定值时，ECM 控制风扇电动机运转。另外，电动冷却风扇省去了风扇 V 带轮和发电机轴的驱动 V 带连接，风扇叶片尺寸和散热器等布置自由度大，具有降低油耗、减少风扇噪声等优点。

电子风扇由电动机、冷却风扇和导风罩组成（图5-1-16）。许多车型的电子风扇电动机有高、低速两个挡位，低速挡在沸点内使用，高速挡在沸点外使用，当发动机需要冷却时两个挡位依据冷却液温度自动起作用。

对于不同的汽车，其电动冷却风扇的控制电路不完全相同。ECM 根据发动机冷却液温度、空调开关情况、制冷剂压力、发动机转速和车速计算出适当的冷却风扇转速，并将信号传送至冷却风扇 ECU，冷却风扇模块收到 ECM 发送的占空比信号后，据此去控制冷却风扇电动机电流大小，以达到控制冷却风扇转速的目的（图 5-1-17）。

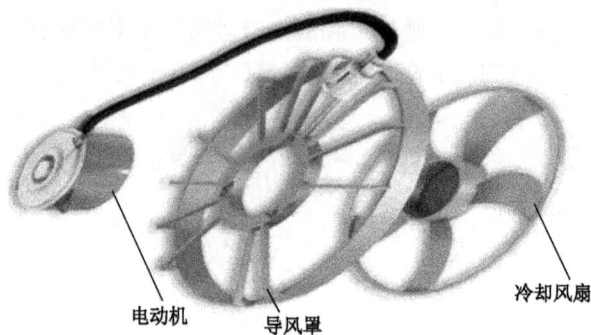

图 5-1-16　电子风扇的结构

电动机　导风罩　冷却风扇

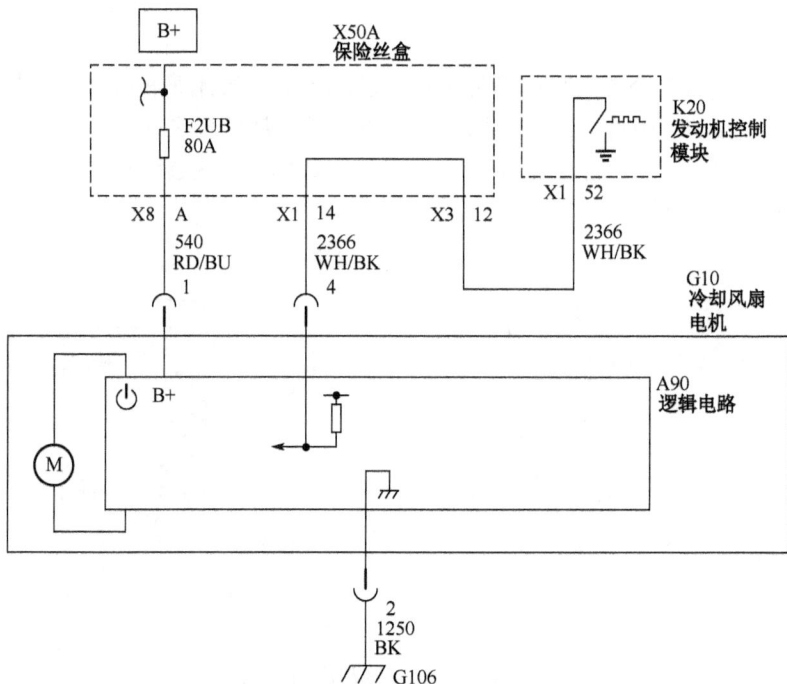

图 5-1-17　别克威朗冷却风扇电路

4. 节温器

节温器安装在冷却液循环的通路中（一般安装在汽缸盖的出水口），根据发动机负荷的大小和水温的高低自动改变水的循环流动路线，以达到调节冷却系统冷却强度的目的，保证发动机在合适的温度范围内工作（图 5-1-18）。

汽车发动机广泛采用蜡式节温器。节温器推杆的一端固定于支架的中心处，另一端插入胶管的中心孔中。胶管与节温器外壳之间形成的腔体内装有精制石蜡。常温时，石蜡呈固态，阀门压在阀座上，这时阀门关闭了通往散热器的水路，来自发动机缸盖出水口的冷却液经水泵又流回汽缸体水套中进行小循环。当发动机水温升高时，石蜡逐渐变成液态，体积随之增大，迫使橡胶管收缩，从而对推杆上端头产生向上的推力。由于推杆上端固定，故推杆对橡胶管、感应体产生向下的反推力，阀门开启。当发动机水温达到规定温度以上时，阀门全开，来自汽缸盖出水口的冷却液流向散热器，进行大循环（图 5-1-19）。

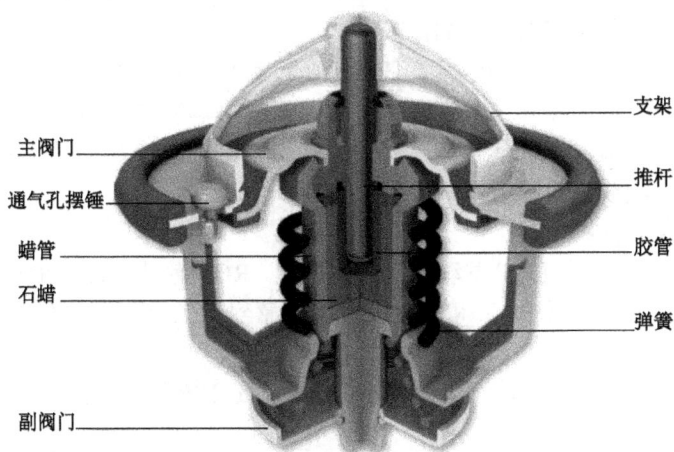

主阀门

通气孔摆锤

蜡管

石蜡

副阀门

支架

推杆

胶管

弹簧

图 5-1-18　节温器的结构

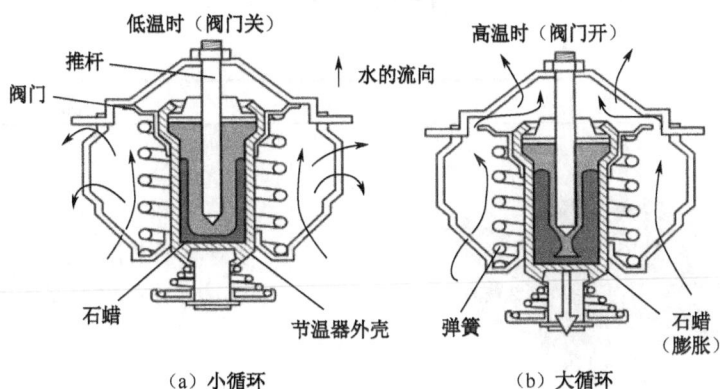

低温时（阀门关）

推杆

阀门

水的流向

石蜡　节温器外壳

（a）小循环

高温时（阀门开）

弹簧　石蜡（膨胀）

（b）大循环

图 5-1-19　节温器的工作原理

5. 电子节温器

越来越多的发动机开始使用电子节温器，电子节温器是在蜡式节温器的基础上增加了加热装置，冷却液温度和加热装置都可以控制电子节温器的开启，加热装置的工作由 ECM 通过占空比（PWM）信号控制，如图 5-1-20 所示。

图 5-1-20　电子节温器

（1）电子节温器与常规节温器的比较

常规节温器只能根据冷却液温度高低移动，节温器开始打开的温度范围是固定的，不可调整。而电子节温器由冷却液温度和节温器内置加热器驱动。通过 ECM 提供脉宽调制控制搭铁回路。电子节温器的优点是能够使发动机冷却液温度达到理想状态，降低车辆油耗并在城市道路行驶或低速巡航中减少尾气排放。

（2）发动机温度控制策略

① 主要采集的信号有 ECT 发动机冷却液温度、RCT 散热器冷却液温度。发动机 ECM 通过比较散热器温度传感器 RCT 和发动机温度传感器 ECT 温度差来调节通过散热器的冷却液流量。

② 正常控制。当 $T>90℃$ 时，节温器开始打开，在 105℃ 时完全打开，同时关闭小循环通道。

③ 安全模式控制。电子节温器有机械故障排除设备，以防电子加热器出现电气故障。机械式节温器将从约 105℃（220℉）循环至约 98 ℃（208℉）。

6. 通用汽车电子节温器

图示	说明
	1. 电子节温器总成。 集成了电子节温器和冷却液分配器。
	2. 电子节温器总成分解。 它与散热器、节气门体、加热器和旁通管等连接。
	3. 科鲁兹LDE发动机冷却水路径。

图示	说明
	4．电子节温器参数。 | 用途	说明
控制	占空比（1Hz）
系统电压	12±0.3V （16.3V Max）
电阻	15.2±1.5Ω
功率	9.5±1.0W
频率	1Hz	

5．节温器升程和打开温度。

a 曲线表示电子节温器有 PWM 控制时，升程与温度的关系；b 曲线表示普通节温器升程与温度的关系；c 曲线表示电子节温器无 PWM 控制时，升程与温度的关系；L_1 为普通节温器温度范围；L_2 为电子节温器温度范围；h_1 为普通节温器升程范围；h_2 为电子节温器有 PWM 控制时升程范围；h_3 为电子节温器无 PWM 控制时升程范围

电子节温器有 PWM 控制时，温度范围为 40℃～124℃，升程范围为 0～13mm；无 PWM 控制时，温度范围为 105℃～124℃，升程范围为 0～10mm。传统节温器控制范围为 85℃～100℃，升程范围为 0～9mm

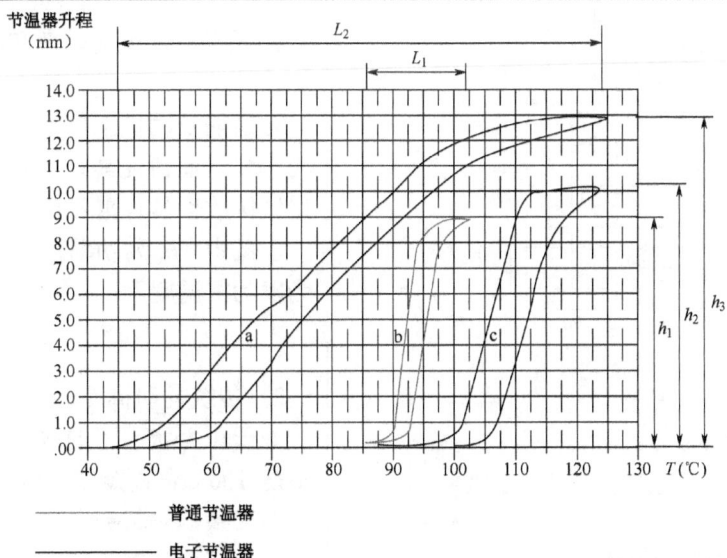

| | 6．电子节温器检测方法（一）
检测电子节温器的电阻值，应为 15.2±1.5Ω。 |

图示	说明
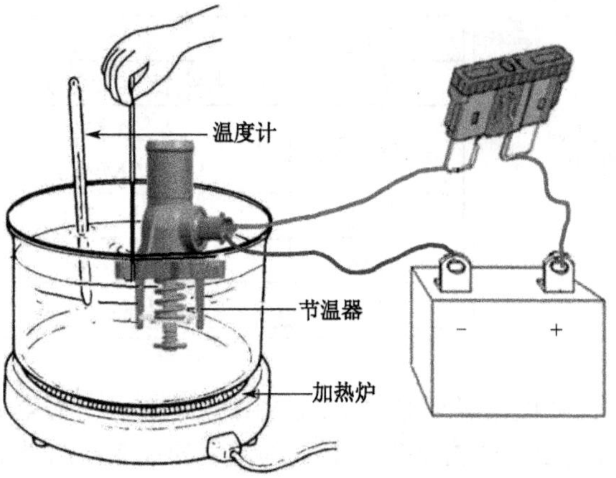	7. 电子节温器的检测方法（二）。 将冷却液加入电加热炉中加温，当 40 ℃<*T*<105 ℃时，给其通电，10min 后检查节温器的开启行程是否达到 7mm 以上（严禁在空气中进行直接通电测试）；当冷却液沸腾时，断开电源，将电子节温器放入沸腾的冷却液中，观察电子节温器是否能打开。 还可以使用诊断仪对电子节温器进行综合诊断分析。

7. 大众汽车电子节温器

图示	说明
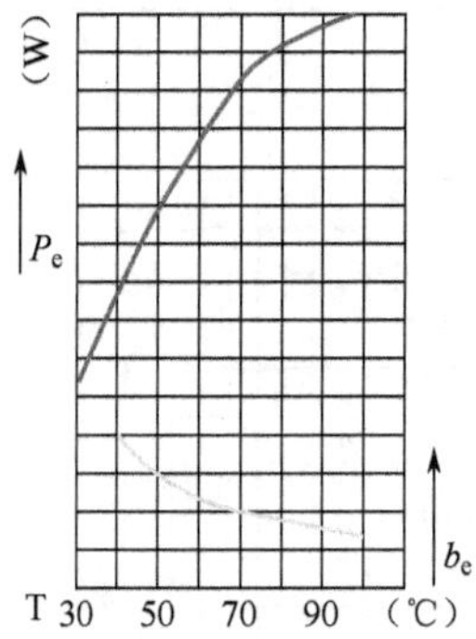	1. 发动机温度对功率和燃油消耗的影响。 合适的发动机工作温度不但对发动机功率和燃油消耗具有重要意义，对降低尾气排放也具有重要意义。 左图中，P_e为功率；b_e为燃油消耗；T为发动机温度。
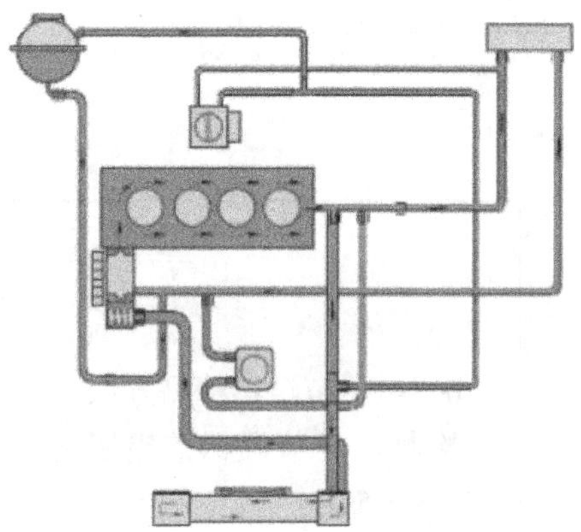	2. 传统发动机冷却系统的原理。 处于压力状态下的水，其沸腾温度并不是 100℃，而是在 115℃～130℃之间才会沸腾。冷却液循环管路是处于1.0～1.5bar 压力状态下的，称为"闭路冷却系统"。因此，这种冷却装置有一个膨胀罐，该罐呈半满状态。波纹管式的节温器被弹性材料节温器（蜡节温器）所取代。冷却介质也不仅是水了，而是水和添加剂的混合物，称为冷却液，其特点是防冻、沸点高且可防止发动机的轻合金件腐蚀。

图示	说明
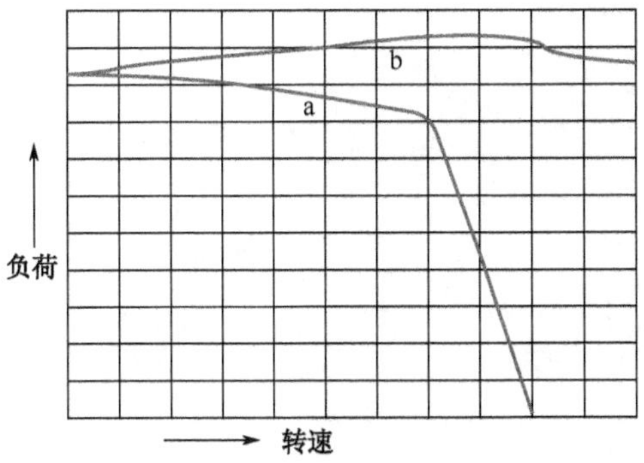	**3．发动机负荷、转速和温度的关系。** 冷却液温度较高，这有助于降低油耗和废气中的有害物质。 全负荷时，发动机的工作能力取决于冷却系统是否正常工作。普通节温器调节的冷却系统，部分负荷状态时（曲线a），冷却液温度为95℃～110℃；全负荷时（曲线b）冷却液温度为85℃～95℃。 部分负荷时冷却液温度较低，这有助于提高功率。吸入的空气被加热的温度低一些，这有助于提高功率。
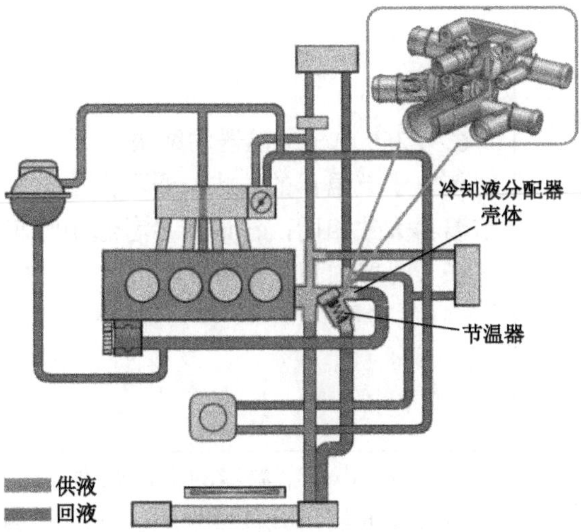	**4．电子节温器能按负荷状态将发动机的工作温度调节到规定值。** 根据存储在发动机控制单元内的特性曲线，电加热的节温器和散热器风扇不同工作级就能设定出最佳的工作温度。因此在发动机的各个功率和负荷状态，冷却状态均能符合实际需要，冷却液温度与实时的发动机工作温度相匹配，其好处是：在部分负荷工况降低燃油消耗，减少未处理的一氧化碳和碳氢化合物排放。 与传统冷却循环相比的改动之处：通过极小的结构改动就可融入冷却环路中，冷却液分配器壳体和节温器合成一体，发动机缸体上的冷却液调节器（节温器）省去了，发动机控制单元内还包含有电子调节冷却系统用的特性曲线。

5．冷却液分配器

冷却液分配器壳体直接安装在缸盖上。各个部件都是从上平面获得冷却液供应的，但给水泵供液是个例外。冷却液分配器壳体下平面连接的是各个部件的冷却液回流管。上平面和下平面之间是通过一个直立的通道相连的。节温器通过一个小阀盘来打开或关闭这个垂直通道。冷却液分配器壳体实际就是冷却液大循环和小循环的分配站。

图示	说明

冷却液温度传感器G62

上平面中，带有发动机
冷却液供液管

通往散热器
的接口

上平面

下平面

接暖风热交换器

散热器回流管

上平面与下平面
之间的通道

接变速器
机油冷却器

节温器加热插口

接水泵

冷却液调节单元

机油冷却器
回流管

来自暖风热交换器

电阻加热器

行程销

膨胀式节温器

大阀盘

小阀盘

压缩弹簧

膨胀式节温器加热接口

6. F265 电子节温器的结构。

该电子节温器的结构与通用汽车电子节温器大致相同，详情请参考通用汽车电子节温器的相关说明。

D/15　D/30

蜡质元件

行程销

X

加热电阻

J363　F265

J361

D/15—点火锁接线 15；
D/30—点火锁接线柱 30；
J363—控制单元供电继电器；
J361—控制单元。

7. F265 电子节温器的工作原理。

节温器的蜡质元件中嵌入了一个加热电阻。加热电阻会加热蜡，蜡就开始膨胀，行程销就按特性曲线产生一个行程"X"。行程 X 会对节温器进行机械调整。

加热过程由发动机控制单元通过脉冲宽度调制信号（PWM 信号）按特性曲线来激活。不同的加热程度取决于脉冲的宽度和时间。发动机停机或者起动时，没有电压作用在加热电阻上。无工作电压，只通过调节元件来调节，风扇 1 挡始终处于工作状态。

节温器加热元件并不加热冷却液，它只按规定来加热节温器，以便打开冷却液大循环。

图示	说明
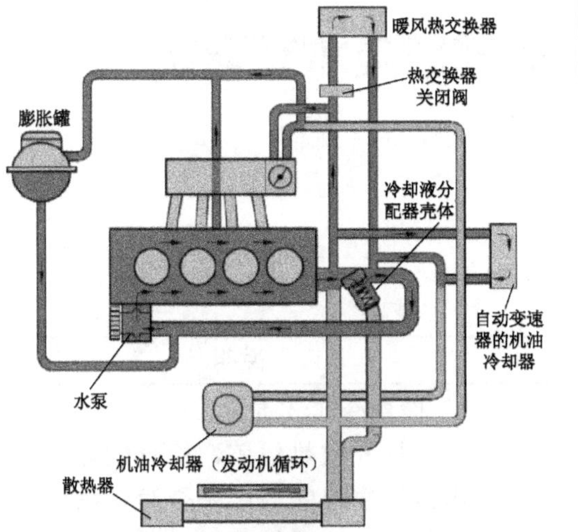 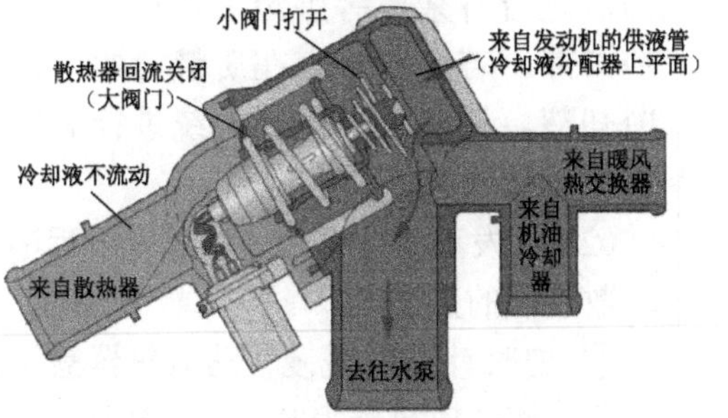	**8．冷却液小循环。** 发动机冷起动和部分负荷时，冷却液小循环用于快速预热发动机。电子节温器加热器未工作。冷却液分配器壳体内的节温器阻止了来自散热器的回流冷却液。通向水泵的较短的通路被打开了，散热器不参与此时的冷却液循环。 在小循环中，用于部分负荷下限和上限的冷却液温度范围为95℃～110℃。 发动机起动并运行，水泵使冷却液开始循环起来。冷却液从缸盖（在分配壳体的上平面中）经一条通道流入下平面中。节温器的位置只允许直接通往水泵的路径是开通的。 冷却液快速变热，所以小循环使冷却液快速变热。 暖风热交换器和机油冷却器是连接在小循环管路上的。如果暖风调节钮处于"关闭"位置，热交换器关闭阀就会切断通向热交换器的供液，就不会对车内进行加热了。
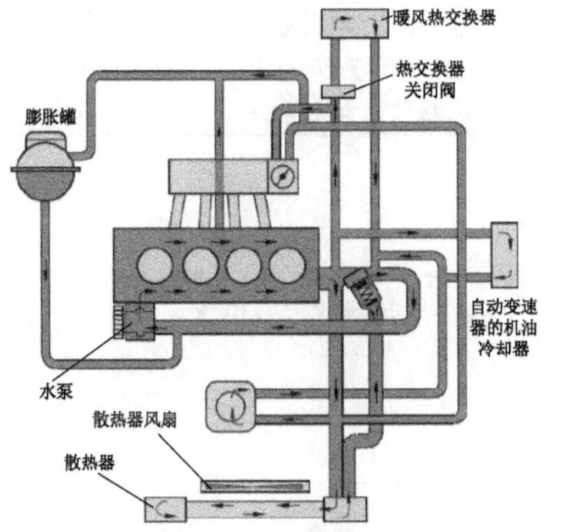 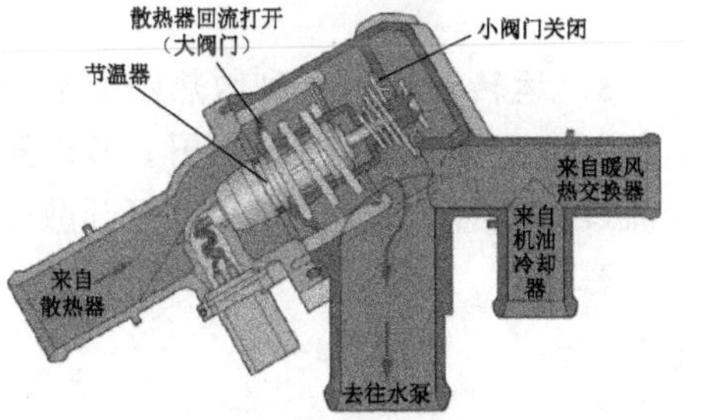	**9．冷却液大循环。** 冷却液大循环或者冷却液达110℃时由节温器打开，或者根据负荷情况由电子节温器打开，散热器参与冷却液循环。全负荷时，大循环中冷却液温度为85℃～95℃。为了增强行车风或者怠速时的冷却效果，电动风扇会根据需要接通。 发动机在全负荷工作时需要很大的冷却能力来配合，于是冷却液分配器壳体内的节温器就通上了电，于是散热器的回流管就被打开了。与此同时，通向水泵的小循环管路就被小阀门关闭了，因为这是机械相连的。水泵将从缸盖流出的冷却液直接经上平面输送到散热器。从散热器出来的已冷却下来的冷却液流回到下平面，再由水泵来抽取。也可能出现中间情况，这时一部分冷却液流经大循环，一部分冷却液流经小循环。

任务 **2** 冷却液的排放及水管更换

知识要点

一、冷却液的排放

图示	说明
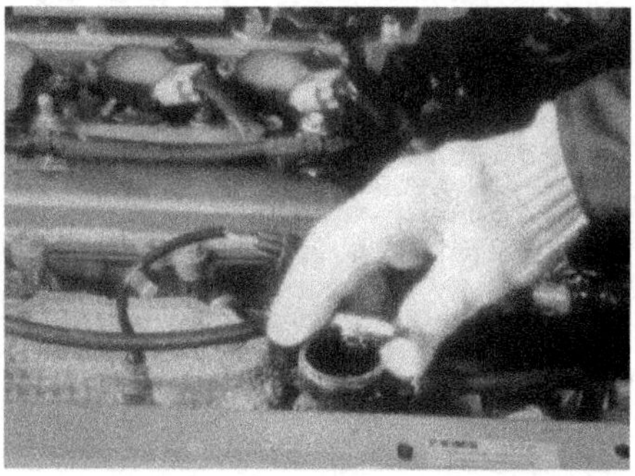	1. 检查冷却液质量。 （1）打开散热器盖，检查散热器盖或散热器加注口的周围是否存在锈迹，冷却液是否有杂质等脏污，若有则应更换冷却液。若冷却液存在质量问题，排放冷却液，视需要对冷却系统进行清洗并加注冷却液。 （2）在发动机冷却后，通过以下程序拆卸散热器的盖子。 ① 逆时针方向缓慢转动散热器盖至止动器。旋转散热器盖时，切勿按压。 ② 等待排空残余压力（有嘶嘶声）。 ③ 当嘶嘶声停止后，继续逆时针旋转散热器盖，将其打开。
	2. 散热器放水塞位置。
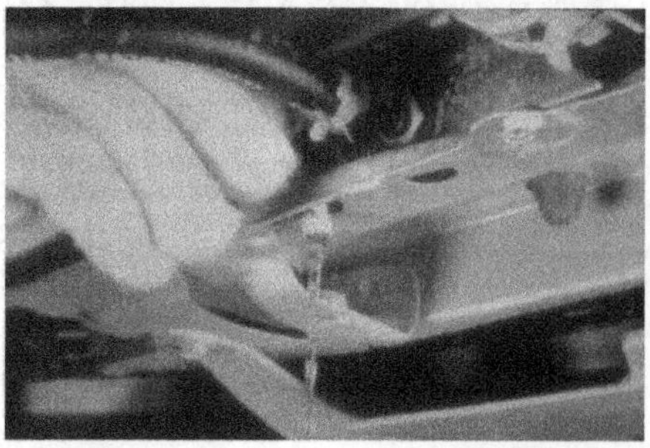	3. 运转发动机直到散热器上部软管发热，这表明节温器阀已打开，冷却液开始流过散热器。关闭发动机并打开散热器放水塞。

图示	说明
	4．排出冷却液。 　先排放散热器内部的冷却液，之后排放发动机气缸盖和气缸体水套内的冷却液，按要求对排出的冷却液进行处理。
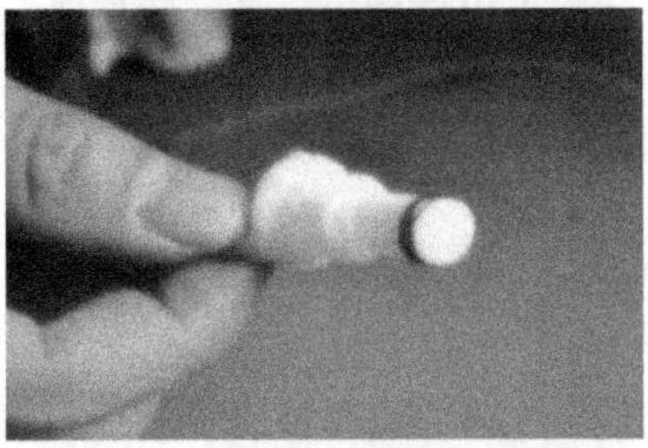	5．散热器放水塞。
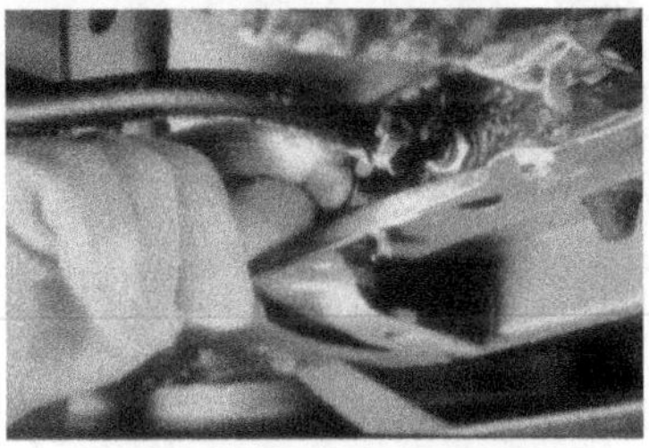	6．排空系统中的水，为了充分排出，须将散热器的上部水管下端也拆开，排完水后再重新装好水管和拧紧散热器放水塞。

二、冷却系统水管的更换

图示	说明
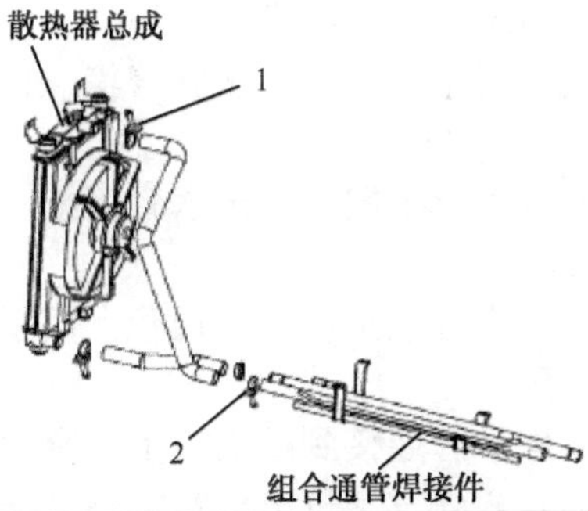	1．散热器进口软管的拆卸。 （1）打开发动机罩板。 （2）排出冷却系统内的冷却液。 （3）从散热器上拆下散热器进口软管紧固管箍。 （4）从组合通管焊接件上拆下散热器进口软管管箍，拆下散热器进口软管。
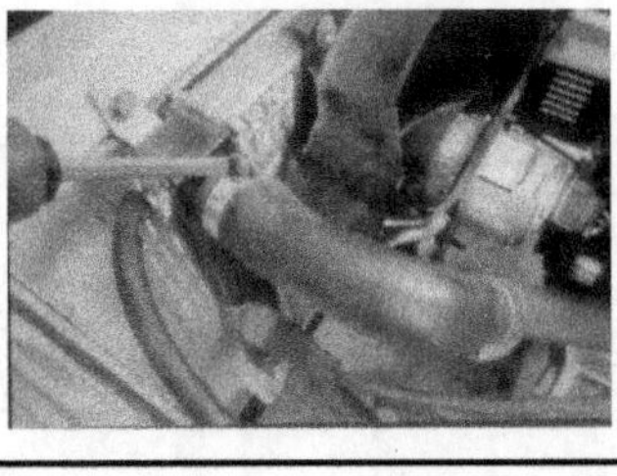	2．散热器进口软管的安装。 （1）把散热器进口软管连接到组合通管上，紧固散热器进口软管管箍。 （2）接上散热器进口软管，紧固散热器上进口软管管箍。紧固散热器上进口软管管箍至 6～9N·m。

图示	说明
	3．散热器出口软管的拆卸与安装。 （1）排出冷却系统内的冷却液。 （2）从散热器上拆下散热器出口软管紧固管箍。 （3）从组合通管上拆下散热器出口软管管箍，拆下散热器出口软管。 （4）把散热器出口软管连接到组合通管上，紧固散热器出口软管管箍。 （5）接上散热器出口软管，紧固散热器上出口软管管箍。紧固散热器上出口软管管箍至6～9N·m。
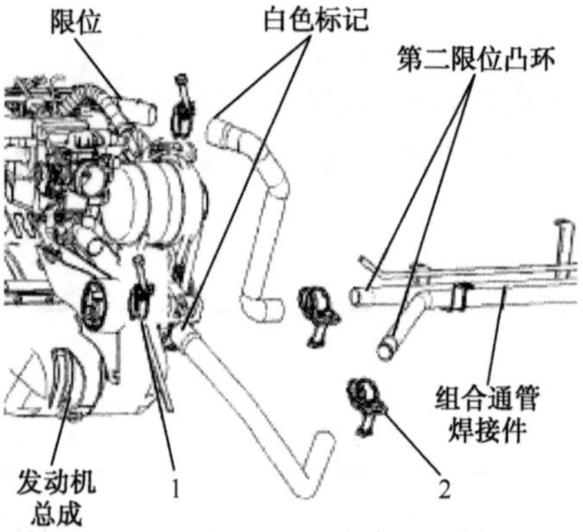 限位　　　　白色标记 　　　　　　　　第二限位凸环 发动机 总成　　　1　　　　　2 　　　　　　　组合通管 　　　　　　　焊接件	4．发动机进水管的拆卸与安装。 （1）排出冷却系统内的冷却液。 （2）从发动机上拆下发动机进水管管箍，拆开发动机进水管。 （3）从组合通管上拆下发动机进水管管箍，拆下发动机进水管。 （4）将发动机进水管连接到组合通管上，紧固发动机进水管管箍。 （5）将发动机进水管连接到发动机上，紧固发动机进水管管箍，紧固发动机进水管管箍至6～9N·m。 工艺要求： （1）发动机进水管上的白色标记应位于发动机正上方。 （2）发动机进水管插到组合通管焊接件接口处的第二限位凸环，另一端插到发动机接头的限位处。
	5．发动机出水管的拆卸与安装。 （1）排出冷却系统内的冷却液。 （2）从发动机上拆下发动机出水管管箍，拆开发动机出水管。 （3）从组合通管上拆下发动机出水管管箍，拆下发动机出水管。 （1）将发动机出水管连接到组合通管上，紧固发动机出水管管箍。 （2）将发动机出水管连接到发动机上，紧固发动机出水管管箍。紧固发动机出水管管箍至6～9N·m。 工艺要求： （1）发动机出水管上的白色标记应位于发动机正上方。 （2）发动机出水管插到组合通管焊接件接口处的第二限位凸环，另一端插到发动机接头的限位处。

三、冷却液的添加

图示	说明
 	1．拧紧散热器出口软管的卡箍。 2．用肥皂水洗干净冷凝器箱内部。 3．将冷凝器箱装好并加注合格的冷却液到"FULL"位，盖好盖子。 4．拆开与发动机连接的暖风机出水管上的排气帽，排出系统中的空气，从散热器注水口向系统加入合格的冷却液，当排气口中有冷却液流出时，装上暖风机出水管排气帽。 5．在散热器盖打开状态下运转发动机，在散热器上部软管发热时，向散热器中再慢慢补充冷却液，直到加满。 6．关闭发动机，盖好散热器盖。

任务 3　散热器、节温器、水泵的检查与更换

学习任务描述

　　汽车发动机冷却系统出现了异常情况，经诊断，确定水泵和节温器已经损坏，需要更换。请你按照技术规范，正确更换发动机水泵和节温器，并使其正常工作。

　　水泵性能的好坏对发动机的冷却起到至关重要的作用，一经诊断水泵有故障，必须及时修理或更换。另外节温器如果有问题不但会增加发动机油耗，同时还会加剧发动机的磨损。通过水泵和节温器的更换，掌握发动机冷却系统的组成、作用和各组件的安装位置等，请你按更换水泵和节温器的操作规程制订更换水泵和节温器的计划，更换安装后对安装质量进行自检。

任务引导文 查阅相关资料和维修手册，根据相关的图文，小组讨论完成以下引导问题。

知识要点

一、冷却系统的压力与水温的检测

图示	说明
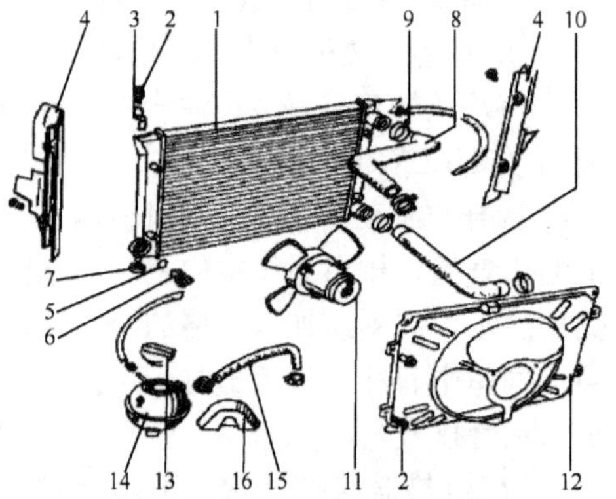	1. 冷却系统的零件构成。 1—散热器；2—螺栓（10N·m）；3—支架 4—空气导板；5—O形环；6—热敏开关 （F18）（35N·m）；7—橡胶垫圈；8—冷却 液上软管；11—散热器风扇；12—风扇护圈； 13—冷却液膨胀箱盖；14—膨胀箱；15—接冷 却液管；16—护罩
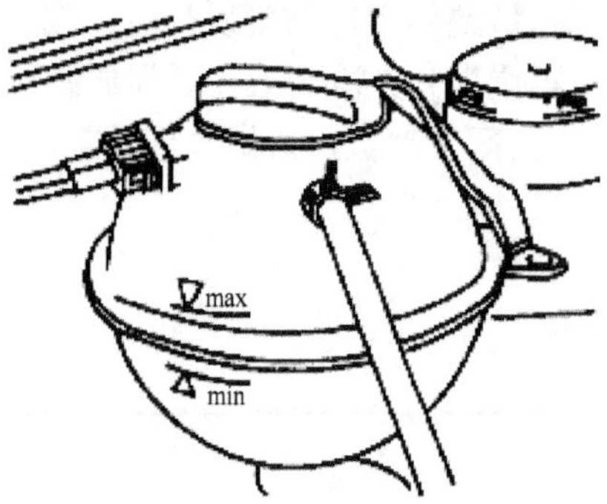	2. 膨胀水箱。
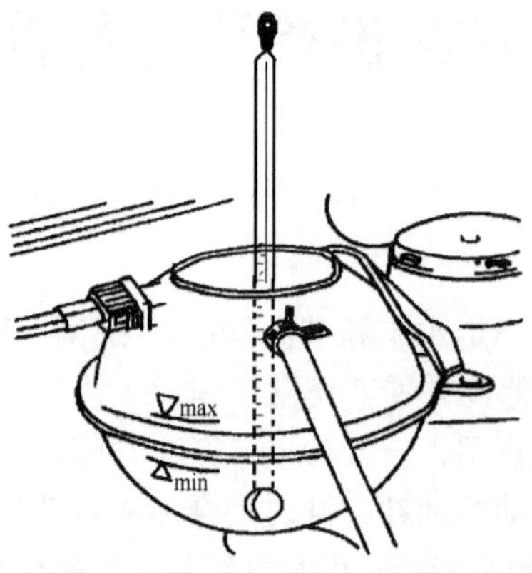	3. 检查水温。 方法一：起动发动机至正常水温后，将温度计放到膨胀水箱内，通过温度计的读数来反映冷却液实际温度。 方法二：观看仪表盘的水温表是否在正常范围内。 方法三：使用红外检测仪检测出水管的温度。

图示	说明
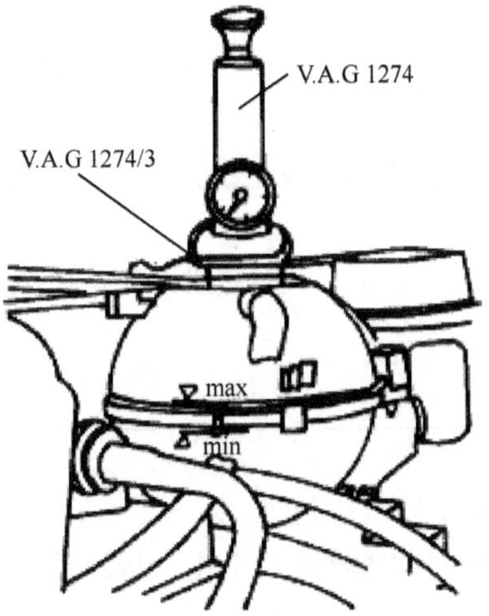	4．冷却系统压力的检查。 检查冷却系统的密封性和膨胀箱盖的功能，可以用专用工具 V.A.G1274 检查仪器检测。 （1）检查冷却系统的密封性。 将检查仪器 V.A.G1274 和 V.A.G1274/3 转接器接在膨胀箱盖上。在手动泵（V.A.G1274）上打压，压力达到 100kPa 停止打压，如果压力不能保持在 100kPa，说明冷却系统有渗漏故障。找出渗漏处，并排除故障。 （2）将冷却系统检查仪器 V.A.G1274 和 V.A.G1274/4 转接器接在膨胀箱盖上。用手动泵打压，当压力达到 140~160kPa 时，限压阀必须打开，此时说明膨胀箱盖限压功能正常。

二、散热器的检查与更换

图示	说明
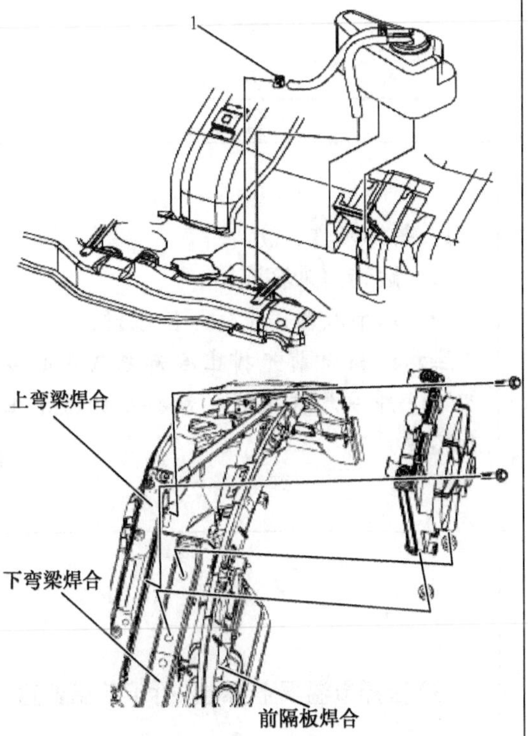	1．拆卸程序。 （1）排出冷却系统内的冷却液。 （2）从散热器上拆下通气管 1 紧固夹箍，拆开通气管。 （3）断开散热器风扇电动机总成插头。 （4）从上弯梁焊合件上拆卸散热器支架安装螺栓。

图示	说明
 散热器总成 组合通管焊接件	（5）从散热器总成上拆卸进水管管箍，拆开进水管。 （6）从散热器总成上拆开出水管管箍，拆开出水管。 （7）放下车辆，从上弯梁上方拿出散热器总成。

2．安装程序。

（1）将散热器总成从上弯梁内侧放至下弯梁散热器下胶垫定位处。

（2）将散热器出水管和进水管安装到散热器上，紧固散热器总成上出、进水管管箍。紧固散热器总成上出、进水管管箍至 6～9N·m。

（3）安装散热器支架到上弯梁焊合件上，紧固散热器支架螺栓。紧固散热器总成安装螺栓至 6～9N·m。

（4）连接散热器风扇电动机总成插头。

（5）将通气管安装到散热器上，紧固通气管夹箍。

三、节温器的检查与更换

图示	说明
	1．拆卸步骤。 （1）翻转前乘客座椅。 （2）从节温器盖上拆下出水管。 注意：拆卸前先排出冷却系统内的冷却液，并注意收集好，乱排放会污染生态环境。
	（3）松开节温器盖螺栓，拆下节温器盖。

图示	说明
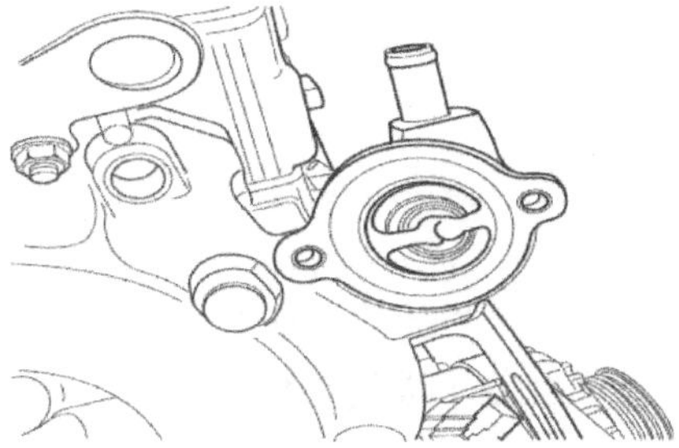	（4）取下节温器盖密封垫。 （5）取下节温器总成。
	（6）放好节温器总成。
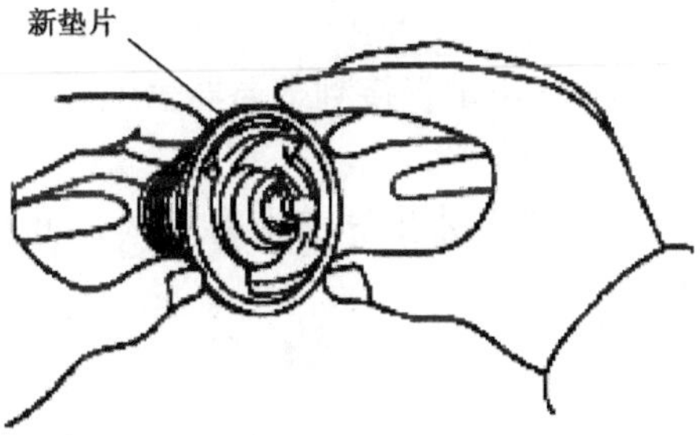	2．检查。 　查看节温器的排气口是否有脏物堵塞，如有则清除干净。 　节温器各部位是否有裂纹和变形，如有则更换新零件。
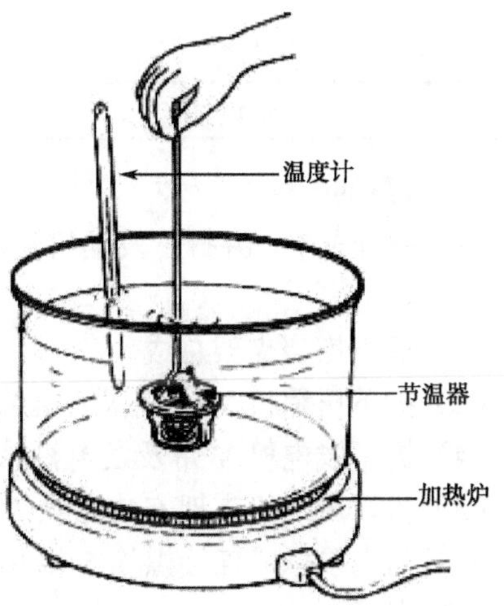	3．检查节温器的性能。 （1）将节温器浸入水中并逐渐加热，仔细查看节温器开始打开时和全开时的水温，如果超出规定范围（节温器开始打开温度为 82±3℃；节温器全部打开温度为95℃），更换节温器。 （2）检查节温器阀门升程。阀门升程在95℃时至少为 8mm，如果阀门升程不符合规定，则应更换节温器。 （3）在节温器处于较低温度（低于40℃）时，检查阀门是否完全关闭。如不能完全关闭，则应更换节温器。 　安装节温器盖前，应先用小刀清除节温器盖和进气歧管的结合面。

图示	说明
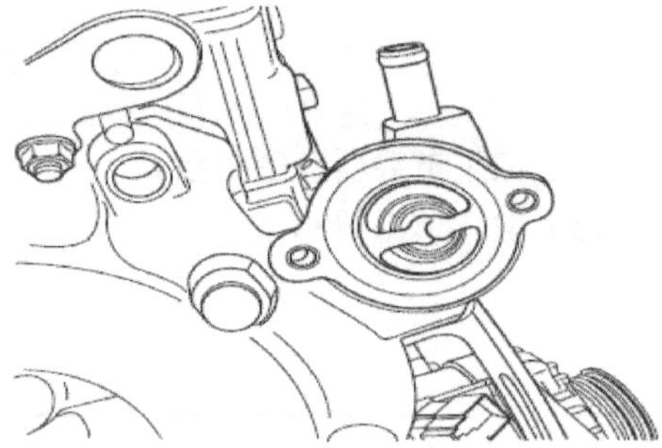	4. 安装。 （1）将节温器总成放到进气歧管的对应位置上。 （2）取一片新的节温器盖密封垫，安放在节温器盖与进气歧管之间。
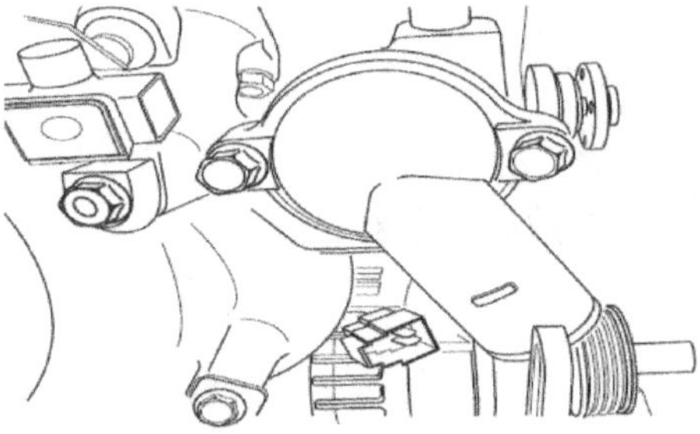	（3）将节温器盖密封垫和节温器盖一起装到进气歧管上，并按规定力矩上紧。 紧固节温器盖的紧固螺栓至 15～18 N·m。
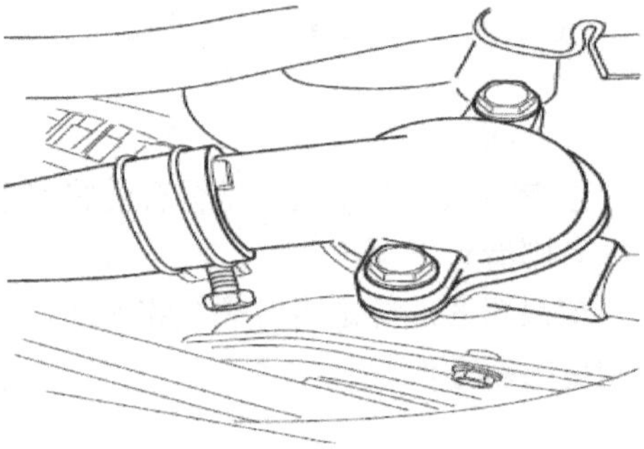	（4）将出水管接到节温器盖上，并用夹箍夹紧。 （5）放下并扣好前乘客座椅，并放低车辆。

四、水泵的检查与更换

图示	说明
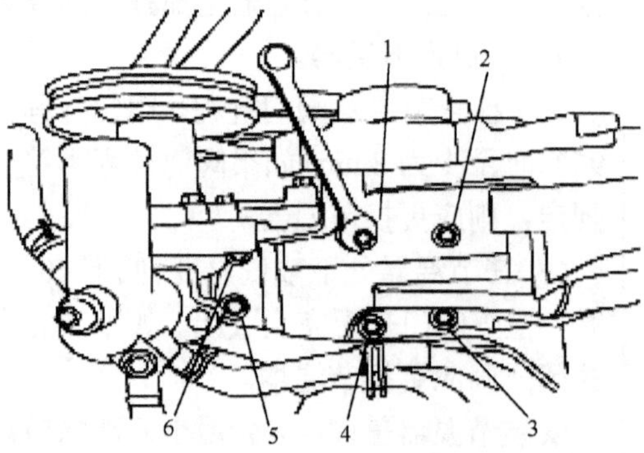	1. 水泵的拆卸。 （1）举升车辆，并拆下发动机油底壳的保护板。 （2）拆下换挡支架总成。 （3）拆下压缩机 V 带及压缩机总成。 （4）拆下发电机 V 带及发电机总成。 （5）松开压缩机支架安装螺栓 1～4 及压缩机与水泵总成连接螺栓 5 和 6，拆下压缩机支架。

图示	说明
	（6）松开水泵安装螺栓 7 和 8，拆下水泵总成和水泵垫。注意：拆卸水泵前应先排出系统内的冷却液，并注意收集好，乱排放会污染生态环境。 2．水泵的检查。 用手转动水泵，检查运转是否灵活，如有噪声、卡滞、密封面损伤、水泵叶片损坏等缺陷以致不能使用时，应更换水泵。 3．水泵的清洁。 安装水泵总成前，应先用刮刀清除水泵与曲轴箱总成结合面上的污物。 4．水泵的安装。 （1）取一片新的水泵垫，安装到水泵总成和曲轴箱之间。 （2）装上水泵总成及压缩机支架，紧固水泵总成的紧固螺栓和螺母至 28～32N·m。 （3）安装发电机总成及发电机 V 带。 （4）装上压缩机 V 带及压缩机总成。 （5）装上换挡支架总成。 （6）装上发动机油底壳的保护板，放低车辆。

维修知识拓展

一、冷却系水温过高对发动机的危害

发动机最适宜的工作温度一般为 80～90℃。如冷却装置使用、维修不当，以及因零件的腐蚀、磨损、积垢等原因，将会影响冷却效果。

① 发动机冷却水温过高，对发动机正常工作及各部件造成不良影响。

② 发动机冷却水温过高，会使喷入气缸中的燃油提前燃烧，压缩力不足，功率下降。

③ 发动机冷却水温过高，使各运动零件因高温作用而膨胀过度，使原来配合间隙发生变化，致使轴承容易损坏，严重时会引起烧瓦抱轴，活塞胀缸，活塞环卡死等故障。

④ 发动机冷却水温过高，会造成机油黏度降低，机油烧损，发动机各润滑部位油膜破坏加速机件磨损，严重时会造成烧瓦、拉缸等事故。

⑤ 发动机冷却水温过高，会造成橡胶件的老化损坏，易造成局部变形、裂纹及烧损，造成漏水、漏油等故障。

二、冷却系水温过高的原因分析、检查与排除

1. 冷却系水量的检查

发动机冷却系缺水，使冷却水不能循环散热，造成发动机冷却水温过高。冷却系缺水的原因有两种可能：一是冷却水在正常消耗中没有及时给予补充，二是冷却水严重渗漏。发动机正常工作时，冷却水温度应在 80~95℃，此时会有部分冷却水被蒸发，若长时间不补充，一旦水泵泵不上水，就会造成发动机因缺水而发生高温的人为故障。如果冷却系统密封性能遭受破坏，使冷却水严重漏失，也会出现漏水高温，如水泵水封处磨损过度、湿式缸套因气蚀造成小孔、缸体出现裂纹、缸套水封破损等。后三者不但能造成发动机高温，且因冷却水漏进油底壳，与润滑油混合，使润滑油变质，会导致烧瓦、抱轴等严重事故。如拔出机油尺，液面明显升高，且润滑油颜色为乳白色，则说明冷却水渗漏进曲轴箱，应找出漏油部位予以修复或更换相应部件。同时更换新的机油及机滤。

2. 水泵的检查与维修

水泵常见的损伤有泵壳体渗漏及破裂、叶轮松脱或损伤、水封损坏、水泵轴与轴承磨损等。

（1）泵壳的检修

检查泵壳和带轮有无损伤。如泵壳有裂纹，可进行焊接或更换。若壳体与盖接合面变形大于0.05mm，应予以修平。轴承座孔磨损可采用镶套法修复或更换。

（2）水泵轴的检修

水泵轴弯曲度大于 0.05mm 时，应冷压校直，水泵轴与轴承内径的配合间隙应大于0.03mm。若轴端螺纹有损坏，则应更换。

（3）水泵叶轮的检修

检查水泵叶轮的叶片有无破损，如有破损则应焊修或更换。

（4）水封的检修

水泵泄水孔漏水，则为水封密封不严。水封是水泵中的易损件，一般在拆修水泵时，都应更换新水封。

（5）水泵安装后的检验

水泵安装后，用手转动带轮，泵轴应转动自由，叶轮与泵壳应无碰擦感觉。堵住水泵进水孔，将水灌入水泵腔中，转动水泵轴，泄水孔应无漏水现象。

3. 散热器的检查和维修

如果发动机在冷却液充足的情况下产生高温，就须对散热器进行检查，散热器被尘土、草叶、昆虫等塞满，造成散热不良，发生此类情况可在发动机熄火后，从散热器后面用压缩空气吹或用低压水流冲洗，以除去杂物，然后再用软毛刷清理芯部。

（1）散热片变形粘连

由于机械损伤等原因，造成散热片堆积或粘结在一起，使气流不能通畅穿过散热器芯造成散热不良。解决方法是用薄钢片小心地将散热片拨到原位，恢复散热片的平直形状。

（2）散热器芯堵塞

驾驶员长期往冷却系统加注硬水、泥沙含量大的河水，使冷却水中的泥沙与污垢等黏附于芯管内壁，使芯管不通畅或被堵塞。检查的方法是：发动机热机后，用手触摸芯管的

上部与下部，注意其温差。正常情况上下有温差但温差不大，若感觉芯管上下温差明显则说明芯管堵塞；若堵塞芯管超过总数的15%，应该拆下散热器，用5%～10%的苏打水清洗，疏通芯管。

4. 风扇与风扇皮带的检查

现代汽车上，发动机冷却系统一般都是风冷与水冷相结合，风冷是否正常，对冷却效果极为重要，若皮带打滑，则会影响风冷效果。因此，应该经常检查皮带的张紧度与损坏等情况，如果发现过松应予调整，若橡胶脱层折断，则应更换。其次是检查风扇叶片的旋转情况。现在许多车型都采用硅油风扇离合，在发动机低温时自动断开风扇的动力传递，使发动机快速升温，减少冷态时的快速磨损。但在发动机达到正常工作温度时，风扇应该正常旋转。若风扇离合器中的硅油被甩干，或过敏双金属片发生故障而造成风扇转速达不到标准时，冷却系统即产生高温。

（1）冷态检查

车辆在停车后，风扇离合器的制动盘和从动盘之间残留有硅油，由于硅油黏度高，这时拨动风扇比较吃力。起动发动机，以中速运转1～2分钟，使工作腔内硅油返回储油室，立即熄火，此时用手拨动风扇，应该转动轻松，用力小。

（2）热态检查

起动发动机，待水温达90℃左右时，仔细听风扇处的响声变化。如几分钟内噪声明显增大，风扇转速迅速提高，当风扇达到全速时，立即将发动机熄火，此时用手拨转风扇，感觉费力为正常，如达不到要求，则为离合器失效，查明原因将故障排除，或者更换新的离合器。现在轿车上大多采用电子风扇来控制冷却水温度。一般情况下，水温在90℃时电子风扇以低速旋转，水温在100℃左右时以高速旋转。若不符合要求则应检查电路。

5. 节温器的检查

良好的节温器，水温在70℃左右时阀门开始开启，85℃左右时阀门完全打开。若开启和完全开启的水温高于上述规定，则冷却系统水温就会过高，在严寒的冬天，若节温器失灵，阀门卡死在阀门关闭位置，冷却水没有大循环，散热器会因此结冰，造成芯管被胀坏；若在夏天，则会造成发动机高温。遇到这种情况，可将节温器拆下，将其置于温水中，同时在水中竖置一温度计，对水进行加热，观察节温器阀门开启和完全开启时的水温，若达不到要求或者有明显损坏应更换。

6. 点火正时的检查

汽油机的点火提前角或柴油机的供油提前角过早或滞后，都有可能引起发动机高温。这是由于不论点火提前角或供油提前角超前或滞后，燃烧时高温气体与气缸壁接触面积增大且时间延长，传递给冷却水的热量增加，导致冷却水温度升高，与此同时，发动机功率下降且燃油消耗量增大。

参 考 文 献

[1] 陈家瑞. 汽车构造[M]. 北京：人民交通出版社，2006

[2] 汤定国. 汽车发动机构造与维修[M]. 北京：人民交通出版社，2005

[3] 董铁军. 汽车构造（发动机）[M]. 北京：人民交通出版社，2005

[4] 崔选盟. 汽车故障诊断技术[M]. 北京：人民交通出版社，2005

[5] 王大伟，董训武. 捷达电喷系列轿车维修手册[M]. 北京：机械工业出版社，2007

[6] 刘仲国. 现代汽车检测与诊断[M]. 北京：机械工业出版社，2001

[7] 詹姆斯·D·霍尔德曼，小蔡斯·D·米切尔. 汽车发动机理论与维修[M]. 北京：中国劳动社会保障出版社，2006

[8] 李世杰. 当代轿车维修实用技能手册——发动机[M]. 南京：江苏科学技术出版社，2004

[9] 凌凯汽车资料编写组. 汽车发动机维修图典[M]. 北京：北京邮电大学出版社，2005

[10] 肖文光，李全. 汽车电控燃油喷射发动机维修图解[M]. 广州：广东科技出版社，1997